나의 공부는 여기서 멈추지만

여기서 멈추지만

나의 공부는

이영석 지음

푸른역사

추도사 1

서양사학자 이영석 교수가 세상을 떠났다. 대중에게 이름 높은 '미디어 인문학자'도, 이른바 '활동'에 전념하는 참여파도 아니었다. 전공은 영국 사회·경제사. 평생 남의 나라 역사 한 부분을 좁고 깊게 팠다. 관련 학자들 말고 이름이 알려질 까닭은 별로 없었다. 소셜미디어 쪽 반응은 달랐다. 많은 이가 크고 작은 인연을 고백하고, 학문적 일생에 존경을 표했다. "요즘 젊은이들이 책은 읽지 않지만, 페이스북에 실린 글은 읽는다는 얘기를 들었다"면서, 대학에서 정년퇴직한 후 페이스북에서 역사 관련 지식과 통찰을 공유한 까닭도 있을 테다. 자기 공부를 정리한 《삶으로서의 역사》, 코로나19 팬데믹 이후 일상을 성찰한 《잠시 멈춘 세계 앞에서》 등은 그 결과였다. 목소리는 낮았으나 품격이 있고, 엄정한 사실에 바탕을 둔 단단한 글이었다.

　그러나 존경의 표시에는 그 이상 큰 애도가 있었다. 장인의 삶에 대한 존중이었다. 우리 사회는 너무 시끄럽고 들떠 있다. 모두가 자유롭게 떠들 수 있다고 해서 말의 무게도 같은 건 아니다. 조용히, 꾸준히, 자기 분야에서 헌신한 전문가의 언어를 더 신뢰해야 하는 건 말할 나위도 없다. 권력은 거부하되 권위는 존중할 때 문화는 비로소 성숙에 이른다. 어용을 자처하면서 화려하게 떠들 줄 안다고, 사실을 억지로 꾸며내 대중 감정에 호소한다고, 모두 대단한 사람은 아니다.

이 교수는 '영국 경제사 같은 지엽적 주제도 오늘날 현대 자본주의의 문제를 이해하는 데 도움이 될 수 있으리라는 믿음'이 있었다. 연구를 통해 '오늘날 우리 사회를 다시 성찰하는 기회를 마련'하고 싶어 했다. 가만히 있지도 않았다. 《역사학을 위한 변론》(1999) 이후, 한 해 한 권 정도 자기 분야의 학문 성과를 집약해 세상에 알리는 일을 포기하지 않았다. 《영국 제국의 초상》, 《역사가를 사로잡은 역사가들》, 《전염병, 역사를 흔들다》 등은 혼신의 작품이었다. 병으로 더 이상 글을 쓰기 힘든 지경에 이르렀으나 작업을 포기하지 않았다. 병상에서 일기를 적으면서 유작인 이 책을 완성했다. 장인다운 죽음이었다.

문인이나 학자의 추모는 언제나 책을 다시 읽는 데서 출발한다. 글로써 죽음과 싸우는 자들에 대한 궁극의 예의다. 놀랍게도, 많은 지식인이 모두 그의 책을 한 권쯤은 서가에 두고 있었고, 자기 삶과 공부에서 그의 목소리를 간직하고 있었다. 목소리가 낮다고 퍼지지 않는 건 아니다. 정신에 깊은 영향을 끼치는 목소리는 단단한 베이스로 울려 천천히 멀리까지 퍼진다. 우리 사회에는 이러한 장인들이 곳곳에 있고, 이들이 우리 삶의 기둥을 만든다. 고인의 명복을 빈다.

장은수(출판평론가)

* 장은수 출판평론가의 추도사 〈한 역사학자의 죽음〉(《매일경제》 2022. 2. 19.)을 저자의 허락을 얻어 여기에 싣습니다.

■ 일러두기

주석은 후주로 배치했으나, 본문 읽기에 도움이 되는 주석의 일부는 본문에도 그대로 각주로 처리했다.

책머리에

한국의 독서층이 유럽 여러 나라의 역사에 흥미를 갖던 시절이 있었다. 한 세대 전만 하더라도 근대문명을 선도한 유럽 주요 국가들에 대한 사회적 관심이 높은 편이어서 영국사나 프랑스사와 같은 국가사 서술도 그 나름의 의의가 있었다. 무엇보다도 근대화를 앞서 이룩한 나라들의 역사적 경험에 대한 호기심이 있었고 계몽적 중요성을 지녔기 때문이다. 그러나 이제 시대는 변했다. 유럽은 한 지역에 지나지 않고 특히 유럽연합이라는 지역공동체 출현 이후 유럽 주요 국가의 국제적 영향력도 더 낮아졌다. 특히 한국에 대한 외부의 시선이 달라지고 한국인 스스로 선진국 콤플렉스에서 벗어나기 시작한 이즈음의 사회 분위기에서 더 분명하게 나타난다.

서양사학자로 활동해온 지난날을 돌아보면 자기 갱신과 변화에 스스로 게을렀다는 회한에 젖기도 한다. 우선, 국가사에서 지구사 또는 세계사로 역사서술의 무게 중심이 옮겨가는 추세를 느끼면서도 나는 영국사 연구자로 일관해왔다. 지적 탐구의 모험의식이 부족한 탓도 있겠지만 지나친 결벽주의 때문이기도 했다. 영국사의 특정 시대도 잘 모르는데 어떻게 다른 분야로 시야를 넓힐 수 있겠느냐는 자격지심 탓이기도 했다. 그러나 국가사의 시대는 저물었다. 독서층이 서양사 연구자에게 요구하는 것은 단순한 국가사가 아니라 지구사적 시선과 접근이다. 나도 그런 추세에 부응하려고 제국사나 비교사 등에 관심을 기울이기도 했다. 그렇더라도 역시 내 본령이 국가사이다 보니 한계가 뚜렷하다.

다음으로, 언어적 전환과 문화적 전환 이후 역사서술의 큰 변화를 따라가지 못했다. 나는 젊은 시절부터 일관되게 사회사 분야에 집착해왔다. 물론 조금씩 영역을 넓혀 미시적 방법을 모방하기도 하고 또 생활사라 불리는 그런 주제들에 관심을 기울이기도 했지만 역시 유행이 지난 분야라는 자의식을 숨길 수 없다.

이 책은 근래 쓴 논문들을 한데 모아 보완하고 수정한 에세이집 형태의 연구서다. 사실 나는 호흡이 짧아 미리 일관된 얼개를 짜고 장시간에 걸쳐 그 내용을 채워나가는 방식에 익숙하지 않다. 좁고 단편적인 주제를 정해 관련 자료를 읽고 짧은 글을 쓰는 스타일에 더 친숙하다. 그간 펴낸 저서 가운데 말 그대로 모노그래프 또는 큰 주제를 다룬 책들도 더러 있지만 논문들을 모아 재편집한 형태가 상당수다. 물론 여기 수록된 글들을 훑어보면 이전에 펴낸 연구서와 다른 변화도 눈에 띈다. 우선 순수하게 영국사에 관련된 글이 세 편으로 줄었다(2, 3, 8장). 나머지는 다른 나라를 다루거나 지구사의 흐름을 뒤쫓기도 하고 비교의 창을 통해 역사를 바라보기도 한다.

1부 '전쟁과 수난'에 수록된 글의 주제는 한 독일인 병사가 겪은 나폴레옹 전쟁의 경험담, 제1차 세계대전기 영국과 백인자치령 국가의 전쟁 동원과 그 이후 제국의 파열음, 제2차 세계대전기 영국인들이 일상에서 겪은 공습과 지방 소개의 경험, 그리고 피털루 학살·잘리안왈라 공원 학살·5·18 같은 국가폭력을 비교했다. 2부 '근대의 성취, 근대의 한계'는 근대문명과 환경을 거시적으로 조망하고, 19세기 유럽사를 무대로 근대사회와 근대 전염병에 대한 국제공조를 다루며 복지국가의 기원을 추적하기도 했다. 3부 '동양과 서양'은 주로 여행기 분석을 통해 동양을 바라보는 서양인의 시선과 그 반대의 경우를 소재 삼아 스케치하듯이 묘사한 글들을 모았다.

1983년 영국 공장입법에 관한 논문을 발표한 지 거의 40여 년이 흘렀다. 오랫동안 계속해온 논문 쓰기는 이제 더이상 계속하기 어렵다는 생각이 든다. 지적 호기심도 체력도 그리고 무엇보다 끈기도 점차로 약해지는 이때야말로 말 그대로 현장연구자의 생활을 마감할 순간이 아닌가 싶다. 그러니까 이 책이야말로 논문 모음 형식으로는 마지막 출간물이 될 것이다. 이것이 삶의 순리다.

2022년 1월 수유리에서

이영석

차례 | 나의 공부는 여기서 멈추지만

제3부
동양과 서양

I

전쟁과 수난

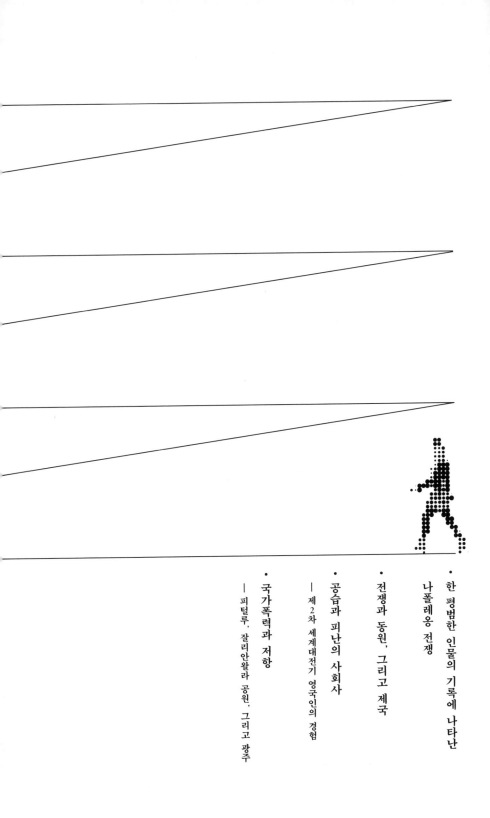

한 평범한 인물의

01

기록에 나타난

나폴레옹 전쟁

사회사가에게 사람들의 삶의 기록은 참으로 중요한 자료다. 이런 기록들은 그 개인이 살았던 시대와 사회를 좀 더 심층적으로 이해하는 데 도움을 준다. 그것은 공식적인 지배층 위주의 시각을 나타내지 않는다. 평범한 사람들이 자신의 경험 속에서 느꼈을 다양한 정서, 희망과 절망, 기쁨과 슬픔, 환호와 비탄을 공유하며 한 시대의 역사상을 깊이 들여다볼 수 있도록 유도한다.

1930년대에 미국 중서부 독일계 이민자의 후손 집안에서 발견된 나폴레옹 전쟁기 한 독일인 귀환병사의 회고도 그런 희귀한 기록 가운데 하나다. 회고록을 쓴 사람은 독일 뷔르템베르크Württemberg 출신인 야코브 발터 Jakob Walter(1788~1864)다.

그는 젊은 시절 나폴레옹 군대에서 복무했다. 특히 1812년에 징집당해 나폴레옹의 러시아 원정에 참전했다가 퇴각하는 길에 갖가지 고생을 겪었다. 그가 고향에 돌아왔을 때 그를 알아보는 사람은 거의 없었다. 귀국 후에 그는 석공 일을 하며 자신의 전쟁 경험을 기록으로 남겼다.

발터의 두 아들은 젊은 시절 미국으로 이민을 떠났다. 물론 발터는 여생을 낯선 곳에서 지내기 싫었기 때문에 고향에 머물렀다. 오랜 시일이 지난 후 미국에서 자리 잡은 맏아들은 고향의 부모를 다시 찾았다. 노쇠한 발터는 아들에게 자신이 그동안 틈틈이 기록했던 수고手稿를 건네주었다. 그 기록은 미국으로 다시 돌아간 아들에게서 그 후손으로 전해지다가 1932년 캔사스대학교의 프랭크 멜빈F. E. Melvin이 처음 발견했다. 멜빈은 같은 대학의 한 독일어 교수와 함께 먼저 수고의 진위를 확인하는 어려운 절차를 거쳤다. 독일 주재 미국대사관의 협조를 받아 문서고의 징병대장에서 동일한 인물이 최소한 두 차례 소집되었음을 확인했다. 그 후 멜빈은 캔사스 대학 논문집에 수고 번역문과 편자 해설을 발표했다.[1]

자료에 관하여

야코브 발터는 나폴레옹 군대에 세 차례 징집당했다. 당시 뷔르템베르크는 프랑스의 라인연방Rheinbund에 속해 있어 사실상 프랑스의 위성국가였다. 1806년 이래 이 지역에 사는 18~40세 사이의 젊은 남성은 전시에 일차적으로 동원 대상이 되었다. 발터는 보병이었는데, 그 당시 보병은 8년, 기병 또는 포병의 경우 10년간 전시 동원 의무를 짊어졌다.[2] 발터의 회고록을 보면, 1806년, 1809년 그리고 러시아 원정기인 1812년에 프랑스 군대에 소집되어 참전했다.

1813년 소집 해제 후 발터는 오랫동안 고향 지역에서 살았다. 그가 언제부터 그리고 왜 회고록을 썼는지는 알 수 없다. 1813년 고향에 돌아왔다는 기술 이외에 그 후 자신의 삶에 관해서는 아무런 언급이 없다. 결혼 전까지는 아마도 부모와 함께 살았겠지만, 자세한 내용은 알 수 없다. 이름을 알 수 없는 남동생, 두 누이동생 가운데 한 명이 결혼 후에 고향 근처의 로젠베르크에 거주했다. 수고는 잉크와 종이 재질의 변화가 없고, 수정도 비교적 적다. 이로 보아 초고를 완성한 다음에 약간 고쳤다고 보는 것이 타당하다. 회고록을 발굴한 멜빈은 그가 아마도 가정이 안정된 상태에 접어든 장년기에 회고록을 집필했을 것이라고 추정한다.

실제로 발터 자신의 군대 경험에 절대적으로 적절하지 않은 모든 문젯거리나 불분명한 것들은 미리 제외했음을 짐작게 할 만큼, 회고의 단일함이 있다.…… 발터의 수고가 1820~1840년간에 기록되었다고 보는 것이 자연스러운 결론이다. 이 시기는 장년기에 접어든 사람에게 비교적 순탄하고 또 자식들의 존경을 받고 싶은 어떤 갈망이 있는 때라고 할 것이다.[3]

발터의 맏아들 프란츠 발터Franz P. Walter와 둘째아들은 모두 미국으로 이민을 떠났다. 멜빈은 특히 맏아들의 기록을 추적해 그 이주 여정을 밝혀냈다. 19세기 독일에서는 아일랜드, 영국, 이탈리아 등에 비해 이민을 떠나는 사람들이 상대적으로 적었다.[4] 그럼에도 19세기를 개관하면, 이민 열풍이 불었던 시기가 뚜렷하게 나타난다. 다른 시기에 비해 1849~1855년과 1879~1885년에 독일의 이민자 수가 급증한다(《표 1》[5] 참조). 앞의 시기는 농업 불황과 골드러시, 그리고 뒤의 시기는 사회주의자 탄압법과 미국의 경제 호황 등이 영향을 미쳤던 것으로 보인다.

맏아들 프란츠는 독일에 1차 이민 열풍이 불기 시작한 1849년에 미국으로 향했다. 뉴올리언스에 몇 년간 거주하다가 1854년 오하이오주 리마로, 그리고 2년 후 최종적으로 캔사스주의 더글러스 카운티에 정착했다. 최종 정착한 후 1857년 그는 고향을 방문한다. 체류 중 고향 근처 한 촌장의 딸과 결혼했다. 다음 해 아들은 다시 미국으로 돌아와 1898년 사망했다. 프란츠는 미국으로 다시 돌아올 때 발터가 건네준 자필 회고록을 가지고 온 것이다.[6] 그 기록은 그 후 프란츠의 후손에게 전해지다가 그의 손자 대에 이르러 발견되었다.

　자료 발견의 경위도 매우 흥미롭다. 1932년 멜빈은 캔사스대학 사학과에서 '19세기 유럽사'를 강의했는데, 이 강의는 처음 나폴레옹제국을 다뤘다. 한 수강생이 동 대학 유럽문서고에 소장된 수고에 관해 처음 언급했다. 멜빈은 이 자료를 검토한 결과 1806~1813년간 한 독일인 병사의 전쟁 참가 회고담임을 밝혀냈다. 그 기록은 미국 이민을 떠난 후손에게 대대로 전해지다가 대학 문서고에 보관된 것*이다.[7]

---

* 캔사스대학 유럽문서고에 소장되어 있었지만, 그 사료의 정식 상속자는 발터의 증손자, 프랭크 월터라는 인물이었다. 그 자료는 발터가 아들에게 보낸 몇 통의 편지와 회고록 등 두 묶음으로 보관되어 있었다.

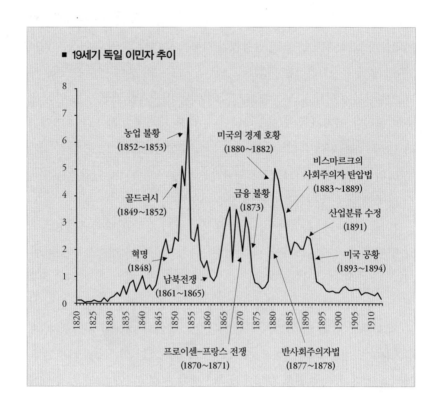

■ 19세기 독일 이민자 추이

농업 불황
(1852~1853)

미국의 경제 호황
(1880~1882)

비스마르크의
사회주의자 탄압법
(1883~1889)

골드러시
(1849~1852)

금융 불황
(1873)

산업분류 수정
(1891)

혁명
(1848)

남북전쟁
(1861~1865)

미국 공황
(1893~1894)

프로이센-프랑스 전쟁
(1870~1871)

반사회주의자법
(1877~1878)

멜빈과 그의 동료들은 자료의 기록자인 야코브 발터가 실제 나폴레옹 군대에 동원되었다가 소집 해제된 귀환병사인지를 추적 조사했다. 추적의 단서가 된 것은 자료와 함께 묶인 편지, 발터가 맏아들에게 보낸 1856년 2월 17일 자 편지였다. 발신자 주소를 근거로 독일대사관과 슈투트가르트 군대 문서고를 통해 확인한 결과, 발터가 세 차례 소집되었고 특히 1812년 군 복무 메달을 받았음을 확인했다. 한편, 주민대장을 통해 그가 1864년에 사망했고 1817년 결혼한 이래 열 명의 자녀를 두었으며, 1856년 편지를 보낼 당시 다섯 명의 자녀가 생존했다는 사실도 알 수 있었다.[8] 그러니까, 생존한 자녀 가운데 두 아들이 미국에 거주했던 것이다.

1991년 펭귄 판 발터 회고록은, 펭귄 판 편자 마크 래프의 서문(xiii~xxx쪽), 1806년 동원 소집(1~19쪽), 1809년 소집(20~31쪽), 1812~1813년 소집(32~111쪽), 수고 발견자 프랭크 멜빈의 해설(112~133쪽), 부록으로 모스크바에서 후에 발견된 독일 사병들의 편지 6통(136~151쪽) 등의 순서로 편집되어 있다. 발터의 수고는 평범한 사람들의 기록이 대부분 그렇듯이, 그 시대의 중요한 정치적 문제나 이슈가 될 만한 것을 언급하지 않는다. 그의 회고에서 독일권에 대한 나폴레옹의 지배, 당대 유럽의 정치 상황, 전쟁에 대한 견해 등 좀 더 깊이 있는 성찰은 찾아보기 힘들다. 발터는 자신이 겪은 사건과 과정을 기록하는 데 의미를 부여했을 뿐이다. 감정의 개입 없이 연대기처럼 기술하고 있다. 이 기록을 처음 학계에 보고한 프랭크 멜빈은 발터의 기록 내용을 분석한 다음, 나폴레옹 전쟁을 다룬 기존 연구를 참조해, 특히 나폴레옹의 러시아 원정기에 발터가 거쳐 간 도시를 표시한 지도를 작성하고 전쟁의 몇몇 국면을 살폈을 뿐이다.

자전적인 회고록은 당대 자료이기는 하지만 주의 깊은 읽기가 필요하다. 우선 어떤 의도로 자전적 기록을 남겼는지 따져보아야 한다. 중세 이래 유럽의 직종 전통에서 석공 집단은 문자해독률이 높았고, 경험 많은 사람들은 여러 외국어를 구사할 수 있었다. 요즘으로 말하자면, 유식한 국제주의자라 할 수 있다. 중세 후기 대건축의 시대가 지났음에도, 석공들은 일터를 찾아 여러 곳을 돌아다녔으며, 여러 가지 해박한 지식과 견문을 가진 사람들*이 많았다.[9] 이런 점에서 자신의 삶의 경험과 그 경험에 대한 기억을 문자 기록으로 남겨야겠다는 열망이 강했을 것이다. 이 열망이 후손에게 선대의 분명한 모습을 전하겠다는 미국에 이민 간 아들의 의도로 증폭되었을까? 그렇다면, 이 회고는 발터의 기억이 매우 선택적으로 재구성되었으리라고 의심할 만하다. 발터의 맏아들은 1857년 독일을 방문했다. 멜빈의 추론이 맞는다면, 발터의 수고는 그보다 적어도 17년 이전에 작성된 것이다. 미국에 살게 될 자신의 후대에게 선대의 뚜렷한 모습을 남기겠다는 의도는 적었을 것 같다.

더 나아가, 회고적인 기록은 본질적인 문제를 안고 있다. 기억이란 한 사람이 "자신의 과거를 현재화하는 정신적·심리적 현상"이다. 달리 말하면, 그것은 "자신의 과거를 자신의 현재와 관련짓는 정신행위"인 것이다.[10] 현재의 삶과 현재의 상황에 따라 과거에 대한 기억은 선택되고 변형되고 왜곡될 위험이 있다. 발터의 수고 또한 기억하고 싶은 것만을 기록하고 일부 내용은 망각하는 의도적인 재구성 과정을 거쳤을 것이다. 발터의 회고록이 희귀한 기록임에도 지금까지 이를 직접 다룬 연구가 거의 없는 것은 아마 이런 난점 때문일 것이다. 1991년 다시 출간된 후에도 관련 연구는 보이지 않는다.

* 중세 후기 자유 석공freemason 집단의 결속력 강한 조직은 후대에 약해졌다. 그렇더라도 자유 석공에게 전수되는 직종 전통은 남아 있었을 것이다.

나폴레옹의 독일 분할과 러시아 원정

1804년 5월 18일 황제로 추대된 나폴레옹 보나파르트는 다음 해 영국과 교전을 벌이는 한편, 1805년 아우스터리츠 전투[삼제회전三帝會戰]에서 오스트리아와 러시아에 승리를 거두었다. 1806년 그는 독일 영방국가들을 압박해 라인연방(남서 독일 16개국의 동맹) 결성, 신성로마제국 해체, 예나아우어슈테트 전투 승리, 베를린 점령에 이르기까지 독일 지역을 사실상 분할 지배*하기에 이르렀다.[11]

나폴레옹이 이 시기에 독일권을 극심하게 압박한 것은 영국 침입을 위한 준비 과정에서 중립을 표방한 프로이센과 불화를 빚은 데서 비롯했다. 프랑스군은 아우스터리츠 전투에서 오스트리아와 러시아군에 승리를 거두었다. 이런 승리를 거두었음에도 해전에서는 고전을 겪었다. 트래펄가 해전 패배와 함께 영국을 침입하려던 나폴레옹의 원대한 계획은 실패로 끝났다. 이 무렵 나폴레옹의 영향력 확대와 팽창정책을 우려한 프로이센 국왕 프리드리히 빌헬름 3세는 아우스터리츠 전투 이전인 11월 3일 러시아의 알렉산드르 1세와 비밀리에 회담을 갖고 포츠담조약에 서명했다. 여기에서 프로이센은 중립국의 입장에서 선회, 오스트리아·러시아·영국의 3국동맹에 협조하기로 약속했다.

아우스터리츠 전투 이후 나폴레옹은 거세게 프로이센을 압박하고 독일

---

* 이 시기의 프랑스군과 나폴레옹이 주도한 주요 전쟁 및 사건 연대기는 이렇다. 영국과 트래펄가 해전(1805. 10. 21), 오스트리아 및 러시아와 아우스터리츠 전투(1805. 12. 2), 라인연방 결성(1806. 7. 12), 신성로마제국 해체(1806. 8. 6), 프로이센 및 오스트리아와 예나아우어슈테트 전투 승리(1806. 10. 14), 베를린 점령(1806. 10. 28). 이상 연대기는 주로 Michael V. Leggiere, "From Berlin to Leipzig: Napoleon's Gamble in North Germany, 1813", *The Journal of Military History*, 67:1, 2003, pp. 41~44 참조. 나폴레옹은 징병, 동원, 이동, 배치, 병참 등 군대의 군사작전 전반에 걸쳐 오늘날의 총력전 개념을 도입했다고 알려져 있다.

권의 해체를 시도한다. 이는 프리드리히 빌헬름 3세의 이중 태도에 대한 분노 때문이었다. 그 압박으로 1806년 3월 3일 프로이센은 파리조약에 서명했는데, 그 내용은 프로이센의 모든 항구에 영국 선박의 입항을 불허하고 북독일 해안에서 영국과의 모든 무역행위를 중단한다는 것*이었다.[12] 이와 함께 나폴레옹은 16개 영방국가로 구성된 라인연방을 창설한다. 이러한 강압에 분노한 빌헬름 3세는 같은 해 9월 프랑스에 선전포고하고 전쟁에 돌입했으나 10월 14일 예나-아우어슈테트 전투에서 결정적으로 패배하기에 이른다.

　베를린 점령에 이어 1807년 2월 나폴레옹 군대는 폴란드로 진격한다. 이 당시 프로이센을 구원하러 나온 러시아군을 연이어 격파한 후 나폴레옹은 러시아에 굴욕적인 강화조약을 강요했다. 1807년 7월 8일 양측이 맺은 틸지트조약은 독일 동부 및 폴란드 정치 지형의 변화를 러시아가 인정할 것과 러시아에 대해 '대륙봉쇄령' 동참을 요구하는 내용을 포함했다. 나폴레옹은 엘베강 동쪽에 이르는 프로이센 영토를 베스트팔렌이라는 별개의 영방국가로 떼어내 자기 동생 제롬 보나파르트를 그 군주로 옹립했다. 또 이전 프로이센과 러시아가 장악했던 폴란드 지역에는 바르샤바대공국을 수립해 나폴레옹의 직접적인 지배 아래 두고자 했다. 이와 함께, 1806년 11월 21일 유럽 대륙의 모든 국가가 영국과 교역을 단절할 것을 선포했는데, 러시아 또한 이 조치에 적극 협력할 것을 명시한 것이다.[13] 틸지트조약 체결 다음 날인 1806년 7월 9일 빌헬름 3세도 프랑스와의 조약에 서명한다. 이로써 프로이센은 영토와 군대가 축소된 유럽의 3등국가로

---

* 포츠담조약 내용에 분노한 나폴레옹은 이미 아우스터리츠 전투 직후 비엔나에서 프로이센 외무장관을 만나, 빌헬름 3세의 배반을 질책한 후에 프로이센을 공식적으로 하노버공국에 합병하겠다고 위협했다. 이러한 위협 때문에 프로이센은 다음 해 파리조약에 합의한다.

전락*했다.[14] 나폴레옹 황제 즉위 이후 프랑스, 오스트리아, 프로이센, 러시아, 영국 사이에 벌어진 일련의 갈등과 전투는 이렇게 결말을 맺었다.[15] 오직 영국만이 나폴레옹의 지배권에서 벗어나 있었으며, 유럽 대륙의 거의 모든 국가가 직간접으로 프랑스의 영향 아래 있게 되었다.

나폴레옹의 독일권 해체와 지배는 그의 야심뿐만 아니라 독일 자체의 특수한 상황과 관련된다. 프랑스와 달리 19세기 초 독일은 신성로마제국이라는 이름 아래 300여 영방국가로 구성된 느슨한 정치적 결합체였다. 대혁명 이후 프랑스에서는 봉건 질서가 소멸되었지만, 독일에서는 그대로 잔존했다. 나폴레옹의 독일 지배는 독일 민족주의를 자극해 통일운동의 계기를 만들었지만, 다른 한편으로는 독일권에서 봉건 질서의 해체를 가속화하는 계기이기도 했다.[16] 프랑스 영토로 편입된 라인강 서쪽은 프랑스 혁명 이후 이루어진 사회개혁의 직접적인 수혜 지역이었고, 라인연방 내 자치국가들에 대해서도 나폴레옹은 봉건적 공납과 신분제 폐지 등 사회개혁을 요구했다. 뷔르템베르크, 바이에른, 바덴, 베스트팔렌 등이 이에 해당한다.[17]

일반적으로 나폴레옹의 러시아 원정은 대륙봉쇄령과 관련된다고 알려졌다. 당시 유럽 대륙을 제패하려는 나폴레옹의 원대한 계획에 가장 큰 골칫거리는 영국이었다. 섬나라라는 지리적 이점과 강한 해군력을 바탕으로 프랑스 지배에서 벗어나 있었기 때문이다. 나폴레옹은 대륙봉쇄령으로 영국을 경제적으로 고립시키고자 했다. 그러나 이 조치 이후 영국은 유럽 외부 세계와 교역을 더 증진시키고 해상 지배력을 강화할 수 있었다. 러시아

---

* 조약 전에 프로이센 주민은 975만 2,731명이었으나 조약 후에 493만 8,000명으로 감소했고, 면적도 이전에 비해 절반으로 줄었다. 육군 병력도 4만 2,000명을 초과하지 못하도록 규정했으며 징병제도나 민병대 도입도 금지했다.

또한 국내 경제의 침체를 우려해 영국과 비공식적인 교역을 계속했다. 나폴레옹의 러시아 침입 이유는 러시아의 틸지트조약 불이행이었다.

1812년 6월 24일 나폴레옹의 대원정군은 폴란드와 러시아 국경인 니멘강을 건너 러시아 영토를 공격했다. 이 원정군은 프랑스인뿐 아니라 나폴레옹 지배 아래 있던 유럽 각국의 병사도 포함된 일종의 다국적군이었다. 특히 프로이센과 오스트리아에서는 전후 보상을 약속한 대가로 각기 2만과 3만여 병력을 차출할 수 있었다.[18] 최대 60만 명에 이르는 원정군은 다국적군이었음에도 겉으로는 체계적이고 효율적인 편제를 이루고 있었다. 나폴레옹이 그동안 인접 국가와 일련의 전쟁에서 승리를 거둘 수 있었던 것은 그의 전략과 전술적 재능뿐 아니라 군대의 동원, 조직화, 병참 지원 등에서 효율적이었기 때문이다.

나폴레옹은 이전부터 러시아를 직접 굴복시키기 위해서는 전쟁이라는 수단을 동원해야 한다는 확신을 가지고 있었다. 다만 광대한 영토 때문에 사전에 치밀한 준비가 필요했다. 그러나 그는 러시아의 힘을 과소평가했다. 나폴레옹은 1810년경부터 러시아 침입 준비를 구체적으로 지시*했다.[19] 1812년 하반기에 전개된 전쟁의 경과는 잘 알려져 있다. 기병, 포병,

---

* 나폴레옹의 서한을 중심으로 그 준비 과정을 추적한 파커Harold T. Parker에 따르면, 직접적인 준비 지시는 1810년 여름부터 나타난다. 1810년 8월 4일 바르샤바대공국 부왕副王을 겸하고 있는 작센 군주에게 보낸 편지에서 비밀리에 무기고 무장을 강화하고, 러시아 공격 시 취약하지 않도록 국경 요새를 강화하라고 지시한다. "짐과 러시아의 관계는 매우 좋소. 그렇지만 우리는 준비해야 하오." Napoleon to Frederick Augustus, king of Saxony, Trinon, 4 Aug. 1810, Napoleon ler, *Correspondance de Napoléon ler*, Paris: H. Plon & J. Dumaine, 1859, no. 16762, 21:19~29. 1810년 10월 6일 의도는 좀 더 분명하게 나타난다. 작센 군주에게 보낸 편지에서 16개 기병연대를 양성할 것을 지시한 것이다. "전쟁 시 기병들은 지난 전쟁기에 우리가 감당하기 힘들었던 코사크족 무리로부터 우리를 안전하게 안내할 것이오." Napoleon to Frederick Augustus, king of Saxony, Fontainebleau, 6 Oct 1810, *Correspondance*, no. 17009: 21:192~194. 러시아 대사에게 전한 편지에서 알렉산드르의 서약 위반 행위를 비난한다. 만일 알렉산드르가 항구를 중립국 선박에 개방해 그 선박들이 영국과 교역을 하게 된다면, 그리고 사실상 영국과 평화관계를 유지한다면, 전쟁이 임박하게 될 것이라고 경고한다.

보병으로 구성된 원정군은 3개 방면으로 진격했고, 나폴레옹은 중앙군단을 직접 지휘해 모스크바로 향했다. 러시아군의 전략은 원정군의 진격에 앞서 후퇴해 직접 전투를 회피함과 동시에 주변의 모든 물자를 불사르는 것이었다. 병참선이 길어질수록 취약해질 보급에 타격을 가하기 위한 전략이었다.

나폴레옹은 9월 초 모스크바에 이르렀으나 불타는 도시만 점령했을 뿐이다. 그의 군대는 적절한 병참 보급도 없이 러시아 내지에 너무 깊숙이 진입했으며 곧바로 겨울이 닥쳐왔다. 한 달여 모스크바에 주둔하면서 러시아 알렉산드르 1세와 휴전을 모색했지만 성과가 없자 나폴레옹은 퇴각 명령을 내린다. 러시아군은 퇴각하는 나폴레옹 군대를 추격해 간헐적이면서도 끈질기게 공격했다. 특히 원정군을 집요하게 괴롭힌 것은 코사크 기병대였다. 그들은 원정군의 퇴각로에 미리 대기하고 있다가 원정군을 공격했다.[20] 원정 결과는 나폴레옹에게는 커다란 재앙이었다. 60여만 명의 병력 가운데 살아남은 병력은 3만 남짓에 불과했다.[21] 이 전쟁의 전 과정은 톨스토이의《전쟁과 평화》에서 문학적으로 형상화된다.

야코브 발터의 기억―참전에서 귀환까지

1806년 11월 4일 발터는 처음으로 루드비히스부르크의 병영에 입소해 로미히 연대에 배속되었다. 그들은 프로이센 방향으로 이동해 1807년 1월 글로가우에서 오데르강 배후 지역을 지나 드레스덴까지 프로이센군 포로들을 호송했다. 도중에 브란덴부르크의 퓌르스텐발데에서 약 11주간 주둔하기도 했다. 3월 말 드레스덴에 도착해 포로를 인계하고 나서 그들은 곧바로 고향으로 향했다. 고향에 도착한 후에 발터 일행은 소집 해제 명령을 받았다.[22] 발터가 별다른 전투를 치르지 않고 제대한 것은 1806년 10월 예나-아우어슈테트 전투가 끝난 후에 소집되었기 때문이다. 제대 후에 그는 석공으로 일했다.

1809년 오스트리아와 전쟁이 일어났을 때 그는 다시 동원 명령을 받고 슈투트가르트의 군부대에 입소했다.[23] 당시 라인연방은 16개 영방국가로 구성되었지만 사실상 프랑스의 위성국가였다. 이들 영방국가 가운데 가장 대표적인 나라가 뷔르템베르크와 베스트팔렌이었다. 이들 두 국가에서 특히 병력 동원이 활발했던 것으로 보인다.

발터가 속한 연대를 포함해 슈투트가르트에 소집된 부대들은 처음엔 바이에른을 지나 오스트리아 쪽으로 행군했다. 그러나 도중에 진로를 바꾸라는 명령이 떨어져 슈투트가르트로 되돌아와 한동안 머물렀다. 그 후 발터의 부대는 다시 티롤 지방으로 향했다. 티롤 지방에서 나폴레옹에 반기를 든 세력은 프랑스군의 압박을 받자 퇴각해 보덴 호수 주변 알프스 산록에 방어선을 치고 있었다. 이때까지만 하더라도 발터는 적군과 조우하더라도 별다른 충돌을 겪지 않았고 좋은 막사에서 보덴 호수 특산 와인을 즐길 수 있었다. 연대 병력이 모두 헤펜의 집결지로 모여들었을 때, 발터는 다른 부대에 소속된 동생을 만났다. 형제는 재회의 기쁨을 나눴지만, 서로 행운을 기원하는 것 외에 달리 할 말이 없었다. 부대가 다르기 때문에 만날 수도 도울 수도 없었기 때문이다.[24] 발터의 연대는 보덴 호수 가운데 있는 섬 린다우로 이동했다. 이곳에서 반군과 본격적인 전투에서 고전했다. 발터 부대는 적군의 기습으로 적지 않은 사상자가 나기도 했다.

브레겐츠 맞은편 표백용 초지 근처 전초기지에서 초계병들과 함께 경계를 서고 있었는데, 적이 포도원을 넘어 접근해왔다. 전초기지 경계를 선 병사들은 초계병들 뒤로 물러나야만 했다. 초계병 부대가 일제 사격을 가했음에도, 적은 접근

했다. 병사들은 …… 각자 표백 공장 뒤에 몸을 숨기고서 사격했다. 더 잘 조준
하기 위해 나는 앞이 잘 보이는 판자로 세운 표백용 오두막으로 달려갔다. 밖에
그 집으로 가는 계단이 놓여 있었다. 나는 이곳에 자리 잡은 뒤에 소총을 난간에
걸쳐놓고 접근해오는 적을 겨눴다. 60개 탄창 중 40개를 사격하는 동안 탄환이
내가 숨은 오두막 위로 우박처럼 쏟아졌다. 적은 아주 가까이까지 접근해왔다.
이제 나는 계단을 뛰어올라 초계병 쪽으로 나아갔다. 그러나 우리 초계병 부대
는 이미 도시 쪽으로 퇴각하는 중이었다. 나는 정원과 방책을 건너뛰며 달아나
야 했다.[25]

그 후 발터가 속한 부대 등 3개 연대와 프랑스군이 합동으로 린다우에
포진한 적군과 격전을 벌여 그들을 산악지대로 쫓아냈다. 그 과정에서 소
총 저격병 50여 명이 부대와 떨어져서 오히려 적군의 포위망에 갇혔다. 발
터는 그들을 구출하려고 자원한 병사들 가운데 하나였다. 비록 강제 동원
된 부대였지만, 전우애가 있었던 것 같다. 발터 일행은 적군의 완강한 저
항에 부딪혀 포위된 동료 병사 쪽으로 다가설 수 없었다. 지휘관이 작전상
후퇴하라고 명령을 내렸을 때 자원 병사들은 오히려 불평하는 태도를 보
였다. "소령은 우리가 후퇴하기를 원했지만, 우리 모두는 그 명령에 대해
불평했고 여전히 산속의 동료를 구하려고 했다."[26] 그렇지만, 결국 발터 일
행은 후퇴할 수밖에 없었다. 그 후 야포를 대거 동원해 적을 물리치고 동료
를 구했다는 것이다.

1809년 소집을 다룬 회고에는 더이상 전투에 대한 기록은 보이지 않는
다. 그들은 린다우에서 몇 개월 더 주둔했다. 티롤 지역은 그 당시만 하더
라도 산악지대였다. 현지에 보리나 밀 등 식량이 풍부하지 못했다. 보급물
자도 질이 떨어져 불평을 늘어놓기 일쑤였다. 그래도 병사들은 주둔하는

동안 상당히 평화로운 날들을 보낸 것 같다. 더이상 전투 위험이 없었기 때문이다. 높은 산에 흰 눈이 덮일 무렵 10월에 그들은 고향으로 이동했다. 방겐, 라펜스부르크, 알트도르프, 발트제 등을 지나 비베라흐라는 소읍에서 다시 머물렀다.[27] 주둔할 병영이 없었기 때문에 병사들은 인근의 농가나 부농의 집에 기숙했다.

발터는 자신이 머물던 한 부농의 집안 이야기를 들려준다. 그 집에 체류하는 동안 그는 서가에 꽂혀 있는 책들을 틈틈이 읽었다. 전통적으로 유럽 사회에서 석공의 문자해독률이 높았던 점을 고려하면, 지식욕이나 호기심에서 비롯되었다고 짐작할 수도 있다. 그렇지만 그의 회고록을 검토하면 꼭 그렇지만은 않다. 부농 집에 딸이 한 명 있었고 그 딸은 책에 호기심이 많은 이유를 자주 물었다. 그녀와 대화를 나누면서 발터는 자신의 신분을 속였다. 이름도 가명을 썼다. 자신의 집안이 성직자를 배출했고, 형도 사제이며 자신도 그 길을 따르는 중이라고 거짓말을 한 것이다.[28] 그 후 가장과 집안 사람들이 그를 대하는 태도가 달라졌다.

1812년 1월 발터는 고향 쇤른도르프의 병영으로 집결하라는 재소집 통고를 받았다. 이 동원은 물론 나폴레옹의 러시아 원정 때문이었다. 이들은 장비와 보급품 점검을 거친 후에 동쪽으로 행진해 나갔다. 뷔르츠부르크, 코부르크, 바이마르를 지나 라이프치히에 도착했다. 이 무렵만 해도 병사들은 즐겁게 행군했다. 먹고 마실 것이 풍부했고, 특히 와인 공급이 충분했기 때문에 병사들은 마인강변의 아름다운 마을과 포도원과 과일나무 그리고 곡물 경작지가 어우러진 농촌 풍광을 즐겼다.[29] 라이프치히가 나폴레옹 원정군의 집결소였다. 이미 수만 명의 군대가 그곳 도처에 운집해 있었다. 발터 부대는 150여 명을 수용하는 극장 건물을 임시막사로 사용했다. 원정군은 이곳 지주들로부터 자산과 물자를 징발해 보급품으로 충당했다. 지주의 하인들이 고기, 수프, 야채를 날랐다. 이들은 이틀 체류 후에 다시 출발했다. 원정군은 오데르강에 이르렀다.

강변 도시인 프랑크푸르트-안-데어-오데르에서 원정군은 3일간 체류하면서 예하 부대를 다시 점검했다. 이 무렵부터 보급물자가 부족해졌다. 발터 일행은 초라한 식사에 만족해야 했다. 동시에 병사들의 훈련 강도 또한 높아졌다. 오데르강에 이를 때까지만 하더라도 병사들의 사기는 높은 편이었고 훈련에 임하는 태도도 진지했다. 그러나 폴란드 국경을 지나면서 날이 갈수록 병참 사정이 나빠짐에 따라 궁핍과 기아가 현실로 다가왔다. 폴란드 농가 약탈에 대해서는 지휘관들도 묵인했다. 병사들이 주변 농가를 약탈하는 행위가 점차 늘기 시작했다. 발터는 이렇게 회상한다. "날이 갈수록 궁핍해지고 굶주리게 되었다. 연대 병사들이 민가의 가축을 징발해 도살할 필요가 있었다. 그래야만 여기저기서 주워온 감자류에 육류를 섞어 섭취할 수 있었다. 빵은 귀했다. 구매해 수중에 넣을 만한 것이 전혀 없었다."[30]

기아와 고된 행군에 몸과 마음이 함께 지쳤지만 프로이센의 고토古土, 브란덴부르크를 지나 폴란드 지역을 거쳐 갈 때까지는 그래도 정서적으로는 안정되어 있던 것으로 보인다. 러시아군과의 전투를 의식할 필요가 없었기 때문이었으리라. 발터의 부대는 브란덴부르크의 퓌르스텐발데에 도착했다. 발터는 1807년 소집 당시 한동안 그곳에 머물렀다. 고향 동료 상당수가 같은 경험을 공유했다. 그들이 기존 병영에 무장을 풀었을 때 인근에 사는 젊은 여성들이 부대 안팎을 기웃거렸다. 이전에 사귀었던 병사를 만나러 온 것이다. 발터는 그 장면을 낭만적으로 기술하기도 한다. 1807년 이 소읍에서 머물 때 발터의 몇몇 동료는 그곳의 젊은 여성들과 사귀기도 했다. "몇몇 젊은 여성은 그들을 알아보기까지 했다. 일부 동료는 사귀던 여성을 다시 만나지 않으려고 몸을 숨기기도 했다. 갑자기 아버지로 불리지 않을까 두려워했기 때문이다."[31] 주둔 당시 그들은 그곳 지주들의 지원을 받았다. 여러 지주의 저택에서 머물기도 했다. 이들이 다시 지주들의 환대를 받았음은 물론이다. 이는 당시 프로이센 지방 지주들이 나폴레옹의 지배에 형식적으로는 협조적인 태도를 지녔음을 알려준다. 오랜 행군에 지친 그들은 루터파 교회의 성찬식에 참여해 몸과 마음의 피로를 풀기도 했다.

이 도시에서 나는 한 양조장 집에 머물렀다. 우리는 며칠간 체류했다. 우리 병사들이 성찬식에 초대받을 기회가 있었다. 그 성찬식에는 가톨릭 사제 4명과 루터파 목사 4명이 자신의 거주지로부터 부대로 함께 파송되었다. 교회는 루터파 교회였지만, 우리는 그곳에서 가톨릭 전례로 거행했다. 나도 성찬을 받았다. 우리는 여전히 이 읍락에서 활발하게 노래하고 즐겁게 놀며 지냈다. 비록 우리 스스로 당면한 이 극히 예외적인 전쟁을 예상하면서도 말이다. 그러나 누구나 항상 운이 좋을 것이라고 믿었고 또 그러기를 희망했다.[32]

험한 행군에도 발터 부대원들이 가질 수 있었던 여유는 러시아령 폴란드와 나중에 러시아 국경을 넘어서면서 사라졌다. 폴란드 동부 지역에서는 이미 보급로가 길어졌기 때문에 병참 지원은 제 기능을 상실한 지 오래였다. 작은 마을을 지날 때는 너나 할 것 없이 먹거리를 찾으려고 달려갔다. 주민들이 숨겨놓은 것이면 무엇이건 빼앗고 약탈했다.[33] 국경 부근에서 여러 차례 충돌이 있었지만 러시아군은 자주 후퇴했다. 그럼에도 사상자가 속출했고 긴장은 높아졌다. 6월 25일경 러시아 국경도시를 돌파했지만 곧바로 러시아군의 포격이 있었다. 그들은 완강하게 저항하기보다는 후퇴에 급급했다. 이 무렵부터 이미 비가 내렸고 비가 그치면 한기가 엄습했다. 발터에게는 청색 리넨 바지 한 벌이 전부였다. 동부 독일과 폴란드 영토를 지나면서 더위 때문에 속옷을 벗어버렸는데 이제 추위를 막아줄 옷가지가 부족했다.[34] 행군에 지친 병사들에게 참기 어려운 고통은 추위였던 것으로 보인다.

> 한쪽에 장원 하나를 발견하고서 병사 모두가 떼를 지어 곧바로 달려가 거처를 마련했다. 그러나 우리의 힘을 쓰고 막대기와 밀대를 거두어오는 것 외에 달리 할 것이 없었다. 그래서 나는 자그마한 거처를 세우는 일을 도왔다. 내 힘으로는 장작더미를 모으는 일은 오래 지탱할 수 없었다. 나는 텐트 친 거처에 앉아 있었다. 배가 고프고 추웠다.[35]

8월 17일 원정군이 러시아 영토 깊숙한 곳, 스몰렌스크 인근에 이르렀을 때부터 러시아군의 저항이 갈수록 심해졌다. 추위와 기아뿐 아니라 나폴레옹 보병대를 괴롭힌 것은 백야였다. 밤늦게 "야영지에 들어설 때도 찬란한 햇빛이 아직 하늘을 비추었다. 해가 지고 다시 뜨는 간격이 짧기 때문이다." 밤은 고작 세 시간 남짓했다. 그마저 햇빛이 남아 있어서 잠을 이루기 어려웠다.[36] 스몰렌스크 진입 직전에 러시아군의 본격적인 공격을 받았다. 러시아 국경을 돌파한 후 가장 치열한 전투였다. 발터 자신도 미친 듯이 사격을 가했다. 나중에는 자신이 최전선 부대에 있는지 후미에 있는지 알아차리지 못할 정도였다. 마지막으로 야포 공격에 힘입어 적군의 저항을 진압하고 스몰렌스크를 점령했다.[37] 이때 공격한 러시아군의 주력은 페테르스부르크와 모스크바에서 온 지원군이었다. 스몰렌스크 시내의 목조 가옥 대부분이 전파되었고, 절반 이상은 불타 무너졌다. 스몰렌스크에서 모스크바까지 진격하는 도중에 여러 읍락을 지나면서 전투는 더욱 치열해졌다. 모든 도로, 경작지, 말, 마차, 촌락이 불탔다. 러시아군이 후퇴하면서 모든 것을 불살랐기 때문이다. 발터는 이 당시의 격전을 다음과 같이 술회한다.

벼락 치듯이, 적에 대해 그리고 적으로부터 총격이 시작되었다. 야포가 불을 뿜으며 땅이 요동치고 포탄이 상대 진영에 작렬했다. 여러 참호에 포탄 세례를 퍼부었고 엄청난 사상자가 나왔지만, 적은 그들의 진지를 고수했다. 명령에 따르면, 프랑스군은 공격군의 후미에 위치해 있으면서 최후의 결전을 시작했다. 이제 양측 군대는 더욱더 격렬하게 서로 싸웠고 죽음의 비명소리와 고막을 찢는 듯한 사격이 지옥을 방불케 했다.[38]

9월 중순 발터의 부대는 모스크바에 입성해 크렘린 궁 뒤편에 막사를 세웠다. 이제까지 러시아 역사상 외국군이 이 궁전 근처까지 진입한 적은 없었다. 발터의 부대는 4주간 시내에 머물렀다. 나폴레옹은 러시아 차르 알렉산드르 1세의 휴전 제의를 기다렸지만 시일만 허송한 셈이었다. 후에 러시아 측이 제시한 휴전안은 나폴레옹 입장에서 패배를 스스로 인정하라는, 그래서 도저히 받아들일 수 없는 내용이었다. 10월 18일 마침내 나폴레옹은 원정군 전체에 퇴각 명령을 내린다. 군대가 체류하던 기간에는 그래도 모스크바 시내에서 질서를 지켰다. 그러나 퇴각 명령이 내리자 모두가 크렘린 궁을 비롯한 시내 주요 건물을 약탈했다.

아침이 되자 병사들 각자 모스크바 '시민권Bürgerrecht'의 상징[약탈물]을 자신의 어깨에 둘러메거나, 두꺼운 모직물로 된 코트로 감았다. 병사들은 빵을 가득 담은 붉은 색 모로코 가죽 주머니를 옆구리에 매달았다. 그들이 모스크바를 떠날 때 모두가 괴상한 모습이었다. 가능한 한 물건들을 가득 가졌다. 곧 닥쳐올 불행을 견뎌내기 위해 설탕이며 이른바 모스크바 차까지 가져갔다.[39]

모스크바에서 러시아 영토를 벗어나기까지 발터는 원정군이 군대로서의 위용을 잃었다고 술회한다. 부대 편제와 대오를 지키며 질서 있게 후퇴할 수 없었다. 러시아군이 도처에서 습격하고 공격했다. 모스크바에서 서남쪽으로 후퇴해 보로브스크에 들어섰을 때 추적해온 러시아군과 대대적인 전투를 벌였다. "야음을 틈타 러시아군이 우리 부대로 쇄도해 들어왔고 많은 병사가 포로로 잡혀 갔다. 모두가 혼란에 빠졌다. 누구든지 적의 수중에 사로잡히지 않기 위해 전력을 다해 도망쳤다. 상당한 피해를 입었기 때문에 야포, 탄약 등을 실은 마차 수백 대를 강물에 수장시킬 수밖에 없었다."[40]

이후 11월 12일 스몰렌스크까지 이르는 27일 동안 발터는 이런 일들을 매일 겪었다. 수없이 기습 공격을 받아 많은 사상자가 발생했고, 군대는 사실상 부대별로 이동하는 것이 아니라 그저 무리를 지어 퇴각했다. 러시아 국경을 벗어나서야 비로소 발터는 위험에서 벗어날 수 있었다. 그는 폴란드 국경의 한 소읍에 이르러 비로소 정규 병영에서 휴식을 취했다. 마침 크리스마스 이브였다. 그는 숙소에서 퇴각 후 처음으로 더운 물로 목욕했다. 그 장면을 이렇게 표현한다.

나는 손과 얼굴을 아주 천천히 씻었다. 손등과 귀와 코를 덮고 있던 잣나무 껍질 같은 딱딱한 부스러기가 쩍쩍 갈라져서 석탄가루처럼 떨어졌기 때문이다. 내 얼굴은 턱수염 덮인 러시아 농민을 닮았다. 거울을 보고서 나는 낯선 몰골에 깜짝 놀랐다. 그런 다음에 나는 한 시간여 뜨거운 물에 비누칠을 하고 목욕을 했다. 그러나 단지 약간 더 부드럽고 가뿐해졌다는 것을 느낄 뿐이었다.[41]

아래로부터 보는 시선

발터의 기록을 공식적인 역사서술과 비교할 경우 어떤 특징을 찾을 수 있을까? 우선 국민 정체성 문제가 제기된다. 프랑스 출신 원정군은 혁명의 열정과 조국을 위한 헌신이라는 의식을 지녔을 것이다. 프로이센 젊은이들은 이와 반대로 민족적 자긍심과 주권을 되찾는 데 관심을 가졌으며 나폴레옹에게 적대적이었다고 알려져 있다. 1813년 프로이센 지역에서는 광범하게 반나폴레옹 저항운동이 일어났다. 물론 처음에 나폴레옹은 다시 군대를 동원해 프로이센의 저항을 꺾고자 했지만, 궁극적으로 실패했다.[42]

상대편인 러시아군 또한 민족 감정을 가지고 있었던 것이 분명하다. 나폴레옹 원정군의 패배는 물론 보급 문제와 추위가 영향을 미쳤지만, 그뿐만 아니라 러시아 농민들의 적대적인 태도 때문이기도 했다. 군사적 패배보다 더 원정군의 사기를 꺾은 것은 식량 문제였는데, 이는 러시아 농민들이 원정군을 피해 도망하면서 가재도구와 먹거리를 남겨놓지 않았던 탓이었다. 러시아 역사가 에브게니 빅토르비치 탈레는 이렇게 지적한다. "모스크바의 화재나 서리가 아니라 러시아 농민이 나폴레옹 군대에 가장 가공할 타격을 가한 것이다."[43] 이러한 사실은 발터의 회고에서도 확인할 수 있다. 러시아에서 원정군이 겪은 것은 식량 부족이었다. 마을과 소읍에 들어서도 그들은 식량 자원을 찾을 수 없었다. 농민이 소개하면서 모든 것을 불태웠기 때문이다.[44]

이에 비해 발터는 민족 정체성에 관해 상당히 냉정한 태도를 보인다. 발터의 기록에서 흥미로운 것은 그가 나폴레옹의 독일 지배에 대한 분노나 민족적 자긍심을 전혀 기술하지 않는다는 점이다. 그렇다고 해서 원정군의 일원으로 참전하는 것에 열광하지도 않는다. 그의 회고 전체를 흐르는 분위기는 전쟁의 승패에 무관심하고 러시아 군대와 전투할 때도 적개심을

표명하기보다는 어떻게 살아남아 귀환할 것인가의 문제가 유일한 관심사
일 뿐이다. 그의 기록에서 동료의 부상과 사망을 언급하면서도 그가 러시
아군을 공격하고 죽이는 서술은 보이지 않는다. 라인연방에 속하는 지역
출신의 민족 감정은 프로이센 지역 젊은이들의 의식과 차이가 있었으리라
추측할 수 있다.*

뷔르템베르크나 베스트팔렌 등 독일 서부 지역 출신 젊은이들이 나폴레
옹의 군대 소집에 별다른 저항 없이 순응했던 것은 한편으로는 나폴레옹
군대의 엄격한 규율과 통제, 다른 한편으로는 동원 이전 생활과 차이가 없
거나 더 풍족한 병참 지원 때문이었던 것 같다. 나폴레옹 군대는 동시대 다
른 나라의 정규군에 비해 규율이 엄격한 것으로 알려졌다. 불복종과 탈영
엔 가차 없는 징벌을 가했다.[45] 징벌의 두려움 때문에 그들은 원정군의 일
원으로 복무하는 것 외에 다른 선택의 여지가 없었다. 다른 한편, 적어도
폴란드 영내에 들어가기 전까지 병사들은 행진 도중에 풍족한 와인과 과
일 그리고 식량을 배급받았다.

발터의 기록을 보면 특히 독일 지역에서는 지주와 지방 토호세력의 협조
덕분에 병참 지원을 잘 받을 수 있었다. 이런 사정은 폴란드 영내에 접어들
면서 달라졌다. 약탈이 더 빈번해졌지만, 그럼에도 군대의 규율과 질서는
유지되었다.

9월 퇴각하면서 이 모든 것이 무너졌다. 러시아 농민들의 비협조 때문에
먹거리 자체 조달이 불가능해졌고 러시아군의 집요한 공격에 지리멸렬할
수밖에 없었다. 발터를 규제했던 두 가지 조건이 모두 사라진 것이다. 나

---

* 멜빈의 추측대로, 발터가 1820~1840년대 사이에 이 수고를 기록했다면, 그 시기는 독일권 지식인들
주도의 민족주의와 프로이센을 중심으로 하는 통일운동이 전 독일권에 퍼져나가던 때였다고 할 수
있다. 발터는 이러한 분위기의 영향을 별로 받지 않은 것으로 보인다.

폴레옹에 대한 두려움이나 경외심 또한 변했을 것이다. 폴란드 영내에 퇴
각한 후 발터는 마침 근처에 머물던 나폴레옹의 초라한 모습을 담담하게
기술한다.

> 우리가 베레시나강에 더 가까이 이르렀을 때, 한 장소에서 나폴레옹이 말들에게
> 마구를 풀어주라고 명령했다. 그리고 그곳에서 그는 식사를 했다. 그는 자신의
> 군대가 가장 처참한 몰골을 하고서 지나가는 것을 지켜보고 있었다. 그가 마음
> 속으로 무엇을 느꼈을지는 상상할 수 없다. 그는 외견상으로는 부하 병사들의
> 처참한 모습을 못 본 척하거나 무관심한 것 같았다. 오직 야망과 잃어버린 영예
> 만 그의 가슴으로 절감했을지도 모른다.[46]

1812년 12월 5일 퇴각하는 원정군이 독일 동부 지역을 아직 넘어서지
못했을 때 나폴레옹은 친위대 병력과 함께 원정군을 뒤로하고 파리로 떠
난다. 쿠데타 음모가 적발되었다는 소식을 듣고서였다.[47] 이후 원정군은
사실상 군대의 모습을 상실했다. 발터는 그 후 어떻게 고향으로 귀환했는
지 상세하게 기술하지 않는다. 사실상 군대를 이탈해 혼자서 또는 몇몇 고
향 동료와 함께 돌아왔을 것이다.

한편, 발터의 회고록에서 관심을 끄는 것은 기독교 신앙이다. 특히 러시
아 영토 진입에서 퇴각에 이르기까지 4개월간 그는 일상에서 기도와 깊은
묵상을 반복한다. 약탈, 전투, 생명의 위협, 기아 등 모든 고통의 경험을 그
는 신앙으로 감내한다. 발터가 자라난 뷔르템베르크는 가톨릭이 개신교보
다 더 우세한 지역이었다. 그렇다고 하더라도 그는 개신교에 대해 이질감
을 갖지는 않았다. 프로이센 국경 지역에 머물 때 그는 루터파 교회에서 가

톨릭 의식으로 성체성사에 참가*한다.[48] 사실, 나약한 개인이 고난을 겪을 때 종교에 매달리는 것은 자연스럽다. 폴란드 국경을 넘어서기까지 그의 기록에는 기도하는 장면이 별로 나타나지 않다가 러시아로 진입하면서 그 횟수가 갈수록 증가한다. 문제는 발터의 경우 그 정도가 매우 극단적으로 나타난다는 점이다. 8월 16일 스몰렌스크에서 격렬한 전투를 치르면서 다수의 사상자가 발생하자 그는 전쟁터에서 무릎을 꿇고 지금까지 불쌍한 자신을 살려준 것처럼 앞으로도 삶의 고통을 가져가고 동시에 보호해줄 것을 신에게 기도한다. 그날 밤 다행히 목숨을 건진 후 그는 이렇게 술회한다.

> 기도하고 여러 차례 주님에 대한 경건한 명상에 잠기면서 나는 내 운명을 생각했다. 밤새도록 별일은 없었고, 어느 순간에 새로운 전투가 시작될 수도 있겠지만, 나의 이 모든 곤경 어느 것도 형제, 자매, 친구들에 대한 생각만큼 심란하고 우울하지는 않았다. 이것은 가장 커다란 고통이었다. '주님께서 모든 것은 이뤄주실 거야. 앞으로 주님의 돌보심에 의지해야겠지.' 나는 이런 희망을 가지고 그 고통을 참아냈다.[49]

모스크바를 떠나 수개월간 퇴각하면서 발터는 여러 차례 생명을 잃을 위기에 직면했다. 그때마다 그는 신앙에 매달린다. 보로브스크 인근의 치열한 전투에서 구사일생으로 목숨을 건졌을 때 그는 추격뿐 아니라 기아 때문에 거의 탈진한 상태였다. 그는 자신의 상관과 함께 인근 농가에 접근했다. 농가 마구간에 말 두 마리가 매여 있었고, 그 옆에 훈제한 돼지머리가

---

* 프로테스탄트와 가톨릭이 공존하는 지역에서는 한 종파 교회에서 시간을 달리해 다른 종파가 성찬식과 예배를 갖는 사례는 흔히 있었다. 그러나 19세기에 뷔르템베르크 지역에서 두 종파 간의 긴장이 갈수록 높아졌다는 연구도 있다.

있었다. 주민이 피난하면서 미처 불태우지 못했을 것이다. 그 앞에서도 발터는 감사의 기도를 빼놓지 않는다. 돼지고기로 허기를 채우면서 그는 이렇게 생각한다. "설혹 우리 중에 오직 소수만이 독일 땅을 밟는다 해도, 아마 나는 신의 도움으로 도달할 수 있을 거야."[50] 그 며칠 후 모사이스크에서 러시아군의 공격을 받고 도망치다가 그는 도로변에 즐비하게 쓰러진 사체를 보았다. 그 옆을 지나면서 그는 신의 가호로 목숨을 건질 수 있었다고 몇 번이나 되뇐다.[51] 발터는 한 호숫가에 이르러 빙판 위에서 이상한 물체를 발견했는데, 끄집어내 보니 모피 외투였다. 아마 다른 병사가 입었던 외투였을 것이다. 발끝까지 닿을 만큼 길어서 추위를 막아주었다. 그는 "하늘을 바라보며 신에게 기도하고 또 무한한 자비에 감사했다."[52] 신의 가호를 빌고 또 그 가호에 감사하는 태도는 독일 영내에 들어설 때까지 반복된다.

돌이켜보면, 나폴레옹은 오만하고 자기 확신에 가득 찬 인물이었다. 그가 동원한 수십만 명의 병사들은 유럽 지배라는 자신의 야망을 달성하기 위한 수단에 지나지 않았을 것이다. 특히 라인연방 출신 병사들이야말로 효율적 행정수단을 통해 동원하고 배치한 인적 자원, 그 자신의 명령에 따르는 수동적 집단이었다. 그에게 병사 개개인은 무지하고 하찮은 존재였겠지만, 발터와 같은 독일인 젊은 병사 또한 나폴레옹과 적절한 거리를 두고 자신의 생존을 위해 전력을 다한 개인이었다.

회고, 선택적 기억

개인의 회고는 주의 깊게 읽어야 한다. 기억은 선택적이다. 그 선택적인 기억도 개인의 현재와 관련되어 변하기도 한다. 이런 경우 어떤 것은 축소하고 또 어떤 것은 과장하기도 한다. 발터의 회고 또한 이러한 한계를 벗어날 수 없다. 자신을 합리화한 부분도 있으리라 생각된다. 특히 그의 신앙과 신에 대한 기도는 상당히 과장된 것으로 보인다. 이러한 과장이 자신의 합리화 과정과 겹쳐 있다.

이런 한계를 감안하더라도, 발터의 회고 전체를 흐르는 분위기는 이상하리만큼 냉정하고 차분하다. 그 기록은 국가, 조국, 헌신, 위인 숭배, 타자에 대한 적대감 등의 감정을 보여주지 않는다. 독일적 정체성도, 나폴레옹에 대한 열광도 보이지 않는다. 발터가 아래로부터 바라보는 시선은 나폴레옹과 그의 지휘관들이 일반 사병에 대해 갖고 있을 냉랭함 비슷한 감정을 포함하고 있다. 특히 퇴각할 때 언뜻 보았던 나폴레옹의 모습을 묘사하는 장면에서는 경외감이나 숭배가 아니라 오히려 연민의 감정을 드러낼 정도다. 프랑스의 외부, 라인연방에서 동원된 젊은이의 시선은 그 외부에 걸맞게 나폴레옹과 원정군 모두에 일정한 거리를 두고 있었던 것이다. 그가 의지했던 것은 혁명의 열광, 해방, 자유 같은 추상적 슬로건이 아니라 유년 시절부터 익숙했던 신앙이었다.

전쟁과 동원,

02

그리고

제국

1914년 8월 4일 영국 왕 조지 5세는 그 전날 독일군의 벨기에 침입을 비난하면서 독일에 선전포고를 했다. 곧이어 의회는 국왕의 선전포고를 지지하는 결의안을 만장일치로 가결했다. 의회의 결의에 앞서 국왕이 전쟁을 선언한 것은 영제국 전체가 독일에 대항해 싸우겠다는 의지를 보여주는 데 목적이 있었다. 이후 약 4년간 영국군은 유럽 대륙에 수백만 명의 병력을 파병했고, 전 세계의 대양에서 독일과 싸웠다. 영국만 아니라 캐나다, 오스트레일리아, 뉴질랜드, 남아프리카공화국 등 백인자치령 국가와 인도, 서아프리카 황금해안 지역 등 속령도 전쟁에 적극 참여했다.

영국 정부와 의회는 당시 자치령 국가들의 참전과 지원을 당연하게 생각했다. 그러나 자치령 정치가들에게 참전은 니콜라스 맨서프Nicholas Mansergh가 지적했듯이, "형성 과정에 있는 국가"임을 명백히 표명하는 행위였다.[1] 자치령의 참전은 물론 자국 국민의 적극적인 동의를 거친 자발적 결정이었지만, 그 배후에는 "이주한 지 오래되지 않은 영국계 주민의 모국에 대한 정서적 연대의식"과 "독일 측 움직임의 광범위한 영향에 대한 우려"가 반영된 결과이기도 했다.[2]

전쟁기에 자치령의 지원이 필요했던 영국 정부는 전시제국회의Imperial War Conference와 전시제국내각Imperial War Cabinet 등을 운영했다. 그러나 전쟁의 장기화에 따라 사상자가 급증하면서 백인자치령 사이에 독자적인 국가 운영과 국가의식을 강조하는 분위기가 짙어졌다. 참전을 적극 옹호한 자치령 정치가들 또한 정치적 입지를 유지하기 위해 독립적인 국가 운영을 중요한 의제로 삼지 않을 수 없었다. 전쟁은 이전까지 모호하게 여겨졌던 영국[모국]과 자치령 국가 간의 관계를 다시 성찰하고 좀 더 명확히 하는 결정적인 계기가 되었던 것이다.

제국회의와 백인자치령

백인정착지white settlement는 19세기 후반 이후 점차 자치령으로 바뀐다. 사실 백인정착지 이민자는 대부분 영국 사회의 하층계급 출신이었다. 정착지에 대한 본국 사람들의 경시는 여기에서 비롯했다. 그러나 정착지가 자유노동의 이상에 근거를 두고 새롭게 확장되면서 영국을 모델로 한 제도들이 이식되었다. 자유노동의 이상에 근거한 개인 권리의 보장, 이를 관리하기 위한 공적 기관과 대의제 의회가 들어섰다.[3]

최초의 자치령 정부는 캐나다에서 나타났다. 원래 캐나다는 미 독립전쟁 당시 영국 왕실을 지지해 온타리오로 이주한 세력을 중심으로 형성되었다. 이에 따라 이전부터 퀘벡주를 중심으로 정착한 프랑스계 주민과 갈등이 잇달았다. 1838년 식민지 소요사태 직후, 캐나다에 파견된 더럼 백작 조지 램튼John Lambton은 북미 여러 백인정착지를 통합한 연방국가 수립, 민주적 선거를 통한 의회와 자치정부 구성 등 과감한 내용을 담은 보고서를 제출했다.[4] 이 제안은 1867년 영국령 북아메리카법British North American Act으로 실현되었다. 이러한 움직임은 다른 백인정착지에도 영향을 끼쳤으며 20세기 초까지 뉴질랜드, 오스트레일리아, 남아프리카연방(남아프리카공화국의 전신)이 차례로 책임 정부와 의회를 갖는 자치령 국가로 변모하기에 이르렀다.*

19세기 중엽까지만 하더라도 영국의 정치가와 지식인들 사이에 본국과 백인정착지의 관계를 진지하게 성찰하려는 움직임은 별로 나타나지 않았다. 영국 지식인들은 미국 독립 이후 이런 문제를 의식적으로 멀리했던 것 같다. 그러나 19세기 후반 이래 백인자치령 정부들이 차례로 들어서면서, 이들 정부와 본국의 헌정상의 관계를 어떻게 설정할 것인가라는 현실적인 문제가 나타났다. 특히 독일과 미국 등 후발 산업국가의 경제발전과, 국제정치에서 영국 헤게모니에 대한 도전에 우려감이 커지자, 본국과 다른 대륙에 산재한 백인자치령의 협조가 중요하게 되었다. 식민지회의Colonial Conference는 이런 배경 아래서 소집되었다.

1887년 이래 식민지회의는 1911년 그 이름을 '제국회의'로 바꾸기 전까지 5회 개최되었다. 2차 회의만 예외적으로 캐나다 오타와에서 열렸고, 나머지 회의 장소는 런던이었다.** 1906년 4월 20일 영국의 식민장관 앨프

---

* 캐나다는 1867년 기존의 온타리오, 퀘벡, 노바스코샤, 뉴브런스윅 등 4개 자치령을 통합한 연방국으로 출발했으며, 이후 북서 지역과 루퍼츠랜드를 합병하고 1871년에 브리티시컬럼비아를 흡수함으로써 대서양에서 태평양에 이르는 광대한 자치령 국가로 발전했다. 오스트레일리아는 대륙에 산재한 뉴사우스웨일스, 태즈매니아, 웨스턴오스트레일리아, 사우스오스트레일리아, 빅토리아 퀸스랜드 등 여러 자치령을 통합해 1901년 연방국이 되었다. 이 밖에 뉴질랜드, 남아프리카, 뉴펀들랜드 또한 19세기 후반 또는 20세기 초에 자치령 국가로 변모한다. 자치령 국가를 선포한 해를 보면 뉴질랜드 1852년, 뉴펀들랜드 1907년, 남아연방 1910년이다. 뉴펀들랜드는 재정 파탄으로 1930년대에 캐나다연방에 흡수된다

** 1911년까지 회의 시기 및 개최지는 다음과 같다. 1887년 식민지회의: 1887. 4. 4~5. 6 런던, 1894년 회의: 1894. 6. 28~7. 9 오타와, 1897년 회의: 1897. 6. 24~7. 8 런던, 1902년 회의: 1902. 6. 30~8. 11 런던, 1907년 회의: 1907. 4. 15~5. 14 런던, 1911년 회의: 1911. 5. 20~6. 20 런던.

리드 리틀턴은 자치령 총독governor-general 모임 개회사에서 식민지회의의 역사를 간략하게 회고한다.[5] 1887년 1차 회의는 당시 식민장관 에드워드 스탠호프의 제안에 따라 열린 것이다. 스탠호프는 그 전해 11월 25일 자 전신문에서 회의 개최의 목적을 이렇게 밝혔다. "회의는 순수하게 자문 성 격을 띨 것이며, 그러므로 식민지들이 동등하게 또는 그 크기에 비례해 대 표들을 파견하는 것도 아닙니다."[6] 이어서 그는 식민지 총독, 자치령 정부 관계자 및 여론 주도 인사가 부담 없이 자유롭게 영국에 와서 논의 과정에 참여하고 또 중요한 역할을 맡을 수 있다고 덧붙였다. 1차 회의에서 제국 방어, 우편, 전신, 태평양 연안국 문제, 특허 공유, 식민지 간의 경계, 설탕 생산 투자 등의 문제를 논의하고 있지만, 어디까지나 빅토리아 여왕 즉위 50주년을 기념하는 의례적인 성격이 강했다.[7]

1897년 식민지회의는 당시 식민장관 조지프 체임벌린의 제안으로 열렸 다. 체임벌린은 실리, 찰스 딜크, 제임스 프로드 등 일단의 지식인들이 주 장한 '대영국론'의 옹호자였다. 대영국론은 브리튼과 해외 백인정착지 모 두를 포괄하는 연방제체제를 수립해, 미국, 독일, 러시아 등 새롭게 발전 하는 다른 경쟁국들의 위협에 대처할 것을 촉구하는 보수적 정치담론이었 다.[8] 체임벌린의 적극적인 노력에 힘입어 거의 모든 백인자치령과 정착지 대표들이 참석해 성황리에 개최*되었다.[9] 1897년 회의는 비록 원칙론 수준 이기는 하지만, 대영국론의 이상을 결의안에 표명하기도 했다.

첫째, 여기 모인 자치령 수상들은 현재 상태 아래서 영국과 식민지 자치정부들 간의 정치적 관계를 대체로 만족스럽게 생각한다. 둘째, 우리는 이들 식민지가

---

* 캐나다, 뉴질랜드 자치정부 총리, 연방 수립 이전 오스트레일리아의 5개 백인자치령 총리, 남아프리 카의 케이프 및 나탈 자치령 총리 등이 참석했다.

지리적으로 연합된 '연방체federal union' 아래 함께 모이는 것이 바람직하며, 언제 어디서나 실현 가능하리라고 본다.[10]

영국과 백인자치령 정부 인사들의 단순한 협의체가 상당한 변화를 맞이한 것은 1907년 식민지회의* 때부터다.[11] 이 회의는 이전에 비해 매우 구체적인 결의안을 작성했다. 우선 회의의 정식 명칭을 '제국회의Imperial Conference'로 정하고 향후 4년마다 개최하기로 했다. 참석회원은 영국 및 자치령 정부의 총리, 영국 식민장관, 그 밖에 각국 정부가 지명한 다른 장관들도 정식회원으로 참석할 수 있도록 했다(1조).[12] 결의안 내용 가운데 특히 제국 내 무역과 상업에 관한 논의가 상당한 비중을 차지한다. 결의안은 "영국과 해외 자치령 사이의 호혜무역 원리가 상호 상업 교류를 자극하고 용이하게 하며, 여러 곳의 자원과 산업 개발을 촉진함으로써 제국 전체를 강화할 것"(6조)이라고 천명한 후에,[13] 영국 공산품 및 영국 해운 우대(8조), 각종 통계 단일화(14조), 회사법 통일(15조), 국제전신망(18조), 제국 교통·여행·수송 촉진(20조) 등을 언급하고 있다.[14] 특히 결의안에서 제국 방어 문제가 명시된 것 또한 흥미롭다. 이는 당시 독일, 일본 등 새로운 열강의 해외 팽창에 대한 우려를 반영한다.

식민지는 전문가의 도움이 바람직하다고 여겨지는 지역 문제들을 자문이 필요

---

* 1907년 4월 15일부터 1개월간 열린 이 회의에는 다음과 같은 정치인이 참가했다. 영국 식민장관 빅터 브루스Victor Bruce[9th Earl of Elgin], 캐나다 총리 윌프리드 로리에Wilfrid Laurier, 오스트레일리아 총리 알프레드 디킨Alfred Deakin, 뉴질랜드 총리 와드J. G. Ward, 케이프 콜로니 총리 제임슨L. S. Jameson, 나탈 총리 무어F. R. Moor, 트랜스발 총리 루이스 보타Louis Bota. 이 밖에 총리 이외의 정치인으로 캐나다의 보든F. W. Borden, 오스트레일리아의 린W. Lyne, 케이프 콜로니의 스마트T. W. Smartt 등이 함께 참석했다. 이전과 달리, 회의의 의전적 성격도 달라진 것으로 보인다. 개회식에는 영국 총리 캠벨H. Campbell-Bannerman을 비롯한 각료 전원이 참석하기도 했다.

하면 식민장관을 통해 제국방어위원회에 위임하기로 한다. 필요할 때면 언제나, 자문을 원하는 식민지 대표는 현안을 논의하는 동안 그 위원회 참석회원으로 출석 요구를 받을 수 있다.[15]

이후 1911년 제국회의 또한 이전 회의에서 논의한 내용을 재확인하거나 보완하는 수준의 결의안을 이끌어냈다. 추가된 내용이 있다면, 자문기관으로서의 제국회의 성격 규정(1조), 통상조약의 통일(19조), 자연자원 이용과 무역 증진을 위한 왕립위원회 구성(20조), 수에즈운하 이용(26조) 등이다.[16] 1907년과 1911년 회의의 결의안은 좀 더 현실성 있고 실현 가능한 의제를 주로 명시했지만, 제국의 이념과 운영, 본국과 자치령의 관계, 제국을 둘러싼 헌정상의 문제 등은 두 차례 회의에서 줄기차게 논의된 중요한 의제였다. 이들 토론과 논의는 의회보고서로 남아 있으나,[17] 지금까지 이를 상세하게 분석한 연구는 거의 없다.

두 차례 회의에서 특히 제국의 정체성에 관련된 토론과 논의 과정을 살펴보자. 우선, '식민지colony'를 대신할 새로운 단어를 찾는 문제가 있었다. 앞에서 언급했듯이, 1907년 회의 결의안에서 4년마다 열릴 회의의 정식 명칭을 '제국회의'로 한다는 합의가 있었다. 아마도 식민지 주민의 열등의식을 줄이려는 의도가 있었을 것이다.[18] 명칭 변경은 자치령 정부 모든 참석자의 호응을 얻었다. 그렇다면, 속령이나 자치령 구분 없이 흔히 사용되던 '식민지'라는 말 자체는 어떻게 할 것인가. 1907년 결의안 1조에서 "국왕 폐하의 정부[영국 정부]와 자치령 정부들His Majesty's government and His majesty's governments of self-governing dominions"이라는 구절이 나온다.[19] 여기에서 '도미니언dominion'이라는 단어가 '콜로니colony' 대신 사용되고 있다. 결의안의 원래 초안에서 이 구절은 "모국과 해외 국왕 폐하의 자치령들의 관계the Mother Country and His Majesty's Dominions over the Seas"로 씌어 있었다.[20] 당시 하원의원 겸 식민차관으로 회의에 참석한 윈스턴 처칠은 초안의 그 구절에서 '모국'이라는 표현이 어색하다는 점을 지적함과 동시에, '콜로니' 대신에 '도미니언'이라는 표현을 군이 사용할 필요가 있는지 되묻는다.[21] 이는 본토인의 시각을 반영한다. 이런 질문에 캐나다 총리 윌프리드 로리에는 이견을 제시한다.

저는 자치 식민지와 기타 식민지 사이에 구별을 두는 그런 표현을 쓰기를 원합니다. 이 회의에 참석한 식민지에 관한 한, 우리는 식민지colony라는 말을 버리고 좀 더 우리의 상상을 일깨우는 새로운 표현을 고안하는 게 좋다고 봅니다.[22]

로리에는 원래 캐나다의 완전한 독립국 위상을 강조하면서도 영국과 제국적 협조관계를 중시한 인물이었다. 이미 1900년 보어전쟁을 비판하는 연설에서도 그는 그러한 균형감을 피력한 바 있다. "나는 캐나다가 영국의 모든 전쟁에 동참해야 한다는 것을 받아들일 수 없는 반면, 또 영국의 어떤 전쟁에도 동참하지 않겠다는 주장을 펴지도 않습니다."[23]

로리에가 '도미니언'을 선호한 까닭은 무엇인가. 회의에서는 '도미니언'의 의미에 관해 몇몇 참석자들이 자신의 견해를 밝히고 있다. 대체로 그 말은 제국 내의 자치국가self-governing community를 의미한다거나, 또는 '책임 정부를 갖춘possessing responsible government' 국가로 받아들여졌다.[24] 이는 자치령 국가를 이전의 식민지적 시각과 다른 시각에서 바라보려는 의도를 반영한다.

그렇다면, 영국과 해외 자치령 국가의 헌정상의 관계를 어떻게 정립할 것인가. 자치령 국가 또한 영국 왕의 지배를 받는 형식을 취하고 있다. 앞에서 지적했듯이, 영국의 보수적인 지식인들은 영국 왕의 지배 아래 통합된 정치체, 즉 '대영국'을 내세웠다. 이는 제국연방을 지향하는 일종의 구심력을 나타낸다. 그러나 자치령 국가 정치인들은 영국에 의존하면서도, 제국 내에서 독자적인 위상을 추구했다. 이는 제국 질서의 원심력을 나타낸다고 할 수 있다.

사실, '도미니언'이라는 표현은 이보다 더 일찍이 자치령 국가 정치인들이 제시한 바 있다. 1901년 1월 에드워드 7세 즉위 당시 식민장관 체임벌린은 국왕의 공식 칭호를 정하기 위해 자치령 정부의 견해를 묻는 전보를 발송했다. 이 전신의 수신자는 물론 캐나다와 오스트레일리아 총독이었지만, 그들에게 자치령 정부 총리의 견해를 확인해 보고해달라는 내용이었다. 체임벌린은 전신에서 "그레이트 브리튼, 아일랜드 및 해외 대영국 Greater Britain"의 국왕이라는 표현을 미리 밝혔다.[25] 그의 제안은 분명 '대영국론'의 정치적 이상을 보여주는 것이다. 그가 자치령 정부의 견해를 물어본 까닭은 무엇일까. 전신 내용에 따르면, '대영국'보다는 각 자치령 정부가 국왕의 공식 칭호에 자국 이름 표기를 원하지 않을까 하는 우려* 때문이었다.[26]

체임벌린의 우려와 달리, 일부 자치령 국가 총리들은 '대영국'이라는 표현에 거리감을 드러냈다. 캐나다와 오스트레일리아 측의 답변에는 '해외 대영국'이 다른 표현**으로 바뀌어 있다.[27] 19세기 후반 20세기 초에 새롭

---

* 그는 이렇게 말하고 있다. "일부 자치 식민지들self-governing colonies은 캐나다 국왕이나 오스트레일리아 국왕 같은 더 특별한 표기를 원할 수도 있습니다. 그렇지만 이렇게 되면 여러 곤란한 문제들을 낳을 겁니다."

** 해외 자치령에 관련된 원래 표현 "King of Greater Britain beyond the Seas"가 캐나다 측 회신에는 "Sovereign of all the British Dominions beyond the Seas"로, 그리고 오스트레일리아 측 회신에는 "Sovereign Lord of the British Realms beyond the Seas"로 바뀌었다. 결국 캐나다 측 의견을 참조해 해당 부분은 "King of all the British Dominions beyond the Seas"로 확정되었다.

게 등장한 자치령 정부와 이를 주도한 정치가들은 대체로 영국에 관해 이중적 태도를 가졌던 것으로 보인다. 그들은 영국적 전통, 영국과 협조 및 의존관계를 존중하면서도, 다른 한편으로는 자치령 국가의 독자성을 추구하는 경향이 있었다. 1907년 식민지회의와 1911년 제국회의에서 논의된 중요한 의제였던 외교를 둘러싼 논의 또한 이러한 이중적인 태도를 보여준다.

1911년 제국회의에서 참가자들은 결의안 초안을 검토하는 도중에 1조의 "자치령 국가들은 런던 선언을 고려해볼 때 영국 대표의 자문을 받아 미리 승인을 받아서는 안 된다"는 표현에 유감을 나타냈다. 특히 오스트레일리아 총리 피셔A. Fisher는 "조약과 협정의 경우 영국 모국과 다른 나라들이 관련되는 교섭에서 미리 자문 받지 않는다"는 표현에 이의를 제기했다.[28] 이는 자치령 국가의 독자성을 인정하는 것으로 보이지만, 실제로는 영국이 자치령 국가와 상의 없이 그 이해에 영향을 미치는 외교활동을 할수도 있다는 우려 때문이었다. 최종적으로 결의안 1조의 해당 표현은 다음과 같이 수정된다.

자치령 국가들은 다음 헤이그 회의에서 영국 대표에게 전하는 사항을 마련할 때 자문 기회를 부여받을 수 있으며, 자치령 국가에 영향을 미치는 교섭들의 경우 영국은 교섭 합의 이전에 그 내용을 회람하여 자치령 정부의 숙의를 거친다.[29]

제1차 세계대전기 인적·물적 자원의 동원

1914년 8월부터 1918년 11월까지 계속된 제1차 세계대전은 이전의 전쟁

과 달리 참전국들의 모든 인적 자원을 총동원한 소모전이자 참호전이었
다. 전쟁의 원인에서 경과와 영향에 이르기까지 많은 연구가 축적되어 있
다. 여기에서는 제1차 세계대전의 전개 과정보다는 전쟁기에 자치령 국가
들의 인적·물적 자원 동원이 어떻게 이루어졌고, 투입 과정에서 어떤 갈등
이 있었는지를 살피는 데 초점을 둔다.

　제1차 세계대전은 초기 독일군의 전격적인 벨기에 및 프랑스 침입이 마
른 전투에서 영국 파견군과 프랑스군의 반격을 받은 후에, 장기간 교착상
태에 빠졌다. 말하자면, 독일 슐리펜 계획Schlieffen-Plan의 기본전략이 차
질을 빚게 된 것이다. 4년간의 전쟁에서 인적·물적 자원의 손실은 전례 없
는 규모였다. 1·2차 이프르 전투, 갈리폴리 전투, 솜므 전투, 베르덩 전투,
1·2차 아라스 전투, 독일군의 무제한 잠수함전, 1918년 독일군 춘계 대공
세 등, 독일군에 맞서 영국 파견군이 자치령 군대와 함께 싸운 대규모 전투
마다 수많은 사상자가 발생했다.[30]

　1914년 독일의 팽창정책이 노골적으로 드러나면서 영국은 전쟁 발발 시
프랑스에 투입할 6개 군단을 유지하고 있었다. 전쟁 발발 후, 이 가운데 4
개 군단을 아미앵에 투입*했다.[31] 영국 파견군은 그 후 4년간 계속 증강되
었다. 1918년 4월 미군 참전 직전까지만 하더라도 영불연합군은 군사적으

---

* 1914년 봄에 프랑스와 긴밀한 연락을 맡은 인물은 윌슨Henry Wilson 장군이었다. 그는 6개 파견군 가
　운데 본토 방어를 위해 2개 군단을 남겨야 한다는 제국방어위원회의 건의를 수용한 당시 총리 그레
　이Edward Gray를 설득해, 파견군을 1개 군단 더 증강하는 계획을 허락받았다. 8월 4일 선전포고 직후
　그는 프랑스 측에 5개 군단을 파견할 것임을 통고한다. Keith Jeffrey, *Field Marshal Sir Henry Wilson: A
　Political Soldier*, Oxford University Press, 2006, pp. 131~132. 그러나 8월 6일 국방장관 키치너Hortio
　H. Kitchener는 계획을 변경, 4개 군단을 아미앵에 투입한다. Richard Holmes, *The Little Field Marshal:
　The Life of Sir John French*, London: Weidenfeld & Nicolson, 2004, p. 198. 윌슨은 초기 영국 파견군
　부참모장을 지냈으며, 참모총장 프렌치John French의 중요한 측근이었다. 1916년 군단 사령관으로 야
　전군을 지휘했고, 1917년 신임 로이드 조지 총리의 군자문관을 거쳐 파리강화회의 영국 대표단 일원
　이었다. 1918년 영 육군 총사령관을 지냈다. 제대 후 북아일랜드 정부 군사고문관을 지내다 암살당
　했다.

로 상당한 열세에 빠져 있었다. 독일군은 두 개의 전쟁을 치르면서도 1915년 이후 동부전선에서 승세를 굳혔고, 특히 러시아혁명 이후 군사력을 서부전선에 집중하면서 대대적인 공세를 가했다. 1917년에는 무제한 잠수함전을 다시 감행해 영국군의 사기를 꺾었다. 특히 그해 상반기에만 매월 60만 톤 이상의 선박이 대서양에서 격침당했다. 주영 미국대사 월터 페이지는 윌슨 대통령에게 보낸 8월 14일 자 편지에서 이를 심각하게 우려한다.

저는 세계의 미래가 다음 질문에 대한 답변에 달려 있는 것처럼 보입니다. 즉, 잠수함 활동에도 불구하고 전쟁에서 승리할 수 있는가, 또 대규모 미 육군을 유럽에 파견하고 그에 뒤이어 대규모 보급선들을 충분히 안전하게 방어할 수 있는가라는 질문입니다. 현재 상황으로는 매일 3척 꼴로 영 해군 대형 함정이 가라앉고 있습니다. 다른 나라 함정이 얼마나 많이 침몰하는지 저는 알지 못합니다. 어떤 대가를 치르더라도, 우리 육군과 보급물자가 안전하게 도착해야만 오래 버텨서 궁극적으로 승리를 거머쥘 수 있겠지요. 하지만 이 과정에서 현재와 같은 함정 격침이 계속되면 연합군은 버티지 못할 것입니다.[32]

보름 후인 9월 3일 자 편지에서도 그는 여전히 잠수함 공격에 따른 연합군 전력 약화를 걱정한다.

제가 아는 바로는, 잠수함 작전은 계속 가장 중대한 위협이 될 것입니다. 호위함이 안전하게 도착한다면, 그것은 우리가 군대와 물자를 프랑스에 보낸 데 성공을 거두는 셈인데 잠수함이 계속해서 호위 받지 않는 화물선을 격침시키면 해운상의 곤란한 문제를 야기하겠지요. 모든 화물선을 호위함으로 보호해야 하니까요.[33]

무제한 잠수함 작전에 뒤이어 1918년 독일군의 춘계 대공세 또한 영국 파견군 지휘부에 깊은 좌절을 안겨주었다. 그해 3월 독일군은 서부전선에 200여 사단을 투입해 대대적인 공격을 감행한다. 아미앵 동쪽에 주둔한 영국군에 포격을 가한 후에 기동력 있는 부대들을 동원해 돌파작전을 폈다. 모든 전선에서 영국 파견군은 65마일 이상 후퇴할 수밖에 없었다. 당시 영 육군 총사령관 헨리 윌슨의 일기는 이 절망적이고 급박한 전황을 잘 보여준다.

3월 24일 아침 7시 그는 로이드 조지 총리관저에서 전시내각회의에 참석해 전황을 보고한다. 영국 파견군과 프랑스군 지휘부에 특별한 실수도 없었고 부적절한 조치도 없었다. 그럼에도 독일군의 공격으로 전황은 불리하게 돌아갔다. 모임 도중에 파견군 사령관 더글라스 헤이그의 긴급 전화를 받는다. 파견군 제3군이 앙크르로 퇴각 중이라는 보고였다. 오후에 전황은 더 급박해졌다.

오후 1시 30분, 나는 독일군Boches이 세이-세이셸을 점령했다는 소식을 들었다. 이는 대규모 공격에 따른 가공할 위험을 알려주는 것이다. 5시에 다시 콩블과 페트론을 잃었으며 우리 군대가 퇴각하고 있다는 전화 메시지를 받았다. 나는 급히 월튼에 머물고 있는 로이드 조지 총리에게 전화를 걸었다. 5시 30분, 프랑스군 포쉬 사령관으로부터 전화가 왔다. 그는 전황에 대한 내 생각을 물었고, 우리는 누군가 방안을 강구해야 하며 그렇지 않으면 우리가 패배할 것이라는 데 의견을 같이했다.[34]

독일군이 서부전선에서 결정적인 우세를 잡을 수 있었던 까닭은 잘 알려져 있다. 러시아와 브레스트-리토프스크 휴전조약을 맺은 이후 독일군이 전 군사력을 서부전선에 집중해 대규모 공격을 감행할 수 있었기 때문이다. 3월 이후 영국 파견군 가운데 제3군과 제5군이 연이어 퇴각했다. 불과 1주일간의 전투로 제5군 사상자가 11만 4,000명에 이르렀다. 절망적인 전황을 지켜보면서 윌슨은 4월 12일 자 일기에 이렇게 적었다. "우리 군대는 급속하게 위축되고 있다. 이는 참으로 심각한 일이다." 페이지 미국대사 또한 자신의 일기에, "미국은 정말, 너무 늦었다"라고 탄식하고 있다.[35] 그러나 절망적인 위기 속에서 반전은 있는 법이다. 4월부터 미 육군부대가 대규모로 투입되기 시작했다. 한 달에 30만 명 규모로 증파되었다. 서부전선에 투입된 대규모 미군과 함께 연합군은 7월부터 본격적으로 반격할 수 있었다.[36]

영국 본토가 제1차 세계대전에 동원한 군 병력의 규모는 어떠했는가. 1911년 현재 영국 인구는 4,529만 7,114명, 그 가운데 남성은 2,201만 7,000명이었다.[37] 1918년 11월 영국 본토 주둔군과 영국 파견군을 포함해 총 병력 규모는 533만 6,943명이었고, 본토 출신은 356만 3,466명*이었다.[38] 이 두 수치를 단순 계산하면, 군 입대한 인적 자원 비율은 영국 남성 인구의 16.2퍼센트**로 나타난다.[39]

영제국의 자원 동원을 살펴보자. 제1차 세계대전 당시 영제국은 면적 1,300만 평방마일, 인구 5억에 이르는 세계적 규모의 연결망을 이루고 있었다. 전 세계에 흩어져 있는 자치령 국가와 속령에서 130만 명 이상의 군 병력이 유럽 전선과 세계 각지에 파병되었다. 사실, 원칙상으로 보면 자치령 정부는 후방에서 영국군을 후원하거나 형식적으로만 영국을 지원할 수

---

* 총 병력은 비전투 노무인력 55만 8,143명을 합산한 것이다. 이에 비해 전쟁 직전 영국군 규모는 정규군, 예비군(14만 5,347명), 식민지 주둔군, 식민지 예비군을 모두 합해 73만 3,514명이었다.
** 근래 연구에 따르면, 이 수치는 당시 성인 남성의 27퍼센트에 이른다.

도 있었다. 캐나다와 뉴질랜드에서 이런 분위기도 있었다. 그러나 전쟁이 진행되면서 자치령 국가들은 더 깊숙이 전쟁에 휩쓸렸고, 모든 자원을 총동원해 전선에 투입했다. 전쟁 초기부터 영국 정치인들은 자치령 정부의 적극적인 참전과 지원을 당연하게 여겼다. 1914년 국방장관 키치너는 상원에서 다음과 같이 답변했다.

> 대자치령 국가들이 보여준 반응에서 강력한 군대 자원을 기대할 수 있다는 것이 분명해졌습니다. 인도, 캐나다, 오스트레일리아, 뉴질랜드 모두 우리에게 강력한 전투부대를 파견하고 있고, 속령들도 의무를 다하라는 단호한 명령에 충성심으로 응답하고 있습니다. 이 때문에 추가 병력을 확보하게 되었습니다. 해외로부터 70개 이상의 전투부대들이 들어왔는데, 이들은 모두 강렬한 애국심을 지닌 자원병으로 구성되었지요. 훈련받고 대형 부대로 편성되면 전선에서 그 나름의 역할을 수행할 것입니다.[40]

물론 상원에서 의원들의 우려감을 불식하려는 의도가 깃들어 있겠지만, 영국에 대한 자치령 국가의 후원과 지지를 전해주고 있다. 여기에서 주목을 끄는 것은 자치령 국가와 자발적인 동원 태도를 높이 평가하는 반면에, 속령에 대해서는 강제적인 징발을 뜻하는 표현을 쓰고 있다는 점이다. 동원 방식의 차별성을 보여준다. 자치령 정부가 적극적으로 영국을 지원할 태도를 가졌다는 것은 선전포고 직전 캐나다와 오스트레일리아 총독이 본국에 보낸 전신문에서도 확인할 수 있다. 이들은 자치령 정부 관계자와 다가올 전쟁에 관해 의견을 나눴다. 1914년 8월 2일 자 캐나다 총독의 전신문은 자치령 정부가 본국에 해외 파견군을 보내기 위해 캐나다 제국 해군과 육군 당국의 지원 제안을 언제나 환영하며, 이미 제국 군대로 특정 기간

동안 파견할 육군 연대들을 등록시킬 것이며 그 모든 비용은 자치령 정부
가 부담할 예정임을 밝히고 있다.[41] 8월 3일 자 오스트레일리아 총독 전신
문 또한 자치령 정부가 "오스트레일리아 해군 함정을 영국 해군 지휘 아래
둘 준비"를 끝냈으며, 우선 2만 명 규모의 전투 병력을 파견하기로 결의했
음을 보고한다.[42] 이와 함께 자치령 국가들은 본국에 대대적으로 군수물자
를 지원하고 있다. 1914년 11월 5일 하원에서 셜리 벤 의원이 자치령에서
보낸 다양한 군수물자 지원 현황을 묻자, 당시 하원의원 신분으로 왕령지
담당 장관Chancellor of the Duchy of Lancaster 직책을 맡고 있던 허버트 새뮤
얼은 이렇게 답변하고 있다.

오트밀, 건초, 쇠고기, 연유, 기타 식량이 해군 및 육군용으로 들어왔고, 벨기에
인 구호를 위해 중미 및 중남미 대사관을 통해 원조물자를 모으고 있습니다. 우
리나라 병원에 입원한 부상병과 해병에게 줄 과일이며 포도주가 답지하고 있고,
자발적인 기부금의 도움으로 상당량의 과일을 부상병 수용 병원에 전달해왔습
니다.[43]

이어서 새뮤얼 장관은 자치령 국가의 물자 지원 현황을 보고한다. 캐나
다에서 밀가루 100만 부대, 온타리오에서 밀가루 15만 부대, 매니토바에
서 5만 부대, 퀘벡에서 치즈 400만 파운드, 뉴브런즈윅에서 감자 10만 부
셸, 프린스에드워드 아일랜드에서 치즈, 브리티시컬럼비아에서 연어 통조
림을 보냈다. 오스트레일리아의 원조물자도 곧 도착할 예정*이었다.[44] 그

---

* 사실 생필품과 군수물자는 전쟁 직후부터 자치령 국가에서 대대적으로 지원했다. 한 의회보고서에
따르면, 1914년 8월만 하더라도 자치령 국가의 물자 지원량이 급증한다. 위에서 새뮤얼 장관의 답변
은 캐나다 지원 기록을 참고한 것으로 보인다. 1914년 8월 7일 밀가루 100만 부대, 8월 17일 알버타
주에서 오트밀 50만 부셸, 8월 21일 노바스코샤에서 석탄 10만 톤, 8월 25일 프린스에드워드 아일랜

는 본국의 위기를 맞아 자치령 주민들이 보여준 성원에 감사하고 있다.

캐나다, 오스트레일리아, 뉴질랜드, 남아프리카공화국 등 자치령 국가는 광활한 국토에 비해 인구 규모가 적었다. 그럼에도 전쟁기 영국 못지않게 성인 남성의 상당수가 군 자원으로 소집되어 유럽 전선에 투입되었다. 오스트레일리아의 경우 터키의 갈리폴리 작전에 참전하기도 했다. 1918년 12월 31일 현재 캐나다군 병력 규모는 62만 8,964명이었다. 이 가운데 영국에 파견된 군 병력은 42만 2,405명에 이르렀다. 영국에서 유럽 대륙 전선에 투입된 캐나다군 규모는 40만 1,191명*이었다.[45] 오스트레일리아, 뉴질랜드 또한 인구 규모에 비해 막대한 인력을 동원해 전선에 투입했다. 성인 남성 대비 참전 군인의 비율은 캐나다 13퍼센트, 오스트레일리아 13퍼센트, 뉴질랜드 19~20퍼센트에 이르렀다. 물론 영국은 더 높아서 27퍼센트에 이르렀다.[46] 자치령 국가는 대규모 군대를 동원해 파견했을 뿐 아니라 모든 전쟁비용을 자체 부담했다. 이를테면 오스트레일리아가 전쟁 초기부터 1919년 6월 30일까지 부담한 비용은 총 2억 6,926만 1,196파운드였다.[47]

서부전선은 4년간 참호전과 총력전이 지속되었기 때문에 이전의 다른 전쟁에 비해 엄청난 사상자가 발생했다. 제1차 세계대전을 단순히 '대전쟁Great War'이라고 부르는 것도 이 때문일 것이다. 이프르, 갈리폴리, 베르덩, 솜므, 엔 등지의 주요 전투마다 영국 파견군의 사상자**는 수만 명을

드에서 오트밀 10만 톤, 8월 26일 온타리오주에서 밀가루 25만 부대 등.
*   당시 캐나다 인구는 814만 4,000명으로 추산된다. 전 인구의 7.7퍼센트가 군 병력으로 소집된 셈이다.
** 몇몇 주요 전투의 전사자 또는 사상자를 살펴보자. 1914년 10월 1차 이프르 전투에서 영국군 전사자는 5만 4,000명, 1915년 4~5월의 2차 이프르 전투에서 연합군 전사자 약 6만 명, 특히 캐나다군 전사자는 5,000명이었다. 1915년 갈리폴리에서도 연합군(영국, 오스트레일리아, 뉴질랜드) 사상자 20만 5,000명, 1916년 솜므 전투 첫날 영국군 사상자 5만 8,000명, 4개월간 100만 명 추산.

헤아렸다.[48] 아래 〈표 1〉은 영국 및 자치령 국가의 사상자 수를 추계한 것이다. 인구 규모를 감안하면 백인자치령 국가의 경우 막대한 인명 손실을 입었다. 특히 참전군인 대비 사상자 비율은 캐나다 50퍼센트, 뉴질랜드 59퍼센트, 오스트레일리아 65퍼센트에 이른다.[49]

값비싼 희생을 치르고도 자치령 정부와 정치 지도자들이 영국과 불평등한 관계를 참아가면서 전쟁에 적극 동참한 까닭은 무엇인가? '영국성 Britishness'에 대한 자치령 주민들의 복합적인 정서에서 그 해답을 찾아야 할 것 같다. 캐나다에서는 전전의 영국인 이민 증가와 함께 두 나라 사이의 감정상의 유대감이 더 짙어졌다. 유럽 전선에 파견된 캐나다군의 70퍼센트가 영국 출신이었다. 1918년 당시 동원 가능한 인적 자원의 절반이 영국계였다.[51] 물론 신규 이민이 참전의 열광을 모두 설명해주지는 않는다. 정치가들 또한 참전에 적극적이었다. 당시 보수당 총리 로버트 보든은 아마겟돈이 다가오고 있으며 캐나다가 영국을 돕는 적극적인 역할을 해야 한다고 생각했다. 그 짐을 나눠 맡는 것이 "제국적 국가관계imperial nationhood"를 위해 최선이라는 것이었다. 영국계 이민자의 전쟁 열광과 대조적으로 프랑스계 주민들은 비교적 냉담한 편이었다. 오히려 캐나다에서

〈표 1〉 제1차 세계대전기 영국 및 자치령(및 인도) 사상자 수(단위: 명)[50]

국가	전사자 수	부상자 수
영국	702,410	1,662,625
캐나다	56,639	149,732
오스트레일리아	59,330	152,171
뉴질랜드	16,771	41,317
남아프리카공화국	7,121	12,029
뉴펀들랜드	1,204	2,314
인도	66,735	69,214

전쟁 참가를 둘러싸고 사회적 갈등이 일었다. 결국 모병제의 한계를 느낀 캐나다 정부는 1918년 징병법을 통과시키기에 이른다. 이 과정에서 영국계와 프랑스계 주민 사이에 사회적 갈등이 고조되기도 했다.

오스트레일리아 또한 새로운 영국계 이민을 중심으로 친영국 여론이 조성되었다. 영국계 이민자 수는 1914년경 절정에 이르렀다. 이뿐만 아니라 전쟁기 총리를 역임한 정치가들 모두가 영국 태생이었다. 더욱이 아시아에서 일본의 대두에 대한 우려감이 높아지면서 안보 문제는 오스트레일리아의 중요한 이슈이기도 했다. 오스트레일리아는 이미 1903년 자국 방위를 위해 징병제도를 도입한 국방법을 통과시켰고 1911년부터 젊은이에 대한 군사훈련을 실시했다. 이러한 친영국 열광에 힘입어 오스트레일리아 제국군을 구성하는 데 별다른 어려움을 겪지 않았다. 1914년 말 50만 명이상의 자원자가 징병대장에 등록을 마쳤던 것이다. "우리는 첫째 영국인이고 둘째 오스트레일리아인"이라는 구호는 가식적인 것이 아니었다.[52]

그러나 자치령 국가가 적극적으로 참전한 까닭을 친영국적 정서로만 설명할 수 없다. 영국과 인종적·문화적 전통을 공유한다는 인식에는 군주제, 대의제 헌정, 시민적 자유 등 그들이 공통의 선진적 정치제도를 공유하고 있다는 긍지 또한 중요한 요인이었던 것이다. 당대의 정치평론가 아시발드 허드에 따르면, 당시 독일 측 정세분석가들은 자치령 국가들이 유럽 전쟁에 참전하지 않을 것이라고 판단했다.[53] 그들은 자치령 국가와 식민지를 구별하지 못한 것이다. 자치령 국가의 친영국적 정서는 인종성을 넘어서 그들이 민주적인 정치제도를 공유하고 있다는 인식에서 비롯한다. 그 제도의 요체는 시민적 자유를 토대로 하는 군주제와 대의제 헌정이었다. 대의제 헌정이란 구체적으로 의회와 책임 정부로 구현된다. 그들은 전쟁을 자신의 제도들에 대한 중대한 위협으로 간주했기 때문에 참전한 것이다.

사라예보의 암살 이후 사건의 전개를 가장 주의 깊게 살펴본 사람들조차도 아마 한 가지 사실은 거의 깨닫지 못했을 것이다. 영국이 전쟁에 돌입한 후 자치령 국가를 전선으로 이끈 것은 모국이 아니라, 그들의 새로운 자유를 향유하는 자치령 국가 자신이라는 사실이다. 이들 국가는 다우닝 가의 내각이 아직도 그 위기 문제를 논의만 하고 있을 때 모국에게 오히려 모범을 보여준 것이다. 영국의 선전포고 나흘 전에 이미 캐나다 각료들은 휴가지에서 오타와로 급히 돌아와 비상 대책위원회를 소집한 다음, 영국이 개입할 경우를 대비해 캐나다의 참전계획을 세웠던 것이다.[54]

시민적 자유와 대의제 헌정, 이 두 키워드야말로 실제로 자치령 주민과 영국을 이어주는 정신적 유대감의 원천이었다. 친영국 감정은 그들이 인종적·문화적 전통을 공유한다는 인식뿐 아니라, 선진적이고 자랑스러운 정치제도를 공유한다는 자긍심에 기반을 두고 있었다. 문제는 이러한 자긍심이 영국을 향하는 구심력보다는 영국과 좀 더 대등하고 동등한 관계를 요구하는 원심력으로 나타날 가능성이 있었다는 사실이다.

갈등과 타협

1907년 식민지회의 결의안은 향후 '제국회의'를 4년마다 개최한다고 표명했다. 전쟁기에 영국 정부는 회의 연기를 계획했지만, 그 문제를 상세하게 밝히지 않았다. 1915년 4월 14일 하원에서 길버트 파커 의원이 회의 연기

여부를 질문했을 때, 식민장관 루이스 하코트는 자치령 국가들에 전신을 보내 회의 개최 또는 연기 여부를 타진하고 있다고 답변했다. 그는 오스트레일리아 피셔 총리의 답신을 소개한다. 정상적인 개최가 불가능하지는 않겠지만, 연기한다면 그 안에 동의한다는 답장을 보냈다는 것이다.[55]

전쟁이 장기화하고 사상자 수가 급증하면서, 자치령 정부 사이에 영국 정부 및 군 지휘부의 작전을 불신하는 목소리가 높아졌다. 새로 구성된 로이드 조지 전시내각은 이 같은 분위기를 바꾸기 위해 '전시제국회의'를 개최해 자치령 국가들의 협조를 요청*했다.[56] 당시 자치령 국가의 정치가들 사이에 영국 정부의 독단을 비판하고 전쟁 수행 능력을 불신하는 분위기가 조성되고 있었다. 로이드 조지는 이러한 불신을 해소하려는 의도로, 1917~1918년간 영국과 자치령 국가가 공동으로 참여하는 '전시제국내각'을 운영했다. 전시제국내각 참여 인사는 〈표 2〉와 같다.

전시제국회의와 전시제국내각 운영은 영국과 자치령 국가의 결속을 다지는 계기가 되었다. 그러나 전시제국내각은 자치령 국가 지도자들에게 희망과 동시에 더 큰 실망을 안겨주었다. 아마 자치령 정치가들은 전시제국내각을 원탁회의와 같은 동등한 토론과 정책 결정의 장으로 생각했을 것이다. 그러나 실제로는 영국 정부의 자문기관에 지나지 않았다. 영국의 전시내각이 전쟁에 관한 모든 정책을 결정하고 주도했으며, 이에 따라 자

---

* 전시제국회의는 1917년 3월 21일부터 4월 27일까지 런던에서 열렸다. 참석자는 다음과 같다. 영국 식민장관 월터 롱Walter Long, 캐나다 총리 로버트 보든Robert Borden, 뉴질랜드 총리 윌리엄 매서William F. Massey, 남아공 국방장관 장 스무트Jan C. Smuts, 뉴펀들랜드 총리 에드워드 모리스E. P. Morris, 인도정청장관 체임벌린A. Chamberlain. 이 밖에 캐나다 국방장관 및 해군장관, 뉴질랜드 재무장관 등이 합석했다. *Parliamentary Papers*, 1917~1978, vol. 23, Cd. 8566 "Extracts from Minutes of Proceedings and Papers laid before the Conference", p. 8. 당시 오스트레일리아 총리 윌리엄 휴즈William M. Hughes는 징병법안을 둘러싼 국내 정치적 갈등으로 참석하지 못했다. 2차 전시제국회의는 1918년 6월 12일부터 26일까지 다시 개최된다.

치령 정치가들의 불만은 오히려 더 높아졌다.[57] 영제국에서 본국과 자치령 국가들 사이에 구심력과 원심력이 동시에 작용했다는 것은 1917년 전시제국회의 결의안 9조를 둘러싼 논의에서 살필 수 있다. 결의안 9조는 영제국의 헌정관계를 다룬 것이다.

전시제국회의가 제국을 구성하는 나라들의 헌정관계를 재조정하는 것은 전시에 다루어야 할 아주 중요하고 복합적인 의제이다. 종전 후에 가능한 한 신속하게 특별 제국회의를 소집해 안건으로 다루어야 한다. 우리는 다음과 같은 견해를 기록으로 남기는 것이 우리 의무라고 여긴다. 즉, 자치령 정부의 모든 기존 권한과 국내 문제에 대한 완전한 지배력을 유지하는 한편, [헌정관계의] 재조정이 '도미니언'을 제국연합Imperial Commonwealth 내의 자치국가로 인정하고 또한 인도를 동일 주요 구성국으로 인정하는 데에 기초를 두어야 한다. 도미니언과 인도는 외교정책과 외교관계에서 적절한 주장을 할 수 있다. 제국 공통의

〈표 2〉 전시제국내각 각료

국가	이름	자국정부 직위
영국	로이드 조지D. Lloyd George	총리
영국	로드 커즌Lord Curzon	상원 대표
영국	보나르 로A. Bonar Law	하원 대표
캐나다	로버트 보든Robert Borden	총리
남아공	루이스 보타Louis Botha	총리
남아공	장 스무트Jan Smuts	국방장관→총리
오스트레일리아	윌리엄 휴즈W. M. Hughes	총리
뉴질랜드	윌리엄 매서William Masser	총리
뉴질랜드	조지프 워드Joseph Ward	부총리
뉴펀들랜드	에드워드 모리스Edward Morris	총리
인도	제임스 메스톤James Meston	총독
인도	강가 싱Ganga Singh	비카너Bikaner주 군주maharaja

주요 관심사항에 대한 지속적인 협의와 또 필요할 경우 일치된 행동을 하기 위해 효과적인 조정을 해야 하며, [제국 내] 여러 정부가 결정을 내릴 때에는 그런 협의에 바탕을 두어야 한다.[58]

인용문에서 "제국을 구성하는 나라들의 헌정관계를 재조정한다"는 구절은 구체적으로 무엇을 뜻하는가. 우선 자치령 국가는 제국 내 독립적인 국가이며 그에 따라 외교정책에서 적절한 자기 주장을 할 수 있다는 것이다. 또 제국 공통의 이해관계가 걸린 문제들에 대해 지속적인 협의를 거쳐야 한다는 표현은 영국의 일방적인 주도권 행사를 제한하려는 의도를 함축하고 있다. 따라서 현재의 전쟁에 자치령 국가가 참전한 것은 영국의 일방적인 요구 때문이 아니라, 제국 내 국가들의 상호 협의에 따른 것이라는 주장이다. 이렇게 보면 결의안 9조는 "참전 대가로 영국이 자치령 국가의 요구를 더 진지하게 존중할 것"[59]임을 약속한다는 선언적 의미를 지닌다.

물론, 전시제국내각에 참석한 자치령 국가 정치가들이 모두 한목소리를 냈던 것은 아니다. 영국과 자치령의 헌정관계에 대한 그들의 견해는 다양한 층위를 보여준다. 예를 들어 남아공 국방장관 얀 스뮈츠에 따르면, 영제국은 역사상 존재했던 정부 가운데 가장 중요하면서도 매력적인 존재다. 그는 영제국의 독특하고 자랑스러운 이념과 정체성을 언급하면서, 참전은 그 제국적 가치를 지키기 위한 투쟁이라고 주장한다.[60] 뉴질랜드 재무장관 조지프 워드는 영제국의 다양성을 인정한다. 공통된 이념의 테두리 밖에서는 영국과 자치령 국가의 이해가 상충되는 점이 많다는 것이다. 그렇다고 하더라도 이해가 공통된 영역, 즉 외교정책과 해상 방어 문제에 한정해 제국 헌정 문제를 재조정할 필요가 있다고 본다. 그는 이런 영역에서 '대영국론'의 수용 가능성을 조심스럽게 언급한다.[61] 일종의 절충론이다.

그러나 자치령 정부들의 견해를 주도한 인물은 캐나다 총리 로버트 보든과 오스트레일리아 총리 윌리엄 휴즈였다. 그들은 '대영국론'에 관심을 두지 않았으며, 전쟁에 기여한 만큼 외교정책 문제에서 식민지적 지위라고 하는 불평등한 상태를 벗어야 한다고 주장했다. 특히 1911년 이후 총리 직을 맡아온 보든은 이미 전쟁 초기부터 자치령 군대의 도움을 당연하게 생각하는 영국 정부의 태도에 분통을 터뜨렸다. 그는 캐나다군이 영국군의 직접 지휘를 받는 것을 싫어했으며 국가 단위의 부대 편성을 주장했다. 그는 자국 대표부에서 "캐나다는 전쟁 수행을 위한 일반 정책 결정에 관해 충분한 정보와 협의의 권리를 가질 수 있다"고 선언했다. 1917년 제국회의 결의안 9조는 토론 과정에서 그의 주장을 크게 받아들인 것이다. 결의안 원래 초안에서 9조는 다음과 같은 내용을 담고 있었다. "제국 공동의 방어에 직접 관련된 외교정책과 외교관계는 영국 의회에 책임을 지는 영국 정부의 직접적인 통제 아래 두어야 한다."[62] 그는 이 표현을 신랄하게 비판하면서 수정을 요구했다. 결의안 9조는 그의 주장에 따라 수정되었다. 그 토론에서 그는 영국과 자치령 국가의 평등한 관계에 기초를 둔 발전을 기대한다.

자치령 국가의 우리 모두는 그리고 저는 이렇게 봅니다. 이제 [영국의 통제하에 이루어진] 그러한 정책이 엄청난 불행을 가져오고 더 나아가 파국적인 결과를 초래할 수 있다는 것을 브리튼섬 국민들이 깨달아야 한다고 생각합니다. 제국을 약화시킬 것이라는 우려를 불러일으키는 정책이 실제로는 제국을 강화시킵니다. 저는 미래에 자치령 국가와 모국의 평등한 지위를 향해 나아가는 발전이 있기를 고대하고 있습니다.[63]

영연방으로의 길

전쟁기에 자치령 국가들은 인내 수준을 상회할 만큼 엄청난 인력을 동원해 연합군의 일원으로 참전했다. 그러나 전쟁의 전 과정에서 영제국의 헌정관계에 구심력과 원심력이 동시에 작용했다. 영국계 이민의 친영국적 정서와 문화적 유대감은 영국과 자치령 국가의 연대를 강화하는 구심력이었다. 그러나 전쟁의 장기화와 사상자의 급증에 직면하면서, 자치령 국가들은 참전과 희생의 대가로 제국의 새로운 헌정 질서를 요구하고 독자적인 국가로서의 정체성을 강화시켜나갔다. 전쟁은 독립된 자치국으로서의 정체성 확립에 중요한 계기였던 것이다. 이는 영제국 네트워크의 원심력이라고 할 수 있다.

전쟁 이전에 '대영국론'은 영국과 해외 자치령 지식인 및 정치인들 사이에 폭넓게 받아들여진 정치적 이상이었다. 강대국들의 국제 경쟁이 심화되던 시기에 대영국론은 영제국 네트워크를 강화하는 현실적인 방안으로 호소력을 발휘하기도 했다. 그러나 참전과 그에 따른 막대한 희생이 제국의 원심력을 강화하는 방향으로 영향을 미쳤다.

제1차 세계대전 직후 자치령 국가들은 이전 제국 질서의 변화를 요구했다. 캐나다, 오스트레일리아를 비롯한 자치령은 전후에 파리강화회의나 국제연맹에도 독자적인 주권국가로 참여하기를 희망했다. 당시 영국 정부로서는 국제기구나 회의에 자치령 국가들의 참여를 인정하지 않을 수 없었다. 이에 따라 영국과 자치령 사이에서만 통용되는 특정한 '제국의 원리'를 고안했다. 영국 왕이 "영연방 개별국가들을 결속하는 초석"이라는 원리였다.[64] 단일한 군주를 중심으로 상징적으로 맺어진 네트워크야말로 개별국가들의 협조와 발전의 기초가 되는 셈이었다. 1926년 제국회의는 그 변화를 공식적으로 수용한 마침표였다.

공습과

피난의

사회사

- 제2차
세계대전기
영국인의
경험

03

1939년 9월 3일 영국은 독일의 폴란드 침공을 비난함과 동시에 선전포고를 단행했다. 시민들은 라디오 방송에서 흘러나오는 네빌 체임벌린 총리의 음울한 발표를 들었다. "오늘은 우리 모두에게 슬픈 날입니다. 그렇지만 그 누구보다도 제게 더 슬픈 날입니다. 제가 일해왔던 모든 것이 일순간에 무너지고 말았습니다."[1] 체임벌린이 자신에게 더욱 슬픈 날이라고 말한 것은 그가 줄곧 추진해왔던 대독 유화책의 파산을 직접 목도했기 때문이다.

　이후 수년간 영국은 제1차 세계대전과 전혀 다른 형태의 전쟁을 치렀다. 무엇이 달랐는가. 수백만의 군대를 유럽 대륙에 파견해 독일과 전쟁을 벌인 것은 비슷했지만, '국내 전선'이라고 불리는 새로운 유형의 전쟁을 겪었다. 제1차 세계대전기에 브리튼섬 주민들은 전선에서 직접 전투를 경험하지 않았다. 남부 해안 지역 사람들은 대륙에서 간간이 들리는 포성에 놀랐겠지만, 전쟁은 역시 유럽 전선에 배치된 영국 파견군에 국한된 경험이었고, 국내에 남은 사람들은 전시경제 아래서 군수물자 생산에 동원되는 일 외에 직접 전쟁을 겪는 경우는 없었다. 그러나 제2차 세계대전기 브리튼섬 주민들은 독일 공군의 줄기찬 공습에 시달리면서 일상생활을 영위했다. 공습에 대처하기 위해 수백만의 어린이와 어머니가 도시에서 시골로 대피하는 대규모 소개작전이 여러 차례 시행되었고, 예고 없는 공습 때마다 수많은 시민이 일상적으로 대피하는 생활이 이어졌다. 1940년 9월 이후 거의 4년간 공습과 대피는 런던은 물론, 영국 지방 주요 도시 사람들의 일상이 되었다.

'국내 전선'의 존재 때문에 제2차 세계대전은 제1차 세계대전의 양상과 아주 다른 통계치를 보여준다. 당시 브리튼섬에서 희생당한 사람 수는 제1차 세계대전기의 1,413명에 비해 29만 5,000명에 이르렀다. 이와 달리 유럽 전선에서 전사자 수는 제1차 세계대전기 희생자의 4분의 1*에 지나지 않는다.[2]

사실 제2차 세계대전 발발 초기인 1939년 9월 이후 다음 해 봄까지 유럽 서부 전선이나 영국 본토에서 본격적인 전투의 징후는 나타나지 않았다. 그러나 1940년 5월 10일 체임벌린의 뒤를 이어 윈스턴 처칠이 총리 직을 이어받았을 무렵, 전쟁의 위협과 공포가 절정에 이르렀다. 영국에 대한 독일의 위협은 치명적이었다. 우선 독일군의 대대적인 본토 침입 가능성이 있었다. 물론 공군의 공습에 대해서는 여러 가지 대응책이 모색되고 있었지만, 지상군이 상륙한다면 그 결과는 상상조차 할 수 없었다. 사실 영국 측은 유럽 파견군을 제외하면 본토를 방어할 예비 병력이 거의 없었다.

1940년 9월 본격적인 '대공습'**이 시작된 이후에는 거의 매일 밤 독일 폭격기의 공습과 폭탄 투하, 대피, 구호, 식량 배급과 줄서기 등이 일상적으로 반복되었다. 이 일상의 경험은 사회 분위기를 어떻게 바꿨고, 그 경

---

* 제1차 세계대전기 전사자가 100만 명을 상회하는 데 비해, 제2차 세계대전의 경우 전사자는 26만 4,443명으로 기록된다.
** '대공습'을 뜻하는 'The Blitz'는 독일어 전격전Blitzkrieg에서 따온 것이다. 이 말은 1940년 9월 7일 최초로 독일 공군의 대대적인 공습이 벌어지기 전부터 사용되었던 것 같다.

험에 대한 기억이 전후 영국 사회에 어떻게 투영되었는가. 정부의 공식적인 보고서와 애국적 서사를 넘어 당대 현실을 객관적으로 분석한 연구들이 쏟아져 나온 것은 1970년대 이후의 일이다.

'국내 전선'과 영국인의 대응을 보는 시각

1940년 5월 10일 총리 지명을 받은 처칠은 새 정부 구성을 알리는 하원 연설에서 감동적인 인사말을 남겼다. "저는 내각에 참여한 장관들에게 피, 노력, 눈물, 땀밖에 드릴 것이 없다고 말했는데, 이제 의원 여러분께도 똑같은 말씀을 드리고 싶습니다."³ 오랫동안 회자된 이 명언에는 사회적 합의가 깃들어 있다. 제2차 세계대전기 영국인은 국내 전선의 공습 경험을 공유하면서 오히려 국민 정체성을 강화해나갔다. 그들은 전쟁이 정의롭고 불가피하다고 생각했으며, 그렇기에 그에 따른 희생과 고통을 기꺼이 감내할 수 있었다는 것이다.⁴

그러나 국민적 합의를 둘러싼 공식적이고 애국적인 서사는 근래에 새로운 시각에서 비판받고 있다. 전쟁기 일상생활의 경험과 기억, 전시경제, 대피와 피난에 따른 새로운 사회관계의 영향 등이 공식 서사와 다른 다양한 면모를 보여준다는 것이다.⁵ 수정론적 시각에서 특히 관심을 끄는 것은 다음과 같은 두 가지 측면이다. 일반 시민은 정부의 시책에 얼마나 적극 호응했으며 높은 사기를 지녔는가. 또 전시에 국민적 단합이 이루어졌다면, 그것이 과연 어느 정도 전후의 새로운 사회 질서로 나아가는 토대가 되었는가.

1940년 봄 독일군이 유럽 전선에서 별다른 저항 없이 승리를 굳히면서

브리튼섬 침입이 현실적인 위협으로 다가왔다. 독일 지상군의 직접 침입에 대비해 해안지대 방어선을 보수하고 도로와 철도역 표지판을 제거했다. 육군의 침입 예상로마다 방어진지를 구축하고 장애물을 설치했다. 국내 성인 남성을 대상으로 지방방위군을 모집했다. 9월 대공습이 전개될 때까지 이러한 위기감 때문에 국내 여론은 긴장상태에 있었다. 그런데도 영국인은 이 위기감을 극복하면서 평온한 상태를 유지하려고 노력했다는 것이다.

독일군이 노르웨이 저지대를 침공한 데 이어 5월 14일 네덜란드를 점령하자, 육군장관 앤서니 이든은 라디오 방송으로 지방방위군에 지원할 것을 호소했다. 이날에만 25만 명이 등록을 마쳤으며 6월 말까지 방위군 규모는 50만 명에 이르렀다.[6] 당시 갤럽 조사에 따르면, 5월 말에도 영국이 전쟁에서 패배할 것으로 믿는 사람의 비율은 3퍼센트, 6월 조사에서도 처칠에 대한 지지율은 88퍼센트였다.[7]

이와 같은 수치는 당시 영국인이 단합된 분위기를 조성했으며 사기도 높았음을 보여주는 증거로 인용된다. 공식적인 서술은 이러한 입장을 되풀이 강조한다. 대공습기의 정부의 호소와 선전, 그리고 실제 현실이 접합되면서 사람들은 용기를 가지고 총력전이 그들에게 부과한 위험과 부담을 견뎌냈다. 여러 정부 기관의 전쟁 기록 및 자료에 의거해 전쟁기 및 그 직후 영국 사회를 서술한 로버트 티머스Robert Timuss는 대공습기에도 사람들이 공포, 정신적 붕괴, 사회 무질서로 흐를 것이라는 일반 예상은 빗나갔다고 결론지었다. 오히려 영국인은 한결같이 정신적 회복력과 변화된 상황에 대한 강력한 적응력을 보여주었다는 것이다.[8]

애국적 서사와 거리를 두고 객관적으로 전쟁사를 서술했다고 알려진 앨런 테일러A. J. P. Taylor나 아서 마릭Arthur Marwick에게서도 이러한 시각은 공통으로 나타난다. 테일러는 전쟁이 오히려 국내 영국인에게 "굳건한 국민적 단합"을 가져왔고 "계급 적대감의 강력한 용해제"로 작용했다고 본다.[9] 이런 표현을 쓴 지 20여 년이 지난 후에도 그는 여전히 비슷한 견해를 밝히고 있다.

> 우리는 단합된 국민이었다. 공포 아래서도 우리는 종국에 가서는 승리를 거두리라고 확신했다. 어느 낯선 사람이 길을 걷는 내게 말을 걸었다. "불쌍한 늙은 히틀러, 불쌍한 히틀러, 그가 이번에는 스스로 저질렀으니 이제 그는 우리를 감당해야 할 걸요."[10]

마릭 또한 전쟁기 일반 시민의 높은 사기와 인내를 이론의 여지가 없는 당연한 사실로 받아들인다. 됭케르크 철수라는 실망도 있었지만, 그것은 일시적인 충격을 주었을 뿐이다. 민간의 사기는 전쟁에 직접 개입하면서 더 높아졌다. 공습 시 화재와 폭발이 연이어 일어나는, 전쟁터 비슷한 상황에 빠져들면서도 사람들은 이를 이겨냈다. 물론 그들의 높은 사기는 자발적이라기보다는 정부의 홍보와 선전에 호응하는 수동적인 측면이 있었다. 그렇더라도 전쟁에 좌절하지 않고 이겨나가겠다는 태도는 경찰 보고서, 사진, 상점 간판, 중간층 출신자의 논평, 소수 노동계급의 기록 등에서도 분명하게 나타난다는 것이다.[11]

그러나 1970년대 이후 역사가들은 이전의 지배적인 공식 서사, 대공습기 영국인의 대응에 관한 신화를 벗겨내는 데 초점을 맞춘다. 1970년대의 수정주의 연구는 대체로 온건한 논조를 견지한다. 이전의 영웅적이고 애국적인 헌신과 인내, 소수의 예외적인 용기를 예찬하는 경향에서 벗어나 평범한 다수의 조용하면서도 끈질긴 적응을 강조한다. 헨리 펠링Henry

Pelling에 따르면, 중요한 것은 "끊임없는 긴장과 불면, 그리고 미미하면서도 지속적인 위험이 깃든 상황에서 일상적인 일을 계속할 수 있는 능력"이었다.[12] 당시 정보국의 관찰 기록에 따르면 사람들은 관료제적 조치들을 비난하면서도 공습을 감내하고 살아갔다. 톰 해리슨Tom Harrison은 이렇게 말한다.

공습은 수백만 시민에게 끔찍한 경험이었다. 그런데도 광범위한 다수 시민의 품위, 가족애, 도덕심, 낙관주의를 무너뜨릴 만큼 가공할 만한 것은 아니었다. 다만 대중의 사기를 저하시켰을 뿐이다.…… 이 모든 다양한 상황에서도 그렇게 많은 영국인이 거둔 궁극적인 성취는 참으로 엄청난 것이다. 아마 이를 기념하는 일은 아직도 많이 남아 있는 셈이다.[13]

앵거스 콜더Angus Calder는 앞세대 연구자들보다 더 과감하게 대공습의 신화 벗기기에 몰두한다. 계급을 넘어선 사회적 연대와 합의 대신에, 공습에 따른 공황 현상과 패배주의, 약탈과 암거래 같은 일탈행위, 소개 비협조, 농촌으로 분산된 도시민과 농촌 주민의 갈등이 만연해 있었지만 드러나지 않았다는 것이다.[14] 그것은 전쟁기에 관한 역사서술 대부분이 긍정적 측면만을 강조한 정부의 공적 기록에 의존했기 때문이다.

한편, 좀 더 실증적인 수정주의 연구들이 대공습의 신화 벗기기에 동참한다. 1940년 '대공습' 이후 몇 개월간 런던 시민들의 삶에 관한 증거는 부유층의 호화생활, 노동자들의 나태, 범죄 증가 현상을 보여준다.[15] 됭케르크 철수 이후 정부는 계급 갈등, 범죄, 사기 저하, 국민건강 악화 등의 난제에 시달렸다. 바꾸어 말하면, 이런 상태에서 전쟁 승리는 차치하고 어떻게 국가를 운영해나갔는지 놀라움을 느낄 정도다.[16] 국민적 단합과 평등주

의라는 허상 아래 실제로는 동료애도 계급 내에 국한되었고 계급을 넘어
선 연대는 이루어지기 어려웠다. 계급 간의 적대감은 오히려 증폭되기도
했다는 것이다.[17] 어린이 지방 소개 조치에서도 사회적 연대보다는 노동계
급 출신 도시 어린이와 농촌 중간계급 가정 간의 갈등과 충돌이 만연했으
며 시골 중간계급 가정 상당수는 소개 조치에 관련된 의무를 회피하려고
했다.[18] 그러나 최근에는 이 같은 수정주의 연구를 부분적으로 인정하면서
도 대공습이라는 파편화된 상황에서도 인내와 끈기의 분위기를 지켜나갔
다는 사실을 더 강조하는 경향이 두드러진다.[19]

공군력 증강과 방공防空 문제

제1차 세계대전기에 이미 항공기는 정찰을 하거나 소형 폭탄을 떨어뜨리
는 데 이용되었다. 전후 항공기술의 발전을 목격한 전문가들은 향후 전쟁
의 양상이 달라질 것이라고 예견하기도 했다. 1921년 11월 제국방어위원
회*는 군사 분야 전문가들에게 미래 전쟁에서 공습 가능성에 대한 조사를
위탁했다. 1925년 제출된 보고서는 급속한 기술발전으로 미래에 공중폭격
과 공습이 중대한 위험이 되는 것은 시간문제라는 결론을 내렸다. 이와 함
께 1923년 공군장관 새뮤얼 호어는 부처 간 협의에서 내무부 산하에 공습
을 대비한 조직을 만들 것을 권유한다. 다음 해 1월 제국방어위원회는 밑
에 '방공위원회Air Raid Precaution Committee'를 신설한다. 내무차관이 당연직
위원장을 맡기로 했다.[20]

---

* 1904년 창설된 이 위원회는 제1차 세계대전기에 전시내각에 흡수되었다가 1919년 11월 다시 재조
  직되어 제2차 세계대전 발발 직전까지 정부 주요 부처의 하나로 존속했다.

1930년대 독일의 위협이 높아지면서 공습의 피해에 대한 우려와 공포
감이 증폭되었다. 허버트 웰스의 작품 또한 공습의 파괴력을 둘러싼 대중
의 상상력을 자극했다.* 정치인들도 공군의 중요성을 강조한다. 1935년 하
원 연설에서 스탠리 볼드윈 총리는 공습의 위험과 공군의 중요성을 역설
한다. 독일의 재무장을 지켜보면서 그는 영국의 현실을 객관적으로 살피
고 있다. 그에 따르면, "150년간 본토 방위군은 거의 무시되었고, 그 방심
의 결과 이 나라가 준비되지 않은 전쟁에 연루될 수 있다는 것을 깨닫지 못
했다." 국제연맹의 규약만 믿고 [독일이] "땅과 바다, 그리고 하늘에 파괴
적인 무기를 배치하는 것"을 예견하지 못했다. 볼드윈은 이제 본토 방위를
위해 전통시대의 해자와 같은 역할을 하는 것은 "지하"와 "하늘"임을 지적
하면서, 이에 대비하기 위해 하원의 협조를 간곡하게 요청한다.[21]

1930년대에 영국이 공군력 증강에 관심을 기울인 것은 우선적으로는
공습에 대비한 것이었지만, 그 밖의 요인들도 있었다. 당시 영국 정부는
1930년대 경제 침체에 따른 재정 긴축기에 대규모 비용이 소요되는 육군
과 해군력을 증강할 수 없었다. 비교적 비용이 적게 드는 공군 확충에 초점
을 맞췄다. 1935년 전반에 신형 전투기와 폭격기 개발이 시작되었고 그 결
과 이전의 단발기를 개량한 폭격기 '허리케인'과 속도가 빠른 고성능 전투
기 '스핏파이어'를 개발했다. 두 기종의 시험비행에 참여한 조종사의 회고
가 전해진다.[22]

나는 스핏파이어 초도비행을 지금도 잘 기억합니다. 1936년 3월 5일이었지요.

---

* 웰스의 《우주전쟁The War of the Worlds》(1898)도 공습의 이미지와 쉽게 연결되었고, 《공중전The War
in the Air》(1908)은 독일 폭격기가 뉴욕시를 공습하는 이야기다. 《앞으로 닥쳐올 사태The Shape of
Things to Come》(1933)는 미래소설로서, 경제 파탄 이후 강력한 공군력을 가진 나라가 세계를 지배하
리라는 우울한 미래를 그려내, 공습에 대한 대중의 공포감을 자극했다.

동료 미첼은 운행하고서 좀 실망했습니다. 아마 그렇게 빨리 시험비행하지 말았어야 했나 봐요. 프로펠러와 리벳에 문제가 있었습니다. 속도는 빨랐지요(제65 비행중대 시험조종사 제프리 퀼의 회고).

허리케인 조종석의 가장 큰 혁신은 비행 계기판이었습니다. 이전 낡은 비행기에서는 조종사가 쉽게 볼 수 있는 전면에 고도계, 공기 속도 표시기, 회전 계수기가 무질서하게 고착되어 있었습니다. 허리케인 계기판에는 공기 속도 표시기, 고도계, 수평선 계측기, 방향 감식기, 상승률과 하강률을 알려주는 계기도 부착되어 있었지요(제46 비행중대 조종사 퍼시발 레제트의 회고).

1937년 총리 직을 맡은 체임벌린의 외교 또한 공군력 증강에 도움이 되었다. 그의 대외정책의 핵심은 유럽의 현상유지였고 히틀러의 위협적인 언사도 일종의 허장성세에 지나지 않는다고 생각했다. 그의 유화정책은 이런 판단에서 이루어졌다. 그는 전술적으로 해군력 증강에 찬성하면서도 유럽에서는 공군의 전쟁 억지력이 더 높다고 생각했다. 이러한 현실 인식이 공군력의 증강과 곧바로 연결되었다.[23]

후일 대공습의 피해는 컸지만, 영국 공군의 영공 방어와 요격작전이 독일군에 끼친 피해 또한 컸다. 이러한 대응이 가능했던 것은 여러 가지 불리한 여건 아래서도 영국 공군력을 확충했기 때문이다. 이 계획에 기여한 인물로는 1930년대 후반 공군 작전사령관으로 활동한 휴 다우딩, 1935~38년 공군장관을 재임한 필립 컨리프-리스터, 1940년 공군장관 새뮤얼 호어 등을 꼽을 수 있다. 다우딩은 체임벌린 정부의 전폭적인 지원 아래 허리케인과 스핏파이어를 본격 생산하는 데 노력을 기울였다.[24] 허리케인은 1937년 말 111비행중대로, 스핏파이어는 1938년 8월 19 비행중대 편제로 처음 배치되었다. 컨리프-리스터 장관은 두 기종의 비행기를 가능한 한 대량 생산하고자 노력했다. 그는 스핏파이어 300기, 허리케인 600기 제작을 지시했다.[25] 1940년 5월부터 1년간 공군장관을 맡은 호어는 원래 언론인 출신으로 사회 각계각층에 호소해 전투기 생산기금을 모금했다. 모금액도 상당했을 뿐 아니라, 국민의 단합된 분위기를 조성하는 데 기여*하기도 했다.[26]

공습에 대비한 민방공계획은 1935년부터 구체화되었다. 1935년 3월 기존 '방공위원회'와 관련된 부서 '방공과Air Raid Precaution Department'를 내무부에 신설한다. 이 부서는 방공위원회가 제시한 원칙 및 주된 내용을 지방자치체와 협의해 그 세부 시행규정과 조치를 마련하는 임무를 맡았다. 일반 시민을 인솔, 지휘, 조언하며 공습 위협에 대한 대중교육, 공공여론 환기 등 다양한 업무를 주관해야 했다.[27] 이와 동시에 정부는 본토 방어에 관한 백서를 간행해 배부하고 모든 행정 당국에 방공계획 회람을 돌렸다.[28] 이 해 처음으로 방공 항목 예산 9만 2,000파운드가 배정된다.[29]

제2차 세계대전 발발 전까지 공습에 대비한 조직과 대피 방안이 마련되었다. 이런 점에서 방공 문제에 관한 한, 영국 측이 별다른 준비를 하지 않았다는 비판은 수정되어야 한다. 공습에 대비하기 위해서는 우선 사전 경보, 원활한 대피 안내 및 구호를 위한 전국 조직망을 갖춰야 했다. 그리고 비교적 안전한 대피소를 전국적으로 건설할 필요가 있었다. 정부는 브리튼섬을 12개 지역으로 구분했다. 그 가운데서도 대륙과 가깝고 인구가 밀집한 런던, 동부, 남부, 동남부, 남서부 등이 공습 위험 지역이었다.**

---

* 당시 스핏파이어 1대 생산비용은 약 5,000파운드에 달했다. 그는 도시와 회사들을 돌며 모금운동을 벌였는데, 1940년 5월부터 이듬해 4월까지 1년간 1,300만 파운드를 모금하는 놀라운 수완을 발휘했다.

** 12개 지역은 다음과 같다(괄호 안은 지역본부). 북부(뉴캐슬), 북동부(리즈), 미들랜드 북부(노팅엄),

공습에 대비해 민방위 조직을 어떻게 개편할 것인가. 기존 방공위원회를 개편한 '민방위위원회Civil Defence Committee'는 추밀원 옥새관玉璽官Lord Keeper of Privy Seal과 내무장관 책임 아래, 지역별로 지역민방위 위원을 선정하고 산하 각 지자체에 방공요원ARP Warden을 지명했다. 지역민방위 위원은 공습 발생 시 대책회의에서 정부를 대신해 모든 결정권을 행사했다. 위급한 상황에서 무엇을 어떻게 할 것인지 결정했으며, 지역 간, 지역과 정부의 직통 연락망을 갖추었다. 이를 통해 공습을 당했을 때 정부는 전국의 피해 현황을 실시간으로 집계할 수 있었다.[30] 방공요원은 이론상으로 주민 500인당 1명꼴로 배치했다. 주민에게 공공대피소를 알리고 가스마스크를 제공하며, 정전 시행, 공무원 작업 지원, 구조, 진화 등 여러 역할에 투입되었다. 대부분은 자원자로서 무보수 봉사를 원칙으로 했으며, 정부는 25만~30만 명을 선발하는 것을 목표로 했다.[31] 1938년 정부의 한 훈련 팸플릿은 방공요원의 기본의무를 이렇게 규정한다.

전쟁이 났을 때, 방공요원은 무엇보다도 자신이 동료 시민의 인도자로 선택되었다는 것, 훈련된 공중의 일원이라는 것을 명심해야 한다. 시민을 위해 비상시에 올바른 갖가지 일에 복무해야 한다.[32]

공습이 발생했을 때 대도시 시민 다수가 대피할 수 있는 공간 확보도 중요했다. 각 농촌과 타운, 대도시 곳곳에 공공대피소를 건설하고, 런던의 경우 지하철을 이용하는 계획이 세워졌다. 특히 동남부 지역에 대피소 건설에 필요한 기자재를 우선 배정하고 각 지역민방위 위원에게 대피에 관

동부(케임브리지), 런던, 남부(레딩), 남서부(브리스톨), 웨일스(카디프), 미들랜드(버밍엄), 북서부(맨체스터), 스코틀랜드(에든버러), 남동부(턴브리지-웰스).

련해 즉각적인 명령을 내릴 수 있는 권한을 부여했다.³³ 이와 함께 주택을 소유한 시민에게는 집안 정원에 임시대피소를 지을 것을 권장했는데, 1938년 이후 대대적으로 보급된 '앤더슨 대피소Anderson Shelter'는 골강재를 접합시킨 소형 공간으로, 5~6인이 대피할 수 있는 보급형 철제 가건물이었다.* 이 가정용 대피소를 세울 경우 노동자층에게는 기본 기자재를 무료 공급하고 그 비용은 재무부가 부담하기로 했다. 정부는 200만 호 이상의 앤더슨 대피소 건설을 목표로 삼았지만, 시행 과정에서 여러 부작용이 나타나기도 했다. 1940년 3월 14일 당시 내무장관 존 앤더슨은 하원에서 몇 채의 대피소가 세워졌고, 지역별로 달성하지 못한 수치는 어떤가라는 질문에 대해 상당히 낙관적으로 답변한다.

저는 정확한 최신의 수치를 알고 있지 않지만, 그 문제는 때때로 조사 대상이 되었으며, 나라 전체적으로 아직 세워지지 않은 대피소 수는 미리 할당된 수량의 극히 일부에 지나지 않는다는 점에 만족하고 있습니다. 그러나 저는 또한 특정 지역에서 행정 당국이 스스로 공공대피소를 건설하기 위해 법적 권한을 행사하지 않고 그 문제를 무조건 개인 가정에 맡기는 등 만족스럽지 못한 점을 알고 있습니다. 그래서 그런 지역들의 상황을 개선하기 위해 특별 조치를 취할 준비를 하고 있습니다.³⁴

* 이 대피소는 1938년 내무부의 위촉으로 윌리엄 패터슨과 오스카 칼이 디자인해 내놓은 모델이다. 휘어진 두 골강재를 천정에서 접합시킨 소형 철제 가건물로서 절반 이상 땅속에 파묻고 출입구와 천정 부분은 지상에 노출된 방식으로 세웠다. 당시 민방위위원회 총책임을 맡은 추밀원 옥새관 존 앤더슨의 이름을 따서 '앤더슨 대피소'로 불렸다. 그 후 앤더슨은 내무장관을 겸직하며 국내 민방위를 총지휘한다.

대공습의 경험

1940년 6월 프랑스를 점령한 이후 히틀러가 영국에 대한 지상군 침입을 적극 시도했다면, 그 결과는 영국에게 매우 불리했으리라는 견해가 있다. 애초에 유럽 대륙을 장악한 후에 히틀러는 영국이 평화교섭에 응하리라 기대했다. 그러나 7월 중순 이후 교섭이 어렵다는 점을 확인한 이후 대대적인 침입을 결행하기로 했다는 것이다.[35] 지상군 투입작전이 공군 대공습으로 바뀐 까닭은 자세히 알려져 있지 않지만, 지상군 병력을 수송할 해군 전력이 충분하지 않았기 때문*이라고 전해진다.[36]

물론 그 이전에도 간헐적으로 독일 공군의 위협이나 폭격이 있었다. 1940년 4월 30일 독일 폭격기가 클랙턴-온-씨 근처에 추락해 민간인 2명이 사망하고 162명이 부상을 입은 사건이 있었다.[37] 기록상으로 독일 공군의 최초 공습은 5월 10일에 있었다. 독일기는 캔터베리 인근의 두 촌락에 공습을 가했으며, 이후 특히 7월 중에 노리치, 카디프 부두, 브리스톨 비행기 공장, 버크셔의 비행장, 올더쇼트, 포츠머스, 포틀랜드 등에 간헐적인 공습이 계속되었다. 특히 7월 7~14일간 간헐적인 공습으로 사망자 234명, 중상자 278명, 경상자 395명이 발생했다.[38]

8월 7일 이후 독일 측의 작전은 공습에 주안점을 두었다. 그 주된 공격 대상은 공군기지, 중공업지대, 항구 등이었다. 독일군은 영국의 공군력을 괴멸한 다음에 차후의 공격을 기획했다. 8월 중순 독일 공군전력은 폭격기 3,500여 대, 전투기 1,550여 대 규모에 이르렀다. 이 전력은 다음 해 봄

---

* 독일 육군 총사령관 프란츠 할더는 서부 전선의 A집단군과 B집단군을 상륙시킬 계획을 세웠다. 동원되는 병력은 1, 2차 총 41개 사단 규모였다. 그러나 해군 측은 영국에 열세인 독일 해군 전력으로 대규모 병력을 수송하는 데 어려움을 표명했으며, 8월 7일 독일군 수뇌부 회의에서도 의견충돌이 있었을 뿐 결론을 내리지 못했다.

에 6,500대 수준까지 증강*된다.[39] 8월 13일에는 수십 대의 폭격기를 동원해 타인사이드를 공습하여 남부 지역에서 두 나라 공군기의 공중전이 벌어졌다. 보고에 따르면, 이날 격추된 비행기가 영국 측 34대, 독일 측 75대에 달했다.[40] 당시 공군 복무자의 증언에 따르면, 8월에 들어와 독일 폭격기의 공습 횟수가 증가한다. 8월 12일 레이더 관측병 에드워드 페너시는 독일 폭격기가 캔터베리 근처 레이더 기지를 폭격하는 것을 목격한다. 8월 14일 266 비행중대 조종사 데니스 아미티지는 도버 해협 초계비행 중 공중전 경험을 회상한다. 8월 16일 249 비행중대 조종사 토머스 네일은 사우샘프턴 공중에서 독일 폭격기를 요격하다가 전투기가 피격되었던 기억을 언급한다.[41]

1940년 9월 7일 토요일 오후 4시 14분, 독일 폭격기 348대, 메서슈미트 전투기 617대가 영국 남부 지역 상공을 가득 메웠다. 폭격기들은 템스강변 상공으로 진입해 울리치 무기고, 부두, 발전소, 시티 은행가, 웨스트민스터 궁, 켄싱턴 시구를 공습했다. 6시 10분경 해제 사이렌이 울렸지만 2시간 후에 다시 250여 대의 폭격기가 2차 공습을 감행했다. 폭격은 다음 날 새벽 4시 30분까지 계속되었다. 이날의 공습으로 사망자만 430여 명에 달했다.[42] 이것이 '대공습'의 시작이다. 다음은 그날 대공습을 겪었던 한 소년과 경찰의 증언이다.[43]

---

* O'Brien, *Civil Defence*, p. 382. 이 글에서 참조한 대공습 생존자들의 증언집은 다음과 같다. Josua Levine, ed., *Forgotten Voices*; Michael Moynihan, ed., *People at War 1939~1945*, New Abbot: David & Charles, 1974. 레빈의 증언집은 대공습을 경험한 각 분야의 생존자, 영국 공군 조종사, 정비사, 일반 시민 등의 증언을 채록해 수록한 책이다. 모니한의 자료집은 공습기에 생존한 시민들의 일기나 서한 또는 글들을 수합했다. 여기에서 특히 주목한 것은 이 책 7장에 수록된 조안 비지Joan Beazey의 일기다. 그녀는 공교롭게도 부사제로 근무하는 한 젊은이와 결혼식을 올리던 날에 대공습을 겪었다. 그 후 계속되는 공습에 시달리면서 런던 남부 지방을 전전하며 신혼생활을 견뎌냈다. 그녀는 자신이 겪은 그 끔찍한 경험을 매일 일기에 적었다.

저는 공습을 알리는 임무를 맡고 있었습니다. 적색 경보음에 뒤이어 먼 데서 사이렌 소리가 울렸습니다. 대공포 포성과 수많은 비행기 엔진이 웅웅거리는 굉음을 들을 수 있었습니다. 제 말은 정말 많은 내용을 함축하고 있어요. 선임 방공요원이었던 부친이 제게 이렇게 말했어요. "자전거를 타고 보행자 전용 다리 아래로 내려갔다가 올라오면서 적기가 오는 것을 볼 수 있는지 살펴봐." 자전거로 내려가다가 하늘을 바라보면서 처음으로 싸늘한 공포감에 젖었습니다. 거대한 'L'자 꼴을 형성하면서 내가 보기에 600여 대 이상의 비행기들이 다가오고 있었지요. 백주 대낮에 독일 폭격기가 밀려오고 있었던 겁니다(월터 브랜차드 회고).

사이렌이 울리자 나는 동쪽을 바라보았습니다. 독일 폭격기 편대들 주위를 전투기들이 엄호하며 들이닥치고 있었어요. 우리 아군 전투기들이 있었는지 말하기 어려워요. 아군기도 있었다고 믿습니다. 그날 밤 사람들을 구조하려고 선창가로 달려갔습니다. 도착해서 보니 아비규환이었어요. 우리가 어디에 있는지 무슨 일을 할 수 있는지 알 수가 없었지요. 온통 불바다였습니다. 우리는 그저 도와줄게 있는지 그 주위를 돌아다녔습니다. 갑자기 찢어지는 듯한 굉음이 들렸습니다. 무슨 일이 있었는지는 알 수 없었습니다. 나는 재빨리 어느 건물로 뛰어들었고 모두가 내 뒤를 따라 들어왔지요. 우리는 바닥에 엎드렸는데 누군가 갑자기 웃기 시작했습니다. "아니 도대체 왜 갑자기 웃는 거야. 지금이 웃을 때야?" 하고 물었습니다. 그 사람이 "저기를 쳐다봐"라고 말하더군요. 바라보니 우리는 거대한 유리 지붕이 있는 아래쪽으로 대피했던 겁니다. 우리는 다시 빠져나올 수밖에 없었어요(발라드 버클리의 회고).

2차 공습은 더 오랜 시간 계속되었다. 내무부 방공과에서 일했던 존 하드솔은 마침 화이트홀 내무부 청사 옥상에서 폭격 장면을 목도한다. "검은 연기가 자욱한 구름이 맑고 푸른 하늘로 솟구쳐 올랐고 엄청난 화염이 치솟고 멀리서 폭탄이 폭발하고 반향을 일으키면서 쿵쾅거리는 굉음이 들렸다."

연기가 자욱한 구름이 맑고 푸른 하늘로 솟구쳐 올랐고 엄청난 화염이 치솟고 멀리서 폭탄이 폭발하고 반향을 일으키면서 쿵쾅거리는 굉음이 들렸다." 대피소로 몰려간 사람들은 공포에 젖었다. 글래디스 스트라일리츠와 그녀의 가족은 런던을 탈출하기로 결심하고 밖으로 나섰지만 더이상 시내를 가로지를 수 없었다. "갈 곳은 이 지하실, 큰 교회 밑으로 들어가 달리는 것뿐이었다. 거기에서 눈에 비친 광경이 나를 압도했다. 기도하는 사람들이 있었고, 울며불며 주님께 도움을 청하는 사람들이 있었기 때문이다. 나는 소름이 끼쳤다." 같은 날 2차 공습 때 렌 존스는 앤더슨 대피소 안으로 들어갔다. "대피소는 거친 바다에 떠있는 배처럼 굴러가면서 움직이고 있었다. 그리고 앞뒤로 여닫히는 강철 문을 타고 들락날락하는 폭발음 때문에 우리는 벽에 부딪쳤다. 그 단계에서 부상의 정도는 정말 찰과상, 어깨와 가슴이 벽에 부딪쳐 상하거나 아니면 바닥에 나뒹구는 것이었다."[44] 9월 7일 대공습의 참상을 보며 도로시 세이어즈는 〈영국 전쟁The English War〉이라는 시에서 다음과 같이 읊는다.

지금 영국 전쟁을 위해 주를 찬양하라.
잿빛 조수와 음울한 해안,
절박한 시간의 위협,
단 하나의 섬, 마치 탑처럼,
분노의 주인과 함께 울리나니.
......
동맹국도 어떤 도움도 없는데
외부의 손길을 기다려도
파도 속에 구원의 손길은 남아 있지 않고

더이상 귀 기울일 조언도 없네

오직 영국만이 버티고 있을 뿐.[45]

대공습 첫날의 충격은 엄청났을 것이다. 군사기지나 항구 등 전략적 중
요 시설뿐 아니라 런던 도심과 주변 지역을 겨냥했기 때문이다. 이후 11
월 13일까지 독일군의 야간공습이 매일 계속되었다. 독일 측 기록에 따르
면, 이 기간에 하루 평균 163대의 비행기가 영국이라는 단일 대상, 그중에
서도 특히 런던 지역을 향해 가장 강도 높은 공습을 감행했다.[46] 그 이후에
도 공습 지역은 브리튼섬 곳곳으로 확대되었지만, 런던에 대한 공습도 간
헐적으로 이어졌다. 같은 해 12월 29~30일 시티 공습, 1941년 5월 10~11
일 웨스트민스터 시구 공습이 대표적인 사례다. 그 이후 독일 공군의 공격
은 움츠러들었다. 그러니까, '대공습', '브리튼 전투' 또는 '국내 전선'이
라는 말은 독일 공군의 공습과 이에 대한 영국 공군의 항전 및 시민의 대응
을 가리키는 의미로 사용되고 있는 것이다.* 이 시기에 런던 시민은 독일
폭격기의 계속되는 야간공습에 생명의 위협과 공포에 시달리며 불면의 밤
을 지새웠다. 특히 67일간의 대공습 시기 사망자 1만 1,700여 명의 80퍼센
트 이상이 런던 시민이었다.[47]

두 달여 지속된 런던에 대한 대공습이 영국인에게 끼친 심리적 충격은
매우 컸겠지만, 군사적 측면에서 효과는 생각보다 크지 않았다는 견해가
지배적이다. 우선 독일 측은 영국군의 레이더 경보체제를 과소평가했기
때문에 독일 공군의 피해가 더 컸다. 비행장, 항구 등 전략적 목표물을 선
별해 공격하던 것이 런던 지역에 대한 대규모 공습으로 뒤바뀌면서 오히

---

* 독일 측은 이 공군작전을 '잉글랜드 공습Luftschlacht um England'이라 불렀다.

려 영국 공군의 대응을 용이하게 해준 측면이 있었다. 실제로 브리튼 전투 기간에 독일 공군기 피격은 영국 공군기의 2배*에 이르렀다.[48] 인구 밀집 지역의 군사시설을 효과적으로 공격할 수 없었기 때문에 애초 의도대로 이들 시설에 큰 타격을 주지도 못했다는 것이다. 독일 공군이 이전과 달리 무차별적인 대공습으로 방향을 전환한 계기는 영국 공군기의 급작스런 베를린 공습이었다. 베를린에서 노르망디에 급파되어 대공습을 진두지휘한 독일 공군 원수 헤르만 괴링은 9월 7일 라디오 방송을 통해 이렇게 밝혔다.

최근 베를린에 대한 영국의 도발적인 공격 결과, 총통은 영제국의 수도에 대한 복수로 강력한 타격을 명령했다. 나는 개인적으로 그 공격 지휘권을 행사해왔으며, 오늘 처음으로 수많은 비행편대를 이끌고 대낮에 적의 심장부를 향해 몰려가고 있다.…… 독일 루프트바페 폭격기가 처음으로 적국의 심장부를 강타할 역사적 시간인 것이다.[49]

런던 대공습 이후 10월에는 다른 지방 대도시가 야간공습의 피해를 입었다. 10월 25일 버밍엄, 11월 14일 코번트리 공습은 도시 전 기능을 마비시킬 만큼 대규모 피해를 가져다주었다. 코번트리의 경우 도심이 완전히 폐허로 변했다. 지금도 보존되고 있는 성 미가엘 성당의 폐허는 당시의 참상을 그대로 알려준다. 자동차 공장을 비롯한 군수 공장 밀집지대였기 때문에 런던 대공습 못지않은 400여 대의 폭격기가 500톤 이상의 폭탄을 투하했다. 그 결과 주택 5만 채가 파손되었고 도시 산업시설의 4분의 3이 붕

---

* 브리튼 전투 기간 독일 공군기 손실은 1,733대, 영국 공군기는 915대였다.

괴되었다. 공습에 따른 직접 사망자도 554명에 이르렀다. 도시의 전 기능을 마비시키고 산업시설을 파괴하려는 야간공습은 그 이후 버밍엄, 사우샘프턴, 맨체스터, 셰필드, 포츠머스, 레스터 등지로 확산되었다. 12월 29일 런던 금융가 공습에 이어 1941년에도 대규모 공습이 간헐적으로 이어졌다.[50] 1월 초 뱅크 지하철역 폭탄 공격으로 대피 중이던 시민 111명이 사망하는 참극도 벌어졌다. 3월 클라이드사이드, 4월 코번트리, 5월 머지사이드, 그리고 5월 10일에 런던 웨스트민스터 궁과 그 부근 일대가 대대적인 공습*을 받았다.[51]

'대공습'을 언급한 수많은 증언 가운데 특히 주목을 끄는 것은 조안 비지라는 여성의 일기다. 그녀는 대공습이 본격적으로 가속되던 1941년 9월 14일 켄싱턴의 한 교회에서 결혼식을 올렸다. 스위스에서 귀국해 켄싱턴의 성 메리 교회로 가는 길에 그녀는 이미 공습을 받아 폐허로 변한 시내를 둘러보았다. "건물들이 돌무더기로 변해 있었고, 방공요원이 구조대를 도와 희생자를 찾고 있었다." 교회 결혼식 후에 기념사진을 찍는 동안에 독일 비행기가 교회 근처에 낮게 날아와 폭탄을 투하했다. 기념사진을 찍던 그녀는 깜짝 놀라 사진사에게 "조심하세요. 비행기에서 폭탄이 떨어졌어요"라고 소리 질렀다. 9월 16 공습 때 조안은 인근 대피소를 찾았다. "불편하게 있는 사람이 그 불편함을 감내하는 것은 참으로 놀라운 일이다. 어떤 사람은 매트리스에서 밤을 지새우고 또 다른 사람은 의자에서, 또 어떤 이는 마룻바닥에서 담요를 두른 채 누워 있다." 9월 18일에는 오전에도 공습경보가 울렸다. 조안은 아침 음식을 조리하던 중에 창문을 통해 적기가 폭탄을 투하하기 위해 저공비행하는 것을 목격했다. 그녀는 프라이팬

---

* 이 5월 10일 런던 공습의 피해가 가장 컸다. 야간폭격으로 인한 사망자는 1,436명에 달했다.

을 든 채로 탁자 밑으로 기어들어갔다. 다행히 기름 한 방울도 흘리지 않았다. 적기가 사라진 후 탁자에서 기어나오자 남편이 뭣하냐고 물었다. 그녀는 아무런 일도 없었다는 듯이 말한다. "당신 아침 요리하고 있어." 10월 16일 야간공습 때에는 귀가하지 않은 가족을 걱정한다. "매일 밤 교회로 피신하는 가족 하나가 집에 오지 않고 있다. 아직까지 소식도 없다. 구조요원들이 집 가까이 다가와 삽질하는 소리를 들으며 돌아오기를 기다리며 기도할 수밖에 없다."52

1941년 내내 공습의 고통을 겪으면서도 조안과 그 가족은 공포를 이겨냈다. 그녀는 임신했고 그해 12월 15일에 아이를 출산했다. 1942년에는 폭격기보다 무인비행기가 이곳저곳에 떨어져 폭발했다. 4월 12일 일기에는 국난을 겪는 국민에게 당부하는 처칠의 메시지를 언급한다. "나는 적의 공격에 따른 피해를 목격한다. 그러면서도 또 그 파괴와 그 폐허의 와중에 조용하고 확신에 찬, 밝고 웃음 짓는 눈길을, 한 인간의 개인적인 일보다 훨씬 더 고원하고 넓은 대의를 향한 의식을 가지고 버티고 있는 눈길을 본다. 정복당하지 않을 민족의 영혼을!"53 20개월 이상의 긴 국내 전선을 겪으며 그녀는 한편으로 희망의 끈을 놓지 않으면서도, 다른 한편으로 시도 때도 없이 날아드는 무인비행기(로켓)의 공포 때문에 절망상태에 빠지기도 한다. 1942년 6월 28일 일기에 그런 감정이 그대로 드러난다.

지난 2주에 걸쳐 지금까지 우리는 무인비행기나 비행폭탄에 대한 어떤 효과적인 방어수단도 없이 불길 속에 있었다. 공습은 더 빈번해지고 있다. 공습으로 많은 사람이 죽었고 우리 가슴에 공포감이 스멀스멀 기어오르고 있다. 우리 신경은 쉴 틈이 없다. 나는 계속되는 긴장 때문에 우리 대부분이 실제 나이보다 더 늙었을 것이라고 확신한다. 이 전쟁 연간에 정말 엄청난 변화를 겪었음을 실감

한다.[54]

정부 공식 기록을 통해 '국내 전선'의 인명피해를 살펴보자. 1939~1945
년간 영국 국내 사망자 수는 6만 595명, 부상자 8만 6,182명이었다. 특
히 1940년 9월 7일부터 12월 말까지 '대공습'이 집중되었던 시기에 사망
자 2만 2,069명, 부상자 2만 8,240명으로 사망자 가운데 런던 주민이 1만
3,339명에 이르렀다.[55] '브리튼 전투'라고 알려진 시기, 즉 1940년 9월 7일
부터 다음 해 5월 16일까지 주요 도시 공습 횟수는 런던 71회를 포함해 총
127회*였다.[56]

소개, 아동과 여성의 경험

1930년대 방공 문제가 깊이 논의되면서 공습에 직면했을 때 민간인의 직
접적인 사상을 어떻게 줄일 수 있는가라는 문제가 자연스럽게 현안으로
떠올랐다. 앤더슨 대피소나 공공대피소를 늘리는 것도 중요하겠지만, 어
린이나 여성 등 취약집단의 보호 또한 중요한 문제였다. 특히 산업시설이
몰려 있는 도시나 항구들이야말로 가장 취약한 지구라는 인식이 널리 퍼
졌다. 1938년 포츠머스의 보건 당국은 직접 공습을 받을 경우 취약계층을
중심으로 매일 1,000명의 사상자가 발생하고 공습 후 48시간 이내에 500
여 명이 사망할 것이라고 보고했다.[57]

---

* 도시별로는 런던 71회, 리버풀 8회, 글래스고-클라이드사이드 5회, 플리머스-데번포트 8회, 브리스
톨-에이번머스 6회, 포츠머스 2회, 사우스햄턴 3회, 헐 3회, 맨체스터 3회, 벨파스트 2회, 셰필드, 뉴
캐슬, 노팅엄, 카디프 각 1회.

1938년 7월부터 전쟁에 대비해 도시 민간인, 특히 어린이와 여성 소개 계획을 추진한다. 이 계획은 존 앤더슨이 지휘하는 '민방위위원회'가 도맡 았다. 위원회는 전국을 소개 지역, 현상유지 지역, 소개자 수용 지역으로 구분할 것을 권고한다. 수용 지역의 경우 숙박 가능한 기존 시설을 미리 조사해 인근의 소개 지역과 연결선을 확정할 필요가 있었다. 소개 대상은 유아와 기혼여성, 초등학생, 노령자 가운데 자원자들이었다. 물론 소개 대 상이더라도 자신의 의사에 따라 자신의 집에 앤더슨 대피소를 마련할 수 도 있었다. 자원한 소개 대상자들은 일부 정부 예산을 지원 받지만, 피란 기간 숙식비용의 일부를 부담해야 했다. 〈소개 관련 민방위위원회보고서〉 는 전반적으로 소개계획에 별다른 문제가 없다는 낙관적인 결론을 내리고 있다.[58]

1939년 9월 1일 정부는 초등학생, 기혼여성, 유아를 대상으로 소개 조치 를 취했다. 1939년 민방위법은 지방 교육청이 수용 예정인 소개 대상자를 확인하고 이들에 대한 수용 가정을 확정해 강제 시행하는 내용을 담고 있 다.[59] 이 소개 조치는 별다른 혼란 없이 진행되었다. 소개 대상자, 특히 학 생들은 목에 행선지가 적힌 이름표를 두르고 파견교사나 자원봉사자의 안 내를 받아 집결지(대부분 철도역)에 모였고 열차를 이용해 각 수용 지역으 로 이동했다. 철도역마다 소개 감독관이 배치되어 이들의 이동을 안내했 다. 원래 계획상 소개 인원은 350만 명이었지만, 실제로 150만여 명이 이 동했다. 그들 대부분이 실제 대독 선전포고를 단행한 9월 3일 이전에 목적 지에 도착, 수용 가정에 입주할 수 있었다. 그러나 다음 해 봄까지 이른바 가상전쟁기에 별다른 군사적 위협이 없었기 때문에 상당수가 원거주지로 귀환*했다.[60] 그러다 1940년 봄 유럽 대륙 전체가 독일군의 지배 아래 들어간 후에 약 30만 명, 그리고 9월 '대공습' 시작과 함께 125만 명이 다시 대도시나 공업도시와 떨어진 시골로 이동했다. 마지막 대규모 소개는 1944년 여름에 이루어졌다. 런던 및 동남부 지역에 V-2 로켓이 날아오기 시작하자 100만 명이 넘는 런던 주민들이 다시 피란길에 올랐다. 소개 과정은 1939년의 방식과 동일했다.

당시 신문이나 다른 매체에 보도된 사진들은 어린이들이 질서 있게 행동하고 자원봉사자들이 어린이를 친절하게 안내하는 모습을 보여주지만, 이는 상당히 의도적인 연출이었을 것이다. 1939년 9월 초 영국 역사상 전례 없는 이 피란 행렬을 다룬 수용 지역 신문 기사들은 계획이 대부분 차질 없이 이루어졌고 수용 가정에 입주한 어린이들이 환대받았다는 내용이 주류를 이룬다. 이 또한 애국적인 서사이거나 다분히 기획된 것이다. 포츠머스의 한 지방신문은 "어디서나 아이들이 따뜻한 환영을 받았으며 보호가정의 배려나 편안한 조건으로 보살핌을 받고 있다"고 보도했다.[61] 며칠 후 이 신문은 입주한 후 처음으로 휴일을 맞는 어린이들의 모습을 긍정적으로 묘사하기도 한다.

이번 주말 어린이들에게는 햇살과 맑은 공기와 새로운 경험으로 가득한 휴일이었다. 그들은 야생화 꽃을 꺾고, 마을 대장장이가 일하는 모습을 보고, 강물을 오르는 송어며 살찐 닭들을 지켜보면서 초원에서 놀았다. 그들은 아주 신기한 것들에 관해서 말했다. 한 소년은 이렇게 말한다. 하늘이 이렇게 넓은지 몰랐고, 이런 하늘을 본 적도 없다고.[62]

---

* 보건국 통계에 따르면, 1940년 2월 귀환자는 학생의 경우 44퍼센트, 여성과 유아는 87퍼센트에 달했다.

그러나 어린 나이에 부모 곁을 떠나 먼길을 떠난 어린이들 다수는 행복을 느끼지 못했다. 피란 대열에 참가한 멜 캘먼은 목에 단 이름표가 무척 거북했다고 기억한다. 그것은 초등학생이 낯선 시골에서 길을 잃을지 모른다는 우려에서 패용하도록 한 것이었다. 그는 어린 나이에도 자신이 마치 우편 소포라도 된 느낌을 받았다는 것이다. 방독면이 든 상자를 귀중품처럼 가슴에 안고 움직였던 것도 무척 부자연스러웠다. 그 방독면이 마치 제2의 얼굴처럼 여겨졌던 것이다. 이미 학교에서 여러 번 착용 연습을 한 터였다. 그는 연습으로 방독면을 쓸 때마다 고무 냄새에 숨도 제대로 쉴 수 없는 고통*을 느꼈다.[63]

사실, 도시 빈민층 어린이가 지방 중산층 수용 가정에 머무는 것은 전혀 다른 두 세계가 만나는 접촉점이라고 할 수 있다. 이 접촉이 서로를 이해할 수 있는 기회가 될 것인지 아니면 당황스럽고 오해하고 서로 불편해하는 관계가 될 것인지는 경우에 따라 다를 것이다. 그러나 빈민층 자녀에게 그 체류가 강한 트라우마로 남았다는 증언이 많다. 지방 중산층 수용 가정 부인들은 도시에서 온 어린이들의 낯설고 버릇없는 습관과 태도에 역겨움을 느끼기도 했다. 어린이들의 "피부병, 머릿니, 낡은 의복과 양말, 불량한 영양상태" 등이 일종의 문화충격으로 다가왔다.[64] 이런 점에서 보면, 아서 마릭이 언급했듯이 피란은 "소개 대상이나 수용 가정 모두에게 가장 독특한 경험이자 전쟁의 가장 중요한 현상 가운데 하나였다."[65]

그렇다면, 왜 도시 하층민 아동과 기혼여성이 소개 대상이 될 수밖에 없었는가. 도시의 중산층, 특히 런던 근교의 후원이 있는 '단독 2층집'이나

---

* 대공습 이전만 하더라도 영국 정부는 공습보다 가스폭탄 공격을 우려했다. 1940년 7월 독일 폭격기가 영국 해안 지방에 간헐적인 공습을 하던 시기에도 내무장관 존 앤더슨은 학교 아동의 방독마스크 착용 훈련의 중요성을 강조한다.

'두 가구 2층집'에 거주하는 사람들은 당연히 앤더슨 대피소를 설치해 머물렀을 것이다. 그럴 처지가 아닌 빈민층이 대부분 시골로 피란을 떠났다. 더욱이 런던에서는 템스강 부두와 발전소가 가까운 이스트엔드 슬럼가 주민들이 주로 소개 대상이 되었을 것이다. 소개야말로 도시 빈곤의 실체를 지방 주민들에게 여실히 보여주었다. 전쟁기의 한 사회조사보고서는 이렇게 단언한다. "피란의 끔찍한 교훈, 그것은 도시 주민 최하층 가정의 실태를 상세하게 드러내주었다는 점이다."[66] 수용 지역의 신문기사는 이러한 갈등과 충격을 간간히 내비친다.

주민 소개는 맨체스터에 지난 한 세기 동안에 가장 커다란 혼란을 초래했다. 마치 갑자기 도시 전체가 뒤집히고 빛이 이전에는 미치지 못했던 구석구석까지 스며들어 그 이면이 백일하에 드러나는 것은 결코 유쾌한 일이 아니었다. 우리는 거의 상상조차 할 수 없었던 빈곤, 오물, 무지, 타락을 목격했다. 우리 대부분이 이제는 더이상 존재하지 않으리라 생각했던 그런 조건과 생활 방식으로 양육되는 어린이의 사례를 본 것이다.[67]

당신이 돌보는 아이들은 다른 사람의 계획에 따라 자랐다는 것을 기억하라. 그들의 행동이나 청결성 여부, 그리고 성격에 대한 기준은 당신이 당신 자녀의 교육에 기반으로 한 것과 같지 않을 수도 있다. 그저 당신의 책무는 이 아이들의 부모가 이미 시작한 양육의 방식을 그대로 따라하는 것이다.[68]

지방 중산층 가정의 부인과 취학 전 어린이를 데리고 온 도시 빈민층 기혼여성의 만남은 더 큰 오해와 불편함을 초래하기 십상이었다. 물론 그 반대의 경우도 있겠지만, 대체로 예외적이었다고 할 수 있다. 여기에서 '두 국민two nations'은 한 세기 전 벤자민 디즈레일리가 언급했던 동일한 표현과 의미가 달랐다고 보아야 한다. 디즈레일리의 '두 국민'은 사실 부유한 북서부 공업 지역과 가난한 남부 농업 지역 주민들의 대조적인 삶을 빗대어 말한 것이다. 제2차 세계대전기 소개의 경험에서 비롯된 '두 국민'은 도시 하층민과 지방 중산층이라고 하는 두 세계를 의미했다. 피란 온 기혼 여성에게 주위 여건에 슬기롭게 적응할 것을 권고하는 기사도 있다.

> 이미 가족을 건사하는 일을 맡은 주부가 갑자기 그녀에게 배정된 낯선 사람들까지 돌보는 것은 큰 부담이다. 어린이를 데리고 온 기혼여성이 배정된 새 숙소에 자리를 잡자마자 마치 자기 할 일은 끝났다는 식의 인상을 주는 사례도 있었다. 피란 온 일부 여성이 보여주는, 부모가 아이를 책임지는 태도도 좋게 말해서 아주 제한되어 있다. 피란 여성 스스로 위안을 삼고 집주인에게 미치는 불편을 줄이는 데에 온갖 노력을 기울일 필요가 있다.[69]

아동 소개가 이와 같은 갈등과 혼란을 초래하지 않은 특이한 사례들이 있다. 전황이 갈수록 악화되자, 영국 정부는 자치령 국가로 아동 후송을 적극 추진했다. 대체로 이 주제를 다룬 기존 연구는 국내 소개와 해외로의 소개를 구별하지 않고 그 경험이 아동에게 미친 부정적인 영향이나 트라우마에 초점을 맞춘다.[70] 1940년 영국 정부는 '아동 해외 후송국Children's Overseas Reception Board'을 설치해 일부 도시 어린이를 자치령 국가로 보내는 계획을 세웠다. 당시 상류층은 전쟁 위험을 예상하고 그들의 어린 자녀를 해외로 피란시키려는 경향이 있었다. 그러나 중류층 이하의 사람들은 그럴 만한 경제적 능력이 없었다. 물론 정부는 모든 계층에서 비슷한 비율로 뽑으려는 노력을 기울였지만, 결과는 그렇지 못했다. 1940년 10월 CORB는 총

2,664명의 아동*을 선발해 캐나다, 오스트레일리아, 남아공, 뉴질랜드로 보냈다.[71] 1946년 2월까지 이들 가운데 2,209명이 본국으로 귀환한다.

패트리셔 린은 조사 가능한 127명의 생애사를 추적했다. 이들의 대학 진학률, 전문직 진출 비율 등 여러 지표가 같은 연령대 본국 아동의 평균치보다 상당히 높은 것으로 나타났다. 린은 전쟁기 이들의 해외 체류가 오히려 생애사에서 긍정적인 계기로 작용했으리라는 결론을 내린다.[72] 사실 이 결과는 충분히 예상할 수 있는 일이다. 자치령 국가에서 영국 아동을 수용하겠다고 자원한 가정은 대부분 중산층 이상이었을 것이다. 영국의 상류층 자녀와 자치령 국가의 중상류 가정의 만남은 결코 서로 대조적인 두 세계의 만남이 아니었던 것이다.

전쟁 기억과 전후의 사회변화

전쟁기 영국인의 일상에서 강렬한 기억은 공습과 소개 외에도 식량 배급과 줄서기를 들 수 있다. 사실 전체 인구의 소수만이 공습 피해를 입었고 또 피란을 겪었다. 이에 비해 배급은 거의 모든 사람의 일상과 관련되었다. 이 문제에 대한 정부의 인식은 분명했다. "총력전을 위해 국민을 동원한 이상, 국민을 먹이는 것은 군인에게 무기를 공급하는 것 못지않게 중요하다."[73] 배급에서 관건이 되는 것은 식재료를 필요한 만큼 적절하게 공급하는 것뿐만 아니라 시행 과정에서의 공정성이었다. 배급계획의 슬로건 자체가 "모두에게 공정하게"였다. 이 계획을 앞에서 지휘한 사람은 당시

---

* 국가별 소개 어린이 수는, 캐나다 1,532명, 오스트레일리아 577명, 남아공 353명, 뉴질랜드 202명이었다.

식량장관 울턴 경이었다. 처음에는 우유와 빵 등 기본 식재료에 국한해 운영했지만 물자 품귀 여부에 따라 점차로 다른 식료까지 확대되었다. 육류 및 어류 통조림, 시금치, 쌀, 야자 전분, 카사바 녹말류, 콩, 과일, 연유, 당밀 등이 배급 목록에 올랐다. 다른 무엇보다도 불평불만을 야기할 가능성이 컸지만, 정부 정책은 상당히 유연했다는 평가를 받는다.[74]

공습, 대피, 소개, 배급 등 전쟁기 일상에서의 경험이 계급을 넘어 국민적 이해와 연대를 강화하는 사회적 합의를 조성했는가, 아니면 그 사회적 차이와 구별을 오히려 강화했는가. 전통적인 견해는 정부의 의도든 아니면 자연발생적이든, 국민적 합의가 이뤄졌으며 그 합의를 바탕으로 1945년 이후 전반적인 사회개조와 사회개혁이 시작되었다는 점을 강조한다. 말하자면, 1945년 노동당 승리로 귀결된 선거 결과는 사회개혁에 대한 국민적 지지를 반영하며, 전쟁기의 경험과 기억이 계급을 넘어선 사회적 합의로까지 연결되었기에 가능했다는 것이다. 그러나 합의설 또한 정부나 개혁을 바라는 지식인집단에 의해 의도적으로 조성된 신화라는 비판이 적지 않다.[75]

이는 '대공습 신화'가 나타난 것과 비슷한 맥락에서 바라볼 수 있다. 최근 BBC방송에 의해 웹사이트로 구축된 일종의 '기억의 터' 〈2차 세계대전, 인민의 전쟁World War II, People's War〉*은 '대공습 신화' 벗기기의 유력한 자료가 된다. 최근 한 연구자는 이 사이트에서 1943년 베스널 그린 지하철역 공습에 관한 증언을 검토한 후 '대공습 신화'와 상당히 동떨어진 회

---

* BBC는 2003년 6월부터 2006년 1월 사이에 제2차 세계대전 경험자의 투고를 접수했다. 투고된 양은 4만 7,000건, 사진 1만 5,000장이었다. 방송사는 도서관 사서 출신 자원자 2,000여 명의 도움으로 이들 자료를 분류하고 자료화했다. 투고자료는 공습, 노동, 국내 생활 등에 관련된 총 64개 범주로 분류되어 영구 탑재되었다. 인터넷 '기억의 터'라고 할 수 있는 이 사이트는 누구나 이용할 수 있다[http://www.bbc.co.uk/history/ww2peopleswar/].

상이 지배적이었음을 밝혔다. 당시 경험자들은 '대공습 신화'에서 강조하듯이 두려움에 떨면서도 침착하고 헌신적인 행위를 했다기보다는, 대부분 공포에 사로잡혀 혼란에 빠져 있었다는 것이다.[76] 사실 '대공습 신화'를 비판하는 펠링, 콜더 등의 연구 자체가 '사회적 합의설' 비판과 직접 연결된다. 지난 한 세대에 걸쳐 이루어진 수정주의 연구는 1945년의 선거를 '조용한 합의'라는 키워드로 이해하는 시도의 문제점을 지적하는 데 초점을 맞춰왔다고 해도 지나치지 않다.

'사회적 합의'에는 분명 신화적 요소가 깃들어 있다. 그 허구성을 밝히고 지적하는 것은 중요하다. 역사에는 변화를 지향하는 힘과 이를 상쇄하는 힘이 동시에 작용한다. 1945년 이후 사회개혁이라는 현실을 마주하면서 연구자는 전쟁기 영국인의 일상을 들여다볼 수밖에 없다. 용기와 헌신도 있지만 인간의 나약함과 일탈행위의 증거도 많다. 그러면서도 역사가는 후방 투사의 방식에서 벗어나기 어렵다. 사회변화를 지향하는 힘과 그것을 상쇄하는 힘이 동시에 작용하더라도 후대의 변화를 통해서 전자가 조금 더 강했으리라고 추정한다. 두 힘 간의 차이가 미미하더라도 그 차이가 변화의 물꼬를 트고 진행 방향을 바꿀 수 있다고 믿는다.

마지막으로, 한 가지 더 언급하려고 한다. 굳이 에릭 홉스봄을 언급하지 않더라도, 20세기의 역사는 총력전의 기억에 의해 지배된다. 그 가운데 공습이야말로 실제 전투에 참가하는 군인뿐 아니라 국민 전체를 극한 상황으로까지 몰아가는 비극적 경험이다. 공습이 본격적인 실체를 드러낸 것은 항공기술이 발전한 이후의 전쟁, 특히 제2차 세계대전기였다. 브리튼 전투는 바로 그 최초의 사례였다고 할 수 있다. 돌이켜보면 대공습의 기억은 제2차 세계대전기 영국뿐 아니라 독일과 일본, 그리고 한국전쟁기의 북한, 베트남전쟁까지 연결된다. 나라마다 처한 상황에 따라 양상이 다르게 나타나겠지만, 공습과 피란의 경험은 전쟁의 비극을 되씹고, 그럼으로써 전쟁에 대한 비판적 성찰을 요구해야 하는 연구 대상이다. 영국만이 아니라 독일, 일본, 남·북한, 베트남에 이르기까지 이 여러 나라 주민들에게서 공습과 피란 경험 및 기억이 어떠했는가를 서로 비교하고 탐사하는 일이 매우 중요하다는 사실을 새삼 깨닫는다.

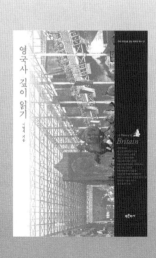

국가폭력과

저항

- 피털루,

잘리안왈라 공원,

그리고

광주

04

1970년대 한국 사회는 급속한 변화를 겪었다. 한편으로는 박정희 정부 주도의 중공업화 정책으로 산업화와 도시화가 급격하게 진행되었고, 다른 한편으로는 파시스트 권력의 탄압에 맞서 지식인, 학생, 노동자들의 사회운동이 본격적으로 전개되기 시작했다. 특히 박정희 사후 1980년 광주학살(이하 이 사건은 '5·18' 또는 '광주민중항쟁'으로 표기한다)은 전국적으로 일반 민중의 분노를 유발하면서 그 후 10여 년간 한국 민주화운동의 기폭제로 작용했다.

국가권력이 물리력을 앞세워 민중을 폭압적으로 학살한 사례는 전 세계 어디에서나 찾아볼 수 있다. 그 폭력에 의해 기존 권력의 지배가 견고해지는 경우도 있고, 오히려 폭력에 대한 경험과 기억 그리고 분노가 그 후 민중 저항의 동력으로 작용해 새로운 변혁운동으로 전화하는 경우도 있다. 5·18은 물론 뒤의 사례에 해당한다.

근래 5·18 폄훼 문제가 논란이 되고 있지만, 이 학살이 분명히 군대를 앞세운 국가폭력에 의해 저질러졌고 그에 대한 시민의 분노가 저항으로 이어졌으며, 그 후 한국 사회 변혁의 중요한 계기가 되었다는 것은 공식적으로나 사회적으로 합의에 이른 상태다. 그렇다고 해서 그 열흘간의 시민 투쟁을 지나치게 미화하고 신화화하는 것도 올바른 이해가 아니다. 초기 희생자와 달리 폭력에 굴하지 않고 극한적인 공포 속에서도 끝까지 저항한 사람들의 용기와 헌신을 높이 평가하지만, 그 시위는 어디까지나 자연발생적이었고 항쟁으로 전화한 것도 폭압적인 국가폭력에 분노한 자위적인 행동이었다.

여기에서는 5·18의 배경이나 전개 자체를 깊이 다루지 않는다. 이미 축적된 기존 연구를 참조해 이와 비슷한 사례, 즉 국가폭력과 저항 그리고 저항에 대한 기억이 그 후 사회 변혁운동에 중대한 영향을 미친 사례를 다른 나라의 역사적 경험 속에서 찾아 서로 비교하려고 한다. 1819년 영국 맨체스터에서 발생한 피털루 학살Peterloo massacre, 1919년 인도 펀자브주 암리자르에서 있었던 잘리안왈라 공원Jalianwala Bagh 학살이 비교 사례에 해당한다. 5·18과 이 두 학살사건은 전개 과정이 비슷하다. 국가(또는 식민지 권력)폭력에 의한 학살, 그 경험과 기억, 민중운동의 동력 제공이라는 비슷한 패턴을 보여주는 것이다.

피털루 학살은 1819년 8월 16일 맨체스터 시내 성 베드로 광장에 정치개혁을 요구하기 위해 운집한 수만 명의 군중을 향해 기마병 부대가 난입, 이들을 해산하면서 수백 명의 사상자를 낸 사건이다. 이 사건 이후 차티스트 운동기까지 영국 사회는 급진 정치개혁운동과 노동운동으로 진통을 겪었다. '피털루 학살'은 당시 지배세력의 폭압과 압제의 유력한 상징으로 운동의 동력을 제공했다. 잘리안왈라 공원 학살사건도 비슷하다. 제1차 세계대전 직후 인도에서는 전쟁기의 인적·물적 자원 동원의 대가로 영국 측이 약속한 자치에 대한 기대가 컸다. 전후 영국이 제시한, 이른바 몬태규-첼름스퍼드 개혁안Montagu-Chelmsford reform이 원래의 약속에 비해 크게 후퇴한 것으로 알려지면서 인도 곳곳에서 국민회의 주도의 자치운동이 활발하게 전개되었다. 펀자브주에서도 자치 요구 시위가 발생하자 그 지역 주둔군 병력이 경계를 강화했다. 때마침 4월 13일 잘리안왈라 공원에서 신년맞이 전통축제가 열렸는데, 이 축제에 참가한 군중을 향해 용병부대가 무차별 사격을 가해 수백 명이 죽고 많은 사람이 부상당했다. 이 학살 또한 인도 자치운동을 더욱 활성화하는 계기가 되었다는 점에서 비슷하다.

피털루 학살

1819년 8월 16일 맨체스터 중심가의 성 베드로 광장에서는 급진운동가 헨리 헌트의 대중연설이 예정되어 있었다. 그는 기존 선거제도의 불합리성을 지적하고 그 개혁을 요구하려 했다. 이 연설을 듣기 위해 맨체스터와 그 인근 지역에서 수많은 사람이 모여들었다. 영국 근대사에서 이런 규모의 군중이 자발적으로 운집한 사례는 거의 없었다. 대략 6만~8만 명이 좁은 광장을 가득 메웠다. 맨체스터와 인근 도시 치안판사들은 이 집회를 분쇄하기 위해 기병연대를 동원해 광장 주위를 포위했으며, 연설 시작 직후에 기마병들이 집회 장소에 난입해 폭력을 행사했다. 이 과정에서 15명이 사망하고 400~700여 명이 부상하는 참극이 발생했다. 당시 기마병 대부분이 이전 워털루 전투에 참가했기 때문에, 사람들은 그에 빗대어 이 학살극을 피털루Peterloo 학살이라 불렀다.

피털루 학살사건은 왜 일어났는가. 성 베드로 광장 집회에서 초점이 된 것은 선거권과 의회개혁 문제였다. 에드워드 톰슨의 《영국 노동계급의 형성 The Making of the English Working Class》 첫 부분은 '런던교신협회London

Corresponding Society'라는 수공업자 모임 주도자들을 체포하는 이야기로 시작한다.[1] 이 모임은 지금으로 말하면 회원들이 읽은 책 독후감과 회원 소식을 담은 뉴스레터를 발행해 배포하는, 자기 함양을 목적으로 하는 독서 회였다. 당시 수공업자와 장인의 문자해독률이 상당한 수준에 이르렀고 이들의 정치의식 또한 고양되어 있었다. 수공업자들의 관심을 끈 서적은 토머스 페인의 《인간의 권리 The Rights of Men》(1792)였다. 이 책에서 페인은 군주정과 세습귀족제도를 사라져야 할 구악으로 비난한다. 이런 수사는 원초적 형태의 무정부주의처럼 보이나, 이 책 2부에서는 보통선거에 입각한 대의제(정확히는 입헌군주제) 정부의 가능성*을 제시한다.[2] 톰슨이 묘사한 런던교신협회 회원 체포는 프랑스혁명 급진화 이후 민중의 불온한 분위기를 우려한 정부의 철저한 탄압정책을 알리는 신호탄이었다. 급진 정치개혁과 수공업자 및 노동자들의 노동운동은 이후 나폴레옹 전쟁이 끝날 때까지 지하운동 차원으로만 존속했고 20여 년 이상 긴 침묵의 시기가 이어졌다.

나폴레옹 전쟁이 끝날 무렵 영국 사회는 불온한 분위기가 사회적 항의로 이어졌다. 오랜 탄압에 따른 반사효과이기도 했다. 러다이트운동, 노숙자 행진Blanketeers March, 더비셔 펜트리치의 무장반란 음모, 의회개혁운동 등이 잇달아 전개되었다.[3] 피털루 사건 이전에도 맨체스터가 이들 사회적 항의의 진원지가 된 적이 있었다. 1817년 의회개혁을 청원하기 위해 각자 담요를 준비한 사람들이 맨체스터에서 런던 의사당까지 행진하려는 계획을 세웠다. 이들의 주된 출발지 가운데 하나가 성 베드로 광장이었다. 이

---

* 페인은 대의제 정부 아래서 정부 예산 삭감, 누진 소득세를 통한 빈민 지원 확대, 가족 보조금, 아동 교육기금, 노령연금, 출산 보조금, 신혼부부 보조금, 장례 보조금, 실업자를 위한 공공작업장 등 오늘날 복지국가의 사회보험과 국가 부조체제 시행을 주장한다.

광장에 모여든 5,000명의 참가자를 포함해 랭커셔 지역에서만 2만 5,000명이 행진에 참가했다. 이때도 치안판사들은 근위기병 연대(King's Dragon Guards는 1685년 창설된 근위기병 연대로, 1751년 이 이름으로 개칭되었고, 1937년 이후 기갑사단으로 바뀌었다)를 동원해 행진을 강제 해산시켰다.

성 베드로 광장 집회에서 선거제도가 주된 의제가 된 까닭은 무엇인가. 명예혁명 이후 영국의 헌정은 제한선거로 구성된 하원과 귀족회의인 상원에 바탕을 둔 군주정이었다. 입헌군주제라 하더라도 하원의원 선거 투표권자는 1832년 초에도 성인 남성의 7퍼센트(약 40만 명)를 넘지 않았다. 연 수입 40실링 이상의 지대 수입 가치를 지닌 자산소유자에게만 투표권을 부여했기 때문이다. 또 기존 선거구도 농촌 중심 위주로 획정했기 때문에 18세기 후반 산업화에 따른 인구이동의 변화를 전혀 반영하지 못했다. 농촌의 상당수 선거구는 주민이 감소해 사실상 선거구의 의미를 상실했고 (부패선거구), 새로운 상공업 지역은 증가하는 인구에 관계없이 이전 기준에 따라 선거구를 획정했다. 예컨대 1810년대 인구 20만의 맨체스터에는 의석이 할당되지 않았다. 한 통계에 따르면, 잉글랜드-웨일스 선거구 의석 515석 가운데 절반은 인구가 미달하는 부패선거구 154곳에서 선출되었다. 더욱이 농촌 선거구 의석 대부분(351석)은 사실상 177개 귀족 가문의 후견으로 뽑았다.[4]

1819년 경제 상황이 악화되면서 랭커셔 직포공 사회에 급진 정치개혁운동이 고양되었다. 그해 1월 24일 성 베드로 광장에 1만여 노동자들이 모여들어 헨리 헌트의 연설을 경청했다. 당시 그들이 내건 구호는 "곡물법 폐지를 주도할 각료를 선발하라"였다. 그 집회는 지방 군기병대가 제지해 별다른 사고 없이 해산되었다.[5] 같은 해 7월 맨체스터 치안판사들은 내무장관 헨리 에딩턴에게 대규모 시위가 임박했음을 경고하는 서한을 보냈다.

경제 불황 심화 시기에 공업지대 노동자 동태가 심상치 않다는 내용이었다. 아무 규제도 없이 인쇄물이 자유롭게 유포됨으로써 이런 분위기가 더 고조되고 있다는 것이다. 소수 선동가들이 출판물과 연설로 노동자들을 부추긴다는 주장이었다. 치안판사 지휘하의 인력만으로 집회를 막기가 어렵기 때문에 지원을 바란다는 말로 끝을 맺고 있다.[6]

8월 집회는 맨체스터 일부 언론인들이 기획했다. 《맨체스터 옵서버 *Manchester Observer*》지 편집인 조지프 존슨은 몇몇 동료와 '애국연맹'이라는 비밀단체를 결성하고 그 자신이 운영을 맡았다. 그는 비밀리에 헨리 헌트에게 편지를 보내 8월 2일 노동자 집회에서 연설을 맡아줄 것을 부탁했다. 그러나 편지 내용은 당시 암약 중인 스파이들이 염탐해 치안판사와 내무부에 그대로 전달되었다. 대중집회 음모를 간파한 정부는 제15기병연대를 맨체스터로 급파했다.[7] 존슨을 비롯한 주최 측은 좀 더 완벽한 준비를 하기 위해 집회를 9일로 연기했다. 맨체스터 치안판사들은 내무부로부터 주최 측의 집회공고가 나자마자 불법집회임을 공포하라는 조언을 들었다. 국왕의 재가 없이 각료나 의원 선출을 추가로 요구하는 것이 위법이라는 논리였다.[8] 8월 3일 집회공고가 나자 치안판사들은 의원 선출 요구 집회가 불법이라는 점을 공포했다. 존슨과 그의 동료들은 9일 집회를 16일로 연기하고 집회 주제를 변경했다. 선거법 개정과 의회개혁을 요구하는 내용이기 때문에 불법이 아니라는 논거를 제시했다. 이에 치안판사 측은 집회 당일 제15기병연대 병력 600명, 보병 수백 명, 야포 2문, 체셔 출신 의용대 400명, 비밀경찰 요원 400여 명을 동원해 경계를 폈다. 의용대는 대부분이 지역의 자영농, 소상점주, 상인, 술집 주인 등이었다.[9] 이들은 단순한 위협에 그치는 것이 아니라 집회를 분쇄하고 가능하다면 주모자들 모두 체포하려는 계획을 세웠다. 헨리 헌트의 연설이 시작된 직후 광장 주위에 포진하고 있던 기병들이 군중을 향해 대검을 휘두르며 쇄도했다. 노동운동가 새뮤얼 뱀퍼드는 젊은 시절 이 집회에 참가해 사건 현장을 직접 목격하고 겪었다. 후일 자서전에서 그는 그 기억을 재현한다. 피털루 현장의 모습을 생생하게 알려주는 진귀한 기록이다.

기마병이 가까이 다가오고 있을 때 군중은 환호로 맞이했다고 생각한다. 그러나 그들은 소리를 치면서 사람들의 머리 위로 군도를 휘둘렀고 고삐를 늦추는가 했더니 말에 박차를 가하고서는 곧장 돌진하여 사람들을 난자하기 시작했다. 나는 "자리를 지켜라"라고 말했다. "그들이 우리를 향해 달려오고 있다", "자리를 지켜라." 그러자 우리 측에서 모두들 "자리를 지켜라"라고 외쳤다. 기마대는 당황했다. 사람에다 말의 무게까지 합쳐서 빽빽이 밀집한 사람들을 뚫고 지나가기가 도저히 불가능했다. 그래서 그들은 군도를 휘두르며 가로막고 있는 맨손의 사람들을 베며 길을 냈다. 그러나 토막 난 팔과, 헤벌어진 두개골이 눈에 들어왔다. "아, 저럴 수가! 저럴 수가!" 그러고는 "흩어져! 흩어져! 저들이 앞의 사람들을 죽이고 있다. 저들은 어찌해볼 도리가 없어!"라는 외침이 들렸고, 모두 "흩어져! 흩어져!" 하고 울부짖었다. 군중이 주춤하고 물러서자 밀려오는 조수처럼 그들이 마구잡이로 몰려왔고 우왕좌왕하는 군중과 도망가지 못해 군도에 찔린 사람들의 비명, 탄원과 저주가 마치 머리 위에서 치는 천둥과 같은 소리를 냈다.[10]

10여 분 후에 군중이 흩어진 직후의 광경을 뱀퍼드는 다음과 같이 묘사한다.

대학살이 시작된 지 10분 만에 광장은 텅 비고 황막해졌다. 태양은 음울히 미동도 하지 않는 대지를 내리비치고 있었다. 눈앞에 보이는 모든 창문에는 커튼과

가리개가 쳐 있었다. 앞서 말했던 새 주택 가운데 한 집에서 한두 명의 신사가 때때로 밖을 내다보았고 그 집 문 가까이에 한 무리의 사람들이 모여 무슨 이야기를 하는 것 같았다. 다른 사람들은 부상자를 돕거나 시체를 운반했다. 연단에는 몇 개의 부러진 깃대가 꽂혀 있고 찢긴 깃발이 한두 개 축 늘어져 있었다. 한 켠에는 가지각색의 모자, 숄, 구두, 그 밖에 남녀 옷가지들이 짓밟히고 찢기고 핏물이 묻은 채로 온 광장에 널려 있었다. 기마대는 이미 말에서 내려 어떤 이는 복장을 정돈하고 또 어떤 이는 군도를 닦아냈다. 그들이 난도질해 아무렇게나 덮어놓은 곳에는 아직도 일단의 사람들이 누워 있었다. 이들 중 몇몇은 아직 신음 소리를 내고 있었고, 어떤 사람은 눈을 둥그렇게 뜨고서 숨을 몰아쉬었다. 어떤 사람은 이제 더이상 숨소리도 내지 않았다. 광장에는 군마가 콧김을 내뿜거나 앞발을 차는 나지막한 소리만 들리고 사위는 적막했다.[11]

이날의 학살로 사망자는 15명, 부상자는 400~700명으로 추산된다. 당시 구호작업을 벌였던 맨체스터 구빈위원회는 부상자 수를 420명으로 추산한다. '피털루 학살'이라는 표현은 《맨체스터 옵서버》지 발행인 제임스 로가 처음 썼다고 전해진다. 그는 이 학살의 경위를 간략하게 소개한 팸플릿을 간행해 전국에 유포시켰다. 실제로 워털루 전투에 참전했던 귀환병사 존 리스는 그 무렵 올덤에서 직조공으로 일했는데 이 집회에 참가했다가 부상을 당했다. 그 후 상처가 악화되어 사망하기에 이른다. 죽기 직전 그는 이렇게 말했다고 한다. "워털루에서는 치고 박고 서로 싸웠지만, 이번에는 완전히 살인이었다."[12] 이 소식도 외부로 퍼져나가 한편으로는 공포를, 다른 한편으로 분노를 야기했다. 한마디 첨언하면, 피털루 학살 200주년을 기념해 만들어진 영화 〈피털루Peterloo〉(감독 마이크 리Mike Lee)는 귀환병사 존 리스의 시점을 적절하게 활용한 것으로 알려졌다(2018년 개봉되었다).

피털루 학살은 19세기 전반 영국 노동계급의 항의와 운동에 지대한 영향을 끼쳤다. 집회를 계획한 《맨체스터 옵서버》지 편집인들은 모두 구속되었다. 기업가 존 테일러는 당시 학살극을 직접 목격한 증인이었는데, 1821년 몇몇 기업가 모임에서 이들을 기리기 위해 새로운 신문 《맨체스터 가디언Manchester Guardian》을 창간하기로 의견을 모았다. 이 신문[현재 제호는 '가디언']은 오늘날에도 영국의 대표적인 진보계열 신문으로 잘 알려져 있다. 이후 차티스트 운동기까지 급진 정치운동과 노동운동에서 중요한 의제는 의회개혁과 선거권이었다. 모든 노동자 집회에서 '피털루'는 지배층 억압의 유력한 상징으로 자리 잡았다. 집회 피켓에 적힌 가장 흔한 구호는 "피털루 학살을 기억하라"였다.[13]

한편, 학살 당시 시인 피터 셸리는 이탈리아에 체류 중이었다. 학살 소식을 듣고 분노에 사로잡힌 그는 〈혼돈의 가면극The Masque of Anarchy〉이라는 시에 '맨체스터 학살에 덧붙여'라는 부제를 달아 한 급진계열 잡지에 보냈으나 언론 규제로 싣지 못했다. 이 시는 1832년 팸플릿으로 간행된다. 그 후 거의 모든 노동자 집회에서 셸리의 시가 낭독되곤 했다.

팔짱을 끼고 똑바로 응시하며,
두려워하지도 놀라지도 말며
살인을 자행하는 그들을 지켜보라
그들의 분노가 사라질 때까지.

그런 후에야 그들은 부끄러움을 느끼며
처음 출발한 곳으로 돌아가리니
그리하여 흐르던 피는

얼굴 빨개진 그들에게 소리치리라.[14]

잘리안왈라 공원 학살의 기억

1919년 4월 13일 인도의 암리자르시 잘리안왈라 공원(황금공원Jalianwalla Bagh)에서 일어난 학살사건은 전통적인 바이사키Baisakhi 축제에 참가하기 위해 이 공원에 운집한 시크교도 군중을 향해 영국군과 인도인 용병부대가 사격을 가해 많은 사상자가 발생한 전형적인 국가(식민지 권력)폭력사건이다. 인도의 독립운동은 이미 1885년 국민회의 결성과 더불어 시작되었지만, 특히 이 학살에 자극받아 1919~1921년간 이전보다 더 적극적으로 비폭력·불복종 반영운동이 전개되었다.

이 사건의 발생 배경을 약술하면 다음과 같다. 제1차 세계대전기에 인도는 140만 명 이상의 영령 인도군을 편성해 참전했다. 1919년 말에도 150만 명의 인도군이 복무 중이었고 전쟁기에 인도 정부는 1억 4,000만 파운드의 세금을 전비로 납부했다.[15] 전쟁 발발 직후 인도 정부의 부왕副王(viceroy=governor-general)은 유럽 전쟁에 불가피하게 영국이 참전하게 되었음을 밝히고 모든 인도 신민이 "국왕에 대한 변함없는 충성과 열렬한 헌신과 영국 정부에 대한 지속적인 지지"를 표명할 것을 당부하는 포고문을 발표했다. 영국령 인도 전역에서 영국을 지지하는 물결이 일었으며 "전쟁이나 협력 문제 모두 정부에 봉사하려는 충성심과 열망을 표명하는 수백여 통의 전보와 편지"가 부왕에게 답지했다. 이들은 종교·정치·경제·사회 분야의 각종 사회단체와 개인들로부터 온 것이었다.[16] 더욱이 1917년 8월 20일 인도 담당 장관 에드윈 몬태규는 1년 이내에 인도에서 "자치제도의 점진적 발전"과 "책임 정부의 점진적 실현"을 앞당길 방안을 마련하겠다고 선언한 터였다.[17] 전쟁기 인도인의 적극적인 참여와 지지의 이면에는 전후 자치령 국가로 독립할 수 있으리라는 희망이 깃들어 있었다.

그러나 갈수록 자치정부 수립의 전망이 희박해지면서 1916년 이후 인도 국민회의의 불복종운동과 전국적인 시위가 발생했다. 1906년 이래 큰 반향을 불러일으켰다가 열기가 주춤해진 간디의 자치Swaraji운동에 대한 관심도 다시 높아졌다. 1917년 말 몬태규는 인도를 방문하여 총독 프레드릭 더시거와 현지의 유력인사들을 접촉, 몇 가지 개혁안을 담은 〈몬태규-첼름스퍼드 보고서〉를 작성했다.[18] 이 보고서는 다음 해 5월 영국 정부에 제출되었고 이를 토대로 1919년 인도 정부법이 제정된다.[19]

몬태규-첼름스퍼드 개혁안의 핵심은 무엇인가. 중앙 행정 차원에서 집행기관과 입법기관에 인도인 참여를 증대하는 방안을 모색한 것이었다. 종래 총독 집행위원회Executive Council of Governor-General를 국무회의 Council of State로 격상하고, 위원 50인은 선출직 21명 총독 지명 29명으로 구성한다.[20] 종래의 입법회의Legislative Council도 입법의회Legislative Assembly 로 개명해 의원 정원 100명 중 3분의 2를 선거로, 나머지는 총독이 지명하도록 했다.[21] 그러나 지방의 주 행정에 관한 계획은 중앙정부의 변화에 훨씬 더 미치지 못하는 수준이었다. 지방 행정을 맡은 집행위원회는 인도인 선출직 2명, 총독이 임명하는 인도 문관ICS 2명으로 구성되어 사실상 총독의 권한을 그대로 유지할 수 있도록 했으며, 주 입법회의는 선출직 의원을 더 확대하기로 했다.[22]

이 개혁안에서 정작 중요한 것은 이원주의dualism, 다른 표현으로는 양두정치dyarchy의 원칙을 견지했다는 점이다. 이는 지방 행정의 여러 업무를 중앙정부가 위임한 업무와 중앙정부 관할 업무로 분류해 위임업무만 지방정부가 집행할 수 있었다.[23] 중앙정부는 국방·외교·전신·철도·우편·대외

무역 등을, 지방 주정부는 보건·위생·교육·공공사업·경찰·재판·관개사업 등을 맡기로 했다.[24] 목록에 포함되지 않은 제반 권한은 중앙정부의 주관이라는 점을 분명히 했다. 결국, 자치제를 확대하면서도 통치의 중요한 분야는 총독(부왕)의 직접적인 지휘 아래 두려는 의도가 깃들어 있었다. 몬태규는 이러한 개혁안이 완전한 자치를 주장하는 측을 만족시킬 수 없다는 것을 잘 알고 있었다. 이런 점을 의식해 이 과도적인 제안의 정당성을 강조하기도 한다.

우리의 제안은 일부 비판자들이 복잡하다고 생각할 수도 있다. 그러나 순수하게 전제적인 성격을 가진 것을 제외하고, 복잡한 면모 없이 설명할 수 있는 정치체는 거의 없다. 우리가 의도적으로 선택한, 본질상 실험적이면서도 과도적인 이 경로는 서로 다른 두 정부 원리의 일시적인 조정을 수반하기 때문에 상대적으로 정교한 것이다. 만일 모든 통치권의 이양을 완전히 책임질 수 있는 시간까지 연기할 것을 제안했다면, 우리의 계획은 분명 단순한 장점이 있었을 것이다. 그러나 8월 20일까지 발표를 지켜야 할 의무와 별도로, 무책임에서 완전한 책임으로 바뀌었을 때, 새 정부 형태가 너무나 격렬한 충격으로 붕괴될지 모른다는 우려도 고려했을 것이다. 그러므로 우리는 먼저 행정부에서 이원주의를 고안하고, 두 번째로는 영국 측과 인도 측, 둘 사이의 힘의 균형을 제공하는 것이 한쪽이 지속성을 유지하고 긴요한 점들을 보존하는 필수적인 역할을 박탈당하지 않고서도 다른 쪽이 성장할 수 있다고 본다.[25]

몬태규-첼름스퍼드 개혁안은 완전한 자치를 요구해온 간디와 국민회의는 물론 일반 여론과 거리가 먼 것이었다. 이에 대한 항의와 시위가 격렬해졌고 정부는 시위는 물론 언론에 대한 검열을 강화했다. 항의 진압과 언론

검열을 위해 새로운 탄압법*을 제정했다.[26] 미흡한 개혁안과 탄압법은 인도의 전쟁 협조에 대한 영국 측의 배반으로 여겨졌다.

펀자브주는 벵골 지역과 더불어 제1차 세계대전기에 인도에서 가장 많은 인적·물적 자원이 동원된 주 가운데 하나였다. 이에 따라 영국 지배에 대한 반감이 전반적으로 높아졌다. 국민회의와 간디가 주도하는 비폭력운동을 지지하는 사람들이 급증했다. 특히 간디가 3월 30일(뒤에 4월 6일로 연기)의 전국 총파업에 참여해달라는 호소문을 발표해 각 주의 부총독과 군 지휘관들이 긴장하고 있었다. 펀자브주 부총독 마이클 오드와이어와 주둔군 사령관 레지널드 다이어 대령은 지역 사회에서 존경을 받는 자치운동가 두 사람을 대중으로부터 격리시키기로 결정했다. 그 명령에 따라 두 사람은 경찰에 체포되었다. 이 체포에 항의하는 시위가 여러 곳에서 발생했다. 특히 4월 9일 시위대가 시내로 진출해 영국계 은행을 공격해 사상자가 발생하고, 미션스쿨 교사로 있던 젊은 백인여성을 사로잡아 구타하는 사건이 일어났다.[27] 다이어 대령은 13일 바이사키 축제에 대비해 인근 용병부대 병력을 동원, 경계를 강화했다. 그는 1857년 용병 반란을 머리에 떠올리기도 했다. 3월부터 시행하게 된 롤라트법(집회시위금지법)에 의거, 집회 금지를 공포했다.

원래 바이사키는 매년 봄에 개최되는 신년맞이 축제이자, 이와 동시에 17세기 말 구루 고빈드 싱 휘하의 전사단 결성을 경축하는 행사이기도 했다. 그러나 학살극이 벌어진 그날 축제에 참가하러 공원을 찾은 사람들 대부분은 시내가 아닌 인근 지역 사람들이어서 그 포고령을 알지 못했다. 축

---

* 영국 판사 시드니 롤라트가 위원장을 맡은 '롤라트위원회Rawlatt Committee'의 권고에 따라 1919년 3월 10일 인도 입법회의가 통과시킨 탄압법. 위원장 이름을 붙여 흔히 롤라트법The Rowlatt Act이라 불린다. 재판 및 사법 조사 절차 없이도 혁명 음모 관련자로 의심되는 사람을 사전 구속하는 강력한 법이었다.

제 참가자 다수는 영국인들이 경계하고 두려워할 만한 강력한 비폭력 독립운동 시위계획을 세우지 않았던 것이다. 다만 일부 참가자들이 체포된 두 지도자의 석방을 요구했을 뿐이다.

축제 참가 인원이 갈수록 증가했을 때, 다이어는 집회를 경고하지도, 또 해산을 종용하지도 않았다. 오히려 오후에 참가자들이 공원 밖으로 나가려는 순간, 그는 네 출입구를 포위하고 있던 인도 병사들에게 10분간 일제 사격 명령을 내린다. 말하자면 용병에게 동족을 향해 총을 쏘라고 명령한 것이다. 이 갑작스런 사격 명령은 인도정청 조사위원회에서도 명백한 잘못이라고 지적했다. 아마 다이어는 이전의 산발적인 시위에 감정이 격해졌고 인도인들에게 본때를 보여주어야겠다고 벼르고 있었을 것이다.

순식간에 수많은 참가자가 총에 맞아 쓰러졌다. 공식적인 통계로도 그 순간에 379명이 사살되었고, 1,100명이 부상했다. 그마저도 이 수치는 다이어 자신이 영국 의회에 보고한 내용일 뿐이다.[28] 그 당시 인도 국민회의 추계로는 사망 1,000명, 부상 1,500명에 이른다.[29] 후일 인도정청 조사위원회에서 다이어 대령은 사람이 운집하지 않은 곳에 대해서만 사격 지시를 했다고 변명한다. 그러나 인도 국민회의 자체 보고에는 이런 서술이 나온다. 일부 병사들은 차마 군중을 향해 쏘지 못하고 하늘을 향해 사격했다는 것이다. 그것을 본 다이어 대령은 이렇게 호통을 쳤다고 한다. "총구를 낮춰 사격하라. 너희들은 여기 무엇 하러 왔는가?"[30] 학살 다음 날 다이어는 암리자르 시내에 다음과 같은 포고문을 내걸었다.

그대들은 본인이 인도군 군인임을 잘 알고 있을 것이다. 여러분은 전쟁을 원하는가, 아니면 평화를 원하는가? 만일 전쟁을 원한다면, 정부는 그에 대비하고, 그대들이 평화를 원한다면, 내 명령에 따르고 모든 상점 문을 열라. 그렇지 않으면 쏠 것이다. 본인에게는 프랑스나 암리자르의 전장은 똑같다. 본인은 군인으로 앞으로만 나갈 뿐이다. 오른쪽으로도 왼쪽으로도 움직이지 않는다. 전쟁을 원한다면 큰소리로 말하라. 평화를 대비하기 위해 본인의 명령은 모든 상점이 한 번에 문을 열라는 것이다.…… 명령에 복종하라. 본인은 다른 것을 원하지 않는다. 본인은 30년 넘게 군생활을 했다. 인도 용병과 시크교도들을 매우 잘 이해한다. 그대들은 본인 명령에 복종하고 평화를 지켜야 할 것이다. 그렇지 않으면 그 상점들은 강제로 문을 열게 될 것이다.[31]

그뿐만 아니라, 학살 직후 다이어 대령은 4월 9일 여학교 백인 여선생이 피습 받은 장소를 확인한 다음 그 주위 사방 200야드의 공간에 줄을 긋고, 아침 6시부터 저녁 8시까지 그곳을 통과하는 사람은 반드시 기어서 지나가야 한다는 명령을 내린다. 이 명령은 1주일간 지속되었다. 밤 시간을 제외한 것은 야간 통행금지령이 발동되었기 때문이다.[32]

암리자르 학살에 대한 항의 표시로 라빈 드라나드 타고르는 그 몇 년 전에 노벨상 수상 기념으로 받은 기사 작위를 반납했고, 국민회의의 적극적인 비타협운동이 곧바로 전개되었다. 1920년 6월 다이어 대령 문제에 관해 영국 하원에서 논란이 일었다. 대체로 절충론으로 끝난 것 같다. 과잉대응인가 아니면 군인으로서 적절한 조치를 취한 것인가라는 문제는 양론으로 갈렸지만, 과잉대응이라는 견해가 조금 더 우세했다. 그러면서도 상당수 의원이 인도 국민의 정서를 고려해야 한다는 현실론에 동감을 표했다. 특히 자유당 의원 윈스턴 처칠은 그 학살이 영제국에 대한 모욕행위라고 하면서 다이어의 직위 해제와 불명예 제대를 주장했다.[33] 당시 장군 대우를 받고 있던 다이어는 대령 신분으로 면직당했다.

잘리안왈라 공원 학살사건은 오랫동안 인도 독립과 민족주의운동의 동력으로 작용했다. 그와 함께 간헐적으로 영국의 공식적인 사과를 요구하는 움직임이 일어나곤 했다. 그런데도 오랫동안 영국에서 이 사건은 공식적으로 거론된 적이 없었다. 1997년 10월 13일 엘리자베스 여왕은 인도를 방문, 한 연회에서 이 사건을 처음 언급한다. "우리 과거에 몇 가지 어려운 일들이 있었던 것은 비밀이 아닙니다. 제가 내일 방문할 잘리안왈라 공원도 아주 괴로운 사례지요. 그러나 우리가 때때로 제아무리 그렇지 않기를 바라더라도 역사는 다시 쓰일 수 없습니다. 역사에는 슬픔과 기쁨의 순간이 있습니다. 우리는 슬픔으로부터 배우고 기쁨을 쌓아나가야 합니다." 다음 날 핑크색 의상을 차려입은 여왕은 공원을 방문해 30초간 묵념을 드렸는데, 이 색상은 시크교도들에게 종교적으로 중요한 의미를 지녔다.[34] 2013년 데이비드 캐머런도 영국 총리로는 처음으로 공원을 방문한다. 그 자리에서 그는 이전 처칠의 하원 발언을 인용했을 뿐 공식적인 사과를 하지 않았다. 2016년 윌리엄 왕세자 부부가 인도를 방문했을 때에도 사과 문제가 거론되었지만 결론 없이 끝났다. 올해(2019년)가 학살사건 100주년이다. 이 문제를 두 나라가 매듭지을 절호의 기회이나, 현재 영국 정계가 '브렉시트'로 혼돈에 빠져 있어서 어떤 결론을 내릴지 알 수 없다.

다시 돌아본 광주민중항쟁

1980년 5월 18~27일, 광주민중항쟁기 단 열흘간 공식적인 사망자는 민간인 144명, 군인 및 경찰 26명, 부상자는 민간인 3,000여 명, 군인 및 경찰

255명이다.* 5·18의 발생 원인은 무엇인가. 신군부의 쿠데타가 직접 원인이다. 그들은 쿠데타에 대한 반발이나 저항을 초기에 분쇄한다는 의도를 명백하게 가졌고, 군부에 대항할 경우 어떻게 되는가를 여실히 보여주는 본보기로 광주를 선택했다. 이러한 선택에 영향을 미친 요인은 이 지역의 활발했던 학생운동, 김대중 지지, 지역감정에 이르기까지 다양했을 것이다.[35]

신군부 쿠데타에 학생과 일반 시민의 분노와 항의가 표출된 것은 자연발생적인 것이었다. 물론 김대중 내란음모사건 발표가 지역 사회의 시위를 격화시킨 것은 분명하다. 1970년대에도 이 지역에서 산발적인 민주화운동이 일었지만 그것은 다른 지역에서 일반적으로 나타난 반정부운동 수준을 넘지는 못했다. 오히려 1960~70년대 초만 하더라도 광주·전남 지역 국회의원 가운데 공화당 출신도 여러 명에 달했다. 그러니까 5·18 이전 광주만의 독특한 전통을 강조하는 것은 무리이며 일종의 신화화에 지나지 않는다. 물론 산업화 과정에서 소외되었다는 차별의식이 광범위하게 퍼져 사람들 사이에 공감의 폭을 넓혔다고 할 수 있지만, 이런 소외의식도 호남에만 국한된 것이 아니라 충청, 강원 지역에도 공통된 현상이다.

광주민중항쟁의 전개 과정을 간략하게 정리해보자. 서울의 봄으로 표현되는 1980년 3~5월은 한편으로는 민간정부 등장의 희망과 다른 한편으로는 군부의 의심스러운 동향이 맞물려 불안감이 조성되는 안개정국이었다. 여기에 신속한 국가권력 창출을 대망하는 학생 시위, 노동자 시위가 맞물려 사회가 극도로 혼란스러웠다. 이 사회 혼란을 배경으로 신군부의 친위

---

* 민간인 부상자 수는 확정하기 어렵다. 그동안 부상자로 신고해 보상을 받은 사례는 3,000건을 상회한다. 5·18 유가족협회 조사로는 이 기간 일반인의 경우 사망 165명, 행방불명자 76명으로 나타난다.

쿠데타가 발생한 것이다. 이때까지만 하더라도 광주의 특수성은 찾아보기 어렵다. 서울 여러 대학의 학생 시위와 마찬가지로 전남대를 중심으로 5월 14~16일 군부 퇴진을 요구하는 학생 시위가 산발적으로 일어났다. 그러나 10일간의 항쟁과 경험을 통해 적극 참가자들이 새로운 집단정신을 갖게 되었다는 점을 강조하는 연구들이 있다. 이를 위해 가끔 인용되는 사례가 있다. 5월 26일 밤, 다음 날 새벽 계엄군 진입이 분명해진 시간, 도청이 함락되기 전날 밤, 사태수습위원 가운데 한 사람인 이종기 변호사는 집에 돌아가 몸을 씻고 새옷으로 갈아입은 뒤에 수습위원의 책임을 다하기 위해 다시 도청으로 들어간다. 원래 그는 온건한 주장을 폈다. 결사항쟁에도 반대했지만 젊은이들이 죽게 되었으니 동참하겠다고 돌아간 것이다. 이를 보고 김상봉은 어떤 분석방법으로도 설명하거나 이해할 수 없는 행위라고 단언한다.[36]

열흘간의 항쟁에 주체적으로 참여하면서 동료 간에 어떤 공동체가 형성되었던 것은 자연스러운 일이다. 문제는 기존 연구들이 이 공동체성을 신화화하는 경향이 있다는 점이다. 예를 들어 김상봉은 5월 항쟁의 공동체성을 '홀로 주체'와 '서로 주체'의 변증법적 형성물로 바라본다. 최정운은 서로의 이해를 넘어서는 '절대공동체'를, 박구용은 '서로 주체성의 형성'이라는 표현을 사용한다.[37]

5·18에 접근할 때 그 열흘간 항쟁 주체의 공동체성을 밝히는 작업은 의미 있는 일이다. 그러나 그 항쟁의 경험과 기억이 이후 1990년대까지 한국 사회의 변혁운동에 지속적인 자극과 동력을 부여했다는 점이 중요하다. 정근식은 1980~90년대 중엽까지 호남 민중의 집단정서를 일종의 장기 지속적인 망탈리테로 규정한다. 그 망탈리테는 주로 '고립감'을 바탕으로 결정화된 정서라는 것이다.[38] 그러나 이런 고립감이 어떻게 적극적인 사회변

혁운동으로 연결될 수 있었을까. 그보다는 그 항쟁이 이후 민주화운동의
참여자에게 일종의 도덕적 죄의식의 발현으로 작용했다거나,[39] 국가폭력
에 대한 강렬한 감정공동체가 형성되었고 이것이 1990년대까지 한국 민주
화운동에 "역사적 트라우마"로 작용했다는 해석이 좀 더 설득력이 있다.[40]

　시민군과 그들을 돕고 끝까지 함께한 사람들 이외에 당시 광주에서 그
비극을 겪으면서 한편으로 동참하기도 하고, 다른 한편으로 두려움 때문
에 돌아섰던 다수의 사람을 어떻게 볼 것인가. 5월 26일 마지막 밤 무렵에
많은 사람이 부끄러움과 죄책감의 정서를 집단적으로 공유했던 것으로 보
인다. 필자는 그동안 여러 사람의 회고에서 이러한 정서를 확인한 바 있
다. 5월 26일 상황이 악화되고 군 진입이 가시화되면서 직간접으로 항쟁
에 참여했던 많은 사람은 집으로 또는 다른 곳으로 발길을 돌리거나 피신
했다. 그날 밤 어느 시각에서부턴가 시내를 주행하는 차량에서 시민군에
동참을 호소하는 가두방송이 이어졌다. 처음에는 참여를 호소하다가 나중
에 그 여성은 울먹이는 소리로, "이제 마지막 인사를 드립니다. 저희는 도
청으로 돌아갑니다. 그동안 고마웠습니다"라는 말을 반복했다고 한다. 그
가두방송을 들으면서 많은 사람이 집에서 숨죽이며 흐느꼈다는 것이다.
열흘간 항쟁에 직접 뛰어든 사람들만이 아니라 그 시기에 광주에서 숨을
죽였던 일반 시민에게 '부끄러움'이라는 공통의 정서가 어떻게 공동체성
을 함양하는 데까지 이어졌는가를 살피는 것이 매우 중요하다.

　은우근은 부끄러움의 정서에서 공동체성 및 역사의식의 형성에 이르는
과정을 19세기 독일 시민계급의 '교양화'에 비유한 바 있다. 공통의 부끄
러움이 개인의 교양화를 통한 역사의식 형성이라는 집단의식을 낳았다는
것이다.[41] 매우 설득력이 있지만, 독일 시민계급의 '교양화'에 비유하는 것
은 사변적이라고 생각된다. 그보다는 26일 상당수 시민이 거의 비슷한 시

각에 거의 비슷한 심리상태 아래서 공통의 '부끄러움'을 겪었다는 사실이
매우 중요했던 것 같다. 앞에서 언급했듯이, 필자는 몇몇 지인들로부터 시
민의 동참을 호소하며 마지막 인사말을 전하는 그 가두방송을 잊을 수 없
다는 회고를 여러 차례 들었다. 그 후 학살에 대한 침묵을 깨고 서로 말하
기 시작했을 때, 부끄러움의 정서를 가진 사람들은 동료, 선후배, 부모와
자녀 사이에 서로의 경험을 다시 확인하기 시작하면서 그 정서를 공유한
망탈리테를 형성한 것이다.

특이한 것은, 이 부끄러움의 정서가 많은 사람의 내면에서 심화되면서도
이 내면화 과정이 개인화로만 그친 것이 아니라 도덕적 연대와 참여정신
으로 승화되었다는 점이다. 이 망탈리테가 1980~90년대 호남 출신 젊은
이들이 대거 민주화운동에 참여하고 헌신하게 된 토양이었다. 그리고 그
들의 헌신성이 궁극적으로 광주의 경험과 기억을 전국적인 경험과 기억으
로 승화시켰다. 광주항쟁은 그 스스로 지배층 억압의 상징이자 민중저항
의 상징으로 자리매김되면서 민주화운동의 전개 과정에서 끊임없이 능동
적인 동력을 제공한 것이다.

어디까지나 추론에 지나지 않지만, 광주항쟁과 비슷한 비극이면서도 그
것을 집단적으로 경험한 사람들의 정서가 오히려 내면화하고 개인화하는
대조적인 사례로 여순사건을 꼽을 수 있다. 이 사건은 1948년 10월 19일
국군 제14연대가 제주4·3항쟁 진압을 위한 출동명령을 거부하며 여수·순
천 지역을 장악한 데서 비롯했다. 이 연대에 대한 정부군의 진압작전, 그
리고 그 후 반군 협조자 색출작업에서 대량 학살이 자행되었다.* 이 비극

---

* 제14연대 병사들은 대부분 여순 출신 자원자들로 충원되었다. 그 때문에 협조자 색출작업이 더 광범
하게 진행된 것으로 보인다. 14연대 2,200여 병사와 여순 지역 1만 3,000여 민간인이 잔인하게 학살
당했다. 협조자 색출 학살작업은 1949년 3월까지 계속되었다.

은 아직도 심화된 연구를 기다리고 있다. 이 지역 출신 인사들의 유년시절 회고를 들어보면, 가장 흔히 들었던 말이 "모난 정이 돌 맞는다" 또는 "밖에서 함부로 나대지 마라"라는 훈계였다고 한다. 당시 무차별적인 민간인 학살에 저항 수단도 없었기 때문에 이 극단적인 공포에 대항하는 대신, 무조건 숨죽일 수밖에 없었다. 이런 압제적 상황이 원한과 분노마저 잠재워버린 것이다. 그 후 한국전쟁, 전쟁 이후의 극단적 반공정책과 극우적인 사회 분위기 속에서 이 비극에 대한 경험과 기억은 사회현실에 저항하기보다는 순응할 수밖에 없는 삶의 태도를 낳지 않았을까 조심스럽게 추론해본다. 이러한 정서가 후대에 가정과 농촌 사회를 통해 지속된 것이다. 물론 여순사건의 구체적인 실상은 아직 밝혀지지 않았고 이제 본격적인 연구가 시작되고 있는 단계이기 때문에 이런 주장은 가설 수준에 지나지 않는다. 그렇다 하더라도, 여순사건 이후 그 지역 정서는 광주항쟁 이후 형성된 집단정신과 어느 면으로는 대조적인 특징을 보여준다.

이와 같은 대조적인 형태가 심화된 것은 시대적·사회적 조건의 차이, 그리고 경험과 기억에 대한 주체적 수용 과정의 차이에서 비롯된다. 또 여순사건의 경우 그 경험과 기억이 개인적·가족적·농촌적이었다는 점과 관련된다. 이에 비해 광주의 경험과 기억은 처음부터 집단적 부끄러움이 강했기에 새로운 형태의 망탈리테로 구조화되었던 것이다. 부끄러움이 내면화되더라도 '나도 무엇인가 해야 한다는 각오와 다짐, 그리고 그를 위한 노력'으로 결정화된다. 여순사건의 경험이 낳은 소극적 개인화가 아닌, 적극적이고 도덕적인 참여로 연결된 것이다.

비교 그리고 5·18의 특이성

피털루 학살, 잘리안왈라 공원 학살, 광주 학살, 이 세 사건의 발발을 상세하게 성찰하면, 무자비한 국가폭력으로 비화할 수밖에 없는 구조적 요인이 있었다는 점을 확인할 수 있다. 말하자면 지배권력이 물리적 폭력을 행사하지 않으면 안 되는 사회 저변의 도전과 분노가 그만큼 응축되어 있었던 것이다. 그렇더라도 그 구조가 곧바로 국가폭력과 학살로 전화하는 것은 아니다. 이상에서 살펴본 세 사례는 모두 학살로의 이행이 전적으로 지배권력의 의도와 기획에 의해 이루어졌음을 알려준다. 세 사례 모두 지배권력은 어떤 의도를 가지고 일반 민중의 도전을 제압하고자 했다. 강력한 폭력을 보여줌으로써 도전을 묵과할 수 없다는 단호한 입장을 과시하려한 것이다. 이들의 의도와 계획이 철저할수록 국가폭력은 대량 학살로 곧장 연결되었다.

지배권력의 의도와 계획성은 다양하게 나타난다. 피털루 학살의 주도세력은 이미 스파이들을 통해 민중의 동태를 감시했고 정규군을 동원해 시위자들을 일망타진하려는 정교한 계획을 짰으며, 그 계획대로 추진해나갔다. 잘리안왈라 공원 학살의 주역들은 수 개 연대를 미리 동원해 공원 각 입구를 포위한 다음에, 해산하라는 어떤 사전 경고나 지시도 없이 미리 정한 시간에 집단사격을 감행했다. 1980년 5월 신군부세력은 자신들의 친위쿠데타에 대한 비판세력에 원천적인 재갈을 물리기 위해 가공할 물리력을 특정 지역에 투입해 극한적인 폭력으로 저항을 잠재우려 했다. 이와 같이 지배세력이 시민과 민중을 향해 폭력을 감행할 수 있었던 근저에 어떤 감정이 도사리고 있었는가. 세 사건 모두 당시 폭력을 감행한 지배세력이 민중에 대한 멸시감과 극도의 증오감을 가지고 있었다는 것을 확인할 수 있다.

세 사건이 공통된 특징을 보여주지만, 광주민중항쟁만이 가진 특이성이 있다. 그것은 항쟁을 목격하고 경험한 사람들의 집단적 부끄러움이 그 이후 사회변혁을 향한 도덕적 망탈리테를 형성했으며, 이것이 1980년대 그 지역 출신 젊은 세대가 한국 사회의 변혁운동에 적극 동참하는 동력으로 작용했다는 점이다. 그들의 참여와 헌신을 통해 광주항쟁은 전국적으로 지배권력에 대한 저항의 상징으로 받아들여졌고 이후 한국 민주화운동에 가장 중요한 기여를 했던 것이다. 여기에 광주민중항쟁의 특이성이 있다. 1980년 부끄러움의 정서를 보여주는 한 개인의 사례를 소개하면서 글을 맺는다.

1980년 광주의 경험자들이 가졌던 그 부끄러움의 한 사례를 간략하게 소개한다. 오랫동안 영국사를 공부하고 가르쳐온 지인이 있다. 필자보다 한 학기 후에 그도 퇴직한다. 절친하기는 하지만 상당히 보수적인 시각을 가진 학자다. 그는 오랫동안 영국 정치가 윌리엄 글래드스턴을 연구해왔다. 그를 다룬 몇 권의 저술을 펴냈다. 1990년대 후반의 일이다. 한 술집에서 필자는 그에게 왜 유독 글래드스턴에 집착하는지 물어보았다. 그는 한동안 머뭇거리더니 맥주 한 컵을 마신 후 자신의 경험을 담담하게 전해주었다.

1980년 석사를 마치고 유학을 준비하던 그는 마침 그 5월에 고향 광주 집에 내려가 있었다. 물론 그는 집에서 숨죽였다. 시위에 참가할 만큼 용기도 없었다. 며칠 후 군인들이 집집마다 수색해 젊은이들을 잡아간다는 흉흉한 소문이 돌았다. 장남인 아들이 어떻게 될까 노심초사하던 그의 모친은 그 당시 집안일을 돌봐주던 이웃집[아마 옛날식으로 하면 머슴 역할을 했던 이웃이었을 것이다] 청년에게 부탁해 아들이 광주를 벗어나도록 도와달라고 했다. 시민군이 모두 체포된 직후 어느 새벽 그는 동년배 청년의 안내를 받아 골목길과 험한 산길을 거쳐

장성으로 빠져나갔다. 가까스로 서울로 돌아온 그는 미국행 비행기를 탔다. 그리고 10년 후에 귀국했다.

보수적이고 정치 또는 정치적 행위 자체에 시니컬한 생각을 가지고 있던 그는 학위논문을 준비하면서 윌리엄 글래드스턴에 끌렸다. 그가 생각하는 글래드스턴은 여러 단점이 있음에도, 말하자면 '완전한' 정치가였다. 그는 글래드스턴을 연구하면서 오랫동안 김대중 씨의 이미지를 사료에 덧씌웠다. 그의 글래드스턴 연구에는 정치가 김대중 씨의 고난을 상기하고 그가 그 고난을 극복해나가기를 바라는 염원이 깃들어 있었다. 필자는 그 지인에게서 보수적이고 평범한 사람들이 1980년 5월 하순 광주에서 느꼈을 '부끄러움'을 확인한다. 그 부끄러움이 그에게는 학문 연구의 동력이 되었다. 그가 탁월한 역사가인지는 잘 모르겠지만, 적어도 나쁜 역사가가 아닌 것은 분명하다.

2

근대의 성취, 근대의 한계

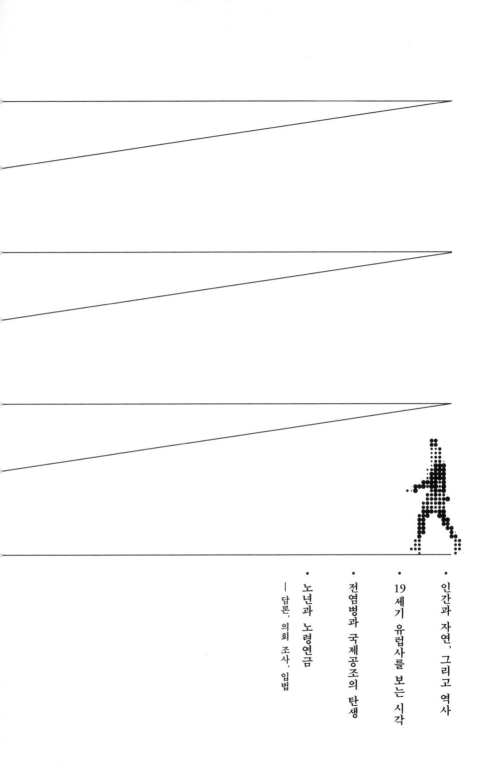

인간과 자연,

05

그리고

역사

16세기까지 인간의 삶에 대한 전제적인 억압자는 자연이었다. 사람들은 기후, 풍토, 식생, 지형의 특성에 적응할 수 있도록 삶의 방식을 만들어나 갔고, 이에 적응하지 못하거나 또는 자연의 변화를 따라가지 못했을 때는 언제나 자연의 폭압적인 위협 아래 재앙을 당하고 움츠러들었다. 인간과 자연의 관계에서 자연의 일방적인 우세가 변하기 시작한 것은 17세기 이후의 일이다. 그것도 주로 서유럽에서 먼저 시작되었다. 이때부터 자연은 인간에 대한 폭압자라기보다는 인간이 이용할 수 있는 대상이 되었다. 인간은 자연의 특성을 잘 이해함으로써 그 자연을 인간의 삶에 맞도록 변형시켰다. 17세기 사상가 프랜시스 베이컨은 이렇게 말했다. "지식과 힘은 하나다. 자연을 지배하려면 그 자연에 가까이 다가서야 한다." 여기에서 지식은 자연에 관한 인간의 이해다. 그 이해(지식)를 가지려면 자연에 가까이 다가서서 관찰해야 한다. 이 유명한 언명은 바로 17세기 '과학혁명'의 출발을 알리는 신호탄이었다.

과학혁명의 초창기에 '과학'이라는 말은 일반적으로 지식에 접근하는 방법론의 의미가 강했다. 즉 과학은 분야에 관계없이 '체계화된 지식'을 뜻했다. 그러던 것이 18세기에 들어와서 자연에 관한 지식체계를 뜻하게 되었다. 프랜시스 베이컨의 언명은 18세기 이후 과학지식의 증가와 함께 현실적인 것이 되었다. 자연을 이용하고 활용하고 이를 통해 인간의 삶의 질을 향상시키려는 노력이 근대화 또는 산업화라는 이름으로 처음에는 서유럽에서 그리고 20세기에 들어와서는 전 세계에 확산되기 시작했다. 그러나 자연의 이용이라는 말이 사실상 자연의 수탈과 동의어라는 것을 사람들이 인식하게 된 것은 20세기 후반의 일이다.

오늘날에는 인간의 폭압 때문에 자연이 비명을 지르고 있다. 로마클럽 보고서 《성장의 한계》가 작성된 것이 1972년이다. 이렇게 보면 근대문명이 계속될 경우 인간의 삶의 터전인 자연 자체가 붕괴되고 폐허가 되리라는 경고음이 나타난 지 이제 반세기에 가까워졌다. 생태와 환경이라는 말이 일상에서 널리 쓰이기 시작한 것도 그 이후의 일이다.

돌이켜보면, 19세기 사람들의 자연 인식에 획기적인 변화를 가져온 과학은 지질학이었다. 심지어 노동자들 가운데서도 새로운 화석을 발견하고 지층을 탐사하는 아마추어 연구자들이 나타날 정도였다. 다윈의 진화론은 그 지질학의 시대를 한층 더 풍요롭게 만든 지식체계였다. 19세기야말로 진정한 '지질학의 세기'였던 것이다. 지질학의 시대구분은 잘 알려져 있다. 우리가 살고 있는 이 시대는 신생대 제4기 충적세에 해당한다. 지질시대의 구분은 주로 지층 탐사 결과에 토대를 둔다. 지각 변동과 자연환경의 변화는 지층에 그 흔적을 남기며, 지질학자들은 그 흔적에 나타난 대변화를 기준으로 지구의 시대를 구분해왔다. 지금까지 그 모든 지각의 변화는 자연 자체에 의해 이루어졌다.

그러나 인간의 활동에 따른 자연 파괴가 일상적으로 진행되면서, 최근 지질학자들은 이전에 자연적 원인에 기준을 둔 지질시대에 새로운 기준을 첨가해야 할 시점에 이르렀다고 주장한다. 새로운 지질시대는 '인류세

Anthropocene'로 불린다. 이 이름은 자연의 새로운 변화 원인이 자연이 아 닌 인간에게서 나왔다는 인식에서 비롯한다. '인류세'라는 이름 자체가 미 래의 비극을 암시한다. 만약 수만 년 후에도 인류가 생존하고 또 지질학이 라는 학문 분야가 존속한다면, 그 미래의 지질학자는 '인류세'에 해당하는 지층이 이전 것과 근본적으로 다르다는 사실을 알게 될 것이다. 지층에 남 은 흔적 하나하나가 자연보다는 인간의 작용에 따른 변화를 보여주기 때 문이다.

'인류세'의 도래는 현재를 살고 있는 우리도 인식할 수 있다. 이제 지구 는 더이상 옛날 방식으로 운행하고 변화하지 않는다. 대기와 기후와 생태 계, 그 모두가 이전과 전혀 다른 방식으로 바뀌고 있다. 근대문명의 영향 때문이다. 비관론자들은 이 '인류세'가 지구상에서 가장 심각한 생물 멸 종기로 기록될지 모른다고 경고한다. 인류에게 물질적 풍요를 안겨주었으 면서도 다른 한편으로 생물 종의 위기를 가져온 근대문명의 두 얼굴을 다 시 생각한다. 생물 멸종의 위험을 경고하는 목소리는 여기저기서 쏟아지 지만, 그 위험을 넘기 위한 구체적인 방법은 아직도 여전히 모색 중일 뿐이 다. 더욱이 포퓰리즘에 편승한 정치가들이 등장하면서 지구환경과 생태위 기 해결이라는 전망은 더욱더 멀어졌다. 기후협약의 초석을 놓았던 미국 은 트럼프 대통령의 신정책에 의해 오히려 기후협약을 탈퇴했다. 오늘날 공룡에 대한 관심이 세계적으로 높은 것도 아마 이 종의 묵시록적 운명에 서 인류문명의 미래에 대한 불안감을 느꼈기 때문일 것이다.

환경결정론의 계보

사람들이 자연(환경)의 지배 아래 순응하며 살았던 고대 이래 자연 자체가 아니라 인간과 자연의 관계를 깊이 성찰한 지식인들이 있었다. 환경결정 론이란 자연이 인간의 삶의 조건이자 환경이기 때문에 각 문화권과 각 종 족의 기질, 습성, 문화가 그 자연환경의 영향을 받아 형성된다는 견해다. 이런 견해에서는 환경 가운데 특히 기후, 풍토, 지형, 지리적 특성에 초점 을 맞춘다.

서양에서 이 이론의 지적 계보에서 가장 먼저 등장하는 사람이 의사 히 포크라테스다. 소논문 〈공기, 물, 그리고 공간〉에서 히포크라테스는 우선 특정한 기후와 풍토에서 사람이 걸리기 쉬운 질병을 언급하고, 특정한 기 후와 풍토에서 취약하게 변하는 신체 부위와 관련짓는다. 다음으로, 그는 환경이 인간의 기질에 미치는 영향을 논하는데, 이 부분은 특히 그리스(유 럽)인과 아시아(오리엔트)인의 기질을 차별적인 시선으로 바라보기 때문에 흔히 유럽 중심주의, 특히 오리엔탈리즘의 기원으로 언급되기도 한다. 히 포크라테스는 유럽인과 아시아인의 기질의 차이를 다음과 같이 설명한다.

아시아는 식물이든 사람이든, 그곳에서 자라는 모든 것의 특성 면에서 유럽과 아주 다르다. 아시아에서는 모든 것이 더 크고 우수하게 자라며, 토양의 특성이 부드러운 동시에, 주민의 성격도 더 유순하고 덜 과격하다. 이는 기후의 한결같 은 조합 때문인데, 아시아가 새벽을 맞아 해가 뜨는 곳의 한가운데 있기 때문이 다. 혹서와 혹한이 없고 온화한 기후가 우세할 경우 경작이 용이하고 풍요로운 수확을 거둘 수 있다. 비옥하고 잘 관개된 땅에서는 어렵고 힘든 일을 하지 못한 다. 사람들은 게으르고 정신적으로 깊은 성찰을 하지 않는다. 이와 달리, 황폐하고 물이 귀하며 추운 겨울이 지속되는 거친 곳의 주민은 강건하고 검소하며 지성과 기술이 발달한다. 이게 유럽인이다.

히포크라테스의 언명은 르네상스 이래 재발견되어 유럽 지식인들의 의식 세계에 영향을 주었다. 르네상스 이전까지만 하더라도 유럽인은 다른 세계에 대해 우월의식을 지니지 않았다. 그들의 문명 수준이 서아시아, 인도, 중국에 비해 더 뛰어나지 않았기 때문이다. 유럽인들이 다른 세계 사람들에 비해 더 우월한 성취를 거뒀다는 자의식을 갖게 된 것은 18세기에 이르러서였다. 이런 점은 특히 '문명'이라는 말의 기원과 용례를 통해서도 확인할 수 있다. 1860년대에 한자어 '문명'으로 번역된 'civilisation'은 1757년 프랑스의 미라보 후작Victor Riqueti이 처음 썼다고 알려져 있다. 영어 문헌으로는, 애덤 퍼거슨의《시민사회의 역사Essay on the History of Civil Society》(1767)에서 처음 그 용례를 확인할 수 있다. 퍼거슨은 이렇게 말한다.

개인이 유아기에서 성년으로 나아갈 뿐만 아니라, 인류 자체가 야만에서 '문명'으로 나아간다.

이 '문명'이라는 추상명사의 형용사 civilisé(civilized)는 라틴어 'civilis'에서 나왔다. 'civilis'는 말 그대로 '시민생활의' '시민다운'이라는 뜻이다. 그러나 더 들여다보면 'civilis'는 두 단어와 동시에 관련된다. 하나는 시민civis, 다른 하나는 도시civitas다. 앞의 것과 관련해서는 전사공동체의 일원이자 정치 참여 토론을 포함한 공민적 삶으로서의 시민생활을 나타낸 것이다. 뒤의 것은 농촌과 다른 삶의 공간으로서의 도시, 도회적 생활과 관련된다. 1601년 판《옥스퍼드 영어대사전》은 'civilised'를 이렇게 설명한다. "문명화란 무례함에서 벗어나는 것, 예절을 갖추도록 교화하는 것이다." 여기서는 분명 도회적 삶을 암시하는 것 같다. 어쨌든, 18세기에 '문명'이라는 말이 처음 나타난 이후, 그 뜻은 뒤처진 '농촌' 또는 그와 같은 '야만'에 대비되는 서유럽 나라들의 수준을 의미하는 용어로 사용된다. 한마디로 유럽은 '문명'이고 다른 세계는 '야만'이라는 자의식이 형성된 것이다.

'문명'의 타자로서 '야만rudeness=barbarism'과 비슷한 용례가 '원시적primitive'이라는 형용사다. 이 단어가 영어에서 처음 사용된 것은 1540년경이다. 처음에 그 말은 '우리보다 뒤처진behind us' 사람들을 가리킬 때 사용했다. 공간적으로 뒤처졌다기보다 시간적으로 뒤처진retarded, 그러니까 후진적인 사람들에 대한 형용어로 사용된 것이다. '문명'의 대립항인 '야만'과 거의 비슷한 의미를 지닌다. 특히 18세기 후반 애덤 스미스나 퍼거슨 같은 스코틀랜드 지식인들이 이 '원시'라는 말을 즐겨 사용했다. 그들은 '원시'에서 수렵, 목축, 농업, 상업으로 변모하는 역사의 진보나 또는 원시(미개)에서 야만, 문명으로 이어지는 진보를 추론했다. 이 경우 그들 당대의 사회, 18세기 유럽 사회야말로 시간의 역사화에서 종점이라고 할 수 있는 '문명'인 것이다. 그동안 정태적 사회에 지나지 않던 유럽이 16~18세기에 걸쳐 역동적으로 변모해온 결과가 유럽 중심주의 역사관과 연결된 셈이다.

유럽이 다른 세계에 비해 더 우월한 '문명'을 이룩했다는 자의식이 강렬했던 18세기 계몽주의 시대에 환경결정론은 여러 지식인의 관심을 끌었고 또 새로운 내용을 부여받았다. 몽테스키외의 《법의 정신De l'esprit des lois》(1747)은 특정한 정치체제가 환경의 영향 아래 발전한다고 주장해 환경결정론을 되풀이한다. 그는 히포크라테스가 말했던 담론, 즉 온건 비옥한 토양은 나약한 인간정신을 낳고 한랭한 기후대는 강건하고 왕성한 문명을 낳았다는 견해를 밝히면서, 이와 동시에 이런 조건 아래서도 인간의 노력에 의해 다양한 정치체의 성립이 가능하며, 이 가운데 삼권분립의 정체政體가 가장 효율성 있고 안정되어 있다는 주장을 폈다. 계몽주의 시대의 환경결정론은 19세기에도 이어졌다. 이를테면 헨리 버클, 아놀드 토인비 등이 여러 문명을 탐사하면서 이런 관점을 중시하고 있다. 특히 토인비는 환경의 도전에 대한 인간의 응전이 문명 성립에 긴요하다는 전제를 제시한다. 환경이 험난할수록 그에 비례해 문명의 자극은 더 강력해진다. 여기에서 "안락은 나태를 낳는다"는 그의 유명한 명제가 나타난다. 그러나 토인비는 환경의 영향이 고대에서 근대로 내려올수록 약화된다는 점을 인정한다.

20세기에 토인비는 《역사의 연구》에서 문명과 환경의 관계를 중시했지만, 그러나 일반적으로 환경결정론은 19세기 산업화 이후 지식인들의 관심에서 멀어졌다. 근대 산업문명이 본격적으로 인간의 필요에 맞게 자연을 개조하고 변화시키며 궁극적으로 파괴하기 시작했기 때문이다. 광범한 산림 파괴, 토양 침식, 도시화, 자연 식생에서 플랜테이션으로 변화, 동식물 생태계의 인위적 변환이 일상적으로 이루어졌다. 인간 필요에 따른 자연 이용이 오히려 자연 자체를 파괴하는 자연 수탈로 이어진 것이다.

돌이켜보면, 근대의 지적 전통에서 자연은 사람과 상호작용하는 유기체가 아니라, 그 사람들에 의해 개조되고 변형되는 수동적 존재로만 여겨졌다. 그리하여 자연은 언제나 사람들의 삶에 걸맞게 변형된 '인간화된 자연'이었다. 그러나 그 수동적 자연이 이전과 달리 인간의 삶에 또 다른 형태의 중대한 영향을 미치기 시작했다는 것을 사람들이 절감하게 된 것은 20세기 후반에 이르러서의 일이다. 이제 자연은 더이상 '인간화'를 감내할 수 없는 상황에 이르렀다. 세계 곳곳에서 자연의 복수가 시작되고 있다.

오늘날 현대인은 인간화된 자연이 과연 앞으로 지속가능한지 심각하게 되묻지 않으면 안 되는 시점에 이르렀다.

숲과 문명

유럽인의 아메리카 대륙 식민과 개척 과정에서 분명하게 알 수 있는 것은 인간의 탐욕과 낭비와 욕망이 자연의 생태환경을 철저하게 파괴해왔다는 점이다. 인류의 역사에서 사실 신석기혁명 이래 개간 및 관개와 더불어 숲의 파괴가 지속적으로 진행되었다. 이러한 현상은 유라시아 대륙에서는 오랜 세월에 걸쳐 점진적으로 진행되었다. 중세 초까지만 하더라도 서유럽은 떡갈나무, 너도밤나무, 참나무 등 활엽수로 이어진 숲의 세계였다. 인간의 주거지, 촌락과 읍락은 숲이라는 바다에 떠 있는 작은 섬에 지나지 않았다. 로마인들은 북쪽에 살던 원시종족 대다수를 그저 '숲속의 사람 German'이라 불렀다. 농경 지역뿐 아니라 유목지대에서는 초원의 파괴가 급속하게 진행되었다. 오늘날 중국, 몽골, 카자흐스탄에 이르는 중앙아시아 초원지대가 급속하게 사막화되는 것 또한 인간에 의한 초지 파괴에 따른 것이다.

　원래 초원지대는 강수량이 적지만 초원 자체가 수분을 머금어 다양한 초원의 식생과 동물의 세계가 서로 의존하며 생태적 균형을 유지하는 세계였다. 그러나 인구 증가로 양을 비롯해 방목하는 가축 수가 급속하게 증가하면서 초지가 자생적으로 재생산하는 선순환 구조가 무너졌다. 오늘날 중국과 중앙아시아의 생태계를 급변시킨 사막화는 20세기에 장기 지속적으로 진행되었고 근래 더 가속되고 있다.

숲과 문명의 관계를 단적으로 보여주는 것이 이스터섬이다. 클라이브 폰팅은 《녹색 세계사A Green History of the World》(1992)에서 숲의 황폐화와 문명의 몰락이라는 비극적 서사를 알려준다. 18세기 중엽 태평양에 진출한 백인들에 의해 처음 알려진 이스터섬은 신비의 섬으로 알려졌다. 유럽인이 이 섬을 처음 발견했을 때 그곳에는 약 3,000명의 주민들이 원시적인 생활을 하고 있었다. 그런데도 지상에 6미터가 넘는 거대한 석상들이 600개 이상 산재해 있었다. 고대문명에서부터 외계인의 도래에 이르기까지 거석문화에 대한 여러 해석이 잇달았다. 이와 달리 폰팅은 문명의 붕괴라는 관점에서 설명한다. 주민들은 거석문화를 축조할 만큼 높은 문명 수준에 이르렀다. 그들은 채석장에서 석상이 산재한 곳까지 큰 석재를 운반하기 위해 무수한 나무들을 벌목하고 산림을 황폐화시켰다. 이는 곧바로 섬의 생태계 파괴로 이어졌고 파괴된 환경이 이번에는 문명의 몰락을 재촉했다. 이 섬의 문명은 18세기 백인들이 처음 상륙했을 때 보았던 그런 수준으로 퇴보한 것이다.

근대 영국의 경험에서 숲과 문명의 역설을 살필 수도 있다. 영국은 석탄에 힘입어 산업화에 성공했다. 사실 18세기 시장의 확대에 따라 인구 증가의 압력을 받는 지역은 서유럽 외에도 중국, 인도, 자바, 일본 등이 있었다. 이들 지역에서는 시장 확대에 대처하기 위해 새로운 노동윤리를 보급하고 노동 투입을 늘렸다. 역사가들은 이를 '근면혁명industrious revolution'이라고 부른다. 영국에서도 물론 '근면혁명'의 물결이 일었다. 그러나 영국이 이러한 길로 나가기에는 인구가 풍부하지 않았다. 그들은 석탄에서 얻은 증기력으로 기계를 돌리는 새로운 방식을 개척했다. 그 후 화석연료에서 동력을 얻는 이 방식이 근대 산업문명의 표준으로 자리 잡았다. 그 당시 증기력과 기계를 연결하는 것은 매우 험난하고 어려운 길이었다. 영국인이 이 어려운 길을 탐사한 것은 별다른 대안이 없었기 때문이다. 어쨌든 석탄, 그리고 그 이후 석유에서 동력을 얻는 방식이 근대 산업문명의 표준이 되었고, 이 효율적인 방식에 힘입어 근대문명은 역사상 처음으로 인간의 삶의 수준을 생존선 이상으로 높일 수 있었고, 지속적인 경제성장을 가능하게 만들었다. 물론 이에 따라 자연 파괴가 더 가속되었다는 것은 이미 살핀 바와 같다.

문제는 17~18세기 시점에서 석탄의 역설이 시작된다는 점이다. 한 사회가 나무와 목재를 생활연료로 사용한다고 가정하자. 그럴 경우 그 사회의 재생산을 위해서는 일정한 면적 이상의 숲을 보존하지 않으면 안 된다. 숲에서 나오는 부스러기와 폐목과 나뭇가지와 잎들을 가지고 생활연료로 사용할 수 있기 때문이다. 석탄을 사용하면 일정한 면적의 숲을 보존할 필요가 없다. 이미 영국인들은 16세기 이래 석탄을 연료로 이용하면서 울창한 숲을 베고 그 자리를 목초지와 농경지로 만들었다. 18세기에도 당연히 그 추세가 가속되었다. 오늘날 영국, 특히 잉글랜드는 유럽국가 중에서 숲이 가장 부족한 나라로 손꼽힌다. 녹색의 전원적인 풍경도 푸른 초지와, 인클로저 이후 경계를 나타내기 위해 심은 나무들의 행렬이 보여주는 착시현상일 뿐이다.

숲이 강수량의 균형, 토양 보존, 생물 다양성 유지에 이르기까지 한마디로 생태환경의 균형을 유지하는 지렛대 역할을 한다는 것은 잘 알려져 있다. 인간은 이중적 존재다. 한편으로, 그 숲을 장기 지속적으로 억압하고 없앴지만, 다른 한편으로는 그 숲을 보존하고 확장하려는 노력을 기울이기도 했다. 이것은 근대 기획의 하나다. 숲과 나무를 인간 거주지와 어울리도록 만드는 노력이 여러 세기에 걸쳐 진행되었다. 인간의 노력으로 변형된 이 자연을 흔히 '풍경' 또는 '경관landscape'이라 부른다. 풍경의 역

사에서 거주지 근처의 숲의 조성과 식목은 가장 중요한 핵심개념이다. 영
국의 사례를 다시 살펴보자.

오늘날 영국을 찾는 관광객들은 귀족 가문이나 또는 '내셔널 트러스트
National Trust'에서 관리하는 귀족 저택을 방문하고서 경탄을 금치 못한다.
이 저택들은 단순히 규모가 큰 석조건물만이 아니라 그 주변의 인공적인
자연경관과 함께 어우러져 사람들의 눈길을 끈다. 저택과 그 앞의 넓은
잉글랜드풍 정원 주변의 인공호수와 구릉지의 조림 등 전체적인 경관이
어떤 질서와 조화를 느끼도록 하는 것이다. 실제로 근대적 의미의 '조경
landscape gardening'이라는 개념 또한 16세기 이래 영국 귀족층의 산물이
기도 했다.

16세기 이전에 전통적인 귀족층은 성이나 요새화된 저택에서 살았다.
이것들은 모두 성벽과 해자를 갖춘 방어적인 성격의 거주지였다. 그러나
튜더 시대에 접어들면서 귀족의 생활에서 군사적 의미의 전투나 방어는
사실상 사라졌다. 그들은 폐쇄적인 생활공간에서 좀 더 개방된 공간으로
삶의 무대를 옮겨야만 했다. 귀족의 저택 신축은 16세기에 시작되어 18세
기에 절정을 이루었다. 노포크주의 이스트 바섬이나 서포크주의 헨그레이
브 홀과 같은 초기의 저택에서 블레넘 궁이나 하워드 성 같은 18세기 대규
모 저택에 이르기까지 영국 곳곳에 산재한 귀족 저택들이 잉글랜드의 풍
경을 더욱더 다채롭게 만들고 있다.

풍경에 관한 한, 저택 그 자체보다 더 중요한 것은 저택 소유자들이 그
주위에 조성한 '울타리 친 수렵지park'다. 원래 울타리 친 수렵지는 조성
되었다가 없어지기도 하는 불안정한 것이었고, 단지 지도상에 작은 이름
으로 기억될 뿐이었다. 그러나 16세기 이후 저택 신축을 하면서 귀족들은
저택 인근에 수렵지를 조성하고 경관을 새로 꾸미는 데에 노력을 기울였

다. 수렵지는 대토지 귀족의 시대인 18세기에 계속해서 더욱더 확대되었다. 귀족들은 웅대한 저택을 지으면서 그 저택을 돋보이게 할 만한 드넓은 토지가 필요했다. 수렵지 울타리 안쪽의 촌락 농경지만이 사라진 것이 아니었다. 마을들이 조망을 가로막거나 풍경을 조성하려는 어떤 원대한 계획에 장애가 된다고 여겨지면 그 마을들을 파괴한 다음에 다른 곳에 다시 건설했다.

18세기에 근대적 조경의 개념을 새롭게 도입한 건축가로는 윌리엄 켄트, 랜슬롯 브라운, 험프리 렙턴을 들 수 있다. 특히 켄트는 근대 조경의 아버지라 불릴 만큼 후대에 커다란 영향을 주었다. 켄트의 위대한 점은 그가 쭉 뻗은 전망 좋은 호수, 규칙적인 가로수 길, 정갈하게 깎은 사면체 모서리 등 네덜란드풍의 지나치게 형식에 치우친 정원을 거부하고 그 대신에 불규칙적이고 낭만적인, 이와 함께 자연미를 배가한 자연스러운 조경을 강조한 데 있었다. 켄트에 뒤이어 성가를 날린 브라운 또한 자연미 속에 어떤 질서와 조화를 구현하는 작업에 빠져들었다. 그는 벌리 저택의 주변 경관을 조성하고 호수를 만들었는데, 1797년 이 저택의 안내 책자는 브라운의 솜씨를 이렇게 소개한다.

형태 없는 그 전체를 곰곰이 생각하면, 황량하게 보이는 경관으로부터 지금 지배적인 온갖 질서와 정교한 조화를 이끌어낸 것은 후기 랜슬롯 브라운의 비범한 재능이다. 이스라엘인의 위대한 지도자가 그러했듯이, 그는 성장이 빠른 나무들을 이끌고 불모지처럼 보이는 땅으로 나아갔다. 그곳에서 그는 이상야릇한 마술을 연출하고 끊임없는 불가사의로 사람들을 경악케 했던 것이다. 비록 우리가 여기에서 감동을 받는 그 아름다움은 자연 자체의 미라기보다는 오히려 브라운 씨의 전원적인 미이지만, 자연은 이 아름다움에 아주 단순하면서도 소박한 세련

미로 치장했기 때문에, 심지어 감식안이 있는 사람조차도 얼핏 보고 그 차이를
식별할 수 없을 것이다.

튜더-스튜어트 시대 이래 귀족 저택의 대대적인 신축이야말로 오늘날
잉글랜드의 전원적 풍경을 형성하는 데 결정적인 영향을 미쳤다. 대륙의
다른 나라에 비해 숲의 훼손이 더 일찍부터 그리고 좀 더 급속하게 전개된
잉글랜드에서 귀족 사회에 경쟁적으로 저택 신축의 열풍이 불었던 것은
그나마 다행스러운 일이다. 그들이 대규모의 석조건물만으로 자족했다면
전원적 풍경의 형성은 그만큼 진척되지 못했을 것이다. 저택 주변에 광활
한 정원을 조성하면서 귀족들은 또한 경쟁적으로 나무를 심고 숲을 조성
하기 시작했다. 17세기의 지주 존 이블린은 서리주에서 몸소 조림에 앞장
섰으며 그 중요성을 강조하는 식물지sylva를 펴내기도 했다. 18세기 조경에
관심을 가진 지주라면 당연히 이블린의 수목 재배의 원리를 들어서 알고
있었다. 일부 지역에서는 대륙의 새로운 수종을 경쟁적으로 심기도 했다.
당단풍나무가 그 한 보기이다. 또 17세기 말 지주들이 주로 심었던 떡갈나
무들은 한 세기가 지난 후 성목成木이 되었고, 프랑스와의 전쟁기에 선박
건조에 유용하게 사용되었다.

　16세기 이전까지 왕실에만 국한되었던 화려하고 웅대한 양식의 저택과
대지가 귀족들의 소유로 자리 잡으면서 전원적 잉글랜드 풍경은 좀 더 구
체적으로 모습을 드러낸 셈이었다. 오늘날 영국에서 관광지로 널리 알려
진 블레넘 궁을 비롯한 이 대저택들은 당시에는 귀족층의 사회경제적 영
향력을 과시하는 인공물이었겠지만, 어느덧 그것들은 이 나라의 자연풍경
에 녹아들어가 장려한 저택과 그 주변의 호수와 수렵지와 숲지대 등으로
깊은 인상을 심어준다. 대저택은 오늘날 대부분 내셔널 트러스트가 관리

하며 영국 관광수입 증대에 크게 기여하고 있다. 귀족의 이기심이 사회적 이익과 연결되었다는 사실 자체가 역사의 아이러니다. 더욱이 대저택 주위에 인공으로 조성한 숲지대가 후대에 산업화 물결을 비껴갈 수 있는 마지막 피난처가 되었는데, 귀족의 이기심과 사적 소유가 오늘날 자연보호의 마지막 보루가 되었다는 것 또한 흥미롭다.

인간의 노력을 통한 숲의 확산, 그 사례를 공원의 역사를 통해서도 확인할 수 있다. 사실 역사가에게 특정 언어의 기원을 찾거나 그 어의 변화를 추적하는 작업은 성가시고 귀찮기는 하지만 매우 중요하다. 중세영어에서 'park'라는 단어는 '울타리 친 수렵지'를 뜻했다. 중세 귀족의 여흥과 관련된다. 드넓은 산림지에 울타리를 쳐서 그 안의 동물들, 이를테면 사슴이나 노루가 빠져나가지 못하고 번식하도록 유도하는 것이다. 일정한 기간 폐쇄했다가 짐승 수가 늘어나면 귀족들이 친지와 가솔을 거느리고 수렵지에 들어가 사냥놀이를 즐겼다. 짐승이 많이 번식하면, 근처의 빈민이나 농민들이 그곳에 들어가 몰래 짐승을 잡아가곤 했다. 중세 이후 영국에서 여러 차례 제정된 수렵금지법Forest Act은 이런 행위를 징벌하기 위한 법이다.

파크의 어원을 찾는다면, 이 말은 초기 불어 'parc'에서 왔을 것이다. 원래 가축우리livestock pen라는 뜻이다. 노르만 정복 이후 노르만 귀족들은 자연 속의 산림지를 수렵지로 정했을 것이다. 파크, 즉 '울타리 친 수렵지'는 고정된 것이 아니었고, 지정했다가 영지를 소유한 귀족이 바뀌면 해제하기도 했다. 귀족들이 대저택을 신축하던 16~18세기에 저택 주변에 인위적으로 울타리 친 수렵지를 많이 조성했다. 그 대신에, 자연산림의 수렵지는 용도 변경하거나 해제될 가능성이 컸을 것이다. 대저택 시대는 18세기에 절정을 이루었다. 영국 각지 구릉과 평야지와 산림지의 대저택 주위에 '울타리 친 수렵지'가 인위적으로 무수하게 조성되었다. 여기까지는 '파크'의 의미 변화를 생각할 수 없다. 아무리 경관용이라고 하더라도 이 또한 수렵지였음에 틀림없다.

문제는 그다음에 발생한다. 18세기에 런던을 비롯해 주요 도시의 인구가 급증한다. 원래 도심에도 전통적인 '파크(울타리 친 수렵지)'가 있었을 것이다. 런던 도심의 하이드파크는 왕실 수렵지였다. 왕실뿐만 아니라 대도시 안에도 이전부터 내려온 귀족들의 울타리 친 수렵지들이 있었다. 이들 일부가 시민에게 개방된 '공원'으로 변모했을 것이라고 추측된다. 영국사의 중요한 수수께끼 가운데 하나다.

18세기 후반 이후 영국 도시에서 '공원'들이 어떤 경로를 통해 조성되었는가를 생각해보자. 첫째 경로는 도심에 그대로 남아 있는 공동 초지 Lammas land다. 공동 초지의 인클로저는 18~19세기에 걸쳐 진행되었지만, 주민들의 반대에 부딪혀 사유화되지 못한 곳도 많았다. 이런 공동 초지가 산업화 시기에 시민의 휴식처이자 도심의 자연경관 보호 차원에서 근대적 의미의 '공원'으로 탈바꿈했다.

다른 한 가지 경로는 도심에 남아 있던 왕실이나 귀족의 '울타리 친 수렵지' 일부가 근대적 의미의 '공원'으로 전화했을 가능성이다. 하이드파크가 전형적인 사례다. 이곳은 원래 헨리 8세 때까지 수도원 소유였다가 종교개혁으로 몰수된 후에 한동안 왕실 수렵지로 남아 있었다. 왕실은 울타리를 치고 사슴을 사육하기도 했지만, 1688년 명예혁명 이후 승마 도로를 개설하면서 일반인에게도 개방하기 시작했다. 처음에는 유료였다가 나중에는 제한 없이 들어갈 수 있었다. 18세기 후반 이래 그곳은 상류층 인사들이 매일 아침 승마하는 장소이자 산책로였으며 귀부인들이 담소하는 공간으로, 가든파티며 야간음악회를 여는 장소로 자리 잡았다. 그들에 뒤이어 부유한 상인과 일반 시민들도 하이드파크에 모습을 나타내기 시작했다. 이제 19세기 중엽에는 그 이전 세기만 하더라도 상상조차 할 수 없는 진기한 광경, 즉 매춘부와 화류계 여성들이 떼를 지어 돌아다니는 모습을 목격할 수 있었다. 하이드파크는 전 시민의 휴식처로 변했다.

영국 근대사에서 왕실/귀족 수렵지가 '공원'으로 변모하는 경로는 상당히 중요하다. 18세기 후반 이래 런던을 비롯한 대도시에 영지와 수렵지를 가진 귀족들은 도시 개발 붐을 이용해 수렵지를 주택단지로 개발해 돈을 벌었다. 물론 스스로 이런 일을 벌이기보다는 주택업자에게 맡겼을 것이다. 오늘날로 치면 트럼프와 같은 부동산 개발업자에 해당한다. 많은 돈을 벌었을 터인데, 여기에서 귀족의 노블레스 오블리주가 작용하지 않았을까 추측한다. 자신의 체면을 세우기 위해 주택단지로 개발 예정인 수렵지 일부를 떼어 자연보호와 휴식공간으로 시민에게 제공하는 것이다. 구체적인 증거가 부족해 단언하지는 못하지만, 산업화로 돈을 벌면서도 귀족으로서의 책임을 다하는 모습을 보인다면 금상첨화가 아니겠는가. 아마 초기의 공원 조성자들은 이런 생각을 했을지도 모른다.

생태환경사의 시각에서 본 산업화

서유럽과 동아시아 사이에 경제발전 수준의 차이가 크게 벌어지기 시작한 것은 언제부터인가. 유럽의 근대 사회과학과 역사학은 이 문제에 관해 다음과 같은 합의를 견지해왔다. 적어도 16세기 이후 두 지역의 격차가 심화되었으며, 그와 같은 변화는 유럽 사회 내부의 여러 역동적 요인들에 의해 비롯되었다. 앵거스 매디슨에 따르면, "서유럽은 14세기에 이미 1인당 소득에서 중국을 따라잡았고, 그 이후로 중국은 20세기 후반까지 1인당 소득이 다소 정체되어 있었다."

그동안 경제사가들은 17~18세기 서유럽, 특히 영국의 경제와 사회에 나타난 여러 변화에서 근대적 경제성장과 산업화의 원인을 찾으려 했다. 18세기 정치 안정, 국제무역 주도권, 금융혁명, 회사 조직의 출현, 과학기술, 원산업화, 소생산자 분해, 중간계급과 부농의 성장, 인클로저, 농업혁명, 귀족층의 경제활동 참여, 값싼 석탄 등 경제발전에 도움이 되리라고 여겨지는 다양한 정치·경제·사회적 요인들을 언급해왔다. 그럼에도 가장 중요한 요인이 무엇인가라는 본질적인 질문에 대한 해답은 쉽게 찾아내지 못했다. 대체로, 근대 초기 영국 사회에 전반적으로 경제활동의 자유가 신장되었고 일찍부터 소유권제도가 정착되었다고 하는, 제도적 차원의 중요성을 강조하는 정도다.

근래 역사학계에서 '대분기great divergence'라는 용어가 관심을 끌고 있다. 이 말은 적어도 18세기 말까지 서유럽, 인도, 중국, 일본 경제권은 경제적으로나 문화적으로 우열의 차가 거의 없었으며, 서유럽과 다른 경제권의 격차가 벌어지고 유럽이 다른 세계를 압도하기 시작한 것은 19세기 초의 시기라는 의미로 사용된다. '대분기'는 서유럽과 다른 세계의 격차의 가속화를 의미한다. 18세기 말까지 특히 인도나 중국 경제권은 영국을 비롯한 서유럽 못지않게 경제적으로 번영을 누렸다. 물론 16~18세기에 유럽인이 유럽과 아시아-아메리카 무역을 주도해 유럽 세계의 확장을 가져온 것은 사실이다. 그러나 여기에서 유의해야 할 점은 이 확장과 번영이 서유럽에 국한되지 않았다는 점이다. 신대륙 무역에서는 '콜럼버스 교환'이라는 말에서 나타나듯이 유럽인에게 일방적으로 이익이 되는 교류가 이뤄졌지만, 유럽-아시아 무역에서는 그보다 서로가 경제성장의 자극을 받는 교역이 되었다. 그에 따라 18세기에 인도, 중국, 일본 경제권 모두 경제 번영의 길로 들어섰다. 그 번영은 이 시기에 이들 지역의 인구가 급증한 것에서도 알 수 있다.

그러나 18세기 말 이들 지역은 극심한 생태환경의 위기에 빠져들었다. 인구 증가 및 에너지 비용 증가에 따라, 기존 생산 관행으로는 생산자들의 '근면혁명'이 불가피한 상황이었다. 이것이 생태환경의 위기를 가속시킨 것이다. 증가하는 인구를 먹이기 위해 광범위하게 '근면혁명'이 이루어졌고, 이 과정에서 인간과 자연의 전통적인 균형이 깨졌다. 집약적 농업에 따른 산림 파괴, 토양 침식, 잇단 가뭄과 홍수 등이 발생해 생태환경이 갈수록 악화되었으며, 계속되는 집약적 농업과 근면혁명이 이러한 상태를 더욱더 파국으로 몰아갔다.

18세기 말 잉글랜드에도 '근면혁명'에 따른 생태위기가 찾아왔다. 바로 그 결정적인 시기에 잉글랜드는 다른 요인에 의해 그 위기를 벗어날 수 있었다. 역사가들은 그 위기 극복의 비밀을 기계와 증기기관의 사용에서 찾는다. 기계의 중요성은 사실 애덤 스미스의 분업이론에서 비롯한다. 스미스는 핀 제조업의 사례를 통해서 분업에 기초를 둔 생산성 향상의 가능성을 입증하고 있다. 그러나 분업과 기계 사용에 의한 생산성 향상은 매우 중요하지만, 그럼에도 그것은 또한 제한적인 설명일 뿐이다. 기계는 전 산업시대 다른 지역에서도 발명되었다. 중국과 같은 전통적인 사회에서 지식인과 장인들은 농경이나 양수용, 또는 군사용으로 정교한 기계를 만들었다. 그러나 그 기계들은 발명되었을 뿐 널리 이용되지 않았다. 영국에서는 방적기가 증기기관과 연결되었던 반면, 다른 지역의 작업기들은 인력이나 자연력으로 가동하는 한 생산성을 향상시킬 수 없었다. 바로 이 점이 18세기 영국과 다른 지역의 차이를 낳은 것이다. 요컨대, 중요한 것은 기계의 발명이 아니라 그 기계의 지속적인 사용 여부다.

산업혁명 초기에 방적기와 증기기관을 함께 연결하는 것은 기술적으로 쉽지 않은 문제였다. 그 당시 방적공과 제조업자들은 대부분 방적기를 손으로 돌리거나 수차와 연결해 가동했다. 증기기관에 의해 추진되는 뮬 방적기가 공장에 설치된 것은 1790년대 초의 일이다. 그러나 영국 산업혁명의 전개 과정에서 증기기관과 석탄이 작업기보다도 오히려 더 중요했다는 점은 그동안 간과되었다. 최근 포머란츠는 18세기 영국 경제와 양쯔강 델타 지역 경제를 비교하면서, 지표면에 풍부하게 매장된 영국의 석탄을 '지리적 행운'이라 불렀다. 여기에서 '지리적 행운'이라는 표현을 어떻게 받아들여야 할 것인가.

튜더 시대 이래 영국인들은 랭커셔나 뉴캐슬 같은 잉글랜드 북부 지역에서 채굴한 석탄을 가정용 연료로 사용해왔다. 산업혁명 이전 두 세기에 걸쳐 석탄은 영국인들의 일상생활에서 매우 친숙한 연료였다. 존 이블린은 17세기 후반의 세상사를 기록한 일기를 남긴 인물로 널리 알려졌는데, 1684년 1월 9일 자 일기에서 그는 혹한이 몰아친 런던의 모습을 다음과 같이 적었다.

런던은 혹한 때문에 공기에 연기가 가득하고 석탄 검댕이 깃든 증기로 채워져서 거의 도로 건너편을 식별할 수도 없고, 이것이 폐에 대량으로 쌓이면 가슴을 압박해 거의 숨조차 쉴 수가 없다.

18세기 문필가인 사무엘 존슨에 따르면, 당대 런던항의 중요한 화물이 석탄이었다. 뉴캐슬 근처 탄광에서 채탄된 석탄은 바지선에 실려 타인강과 브리튼섬 동해안을 따라 런던까지 수송되었다. 런던항에서 하역된 대량의 석탄은 모두 소수 석탄상이 인수해 이를 여러 중간상인에게 되팔았다. 당시 석탄은 대부분 가정용 연료로 소비되었다. 소비량은 18세기 초에 연 60만~70만 톤, 1765년 80만 톤에 이르렀다.

석탄이 오랫동안 익숙하게 사용되었기 때문인가. 그 중요성은 누구나 인정하면서도 산업혁명사 연구에서 석탄은 단지 중요한 요인들 가운데 하나 이상의 비중을 갖지 못했다. 1980년대 후반에 이르러 에드워드 리글리가 석탄의 중요성을 다시 강조했다. 그는 석탄이야말로 영국 경제사에서 "열에너지원으로서 목재를 대신할 수 있는 값싼 대체재였다"고 주장한다. 석탄 채굴량의 증가는 산업혁명을 초래한 여러 요인 가운데 가장 중요한 요인이다. 그것은 가정용 및 산업용 연료뿐 아니라 산업혁명의 토대가 될 제철 분야에 필수적인 요소였다. 목탄 대신 석탄을 연료로 사용함으로써 제철 생산이 비약적으로 발전하기 시작했다. 물론 리글리는 단순히 영국 산업혁명만이 아니라 문명사의 전환이라는 관점에서 석탄 문제를 언급한다. 그는 석탄 이용을 '유기경제organic economy'에서 '무기경제inorganic economy'로 전환하는 분수령으로 간주한다. '유기경제'란 토지가 인구를 부양할 식량을 제공하고 식물과 동물을 통해 모든 원자료를 공급하는 경제다. 이 경우 인구 증가에 따라 노동집약적 생산으로 나아가며 조만간 맬서스적 한계에 이르러 생태위기에 직면한다. 이를 타개할 수 있는 것은 '무기경제', 즉 광물로부터 에너지와 원료를 얻는 상태에서나 가능하다. 석탄과 증기력, 그리고 화학비료의 등장이 '무기경제'로의 전환을 의미한다는 것이다.

화석문명의 미래—문명사의 새로운 전환?

화석문명은 인간이 생태위기에서 벗어나 지속적인 성장을 거듭할 수 있는 길을 뚫었다. 단기적으로 그 문명은 자연이 더이상 파괴되는 것을 막아주었지만 장기적으로는 자연과 생태환경을 더욱더 악화시키는 방향으로 작용했다. 우선 기계와 공장으로 상징되는 산업문명은 자연의 수탈 필요성을 증대시켰다. 수많은 자원과 공업원료의 개발로 자연이 훼손되었고, 생존선 이상의 물질적 번영의 길로 들어서는 그 순간부터 이제 인간은 단순히 생존을 위한 소비가 아니라, 욕구 충족과 즐거움과 소비 그 자체를 위한 '소비'에 길들여졌다. 무한한 낭비의 시대가 열린 것이다. 이 낭비의 관행은 또 다른 소비 욕망을 낳는 악순환을 초래했다.

　20세기 산업기술문명이 어떤 결과를 가져왔는지 누구나 절감한다. 석탄-석유 소비로 인한 이산화탄소의 증가, 지구 온난화, 플라스틱 공해, 사막화, 산림 축소, 가뭄, 대기 오염, 오존층 파괴, 핵 발전의 위험 등 이루 헤아릴 수 없는 위험이 확산되고 있다. 이 위험은 자연 스스로 인간에게 가져다준 재앙이 아니다. 인간이 자연을 수탈하고 변형함으로써 나타난 새로운 위험이다. 다만 그 방식이 자연을 파괴함으로써 자연이 인간에게 복수하는 그런 방식의 '위험'이다. 언제부턴가 현대 사회를 '위험사회'라 부르기 시작한 것도 이 때문이다.

　현재의 위험을 인간의 노력으로 극복할 수 있는가? 우선 화석연료에 의존하는 근대문명의 방식을 근본적으로 변화시켜야 한다. 이러한 전환 노력은 다양한 형태로 전개되고 있다. 전기자동차, 수소기관, 핵융합 발전 등이 이에 해당한다. 청정 에너지원의 개발도 그렇다. 그러나 근본적으로는 지속가능한 성장, 또는 '적정 성장'을 사회적으로 받아들일 수 있는 분위기 조성이 필요하다. 이윤 극대화를 추구하는 자본주의 경제의 변혁 없이는 '적정 성장'은 불가능하다. 마르크스는 계급착취를 넘어서기 위해 자본주의 이후의 세계를 꿈꿨다. 그러나 이제 계급론을 넘어서 인류문명의 파국을 피하기 위해서라도 자본주의의 근본적인 변화가 불가피하지 않은가.

19세기

유럽사를

보는

시각

리처드 에번스의 《힘의 추구》는 펭귄출판사가 새롭게 기획한 유럽사 시리즈(전 9권) 가운데 일곱 번째로 출간된 책이다.[1] 이보다 앞서 나온 팀 블래닝의 18세기 유럽사 서술은 《영예의 추구》라는 제목을 달고 있다.[2] 18세기와 19세기 유럽사를 구별할 수 있는 핵심어는 무엇인가. 이 시기 유럽인들의 활동과 성취, 그 이면에 깃든 기본 성향이 각기 '영예'와 '힘'이라는 점이다. 그러니까 두 세기 유럽 사회변화의 핵심은 영예에서 힘으로의 변화인 셈이다. 에번스는 18세기를 다룬 블래닝의 책을 검토하다가 갑자기 자신의 책 이름을 떠올렸다고 고백한다.[3]

에번스가 보기에, 블래닝은 18세기 유럽사를 귀족과 상류 엘리트를 중심으로 서술했다. 영예야말로 그들의 삶에서 중요한 개념이었다. 이와 달리, 19세기 역사 무대는 다수의 사람이 출현한다. 기존 지배세력 외에도 부르주아와 농민, 노동자와 도시 빈민, 지식인과 문화예술인, 과학자와 기술인, 이들이 정치뿐 아니라 사회와 경제활동의 영역에서 경쟁하고 무엇인가를 쟁취하려고 했다. 그 시대 사람들이 추구한 것은 힘이었다. 먼저 떠오르는 개념은 권력이다. 19세기 유럽 열강은 세계 패권을, 정부는 지배력을, 군대는 군사력을 강화하기 위해 노력했다. 기업가와 은행가는 자본의 힘과 경제력을, 민중은 강제적인 지배로부터 벗어날 수 있는 자유의 힘을 추구했다. 그러나 에번스가 말한 힘은 정치권력만이 아니라 인간활동의 모든 영역에서 발휘될 수 있었다. 책 서문에서 에번스는 정치를 넘어 다른 인간활동의 영역에서 '힘의 추구' 경향을 다음과 같이 기술한다.

19세기 사회는 자연에 대한 지배력을 강화했다. 정부는 기아나 화재와 홍수 같은 자연재해를 막거나 경감시킬 힘을 얻었다. 의학자들은 그들의 실험실에서 질병을 제어할 능력에 도달했다. 토목기사와 설계자들은 강을 수로로 연결하고 습지를 개간하며 야생동물을 내쫓고 산림을 벌채하고 도시, 읍락, 철도, 하수시설, 선박, 교량을 이용해 인간이 자연계를 지배할 능력을 확장했다. 과학자와 기술자들은 증기력에서 전기까지, 역직기에서 내연기관까지 새로운 동력원을 고안하고 이용했다. 이러한 힘은 공식적이기도 하고 비공식적인 것이기도 했다. 그것은 폭력이나 설득의 방법으로 행사될 수 있었다. 동의를 얻기도 하고 다수결에 의존하기도 했다. 경제적·사회적·문화적·정치적·종교적 조직이나 또 다른 형태를 취했다. 그러나 19세기가 진행되면서 사람들은 1815년 이전에 수세기에 걸쳐 지배적이었던 영광과 영예 그리고 그에 비견되는 가치들보다 오히려 힘을 갈수록 더 중시하게 되었다. 19세기 말에 힘은 인종적인 맥락에서 다시 개념화되었다. 유럽인들은 다른 세계에 대한 지배가 그 세계 주민에 비해 우월한 자기 능력의 결과라고 생각했다.[4]

에번스는 옥스퍼드대학에서 수학한 후, 스털링대, 이스트앵글리아대, 런던 버크벡칼리지를 거쳐, 1998년 이래 케임브리지대학 사학과 교수 겸 곤빌 앤 키즈칼리지 펠로우로 재직해왔다. 케임브리지대 근대사 흠정교수를 지냈으며 2011년 이후 같은 대학 울프슨칼리지 학장을 맡고 있다. 요즘에는 나치 시대 연구자로 명성이 높지만, 원래 그의 전공 분야는 19세기 독일 사회사. 1996년 펭귄출판사의 청탁을 받았으니까, 거의 20년 만에 책을 펴낸 셈*이다.[5]

에번스는 이 책을 몇 해 전에 세상을 떠난 에릭 홉스봄에게 헌정했다. 사실 그와 홉스봄은 각별한 인연이 있다. 수십 년간 좌파 역사가로 함께 활동해왔을 뿐만 아니라 1990년대에는 버크벡칼리지 사학과에서 함께 재직한 동료이기도 했다. 이런 점에서 한 세대 전에 출간된 홉스봄의 19세기 유럽사 3부작과 비교하는 것은 흥미로운 일이다.** 겉으로 보기에도, 에번스의 책은 홉스봄의 3부작과 커다란 차이를 보여준다. 그는 홉스봄과 달리 이 책에서 사회주의적 시각이나 이념의 잣대로 역사를 재단하거나 또는 토대와 상부구조의 유연한 관계를 주목하는 전체 사회사의 전망을 보여주지 않는다. 그는 다만 정치, 경제, 사회, 문화 등 인간활동의 여러 영역에서 어떻게 힘을 가지려고 했는가를 추적할 뿐이다. 국가는 지정학적 지배력을 추구하고 사회집단은 경제력을, 예술인은 문화적 지배력을 갈망했으며,

* 주로 근대 독일 사회사 분야에서 뛰어난 학문적 성취를 이루었다. 특히 《심판의 제식》으로 프랑켈상을, 《함부르크에서의 죽음》으로 울프슨상을 수상했다. 이 두 책은 근래 영국 사학계에서 간행된 가장 뛰어난 저술이라는 평가를 받았다. 포스트모던 역사학을 비판적으로 성찰한 *In Defense of History*, London: Granta Books, 1998을 펴내 국제적인 논쟁을 촉발하기도 했다[국역본은 이영석 역, 《역사학을 위한 변론》, 소나무, 1999]. 한편, 에번스는 2000년 영국 문필가 데이비드 어빙이 미국 역사가 데보라 립스타트를 명예훼손으로 고소한 재판사건에서 법원의 지명을 받아 전문가 증인으로 활동했다. 그는 증인 보고서에서 다양한 원사료를 검토해 홀로코스트의 실제를 과소평가한 어빙 견해의 오류를 입증했다. 이 사료 연구를 토대로 나치 시대의 역사를 다룬 3부작을 펴냈다.
** 여기에서 에번스의 19세기사 서술에 대한 깊이 있는 비평을 시도하는 것은 그의 책의 뛰어난 학문적 성취 때문이 아니다. 이 책이 가장 최근에 기획된 유럽사 시리즈의 한 권으로 출판되었다는 점을 고려했고, 다음으로 그와 홉스봄의 인연으로 보아, 한 세대 전 거대 서사의 가능성을 믿었던 사회사 전성기의 대표적인 19세기사 서술과, 그리고 사회사가 쇠락하고 거대 서사에 대한 확신이 사라진 근래의 19세기사 서술을 대조해보는 작업이 필요하다는 생각에서 《힘의 추구》를 비판적으로 살펴본 것이다.

전체 사회는 자연에 대한 힘의 우위를 갖추려고 했다.

에릭 홉스봄의 유산

홉스봄은 제2차 세계대전 이후 노동사 연구의 새로운 방향을 제시한 역사가다. 그는 노동조합이나 노동운동 중심의 연대기적 역사서술에서 노동계급 자체로 연구 대상을 바꾸고자 했다. 그의 초기 논문들은 독자적인 생활방식과 사고를 지닌 산업노동자 계급의 등장을 조명하고 이 과정에서 나타난 노동자 항의와 집단행동에 초점을 맞춘다. 이와 함께, 19세기 중엽 이후 노동운동의 개량화 추세를 노동귀족의 등장을 통해 해명하려고 했다.[6] 그러나 그가 역사가로서 높은 명성을 얻게 된 것은 1960~1970년대에 잇달아 펴낸 19세기 유럽사 3부작을 통해서였다.[7]

홉스봄의 유럽사 3부작은 프랑스혁명부터 제1차 세계대전 직전까지 이른바 '긴 19세기'를 다룬다. 분야별로 전문화된 서술을 지양하고 글자 그대로 전체 사회의 구조와 변동을 탐색하려고 한다. 이는 정치, 경제, 사회, 문화 등 인간활동의 여러 영역을 병렬적으로 살피는 것이 아니라 이들 영역이 서로 교차하고 규정하며 영향을 주고받는다는 전제 아래 한 시대를 서술한다는 것을 뜻한다. 홉스봄 또한 토대와 상부구조의 조응이라고 하는 마르크스주의 역사 인식을 견지한다. 경제구조와 변화를 먼저 분석한 후에 그에 상응하는 정치 및 문화 일반을 서술하는 것이다. 그러나 이전 좌파 역사가들의 토대-상부구조 이론에서 벗어나 둘이 상호작용하고 서로 영향을 주는 관계라는 점을 분명히 한다. 자본주의의 중요성을 강조하면서도 정치와 문화의 독자성을 어느 정도 인정하는 것이다.

　3부작 가운데서도 1부 《혁명의 시대》가 19세기 유럽사를 관통하는 핵심적인 주제를 다룬다. 19세기 유럽 사회를 결정지은 것은 '이중혁명'의 전개와 그 영향이다. 홉스봄에게 산업혁명과 프랑스혁명은 공간적으로 서로 다른 나라에서 나타났지만, 거의 동시에 진행되면서 서로 영향을 준 '이중혁명'이다. 궁극적으로 그것은 산업자본주의의 승리이자 자본주의 경제의 추진 주체인 자본가 계급의 승리를 뜻했다.

　위대한 혁명은 공업 자체의 승리가 아니라 '자본주의적 공업'의 승리였으며, 자유와 평등 일반의 승리가 아니라 중류계급 또는 부르주아적 자유 사회의 승리였다. 또한 '근대경제' 또는 '근대국가'의 승리가 아니라 상호 인접하여 경쟁하고 있는 영국과 프랑스를 중심으로 하는 특정 지역에 속한 여러 경제와 국가들의 승리였던 것이다. 1789~1848년의 혁명은 본질적으로 이 두 나라에서 일어나 전 세계로 파급된 한 쌍의 대변동이었다.[8]

　사회적으로 이중혁명은 전통 지배세력에 충격을 가했으며 형식적 평등에 기초를 둔 새로운 사회질서를 구축했다. 이 사회를 주도하는 계급은 물론 부르주아였다. 홉스봄은 이 승리를 강조하면서도 마르크스주의 역사인식의 일단을 단호하게 표명한다. "그러나 이중혁명의 역사가 단지 새로운 부르주아 사회의 승리의 역사만은 아니다. 그것은 또한 19세기가 다하기 전에 팽창을 수축으로 바꿀 새로운 세력이 출현하는 역사이기도 하다."[9]

　2부 《자본의 시대》는 제목이 보여주듯이, 영국에서 개화한 산업자본주의가 나머지 세계로 확산되고 영국이 세계 경제를 지배하는 19세기 중엽의 시기를 다룬다. 자본주의의 성숙과 함께 부르주아의 정치적 지배가 본격적으로 전개된다. 진보라는 언어가 시대의 화두로 떠올랐다. 주도세력으로 떠오른 부르주아는 그 과정에서 일반 민중의 정치에 관심을 기울인다. 그들은 새로운 지배질서의 유지를 위해 하층민의 열망과 요구를 어떻게 제어하고 조절할 것인가라는 문제에 직면한다. 그 결과 새로운 국민국가 건설이 급속하게 전개되는 한편, 민중의 정치적 열망을 반영하는 밑으로부터의 압력이 급진주의, 사회주의 등 여러 이념의 외피를 쓰고 분출했다.

홉스봄은 먼저 정치 및 경제의 변화를 설명한 다음, 19세기 문화의 중요한 특징들, 종교, 이민, 노동계급의 일상사, 부르주아 가족, 새로운 문학과 예술 등을 일관된 시각에서 체계화한다. 그는 19세기 중엽에 유럽 전역에서 혁명운동과 그 운동의 이념들이 대부분 실패로 끝났다는 것에 주목한다. 중심부에서 일어난 경제적 변혁이 정치적 선택이 아닌 다른 가능성을 열어주었기 때문이다. 그의 표현을 빌리면, 산업혁명이 정치혁명을 흡수한 것이다. 그렇다고 해서 정치혁명의 전망이 사라진 것은 아니었다. 그것은 지금까지와 다른 새로운 터전, 즉 노동계급의 기반 위에서 다시 싹을 길렀던 것이다.

이 시대의 역사는 한쪽으로 기운 일방적인 시대의 역사다. 그것은 첫째로 그리고 주로 산업자본주의적 세계 경제의 거대한 진전의 역사이며, 산업자본주의 진전에 나타나는 사회질서의 역사, 그리고 그것들을 정당화하고 승인한다고 생각되는 이념과 신념들, 즉 이성과 과학, 진보와 자유주의를 믿는 이념과 신념의 역사였다. 유럽의 부르주아는 그 제도, 공적인 정치적 지배에 나서는 것을 망설이고 있기는 했지만, 그래도 그 시대의 부르주아 승리의 시대였다. 그러나 이 정도까지는 혁명의 시대가 아주 숨을 거둔 것은 아니었다. 유럽의 중산계급들은 민중에게 겁을 먹었고 계속 그 겁먹은 상태에서 벗어나지 못했다. 즉 '민주주의'

란 그들에게는 여전히 '사회주의'에 이르는 확실하고도 신속한 서곡이라고밖에 믿어지지 않았던 것이다.[10]

홉스봄의 3부 《제국의 시대》는 1870년 이후 유럽 사회의 변화를 다룬다. 이전 책과 마찬가지로 토대에 해당하는 경제변화를 상세하게 검토하면서 그에 따른 사회 및 문화적 차원의 여러 변화를 살핀다. 제국주의 정치는 자본주의 발전 과정에서 필연적으로 나타난 대불황과 그에 뒤이은 국제 경쟁이 초래한 현상이었다. 유럽 중심국가 내부에서는 이러한 경제변화를 반영해 대중의 민주화 요구가 분출하였고, 이에 따라 대의민주주의는 이 시대의 유행어가 되었다. 국민국가 형성 과정에서 떠오른 민족주의가 제국주의 이념의 기반이 되기도 했다. 1870년대 이래 가속된 제국들의 영토 분할은 세계 경제라는 측면에서 보면, 단수가 아닌 복수의 국민 경제가 서로 경쟁하는 상황의 산물이었다. 그러나 당대에 제국주의 국가의 정치가와 지배세력은 제국의 영광과 식민지 획득이 자기 나라의 경제와 사회에 미치는 잠재적인 이점을 분명히 인식하고 있었다. 제국주의는 주변부 세계와 식민지에 미친 영향 못지않게 국내 정치의 필요성으로도 설명할 수 있었다.

일반적으로 제국주의는 대중, 특히 잠재적으로 불만을 가진 사람들이 스스로를 제국 국가 그리고 민족과 동일시하도록 고무했으며, 그럼으로써 그들이 무의식적으로 자신이 속한 사회가 정당성과 정통성을 가진 국가로 대표되는 사회적·정치적 체제라는 사실을 깨닫도록 했던 것이다. 대중 정치의 영역에서는 기존의 낡은 체제도 새로운 정당성을 요구받았다.[11]

19세기 유럽사 서술에서 홉스봄의 유산은 무엇인가. 우선 '긴 19세기'가 이전 세기와 전혀 다른 급속한 사회변동을 겪었다고 보는 격변론이 먼저 연상된다.[12] 또 인간활동의 여러 영역이 서로 유기적으로 연결되어 영향을 미친다는 전제에서 출발한 전체사 서술이나 토대−상부구조 역사 인식, 달리 말하면 거대 담론을 떠올릴 수 있다. 돌이켜보면, 홉스봄이 19세기 유럽사를 서술한 1960~80년대는 사회사의 전성시대였다. 그는 사회사적 시각에서 혁명, 자본주의, 산업화, 계급지배, 제국주의 등의 주제를 전체사적 시각에서 재구성할 수 있었다.

그러나 한 세대가 지나면서 서구 역사학은 커다란 변화를 겪었다. 우선 포스트모더니즘의 영향 이후 전체사와 거대 담론에 대한 관심이 줄어들었다. 오늘날의 역사가는 격변론적 관점을 대체로 인정하지 않는다. 프랑스혁명에 대한 자유주의적 해석이나 산업혁명에 관한 점진론은 이미 한 세대 전부터 학계의 주류 해석이 되었다. 토대−상부구조론과 사회주의적 이상 또한 좌파 역사가들 사이에서도 논의 대상에서 멀어졌다. 거대 담론에 대한 신뢰가 떨어진 이상, 그에 바탕을 둔 전체사 서술의 효용성 또한 역사가들의 관심 사항이 아니다. 거대한 이론틀을 구체적인 역사 연구의 장에 투사해, 한 시대의 전체상을 재현하는 자기완결적인 시대사 서술을 더이상 시도하지 않는다. 더 나아가, 지구사적 맥락과 시각이 역사서술에서 중요한 비중을 차지한다. 유럽 사회 내부의 여러 요인 못지않게 다른 세계와의 관계 및 교류, 다른 세계의 영향을 통해 유럽 사회의 변화를 이해하려는 경향이 나타났다. 이와 함께 근대 및 현대 세계를 탈유럽 중심주의 시각에서 이해해야 한다는 요구가 갈수록 거세지고 있다.

내러티브와 개인의 초상

《힘의 추구》는 총 8개 장으로 구성되어 있다.* 1, 3, 7, 8장은 말하자면 정치사 서술에 해당한다. 각기 나폴레옹 전쟁 이후 비엔나체제의 동요와 위기, 1848년 전후의 혁명과 자유주의에서 사회주의까지 여러 정치이념의 충돌, 대중민주주의의 도래, 제국주의와 국제정치 등의 주제를 중심으로 서술된다. 다른 한편, 2장과 4장은 사회사와 경제사의 주제들을 다룬다. 농노해방, 농민반란, 기근과 기아, 산업화, 노동계급의 대두, 철도혁명, 귀족의 몰락, 부르주아, 영국 경제의 헤게모니, 2차 산업혁명, 도시화 등이 핵심어다. 5~6장은 생활사에서 문화사에 이르는 인간활동의 영역을 탐사한다. 기술혁신, 자연의 지배, 지식의 보급과 확대, 공간의 단축, 근대적 시간의 보급, 감성과 관련된 사생활의 영역, 다양한 문화적 움직임, 예술의 새로운 조류 등을 차례로 서술한다.

서문에서 밝혔듯이, 에번스는 정치에서 기술혁신에 이르기까지 여러 분야의 힘의 추구 자체를 다양한 측면에서 추적하기 때문에, 자본주의나 민주주의 또는 부르주아와 노동계급의 대두 같은 기본 주제를 중심으로 유럽사의 궤적을 재구성하려는 작업은 처음부터 시도하지 않는다. 오직 각 분야사에서 중요한 주제부터 사소한 항목에 이르기까지 전 유럽적 차원에서 그 실제와 변화를 광범위하게 서술할 뿐이다. 전체적인 인상으로는, 거대 서사와 거대 담론의 가능성을 포기한 대신, 에번스가 내러티브 자체에 큰 관심을 기울였음을 깨닫게 된다. 그의 내러티브는 이음매 없는 피륙처럼 해당 주제를 막힘없이 서술한다. 출판사의 요청 때문인지, 아니면 저자

---

* 각 장의 표제는 다음과 같다. 1장 혁명의 유산, 2장 자유의 패러독스, 3장 유럽의 봄, 4장 사회혁명, 5장 자연의 정복, 6장 감성의 시대, 7장 민주주의의 도전, 8장 제국의 대가.

자신의 저술 의도 때문인지는 확인할 수 없지만, 가독성이야말로 이 책의
가장 중요한 관심사가 아니었나 싶다.*

에번스는 서술 형식에서도 새로운 시도를 하고 있다. 각 장의 서두는 한
개인의 생애사로 시작한다. 그 개인의 생애와 삶의 경험은 그 장에서 다
루는 핵심적인 주제와 직간접으로 관련된다. 독자는 각 장의 서두에서 읽
은 개인의 삶에 대한 인상과 기억의 영향을 받으면서 그 장의 내용을 읽어
가게 된다. 개인의 경험에서 정치와 사회와 경제의 변화로, 사소한 것에서
커다란 것으로 점차 나아간다. 에번스는 이러한 형식을 "역사의 인간적 차
원"을 강조하려는 시도라고 밝힌다.

역사의 인간적 차원을 강조하기 위해, 각 장은 그 신념과 경험이 각 장에서 다루
는 주제들을 환기할 수 있는 그런 개인의 생애사로부터 시작된다. 8명의 개인은
서로 다른 나라 출신이며 남녀 각각 4명씩이다. 이러한 균형은 의도적인 것이
다. 여성은 역사상의 다른 시기와 마찬가지로 이 시기에도 인구의 절반을 차지
했다. 19세기의 또 다른 근본적인 면모도 똑같이 중요하다. 이를테면, 유럽인의
절대다수가 심지어 제1차 세계대전 직전에도 시골에서 살고 있었다. 소작농민
과 지주는 종종 19세기 역사에서 주변으로 밀려나기도 했다. 특히 산업사회 언
저리에서 구조화된 사람들의 경우가 그렇다.[13]

정치사 서술 부문에서 소개된 개인들의 생애사는 어떤가? 에번스가 첫
째 장에서 소개한 야코브 발터는 1820~1830년대에 자서전을 남겼다. 독
일 뷔르템베르크주 출신인 그는 1806년 나폴레옹 군대에 징집되어 나폴레

---

*   2012년 여름 에번스를 만나 이 저술에 관해 대화를 나눴을 때, 그는 필자에게 각주가 전혀 없는 서술
    을 지향하고 있다는 말을 했다. 이러한 시도도 가독성과 관련된다고 본다.

옹의 러시아 원정에 참전했다가 퇴각하는 길에 갖가지 고생을 겪었다. 발터는 주로 그 전쟁 경험을 기록했다. 러시아 기병대의 추격, 기아와 혹한, 더럽고 불결한 군대생활, 죽음의 위기 등을 차례로 겪다가 폴란드의 한 읍락에서 처음으로 세면을 할 수 있었다. 그때서야 몇 개월 만에 "손등과 귀와 코를 덮고 있던 잣나무 껍질 같은 딱딱한 부스러기"를 떼어낼 수 있었다. 거울에 비친 그의 모습은 수염이 얼굴을 뒤덮어 마치 러시아 농민의 모습을 닮았다.[14]

그가 고향에 돌아왔을 때 그를 알아보는 사람은 거의 없었다. 귀국 후에 그는 석공 일을 하며 자서전을 집필했다. 그의 아들은 미국으로 이민을 떠났다. 오랜 시일이 지난 후 아들은 독일의 부모를 방문했다. 그는 아버지가 전해준 자서전 원고를 가지고 다시 미국으로 돌아갔다. 오랫동안 후손이 보관하던 그 원고는 1930년대에 역사가들에 의해 발견되었다. 이 책 1장은 나폴레옹 전쟁과 그 이후 비엔나 회의, 유럽 각국의 동맹체제와 왕정복고의 전 과정을 다룬다. 발터의 생애사는 그 서술 과정의 배경음악처럼 깔려 있다.

3장 '유럽의 봄' 첫 페이지에 나오는 프랑스 여류작가 플로라 트리스탄은 영국을 방문해 공장노동자의 삶의 실태를 목격하고서 충격을 받는다. 그들의 삶에 비하면, 더이상 노예제도가 인류의 가장 커다란 불행이라고 생각할 수 없다. 노예는 사는 동안 먹거리를 얻을 수 있고 몸이 아프면 가료를 받는다. 트리스탄이 보기에, 노동자와 영국인 고용주 사이에는 "어떤 인간적 유대"도 없다. "고용주가 시키는 일거리가 떨어지면 노동자는 기아로 죽을 수밖에 없다."[15] 트리스탄의 부친은 페루에서 활동했으며 혁명가 볼리바르의 친구였다. 트리스탄은 사생아처럼 방치된 채 유년시절을 보냈고 몇 차례 결혼에 실패한 후, 독학으로 공상적 사회주의자들의 저술을 탐독했다. 그녀는 혁명가가 되었으며, 남성성의 지배를 비판하면서 여성해방을 주장한다. 트리스탄의 삶의 경험과 여성해방론은 3장 전체를 관통하면서 여운을 남긴다. 이 장에서 에번스는 정치사상과 정치적 운동의 흐름, 특히 공상적 사회주의, 공산주의, 자유주의, 민족주의 조류를 전 유럽에 걸쳐 살피고 있기 때문이다.

한편, 7장 '민주주의의 도전' 첫 부분에 등장하는 영국 여성 에멀린 팽크허스트(1858~1928)는 1914년 5월 21일 버킹엄 궁 앞에서 여성투표권을 청원하는 시위를 벌였다. 그녀의 부모는 일찍이 여성참정권 지지자였고, 그와 관련된 잡지를 구독했다. 에멀린 또한 그런 분위기 아래서 여성참정권론자가 되었다.[16] 8장 '제국의 보상'에 나오는 차력사 지오반니 벨조니(1778~1823)는 어렸을 때 서커스단을 따라다니다가 이집트 여행 중에 고미술품 도굴 및 수집가로 변신한다. 람세스 2세의 거대한 흉상을 떼어내어 밀반출하는 작업에 참여하기도 했다.[17] 그 후 그는 아프리카 탐험가이자 이집트학 연구자가 되었다. 제국주의 시대 분위기 아래서 한 개인의 굴곡진 생애를 전형적으로 보여준다.

사회경제사 서술에 해당하는 2장과 4장을 살펴보자. 2장 '자유의 패러독스'가 소개하는 개인은 러시아 농노 사바 드미트리예비치 푸를레프스키(1800~1868)다. 그는 유년시절에 겪은 "의무와 부담의 체계"를 단편적인 기록으로 남겼다. 푸를레프스키가 살았던 영지의 농민 다수는 문맹이었지만, 다행스럽게도 그는 한 사제가 건네준 철자책을 익혀 글을 읽을 줄 알았다. 어렸을 때 그는 어렵게 마련한 푼돈으로 책을 구입했으며 틈틈이 독서하는 생활을 했다. 그는 농노의 부담에 대해 한마디로 내뱉는다. "우리 농민의 예속은 지독하다." 그러면서도 그는 자기가 살던 마을 형편은 다른 곳에 비해 그나마 나은 편이었다고 회상한다. 마을 주민의 숫자는 1,300명

정도였다. 그들은 자신의 먹거리를 위해 경작하는 농작물 외에 아마를 비롯한 환금작물을 재배할 수 있었다. 다른 곳보다 생활수준이 높은 편이었다. 다른 마을 사람들이 라이보리빵과 야채수프만 먹는 데 비해, 그들은 낙농품, 쇠고기, 양고기, 달걀을 시장에 내다팔기도 하고 남은 것은 먹었다. 이 밖에도 완두콩, 오트밀, 삶은 순무도 주된 식재료였다. "우리 마을은 예외적이다. 시장 판매와 숙련으로 돈을 만졌고 다른 마을보다 더 부유했다."[18]

푸를레프스키의 영주는 육군 소령 출신의 귀족이었다. 영주가 사망한 후 상속자 부부가 나타나 터무니없는 지대를 요구했다. 향후 10년간의 지대를 일괄 선납할 것을 강요했기 때문이다. 그는 이렇게 적고 있다. "그 순간 난생처음으로 농노라는 신분에 대한 슬픔이 치밀어 올랐다."[19] 농노 신분이 된다는 것은 불가항력적인 것이었다. 푸를레프스키의 생애사는 반전에 반전을 거듭한다. 그는 영지관리인을 지내다가 횡령 혐의로 투옥되었다. 수감 도중에 탈출해 모스크바, 키예프, 몰도바를 전전했다. 그 후 오뎃사에서 술집 웨이터를 하다가 사업을 시작해 나중에는 설탕 상인으로 돈을 벌었다. 그가 아들의 장래를 위해 농노 신분에서 벗어난 것은 1856년의 일이었다.[20] 그의 자전적 기록에서 일관된 것은 불타는 분노와 그리고 자신에 대한 주재권을 가지려는 열망이다. 2장은 유럽 농노제와 농노 신분의 쓰디쓴 경험과 농노해방으로 이어지는 서사가 상당 부분을 차지한다. 푸를레프스키의 생애사와 그의 그림자는 이 내러티브 전체에 깃들어 있다.

4장 '사회혁명'은 여러 사회계급의 몰락과 대두를 다룬다. 서사의 첫 부분은 귀족의 조락이다. 이 장에서 처음 등장하는 개인은 귀족 가문 출신 여성 이사벨라 마리아(1883~1951)다. 오스트리아 외교관의 외동딸로 태어난 그녀는 지적 소양이 풍부한 지식인이었다. 영어를 비롯해 여러 외국어에 능통했다. 그녀는 발트해 출신 독일계통의 귀족 가문 청년과 결혼한다. 결혼생활은 평탄치 못했고 부부는 결국 이혼했다. 제1차 세계대전과 러시아 혁명의 혼란기에 그녀는 독일 공산당원으로 활동하다가, 영국과 프랑스의 인기 있는 소설들을 150권 이상 독일어로 번역해 삶을 이어갔다. 여러 권의 번역서가 베스트셀러가 되기도 했다. 나치 집권기에 새로운 체제를 비판하는 글을 발표한 후 영국으로 건너가 그곳에서 빈곤 속에 살다가 제2차 세계대전 후 죽었다.[21]

자서전에서 마리아와 그녀 남편의 결혼생활은 도저히 화해할 수 없는 두 귀족 세계의 충돌을 보여준다. 하나는 세계주의적이고 현학적이며 교양 있는 삶의 세계, 오스트리아 귀족의 세계다. 다른 하나는 야비하고 촌뜨기 같은 속물근성에 가득 찬 발트해 출신 독일 귀족의 세계다. 마리아가 남편의 정신 세계를 이해할 수 없는 것은 당연한 일이었다. 마리아의 자서전은 19세기 후반 이후 정치적 격변에서 적응하지 못하고 도태된 옛 지배세력의 삶의 애환을 보여준다.

문화사 분야 서술 또한 비슷하다. 5장 '자연의 정복'에 나오는 개인은 헝가리 귀족 출신 시인 헤르탈란 쎄메레(1812~1869)다. 어릴 때부터 독서광이었던 그는 영어, 불어, 독일어, 이탈리아어에 정통한 인물이었다. 견문을 넓히려고 유럽 각국을 편력한 후 1840년 여행기를 출간한다. 그의 일기는 야생의 세계를 간직한 곳의 주민과 그 세계에서 벗어난 지역 주민 사이에 의사소통이 불가능한 사례를 보여준다. 여행 도중에 만난 친구에게 겨울에 곰은 잠을 잔다고 말하자 그는 이해하지 못했다. 상대방은 동물원의 곰을 연상했던 것이다.[22] 야생의 세계에서 곰과 늑대는 현존하는 위협이었다. 문명의 세계에서는 맹수 또한 길들이기 프로젝트의 대상일 뿐이었다. 동물원과 식물원 건설 열풍은 야생의 세계를 길들이는 긴 여정의 시작에 불과했다.

6장 '감성의 시대' 첫머리는 스웨덴 여류작가 프레드리카 브레머(1801~1865)가 장식한다. 그녀는 중간계급 상층 출신으로 영어, 불어, 독일어 회화가 가능할 만큼 언어 실력이 뛰어났다. 그녀의 생애사는 부르주아 가정의 실제 모습을 알려준다. 가계에 도움을 주기 위해 집을 떠나 인기작가가 된 그녀는 소설과 작품집을 발매해 가족의 생계를 돕는다. 소설에서 그녀는 젊은 연인들의 꿈과 산림지대 여행과 여성해방에 관한 이야기를 다룬다.[23] 그녀의 삶은 당대 부르주아 사회에서 유행한 문화적 경향을 보여준다. 감성주의와 자연 및 전통의 애호 그리고 가족주의다.

요컨대, 모든 장에서 에번스가 소개하는 개인의 생애사는 각 장의 주된 내용을 이끌어냄과 동시에 그 내러티브와 결합해 가독성을 높이고 깊은 인상을 남겨준다. 에번스의 이 같은 시도는 상당히 성공적이다.

정치사, 사회사, 문화사의 거리

힘을 추구하는 다양한 방식들 가운데 정치는 특히 중요하다. 19세기 초반 비엔나체제 아래서 기존의 보수적인 국가권력과 정치체는 공화주의, 자유주의, 사회주의, 민족주의 등 다양한 이념을 내세운 진보세력 또는 혁명세력과 충돌했다. 1848년은 그 충돌의 절정기였고 이 시기를 전후로 유럽 대륙은 혁명의 소용돌이에 휩쓸렸다. 독일과 이탈리아 같은 지역에서는 통일운동이 다른 어느 이념보다 우선시되었고 민족주의는 주변부 지역에서는 외부로부터 독립을 향한 운동에 동력을 제공했다. 19세기 후반기에는 가장 반동적인 국가마저도 형식적으로 대의제를 받아들이지 않을 수 없었다. 19세기 말에는 유럽 주요 국가에 의회제도가 뿌리내렸다. 그러나 이 무렵에도 아직 정치의 장에서 힘의 추구에 제외된 영역이 있었다. 여성참 정권 문제다. 에번스는 이를 "민주주의의 마지막 변경"이라 부른다.[24] 여 성 보통선거권이 도입된 국가는 실제로 유럽의 변경, 핀란드와 노르웨이 였다.

4개 장에 걸쳐서 전개되는 정치사 서술은 사실 널리 알려진 서사이며 특 이한 점이 없다. 에번스는 이전 19세기 정치사 서술이 주요 국가를 중심으 로 하는 점을 고려해 지금껏 개설 수준에서 잘 다루지 않은 동유럽 주요 국 가, 러시아, 폴란드, 헝가리 등은 물론 기타 소수민족들의 사례를 풍부하 게 수집해 제공한다. 그렇더라도 1, 3, 7, 8장에서 전개되는 정치사 서술은 한편으로는 균형 잡힌 시각을 보여주면서도, 다른 한편으로는 진부한 인 상을 준다.

19세기 유럽 정치의 출발점은 나폴레옹의 러시아 원정이다. 에번스는 유럽 대륙을 휩쓴 나폴레옹 전쟁의 참화와 피해를 전 유럽적 시각에서 재 조명한다. 나폴레옹은 러시아 원정을 위해 프랑스, 이탈리아, 독일, 폴란 드에서 총 68만 5,000명의 군대를 징집 동원했다. 이 가운데 자기 나라로 생환한 사람은 7만 명 미만이었다. 프랑스혁명에서 나폴레옹 퇴장까지 장 기간 이어진 전쟁으로 대략 500만 명의 유럽인이 목숨을 잃었다. 그 참화 의 정도는 후대의 세계대전에 못지않았던 것이다.[25] 전쟁에 동원된 군대의 희생 못지않게 전쟁으로 인한 간접적인 피해와 참화도 엄청난 규모였다. 나폴레옹 군대의 주둔지에서 발생한 피해도 그동안 간과되었다. 에번스는 주둔지인 에스파냐, 라인란트 지방, 러시아 등지의 사례를 단편적으로 소 개하면서, 전 유럽에 걸친 피해를 강조한다.[26]

그러나 나폴레옹의 유럽 전쟁은 각 지역에 이른바 보나파르트주의를 확산시켜 유럽 각국과 기존 사회가 새롭게 변모하는 계기를 만들기도 했다. 그것은 한마디로 "애국주의, 보통선거, 국민주권, 효율적이고 중앙집권화된 관료행정"을 대변하는 이념이었다.[27] 유럽이 다른 세계의 제국들에 비해 경제적으로뿐만 아니라 정치적으로 확실한 우위를 점하게 된 것은 나폴레옹 전쟁 이후의 일이었다. 그것은 또한 유럽이 경쟁력, 종교적 헌신, 문화 면에서 다른 세계보다 우월하도록 만든 어떤 장기적 과정의 결과가 아니었다. 17, 18세기의 세계에서 유럽 못지않게 강력한 전 산업시대 제국들은 흔한 편이었다. 특히 중국은 여전히 크기에서 유럽 제국들을 압도했다. 오스만제국은 1683년 비엔나 점령 실패에 뒤이어 1700년경에 절정기를 지났지만, 아직도 유럽 남동부에서 북서아프리카를 거쳐 인도양과 중동에 이르기까지 광대한 지역을 장악하고 있었다.[28] 그러나 나폴레옹 전쟁 이후 이러한 상황은 근본적으로 바뀌었다.* 에번스는 지구사적 시각에서 전쟁 이후의 변화를 다음과 같이 개괄한다.

1815년에 끝난 전 지구적 전쟁은 유럽만이 아니라 세계 도처에서 지배자들의 정당성을 잠식해 들어갔다. 전쟁이 끝나던 당시에, 유럽과 나머지 세계의 관계는 근본적으로 변모했다. 지구 전역의 다른 국가들은 18세기 대부분의 시기를 통해 경제적 생산과 번영을 촉진하기 위해 노력했으며 주로 유럽의 경제발전과 보조를 맞출 수 있었다. 그러나 1815년경 그 나라들은 유럽과 경쟁의 충격 아래 뒤처졌다. 중국은 러시아와 미국이 그러했듯이, 내부 문제들로 정신이 없었다. 어떤 나라도 19세기에 전 지구에 걸친 역할을 추구하지 않았다. 비록 이들 국가

---

* 이런 점에서 에번스는 19세기 초에 이르러 비로소 유럽 열강이 다른 세계 제국들을 여러 면에서 추월하기 시작했다는 근래의 탈유럽 중심주의적 견해, 특히 케네스 포머란츠의 견해를 일정 부분 받아들이는 것처럼 보인다.

가 그런 역할을 맡을 힘을 가지고 있었음에도 말이다. 프랑스는 계속되는 전쟁으로 힘이 빠졌고, 18세기에 산업화의 길로 나아가던 그 나라 경제도 1815년경에는 엉망이 되었다. 에스파냐와 포르투갈의 전철을 밟아 프랑스는 해외 제국 대부분을 잃었다. 그럼에도 그 시대에 장기간 지속된 분쟁은 유럽 국가들이 스스로 뿌리와 가치를 개혁하도록 자극했다. 실제로 많은 나라가 나폴레옹을 이기기 위해 프랑스인이 옹호했던 원리들의 일부를 받아들이지 않을 수 없었던 것이다.[29]

3장 '유럽의 봄'은 1848년 전후 시기 유럽 여러 나라의 불온한 분위기와 혁명, 그리고 탄압의 과정을 서술한다. 물론 그 이전부터 자유주의와 공화주의운동은 프랑스뿐 아니라 전 유럽에 걸쳐 확산되고 있었다. 에번스는 특히 이탈리아 혁명가 주세페 마치니의 공화주의운동을 주목한다. 마치니는 공화주의 이상에서 더 나아가 독립된 공화국들이 연대한 유럽합중국의 환상을 가졌다. 청년이탈리아당과 비슷한 정치적 결사체가 이탈리아를 넘어서 오스트리아, 보헤미아, 우크라이나, 티롤, 폴란드, 아일랜드, 심지어 남미 아르헨티나에서도 결성되었다.[30]

19세기 전반 정치적 혼란의 배후에는 자유주의와 공화주의뿐 아니라 좀 더 급진적인 이데올로기가 사람들의 주목을 받았다. 특히 사회주의 이데올로기가 기존 체제에 도전하고 때로는 충격을 가했다. 앞에서 소개한 여성 트리스탄이 읽었던 사회주의 문헌은 샤를르 퓨리에가 쓴《새로운 산업 및 사회의 세계Le nouveau monde industriel et sociétaire》(1829)였다. 프랑스와 영국의 초기 사회주의자들의 팸플릿과 저술이 당대 젊은 세대와 노동자들의 시선을 사로잡았다.[31]

불온한 이념과 분위기는 1848년에 유럽 각지에서 시위와 변혁운동으로 폭발한다. 1848년 1월 27일 토크빌은 "공기 중에 퍼져 있는 혁명의 냄새"를 맡는다.[32] 2월혁명은 부유한 소수에게만 투표권을 부여한 기존 제도를 개혁해 보통선거를 통해 공화정을 수립하려는 공화주의자들의 시위에서 비롯했다. 그러나 정부의 붕괴와 국왕 루이 필리프의 망명 후에 오히려 혁명은 한 단계 더 과격하게 전개되었다. 6월에 이번에는 사회주의자와 급진파들이 다시 바리케이드를 치고 대규모 시위에 들어간 것이다. 1789년과 달리 1848년의 봉기는 프랑스 국내의 문제만이 아니라, 전 유럽적 차원의 격동이었다. 1848년의 격변과 변혁의 움직임을 에번스는 파노라마처럼 서술한다. 파리에서 밀라노로, 비엔나로, 바이에른과 작센을 거쳐 독일 여러 영방국가를 넘나들고 부다페스트에 이른다.[33] 자유주의자와 공화주의자의 운동은 물론, 사회주의자들의 변혁운동 또한 전 유럽적 현상이었던 것이다.

프랑스 6월혁명과 같이 노동자와 사회주의자들이 대거 참여한 봉기는 프랑스 국경을 넘어 다른 나라에서도 빈번하게 나타났다. 에번스는 작센에서 유죄선고를 받은 사람들의 출신을 분석한다. 727명 가운데 다수가 노동계급이었다. 구체적으로 독립 장인 19퍼센트, 직인 26퍼센트, 장인 19퍼센트, 임금노동자 12퍼센트에 이르렀다.[34] 1848년의 봉기에서 무수한 노동자와 사회주의자들은 사회변혁을 위해 오히려 국가의 적극적 간섭과 역할을 주문했다.

시위 참여자들이 전반적으로 길드적 규제와 제한이 지켜지던 시대로 돌아가자고 요구하지 않았던 것은 놀라운 일이다. 국가가 사회에 간섭해야 한다는 시위자들의 요구는 계서화된 사회적 위계와 법적으로 구분된 경제적 역할을 특징으로 하는 구사회로의 복귀가 아닌, 새로운 민주적 세계를 대망하는 것이었다.[35]

이 책 2장 '자유의 패러독스'와 4장 '사회혁명'에서 다룬 경제와 사회의 변화는 어떤가. 농노해방, 귀족세력의 존속, 인구 증가, 도시화, 산업화, 철도혁명, 노동계급의 대두로 이어지는 사회경제적 변화의 서사는 매우 흥미진진하다. 19세기 영국과 프랑스에서 농노해방은 전 시대의 사건이다. 그러나 전 유럽으로 확대했을 때, 이 문제는 가장 중요한 사회변동에 해당한다. 에번스는 러시아를 비롯해 폴란드, 루마니아, 동부 독일 등 주로 중부 및 동부 유럽의 다양한 사례를 소개하고 해방의 물결이 일기 이전의 농민반란도 비중 있게 다룬다. 이러한 양상은 귀족의 존속에서도 그대로 나타난다. 농노해방 이후 소작제도의 약화와 더불어 농민 이동, 농민층 양극화, 인구 증가, 지역적인 생활수준 저하와 기근, 도시화가 거의 동시에 진행된다.

여기에서 인구 증가와 기아는 역사의 아이러니를 떠올리게 한다. 농노해방 이후 소생산자의 경제활동이 활성화되면서 생산 증가와 인구 증가, 그리고 도시화가 동시에 진행되었다.* 더욱이 아메리카에 기원을 둔 감자, 토마토, 해바라기 등 새로운 품종이 전 유럽에 확산되었다. 이 가운데서도 가장 중요한 것은 감자였다. 1845년 감자 마름병이 전 유럽에 확대되면서 벨기에, 네덜란드, 덴마크, 독일, 아일랜드 등 광범한 지역에서 감자 수확량이 격감했다. 특히 식량 가운데 감자 의존도가 높은 지역은 치명적인 피

---

* 1800~1850년간 유럽 각국의 연평균 인구 증가율을 보자. 잉글랜드-웨일즈 1.3퍼센트, 러시아·노르웨이·핀란드·덴마크 0.9퍼센트, 스웨덴·네덜란드·벨기에 0.8퍼센트, 프랑스 0.6~0.7퍼센트(*Pursuit of Power*, p. 124). 영국의 인구 증가율은 농업개량에 따른 농업생산 증가율을 상회했지만, 공산품 수출을 통해 식량을 수입할 수 있었다(*Pursuit of Power*, p. 115). 이 시기 도시화도 전 유럽에서 뚜렷하게 나타난 현상이다. 1850년 당시 각국의 도시화율은 이탈리아 20퍼센트, 에스파냐 17퍼센트, 프랑스 15퍼센트, 독일 11퍼센트, 폴란드 9퍼센트, 오스트리아·보헤미아 8퍼센트였다. 영국은 월등히 높아 50퍼센트에 이르렀다. 이는 산업화에 따른 결과이다. 1800~1841년간 영국에서 농업에 종사하는 성인 인구의 비율은 41퍼센트에서 28퍼센트로 하락했다(*Pursuit of Power*, p. 113).

해를 입었다. 100만 명 이상이 아사한 아일랜드의 '감자 기근'은 1840년 대기근의 절정을 이룬다.[36]

이런 주제들에 뒤이어 산업혁명과 철도의 시대, 그리고 삶의 속도의 변화를 서술하는 부분도 흥미롭다. 에번스는 특히 면공업에서 영국 산업화의 출발을 기존 전통적 해석과 다른 시각에서 바라본다. 겉으로 보면, 19세기 초 영국 면공업의 발전은 비약적이었다. 전통적으로 유럽인의 의류 원재료는 리넨과 모직이었다. 18세기에 면직물 유입 및 소비 증가로 유럽에서도 면직물 생산이 이루어졌다. 1785~1850년간 영국의 원면 수입량은 1,100만 파운드에서 5억 8,800만 파운드로 급속하게 증가한다.[37] 이 시기에 인도 수공업은 쇠퇴했다. 에번스는 초기 산업화에서 기술혁신의 중요성을 인정하면서도 영국의 독점을 강조하지 않는다. 혁신은 거의 동시적으로 그리고 유럽에 보편적인 현상이었다. 방적기를 비롯한 기계류는 벨기에와 프랑스에서도 비슷한 시기에 개발되거나 보급되었다. 특히 엥겔스가 방적 공장을 운영했던 벨기에의 산업화는 영국에 못지않았다. 에번스에 따르면, 영국의 면공업이 발전한 것은 역시 국내 요인보다는 국제 무역의 주도권에 힘입은 것이었다.

> 영국이 다른 세계에 비해 산업적 이점을 가진 것은 영국인의 재능, 창조성 또는 국내 요인의 결과가 아니었다. 영국 면제품 생산의 폭발적 증가는 다른 어떤 요인보다도 세계 무역에 의해 촉발된 것이다. 1814년 영국은 이미 국내 소비량보다 더 많은 면직물을 수출하고 있었다. 1859년경 그 격차는 더 심화되었다.[38]

에번스는 산업화에 뒤이어 전개된 철도의 시대를 은유적으로 서술한다. 사실, 광산과 탄광에서 궤도를 깔고 석탄이나 광물, 또는 파낸 흙덩이를 운반하는 방식은 산업혁명 이전에도 영국에서 알려져 있었다. 궤도 위를 움직이는 차량은 말이나 사람이 끌었다. 증기기관과 이 차량을 연결하는 아이디어는 리처드 트레비식과 조지 스티븐슨 등 당대의 기술자들에 의해 현실에서 구현되었다. 1830년 리버풀-맨체스터 철도노선 개통식은 정부의 고위 관리들이 참석한 가운데 운집한 시민들의 환호 속에 열렸다. 그 후 20년 만에 영국의 철도노선은 7,000마일까지 연장되었다.[39] 에번스는 이 철도노선 개통식에서 최초의 철도 사고가 발생한 것을 상징적으로 묘사한다. 통상국장이 철도 궤도에서 갑자기 다가선 스티븐슨의 증기기관차 로켓호에 치여 부상당했던 것이다. 몇 달 후 그는 그 부상 때문에 숨을 거뒀다. 근대적 방식으로 승객을 나르는 문명의 이기가 다른 한편으로 재앙을 가져다주었던 것이다.[40]

《힘의 추구》5장 '자연의 정복'과 6장 '감성의 시대'는 생활사 또는 문화사 서술에 해당한다. 야생적인 것의 문명화, 근대적 시공간의 등장, 의학의 발전, 광기, 규율과 징벌체제 등의 문제들을 다루는 한편, 낭만주의, 종교적 심성, 불신앙, 지식에 대한 열망, 행복의 추구, 감성과 젠더의식을 차례로 서술한다. 19세기 유럽에서 산업문명과 도시화와 커뮤니케이션의 발달은 짧은 시기에 이루어졌다. 그 발달은 주로 통계적으로 표현된다. 철도 마일리지, 도시화율, 주택 보급, 다양한 상품의 생산 및 소비량, 무역액, 공업생산 증가율 등 미시적인 통계치들이 이런 측면을 이해하도록 해주는 안내도다. 그러나 에번스는 인간생활의 변화를 이들 수치를 넘어 인간 경험의 구체적 사례를 통해 생생하게 재현한다. 19세기 유럽인들은 '자연의 정복'으로 표현되는 근대 물질문명을 어떻게 경험했는가.

수공업 작업장이나 가내수공업에서 노동자들은 자연의 리듬과 각 지방의 관습에 따른 시간의 제약을 받았다. 공장 노동은 산업기술과 시계의 제약을 받는 패턴으로 변했다. 1815년 유럽인 대부분의 이동수단은 도보 아니면 말과 마차였다. 한 세기가 지난 후 이동수단은 기차와 증기선이었다. 특히 근대적 시간의 도래에 관한 에번스의 서술은 매우 인상적이다. "전산업적 세계에서 시간은 한낮의 해의 위치와 관련지어 측정했다. 지구 표면의 위치에 따라 각 지역의 시간은 다르게 나타났으며, 어디서나 계절이 바뀌면 시간도 변했다."[41] 시계가 있었음에도 그 시계를 보고 시간을 말하는 사람들은 매우 드물었다. 농촌 지역 대부분에서 교회의 종들이 아침기도와 저녁기도 시간을 알려주었는데, 이런 정도의 시간 재기와 시간의식만으로도 사람들은 일상생활을 영위하는 데 불편하지 않았다. 그러나 사람들의 일상은 한두 세대 사이에 근본적으로 변했다. 근대적 시간의 포로가 된 것이다.

도시로 이주하고 공장과 광산에서 시간급을 받고 일하는 남녀가 증가하면서 시간 재기가 고용주와 노동자에게 다 같이 중요하게 여겨지게 되었다. 1890년대 미국에서 발명된 한 기계는 그들이 공장에 들어온 시간과 일 끝내고 떠난 시간을 노동자가 소지한 카드에 찍어주는 기능을 연출했다. 시작 시간과 끝나는 시간을 재는 방식이 널리 퍼졌다. 지각에 따른 벌금을 물지 않기 위해 노동자들도 시계가 필요했다. 19세기 초 전 세계에서 회중시계 생산량은 연간 40만 개였다. 1875년에는 250만 개 이상으로 급증했다. 세기말에 독일 역사가 칼 람프레히트는 5,200만 독일 국민이 대략 1,200만 개의 회중시계를 소지하고 있다고 말했다.[42]

지금까지 《힘의 추구》의 전반적인 내용을 정치사, 사회사, 문화사 서술로 나누어 살펴보았다. 방대한 내용을 체계적으로 소개한다는 것은 애초에 쉽지 않은 일이다. 따라서 개괄적으로 소개하려는 필자의 의도와 달리, 결국 단편적인 소개에 그치고 말았다. 이는 필자 능력의 한계에서 비롯되기도 했겠지만, 이 저술에 내재한 요인 때문이기도 하다. 홉스봄의 19세기 3부작은 자본주의의 등장과 발전, 그리고 그 결정적인 영향력을 중심으로 서술되었다. 자본주의라는 핵심어가 3부작의 모든 것을 규정하고, 방대한 서술 내용이 자본주의의 대두와 발전이라는 주제로 수렴되고 있는 것이다.

앞에서 언급했듯이, 오늘날의 역사가들은 이와 같이 체계적이고 인과적인 거대 서사를 구성하려고 하지 않는다. 인간의 삶과 역사는 체계화할 수 있을 만큼 단순하지 않은 것이다. 에번스 또한 거대 서사는 포기한 것으로 보인다. 그 대신에 서술의 구성력과 다양한 내용의 상호 응집력을 높이기 위해 그는 '힘의 추구'라는 핵심어를 내세우고 각 장의 서술을 가능한 한 이 핵심어와 관련짓고자 노력했다. 문제는 이러한 노력이 성공적이었는가이다. 높은 가독성으로 독자층에게 19세기 유럽사에 관한 풍부한 역사지식을 제공하고 있음에도, 8개 장의 여러 분야 서술이 한데로 수렴되지 못한다는 인상을 준다. 우선, 힘의 추구라는 개념이 역사의 다양한 측면을 포섭하는 것은 불가능하다. 그런 시도는 작위적이라는 인상을 줄 뿐이다. 다음으로, 그는 유럽 주요 국가뿐 아니라 국가의 경험까지 서술 범위 안에 끌어들이고자 한다. 그러나 그의 기대와 달리, 이런 시도가 오히려 전체 서술의 응집력을 떨어뜨리지 않았나 싶다. 한마디로 정치사와 사회사와 문화사의 서술이 함께 연결되고 상응한다기보다 분산되고 멀어지는 것처럼 보인다. 이들 사이의 거리가 존재하는 것이다.

시대사 서술의 한계

에번스는 이전 사회사 서술에서 흔히 강조한 사회의 구조적 측면보다는 오히려 개인의 활동과 경험을 강조하며, 가능한 한 그 다양한 경험들을 역사서술의 원재료로 이용했다. 서유럽, 동유럽, 남부 유럽, 북유럽까지 주요 국가와 주변 국가의 구별을 두지 않고 각 항목에 대해 다양한 국가와 지역의 사례를 혼합함으로써 역사 이해의 지평을 넓혔다. 그러나 이러한 저술 의도가 오히려 단편적이고 분산적인 역사서술을 낳았다.

자본주의와 같은 핵심어를 중심으로 전체 사회사 서술을 지향하는 과거의 전통은 사라졌다고 하더라도, 에번스가 제시한 '힘의 추구'라는 개념틀은 19세기 유럽사의 다양한 인간 경험과 변화의 측면들을 서로 관련된 구성체계로 만드는 데에는 취약한 개념처럼 보인다.

다른 한편, 서문에서 지구사적 시각을 강조한 것과 달리, 정작 본문에서 지구사적 시각과 분석은 거의 보이지 않는다. 정치, 경제, 사회, 문화의 모든 변화는 유럽 그 자체의 여러 요인과 상호 영향을 통해 이루어지는 것으로 서술된다. 마지막 장에서 제국 경험을 기술하지만, 그것은 장의 주제가 그렇기 때문이고, 그 이전의 장에서 지구사적 시각을 보여주는 서술 부분을 찾아보기가 어려울 정도다.

예를 들어 산업혁명에 관한 에번스의 서술을 살펴보자. 에번스는 유럽, 특히 영국의 산업화 부분에서 세계 무역의 중요성을 지적하기는 했다. 그러나 이것은 피상적인 관찰에 지나지 않으며 지구사적 시각을 담지했다고 보기 어렵다. 영국 면공업의 승리가 19세기 면제품 수출 수요의 급증에 따른 것임을 강조할 뿐이다. 사실, 내국사적 관점에서 영국 산업혁명을 설명하는 전통적 해석은 오늘날 설득력을 잃었다. 면공업의 승리만 하더라

도 기계의 발명을 넘어 여러 세대에 걸친 인도양 무역과 인도 수공업의 영
향과 접촉 및 교류 과정을 통해 이루어졌던 것이다. 최근 연구는 18세기까
지 인도 면직물이 국제 무역에서 경쟁력을 가졌던 원인이 방적 및 직조 분
야 수공기술의 우월성 못지않게 날염과 마무리 공정의 숙련 때문이었다는
점을 강조한다. 영국의 직물업자들은 단순한 기계화만으로 이러한 문제를
해결할 수 없었고, 인도 수공업 또는 인도 면직물을 통한 오랜 학습을 거쳐
습득했다. 이런 점에서 영국 산업혁명은 인도 수공업 전통의 영향 아래 이
루어진 것이다.[43]

　기술혁신 또는 방적기의 개량과 발명 자체도 영국 과학기술의 전통에 힘
입은 것이라기보다는 인도 수공업의 우월한 능력에 대한 방어적인 대응의
결과이기도 했다. 인도 수공업은 오랫동안 노동자의 손기술을 바탕으로
발전을 거듭했다. 이와 달리, 산업혁명 초기 영국 노동자들은 그 손기술을
모방하거나 따라잡을 수 없었다. 아마도 작업기를 사용한 것은 인도 면제
품의 우월성에 대처하려는 노력의 결과였을 것이다. 산업혁명기의 작업기
는 질적으로 우수하지 않았으며 그 전파 속도도 느렸다. 앤드류 유어나 찰
스 배비지 같은 산업혁명 당대 문필가들의 기계 예찬은 역설적으로 기계
의 우위를 확인하려는 애국적 수사의 측면을 보여준다. 이런 예찬론이 후
일 마르크스와 엥겔스의 저술에 영향을 미쳐 산업혁명에서 기계와 공장을
중시하는 정통 해석을 낳았던 것이다.[44]

전염병과

07

국제공조의

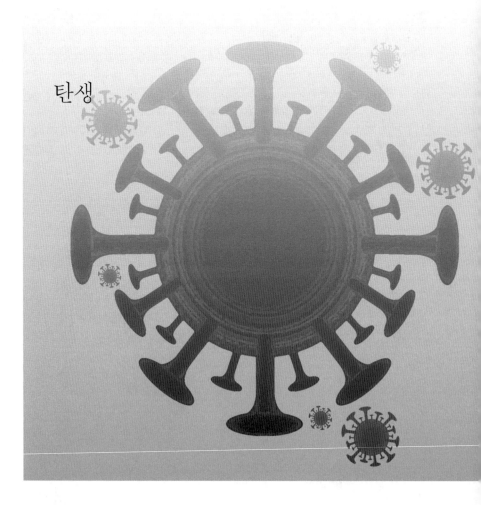

탄생

의학사가들은 21세기 들어 '중증 급성호흡기증후군SARS'의 출현이 전염병의 역사에 새로운 내용을 추가했다고 본다. 사스 이후 돼지독감, 신종플루, 메르스, 코로나 바이러스까지 인수人獸공통감염병zoonosis의 새로운 특징을 나타내기 때문이다. 사람과 짐승의 구별 없이 감염된다는 것은 그만큼 바이러스가 새로운 환경에 적응하는 방향으로 변이를 일으키고 있다는 것, 그리고 그 변이가 가속되면 백신에 의한 예방을 할 수 있는 시간 여유가 부족하다는 것을 뜻한다.

풍토병이 지역 전염병으로, 그리고 다시 세계적 대유행병으로 변모하는 데에는 여러 환경요인이 작용하겠지만, 그중에서도 인간 사회의 교류 증대, 특히 근대 이후 국가 간 교류와 무역의 활성화가 큰 영향을 끼쳤다. 더욱이 근래 세계화의 진전에 따라 이전에 비해 사람과 물자의 이동이 급증하고 있다. 2000년대 이후 새로운 변이를 일으킨 바이러스가 곧바로 대유행병으로 확산되는 것도 이 때문이다.

그동안 우리는 세계화가 당연한 추세라고 생각해왔다. 그러나 최근 코로나 바이러스의 창궐에 직면해 대부분의 나라가 세계화의 근간을 이루는 여러 분야의 연결망을 다투어 차단하고, 국제공조의 중심축이라고 할 수 있는 세계보건기구WHO가 제 역할을 다하지 못하고 있다. 참으로 파국적인 상황이 전개되고 있는 것이다. 무엇보다도 대유행병에 대처할 수 있는 새로운 형태의 국제공조와 협력이 절실하게 필요한 시기다.

　유럽에서 전염병을 막기 위한 국제공조가 본격적으로 전개된 것은 19세기 중엽 이후의 일이다. 이 시기에도 세계는 여러 종류의 전염병 내습으로 혼란과 고통을 겪었다. 황열병, 콜레라, 페스트가 간헐적으로 확산되었는데, 전염병 창궐은 당시 급속하게 전개된 세계화와 밀접하게 관련된다. 이 시기야말로 국제 교류 및 국제 무역의 활성화와 더불어 상품, 자본, 노동의 이동이 활발하게 이루어졌다. 1차 세계화라고 할 수 있다. 이를 이끈 주역은 기술혁신이었다. 철도혁명과 증기선이 이러한 변화를 초래했으며 전염병은 바로 이를 통해 자주 창궐했다.

　19세기 후반 유럽과 아메리카 각국은 전염병의 확산에 대처하기 위해 국제적인 공조가 필요하다는 것을 절감했다. '국제위생회의International Sanitary Conference'가 거의 정기적으로 개최되었고, 전염병의 혼란을 수습하는 데 어느 정도 기여했다. 이 같은 일련의 국제공조에 힘입어 1907년 '국제공중위생국Office International d'Hygiène Publique'이 창설되었다. 19세기 후반 국제위생회의 활동과 국제공중위생국의 창설에 이르는 과정은 오늘날 세계적 대유행병의 창궐을 맞아 우리에게 적지 않은 시사점*을 던져준다.[1]

---

*　이 글은 실증적인 연구가 아니다. 필자는 Mark Harrison의 *Contagion: How Commerce Has Spread Disease*, New Haven: Yale University Press, 2012 번역서를 펴냈다. 《전염병, 역사를 흔들다》, 푸른역사, 2020. 19세기 국제위생회의에 관한 문제는 이 책 내용에 크게 의존했음을 밝힌다. 단 인용 전거는 영어본에 의거했다.

전염병, 교통혁명, 국제 이주

19세기 유럽의 사회변화를 나타내는 핵심어는 산업화와 교통혁명이다. 이를 바탕으로 국제 무역이 발전하고 전 지구적 규모로 세계 시장이 확장되었다. 그러나 전염병의 역사를 돌이켜보면, 19세기야말로 여러 차례 전염병이 유럽 사회에 창궐했던 시기이기도 했다. 일찍이 르 롸 라뒤리는 이를 가리켜 '세균의 공동시장common market of bacilli'이라는 역설적인 표현을 쓰기도 했다.[2] 특히 이 말은 콜레라의 경우 가장 적절한 표현이라는 느낌이 든다. 물론 콜레라 외에도 19세기 유럽 각국은 황열병과 특히 같은 세기 말에 페스트의 내습으로 혼란을 겪었다. 그렇지만 콜레라야말로 가장 오랫동안 그리고 가장 주기적으로 유럽 사회에서 창궐한 전염병이었다.

19세기 초까지만 하더라도 콜레라는 유럽 사회에 알려지지 않은 질병이었다. 그것은 인도 벵골 지방의 풍토병이었지만 인도항로를 오가는 선박이나 육로를 여행하는 순례자를 따라 유럽으로까지 퍼졌다. 1차 콜레라 전염병은 1817년 벵골 삼각주 지대에서 발병한 이래 무서운 속도로 이 지역을 휩쓴 다음 3년 이내에 인도 아대륙 곳곳에서 창궐했다. 이 기간에 인도인은 물론 현지에 주둔하던 영국군 병사 다수가 사망했다. 영어에서 전염병의 발병과 창궐을 나타내는 표현으로 '공격', '내습', '참화', '저항' 등의 군사용어를 사용한 것은 인도 주둔 영국군 부대에서 전염병에 대응하는 과정에서 나타난 전통으로 추측된다.[3]

콜레라는 급속한 전파 속도와 높은 치사율뿐만 아니라, 감염자가 사망에 이르기까지 겪는 끔찍한 병세 때문에 사람들의 공포심을 불러일으켰다. 사람들은 콜레라가 벵골 지방에서 처음 나타났다는 점을 주목해 그 질병이 주로 불결하고 오염된 지역에서 발생한다고 생각했다. 병의 원인에 관해서는 세균설을 주장하는 의사들도 있었지만, 그에 못지않게 독기설도 널리 받아들여졌다.[4] 썩은 물질에서 나오는 해로운 독기가 병을 일으킨다는 담론이었다. 병의 전염성도 독기설로 어느 정도 설명할 수 있었다. 이 독기가 사람 또는 다른 매체를 통해 이동하면서 병이 확산된다는 것이었다. 사람들은 교통혁명이 전염병의 창궐과 밀접하게 관련된다고 생각했다. 그렇기에 이 문제는 한 나라 단독으로 대처할 수 없었다.

1851년 처음으로 파리에서 국제위생회의가 개최된 것도 이러한 현실 인식에서 비롯했다. 1회 국제위생회의 자료집 서두에는 이런 표현이 나온다. "오늘날 증기력으로 인해 교통이 매우 신속하게 이루어짐에 따라, 마치 전기가 연상되듯이 인간은 드넓은 공간을 일순간에 여행한다. 한마디로 시간과 거리를 없애려고 하는 것이다."[5] 시간과 거리의 단축은 그 시대 사람들에게 낯설지 않았다. 이런 진보와 함께 드러난 취약점이 바로 콜레라였다. 왜냐하면 이 '아시아적' 질병이 기차와 증기선을 타고 유럽을 주기적으로 내습한 것이다.

콜레라, 황열병, 페스트 등 전염성 질병을 확산시킨 원인이 철도와 증기선이라는 인식은 당대 사람들에게 널리 자리 잡았다. 병이 지역과 대륙 사이를 오가는 인간 이동과 화물을 통해 확산된다고 생각했던 것이다. 그렇다면, 교통혁명의 양상은 어떠했는가. 종래에는 도로나 운하를 통해 화물을 실어 날랐는데, 산업화 시기에 급속한 물동량의 증가를 처리할 수 없었다. 우선 수송 문제의 애로점은 철도의 등장으로 해결할 수 있었다. 증기기관차는 마차에 비해 훨씬 더 많은 승객과 화물을 나를 수 있었고 운하를 이용하는 것보다 시간이 적게 걸렸다. 1825년 영국의 달링턴과 스톡턴 사이에 처음으로 철도가 개설된 이후, 특히 1830~1840년대에 영국 전역이 철도망으로 연결되었다.

영국에서 철도혁명이 산업화의 종착역이었다고 한다면, 인접한 프랑스와 독일에서는 철도혁명 자체가 그 나라 산업화의 출발점이었다. 1840년대에 두 나라에서는 철도 부설을 위한 토목공사가 전국적으로 이루어졌다. 1850~1870년간 프랑스의 철도 총 연장은 2,000킬로미터에서 1만 7,400킬로미터로, 독일의 경우 5,000킬로미터에서 1만 8,800킬로미터로 늘어났다.[6] 장거리 철도 부설은 서유럽 주요 국가뿐만 아니라 그 주변의 러시아, 오스만제국, 아메리카 대륙, 식민지 인도 등에서도 이뤄졌다. 철도혁명이 세계적으로 확산된 것이다.

증기선의 이용 또한 19세기 교통혁명의 다른 한 축이었다. 19세기 전반기만 하더라도 증기선은 범선보다 경쟁력이 높지 않았다. 다만 속력이 빨랐기 때문에 기술적 결함이 있는데도 적극 이용하려는 움직임이 있었다. 영국에서 증기선을 처음 이용한 해는 1812년이다. 그 후 선복량은 지속적으로 증가했다. 1843년 동인도회사의 증기선 실태를 조사한 의회보고서에 따르면, 1838~1842년간 회사 선적 증기선은 콜카타, 뭄바이를 거쳐 수에즈에서 화물을 하역하고 있다. 수에즈운하의 필요성은 이미 이때 나타났을 것이다. 1838~1839년간 동인도회사는 8척의 증기선을 확보해 인도-수에즈까지 총 12회 운항하고 있다.[7]

1850년대에 증기선은 범선보다 모든 면에서 우위에 서게 되었다. 증기선혁명을 주도한 나라는 영국이었다. 1870년 영국에 등록된 증기선은 총 110만 톤이었는데, 경쟁국 프랑스는 15만 톤이었고 그 밖의 나라는 증기선을 거의 보유하지 못했다.[8] 증기선 전성시대에 세계 무역은 이전과 같이 계절의 영향을 받지 않고 지속적이고도 정기적인 운항을 계속할 수 있었다. 우편, 여객 운송, 화물 수송에 이르기까지 여러 대륙에 산재한 영제국의 각 지역을 운항하는 데 걸리는 시간이 짧아졌다. 증기선의 대형화, 전신기술의 보급, 그리고 1869년 수에즈운하 개통과 더불어 해운 분야에서 여객과 화물을 나르는 정기선이 지배적인 추세가 되었다.

교통혁명과 더불어 특히 대륙 간 사람들의 이주와 이동이 활발하게 이루어졌다. 19세기 중엽 이후 20세기까지 국제 이주의 역사에서 중요성을 갖는 것은 인도양을 통한 다른 대륙으로의 이주다. 한 연구에 따르면, 1846~1940년간 인도 및 중국 남부로부터 동남아시아와 인도양 항로를 통해 이동한 이주자 수는 대략 4,800만 명에서 5,200만 명으로 추산된다. 이는 같은 시기 유럽에서 북미 지역으로 나간 이민 규모에 버금가는 숫자다. 구체적으로 인도인 2,900만 명, 중국인 1,900만 명이 이들 지역으로 이동했는데, 주로 영제국 해상 수송망을 이용했다. 그들이 향한 곳은 말레이반도, 실론, 미얀마, 필리핀, 오스트레일리아, 아프리카 동부 해안, 심지어 카리브해 연안과 아메리카였다. 이주자의 상당수는 현지의 플랜테이션 노동력으로 충원되었다.[9] 특히 콜레라의 발생지가 벵골 지역이라는 소문과 벵골 출신 이주노동자들의 이미지가 겹치면서 콜레라에 대한 공포가 인종적 편견과 중첩되기도 했다. 벵골 출신 인도인들은 인도양을 넘어서 카리브해 연안, 심지어 남아메리카 가이아나까지 진출했다. 이 밖에도 오스트레일리아 금광 개발, 밴쿠버 아일랜드의 온대우림 벌목, 북미 대륙횡단 철도에 수많은 중국 남부 출신 이주노동자들이 동원됐다.[10] 19세기 주기적으로 유럽과 아메리카를 휩쓴 황열병, 콜레라, 페스트는 바로 이 같은 교통혁명과 노동력 이동의 산물이었다. 교통혁명의 세계화는 동시에 전염병의 세계화와 표리관계를 이루었던 것이다.

황열병과 범미위생회의

콜레라보다 좀 더 일찍이 서구 사회에 자주 나타난 질병은 황열병이었다. 이 질병은 원래 서아프리카 풍토병이었으나 18세기 이래 서인도제도, 중남미와 북미 지역, 그리고 유럽에서 간헐적으로 나타났다. 대서양 무역의 활성화와 더불어 풍토병이 전염병으로 변모한 대표적인 사례에 해당한다. 사람들은 이 전염병이 분명 노예무역과 관련된다고 여겼다. 1840년대 영국에서 황열병과 관련해 사회적으로 커다란 논란을 불러일으킨 사건이 있었다.

황열병 관련 사건은 노예무역 감시활동[11]과 관련*되어 발생했다. 이 사건의 개요는 이렇다. 1845년 영 해군 함정 에클레어호가 서아프리카에서 감시활동을 하던 중에 승무원이 황열병에 감염되었다. 상황이 악화되어 영국으로 귀환했으나, 전염 우려 때문에 병사들은 상륙 허가를 받지 못하고 격리된 상태로 선상에 머물다가 3분의 2 이상이 사망한 참극이 발생했다. 이 사건은 당시 영국 정부의 대응을 둘러싸고 희생자 유가족이 소송을 제기**함으로써 전국적으로 널리 알려졌다.[12]

영국뿐 아니라 유럽 여러 곳에서 황열병이 간헐적으로 발생했다. 1857년 9월 리스본에서 황열병이 창궐해 확진자 1만 2,000명, 사망자만 5,000명에 이르렀다. 도시민 전체가 공포감에 사로잡혀 주민의 5분의 1이 도시 탈출을 감행했다.[13] 1858년 영국의 의학잡지 《랜싯Lancet》지는 리스본 황열병을 가리켜 다음과 같이 썼다. "20년 전만 하더라도 치명적인 황열병이

---

* 1807년 노예무역 폐지법안 통과 후 영국 해군은 서아프리카와 아메리카 항로에서 행해지던 노예무역을 단속하는 역할을 맡았다.

** 원래 승무원은 100명 이상이었으나, 영국에서 3주 격리 후 생존자는 30여 명이었다. 마크 해리슨은 동시대 관련 자료를 분석해 이 사건의 전모를 밝혀냈다.

열대 지역에 국한된 것으로 여겨졌지만, 최근 몇 년간 이 병은 아메리카 해안을 따라 조금씩 확산되어 이전에 전혀 알려지지 않은 곳까지 이르렀으며 이제는 악성적인 형태로 유럽의 도시를 공격하고 있다."14 서아프리카와 아메리카에서 주로 나타나던 이 질병이 19세기 중엽 유럽까지 확산된 것은 대서양 항로의 증기선 등장과 밀접하게 관련된다. 그렇더라도 황열병으로 극심한 혼란과 고통을 겪은 지역은 역시 아메리카 대륙이었다.

황열병은 18세기 후반에 이미 아메리카 대륙 곳곳에서 창궐했다. 카리브해 연안과 중남미 지역에 이어 미국에도 출현했다. 예를 들어 1793년 8월 초 필라델피아에서 처음 나타난 황열병으로 연말까지 사망자가 300명에 이르렀고, 5만 5,000명이 공포에 휩싸여 도시를 벗어났다. 이 도시 인구의 15퍼센트에 이르는 숫자다. 그해 연말까지 뉴욕, 포츠머스 등 해안도시를 휩쓸었다. 다음 해에도 필라델피아와 뉴욕은 물론 찰스턴, 볼티모어 등 항구도시가 혼란을 겪었다. 이 당시 미국에서는 황열병이 외부에서 유입된 독기로 전파되었다며 항구마다 격리 조치를 시행하지 않으면 안 되었다. 1790년대 미국 동부 해안의 항구도시들이 다투어 입항하는 선박에 대해 격리 조치를 시행했다. 다음 세기 초 열병의 내습이 주춤해지자 격리도 사라졌다. 그러나 1820년대 황열병의 창궐기에 다시 격리제도를 시행했다. 이런 일이 몇 차례 반복된다.15

19세기 중엽 이후 중남미 지역은 황열병의 창궐로 더욱더 심각한 혼란을 겪었다. 1850년대 초에 황열병이 리우데자네이루를 휩쓸었다. 이 도시는 그 이전까지는 질병의 피해를 겪지 않았기 때문에 더 대처하기 어려웠다. 1852년에는 카리브해 전역에 황열병이 발생했고 그 여파로 다음 해에 미국 뉴올리언스와 그 인근 지역이 피해를 입었다. 이 때문에 미국 정부는 이 항구를 비롯해 대서양 연안 항구들에 대해 점검을 실시했다. 그 이후 1850

년대 말까지 매년 황열병이 남북미 대서양 연안 항구들에서 발생했다.[16]

1871년에 다시 황열병이 남아메리카를 엄습했다. 파라과이와 아르헨티나 지역에서 발생해 부에노스아이레스에서만 5월까지 사망자 수가 4,000명에 이르렀다.[17] 이러한 상황은 리우데자네이루에서도 비슷했다. 1870년대 내내 이 전염병은 북상해 카리브해와 미국 남부 여러 항구를 휩쓸었다. 특히 1878년 5월 뉴올리언스에 처음 나타난 황열병은 미시시피강 하류에서 중류로 퍼져나가 그해 10월 말까지 2만 명 이상이 사망했다. 이것은 미국 역사상 최악의 전염병 가운데 하나로 알려져 있다. 이러한 전염과 확산에 대한 의학적이고 과학적인 요인은 아직 분명하게 드러나지 않았지만, 오염된 하수와 시궁창, 모기, 속력이 빨라진 증기선, 국제 무역이 밀접하게 관련된 요인이라는 점에 대해서는 대체로 수긍하는 편이었다.[18] 물론 아프리카 출신 노예가 병의 온상이라는 소문도 널리 퍼졌다.

1870년대 황열병 창궐기에도 미국은 각 주 차원에서 선박 격리와 훈증 등 방역 조치를 취했을 뿐 주들의 상호 협조나 또는 전국 차원의 연결망을 갖추지 못했다. 대서양 연안의 항구들도 황열병이 내습할 경우 개별적으로 격리 조치를 내리기 바빴고, 또 주들을 연결하는 내륙 철도망도 주별로 제각각이었다. 1878년 미국의 대서양 연안 주와 내륙에 위치한 주들에 보건위원회가 구성되었다. 이들 보건위원회는 철도망에 의한 질병의 내륙 확산을 막고 항구들의 공동 대응을 마련하기 위해 무엇보다도 정보 교환이 필요했다. 이런 필요성 때문에 1879년 전국보건국National Board of Health을 설립했으나 주들 사이의 이해관계 대립으로 해체*되었다.[19]

---

* 전국보건국은 각 주의 보건위원회들을 중재 지원하고 의심스러운 화물에 대한 역학 조사와 소독제도를 담당할 예정이었다. 그러나 보건국이 각 주에 요구하는 격리 및 철도 운행 중지 명령에 대해 개별 주들이 반발함에 따라 해체되었다.

1870년대 황열병 창궐기를 거치면서 미국의 대서양 연안 주와 내륙 주들은 서로간의 체계적인 정보 교환과 조율 없이 임기응변식으로 격리와 철도 운행 중지 조치를 내림으로써 경제적 혼란과 대서양 항구들의 국제적 평판도 저하를 겪었다. 중소기업가들은 여전히 주 단위의 개별 격리와 검역제도를 선호했는데, 주 단위 개별 격리 아래서는 사적 이해관계에 따라 보건증명서를 구입하기가 용이했기 때문이다. 그러나 대기업가와 수출업자들은 전국 차원의 격리와 검역 필요성을 느꼈다. 1888년 다시 황열병이 재발했을 때, 남부 주 대표들이 회합을 갖고 전국 차원의 격리 업무를 맡을 새 조직을 만들기보다는, 그 대안으로 기존 해양병원의 역할을 확대하기로 의견을 모았다. 이후 일련의 논의 과정을 거쳐 1893년 해양병원은 전국적 차원에서 격리 조치의 전권을 위임받기에 이른다.[20]

전국 차원에서 항구의 선박 격리 및 철도 운행 관리를 도입한 미국은 황열병에 대해 남북 아메리카 각국의 대처를 총괄하는 국제공조가 시급하다는 것을 깨달았다. 특히 19세기 말 파나마 지협 운하 공사가 재개되면서 미국은 파나마운하를 통한 전염병 확산을 막기 위한 노력을 기울인다.* 1902년 최초로 열린 범미위생회의Pan American Sanitary Conference는 이러한 노력의 결과였다. 이 또한 당시의 범미운동Pan Americanism의 일환이라고 할 수 있다. 이 운동은 아메리카 대륙의 모든 국가를 포괄해 수송, 상업, 금융, 공중보건 등의 분야에서 광범위한 표준화를 지향하는 운동이었다.

---

* 파나마운하 사업은 1879년 페르디낭 드 레셉이 운하회사를 설립한 후 시작되었다. 그러나 1889년 회사 파산으로 공사가 중단되었다가 1902년 시공을 이어받은 회사가 자금난으로 미국에 매각했다. 미국은 이 운하가 전략적으로 중요하고 또 태평양 연안 주의 산업을 자극하리라고 기대했다. 1899년 미 의회가 지협운하위원회를 구성한 후, 운하 양안 지역에 대한 영구지배권을 둘러싸고 콜롬비아와 협상했다. 1903년 파나마가 독립한 후에 운하 양안 지역에 대한 통제권을 미국에 양도했다. 1906년 미국 공병대 주관으로 건설공사를 재개, 1914년 개통했다.

당시 미국은 황열병이 남미 대서양 연안에서 나타날 경우 운하를 통해 태평양 연안으로 확산되거나 그 반대 경로를 따라 전파될 가능성을 우려했다. 1902년 1차 위생회의에서 범미보건국Pan American Bureau of Heath을 설치하기로 의견을 모았으며, 1905년 워싱턴에서 열린 2차 회의에서 참가국들이 위생협약을 가결했다. 위생협약의 목적은 개별적인 격리 부과를 줄이고 정확한 발병 정보에 기초해 전파 경로에 있는 항구에 대한 선별적 격리와 선별적 철도 운행 중지 권한을 범미보건국에 부여하며, 특히 통신 시설을 이용해 수집한 각국의 발병 정보를 회원국이 공유하기로 했다. 이 무렵 황열병이 모기를 매개로 전파된다는 사실이 밝혀지면서, 선박에 대한 선별적 격리와 소독 및 훈증 조치를 강화할 수 있었다. 마침내 1906년 리우데자네이루에서 열린 3차 범미위생회의는 이전 워싱턴 회의에서 입안한 위생협약을 비준하기에 이르렀다. 협약은 콜레라, 황열병, 페스트 예방을 위한 표준적인 대응책을 성문화했으며, 각 서명국은 질병 발생에 관한 정확한 정보를 회원국에 제공할 의무를 갖게 되었다. 그러나 브라질은 대표를 파견하지 않았고 아르헨티나, 쿠바, 코스타리카 등은 워싱턴협약과 다른 독자적인 위생대책안을 제출해 갈등이 빚어지기도 했다.[21]

미국 주도의 범미위생회의는 당시 시어도어 루스벨트 행정부의 외교전략을 반영한다. 이는 미국의 국익에 저해되는 현상이 중남미 지역에서 발생했을 때 미국의 개입을 정당화하는 것을 뜻했다. 범미위생회의는 일부 국가에게 위생과 방역을 내세운 제국주의적 간섭으로 여겨졌다. 참가국은 협약을 준수해야 했는데, 이 내용은 한편으로는 자국의 위생상태 개선을 위해 노력해야 하고, 미국이 주도하는 국제적인 위생정보 수집과 각 항구에 대한 미국의 위생요원 파견을 인정하는 것이었다.

중남미 국가들은 미국의 제국주의적 영향력을 경계하면서도 근대화 과정과 병행해 미국 시장을 겨냥한 무역 확대를 원하고 있었기 때문에 미국 주도의 새로운 보건기구를 인정하는 방향으로 나아갔다. 특히 파나마운하 개통 후에는 운하 양안에 파나마운하 위생국을 설립하고, 질병 발생 정보에 따른 선택적 격리, 격리 기간의 적정화 등을 시행했다. 해리슨에 따르면, "미국의 압력을 느끼면서도 중남미 국가들은 미국에 질병을 신속하게 통보하고 자국 항구에서 미국 공중보건위원회 관리들의 활동을 허용하는 대가로 무역상의 미국의 양보를 얻어내는 것이 자국에도 유리하다는 점을 깨달았다."[22]

콜레라 대유행

19세기에 아시아와 유럽에 콜레라는 적어도 6차례 이상 전염병으로 유행했다.[23] 1817~1824년의 1차 대유행은 인도 벵골 지방에서 처음 나타난 후 1820년경에는 인도 아대륙 전역에 퍼졌고 이 시기에 인도 주둔 영국군 1만여 명이 사망했다. 콜레라는 인도를 넘어 중국, 인도네시아로 광범위하게 퍼져나갔고 중앙아시아를 거쳐 카스피해까지 이르렀다. 1829~1837년의 2차 대유행기에 특히 러시아, 헝가리, 독일 등에서 크게 확산되었다. 1831년 이집트, 1832년 영국과 프랑스를 휩쓸었다.* 1833년 북아메리카를 엄습해 원주민 상당수가 피해를 입었다. 병은 퀘벡, 온타리오, 노바스코샤, 뉴욕 등지에서 창궐했다. 1834년 콜레라는 마침내 북미 태평양 연안까지 도달한다. 1846~1860년의 3차 대유행은 가장 커다란 피해를 낳았

---

* 이 시기에 희생자는 이집트 13만 명, 영국, 5만 5,000명, 프랑스 10만 명에 이르렀다.

다. 콜레라는 메카 순례자를 통해 확산되며 러시아를 휩쓸었고 1848년 영국, 1849년 프랑스에서 창궐했다.* 병은 아일랜드를 거쳐 미국을 엄습했으며 1849~1855년 사이에 미국 중서부를 횡단한 다음 캘리포니아와 오리건주에 이르렀다. 이 병은 태평양을 건너 1852년 인도네시아, 1854년 일본, 1858년 필리핀, 1859년 조선에까지 이른다. 다시 벵골 지방에서 창궐한 병은 이번에는 이란, 이라크 등 서아시아로 퍼져나갔다.

1863~1875년 4차 대유행기에 콜레라는 이전과 마찬가지로 벵골 갠지스강 하류 삼각주 지대에서 발생해 메카로 향하는 무슬림 순례행렬을 따라 전파되었다. 메카에 운집한 순례자 가운데 3만 명 이상이 병사했고, 러시아, 유럽, 런던 이스트엔드,** 아프리카, 아메리카로 확산되었다. 프로이센-오스트리아 전쟁기에 콜레라가 오스트리아 군대를 엄습해 16만 5,000명이 사망했다고 전해진다. 이후에도 콜레라는 1881~1896년 시기와 1899~1923년 시기에 두 차례 더 전 세계에 창궐했다.

콜레라는 유럽 거의 전 지역에 치명적인 타격을 가했다. 여기에서는 주로 런던 콜레라의 사례를 소개한다. 영국에서 콜레라는 19세기 중엽에 특히 런던을 비롯한 대도시에서 많은 인명을 앗아갔다. 런던이 콜레라로 파국적인 참화를 겪은 것은 오늘날의 시각에서 보면 수인성 콜레라균이 서식하고 전파되기 쉬운 주거환경 때문이었다. 19세기 런던 인구는 지속적으로 증가했다. 1801년 110만 명에서 1880년 420만 명 수준으로 늘었다. 런던의 급팽창은 한편으로는 소비재 생산 직종과 서비스업의 활동으로, 그리

---

* 3차 대유행기에 희생자 추계는 메카 1만 5,000명, 러시아 100만 명, 영국 5만 2,000명 등으로 추산된다.
** 1866년 런던에 콜레라가 엄습했을 때 '시티'와 웨스트엔드는 피해가 적었고, 주로 이스트엔드에서 수많은 사망자가 발생했다. 1850년대부터 도심 지역은 상하수도 시설을 개량했던 반면, 빈민가인 이스트엔드는 그렇지 못했기 때문이다.

고 다른 한편으로는 '세계의 상품창고'이자 '세계의 어음교환소'라는 별칭에서 나타나듯이 해외 무역 중심지로서 런던의 역할에 힘입은 것이었다.

도시의 팽창에는 명암이 깃들어 있다. 런던의 번영은 금융가인 구 런던 시와 인접한 서쪽 시구의 확장에서 드러난다. 흔히 웨스트엔드라고 불린 지역은 각종 공연이나 전시를 위한 대형 건물과 고급주택가가 이어져 있는 반면, '시티' 동쪽은 항만 노동자와 날품 노동자, 그리고 해외 이민자가 밀집한 슬럼 지역으로 고착화되었다. 웨스트엔드와 이스트엔드는 바로 런던의 명암, 부와 빈곤을 공간적으로 극명하게 드러냈다.[24]

인구가 급증함에 따라 이스트엔드 빈민가뿐 아니라 도심지에서 당면한 가장 중요한 문제는 쓰레기와 생활하수 처리였다. 19세기 중엽 런던에서 수적으로 중요한 직업집단 가운데 하나가 청소부였다. 쓰레기와 생활오수를 수거 처리하는 일꾼의 숫자가 10만 명을 헤아렸다. 당시 일부 쓰레기는 재활용 목적으로 사용되었다. 이를테면 피혁 분야의 경우 동물의 털을 없애려고 가죽 표면에 바른 석회를 원피에서 제거하는 데 개똥을 이용했으며, 런던 외곽의 농업지대는 사람의 분뇨를 옮겨 거름으로 썼다.

그러나 쓰레기보다 런던 도심의 주거환경을 악화시킨 것은 곳곳에 파헤쳐진 오수 웅덩이였다. 주택과 거주 인구가 급증함에 따라 분뇨와 오수를 곧바로 처리할 수 없었기 때문에 도심 군데군데에 오수를 배출하는 웅덩이를 만들었다. 악취를 풍기는 웅덩이의 인분은 주로 야간에 옮겼는데, 이 일을 하는 사람은 레이커raker라 불렸으며 런던 도시생활에서 긴요한 존재였다. 그들은 성곽 밖 농민들에게 인분을 되팔았다. 웅덩이 숫자와 규모가 커지면서 외곽으로 인분을 나르는 일은 더욱더 값비싸게 되었다.

19세기 중엽 왜 이 같은 오수 웅덩이가 급증했는가. 그것은 도시위생 개선 조치의 일환으로 물을 사용하는 수세식 대변기가 보급된 데 따른 변화였다. 1824~1844년 사이에 런던시 수세식 대변기 설치량은 10배 증가했다. 당시만 하더라도 하수관 시설이 보급되기 전이었고 또 하수종말처리장 시설도 없었기 때문에, 임시방편으로 도심 곳곳에 오수 웅덩이를 만들어 이곳으로 배출했다. 제때 오수를 나르지 않으면 웅덩이에서 넘쳐나기 일쑤였고 특히 우기에 오수와 빗물이 함께 섞여 인근 도로와 주택가로 스며들었다. 오수 웅덩이야말로 병균을 배양하는 최적의 장소였던 것이다.[25]

1840~1850년대 특히 콜레라의 피해가 컸던 것은 그릇된 의학이론과 도시환경 개조사업이 잘못 만나 빚어진 참극이기도 했다. 생활오수를 처리해야 한다는 발상은 에드윈 채드윅의 공중보건에 관한 조사보고서 제출 이후 본격적으로 이뤄졌다. 당시 전염병에 관한 전통적인 의학 담론은 독기설이었다. 빈민이 전염병에 자주 걸리는 것은 주거환경, 특히 "부패한 동물과 식물과 배설물에서 생겨난 나쁜 공기"에 노출되기 때문이라는 것이다.[26] 이러한 견해는 그리스 시대 이래 전통의학 담론에 의거한 것이었다. 부패한 질료가 가득한 증기나 안개를 가리킨다. 이런 공기는 콜레라 같은 질병을 유발할 수 있었다. 독기는 냄새로 감지할 수 있는데, 런던의 경우 30만 개 이상의 오수 웅덩이가 독기를 퍼뜨릴 것이다. 여기에서 독기를 물로 씻어 희석시킨다는 아이디어가 나오게 된다.

채드윅은 당시 정치인 벤저민 디즈레일리, 찰스 디킨스, 플로렌스 나이팅게일, 의학잡지《랜싯》편집장 등과 함께 런던 하수도망 개선 및 확충 활동을 펼쳤다. 1848년 이를 위해 보건국을 신설해 하수도망을 개조하기 시작했다. 그 계획은 웅덩이의 독기를 물로 씻어 템스강으로 흘러들게 하는 것이었다. 수많은 웅덩이와 템스강을 연결하는 하수도관이 설치되었다. 그러나 그 결과는 오히려 더 커다란 재앙으로 나타났다. 템스강이 오염수와 섞이면서 런던 식수원 또한 오염된 것이다. 한 연구에 따르면, 1850년대 콜레라의 참화는 바로 이 잘못된 하수도망 개선사업과 밀접하게 관련된다. "1848년 봄과 1849년 여름 사이에 템스강으로 흘러 들어가는 오수의 흐름은 두 배로 늘었다. 채드윅의 '개선'은 의도하지 않은 결과를 낳았다."[27] 1850년대 콜레라 희생자가 급증한 것은 이 때문이다.

존 스노는 근대 역학과 위생학 창시자의 한 사람으로 꼽힌다. 그는 요크 출신으로 가난한 일용노동자 가정에서 자랐다. 어릴 때 살던 고향집은 요크의 빈민가였다. 거리는 불결했고 시장터의 오수가 흘러들어간 우즈강물이 홍수로 가끔 범람해 주택가를 오염시키기도 했다. 1850년대 런던 빈민가의 콜레라 발병 원인을 조사할 때 유년기의 경험이 도움을 주기도 했다. 어린 시절 뉴캐슬에서 의사 도제 수업을 받은 그는 후에 런던대학 의학부를 수료하고 1850년 내과의 자격을 얻었다. 스노는 독기설에 회의적이었으나 아직 세균설이 의학 담론으로 자리 잡기 전이었기 때문에 콜레라 전염의 메커니즘과 경로를 정확하게 이해할 수 없었다. 그러나 그는 1854년 런던 소호 지구의 콜레라 원인을 추적한 끝에 브로드윅 가의 공중 양수 펌프가 원인임을 지적했다. 펌프로 퍼올린 오염된 강물로 콜레라가 확산되었다는 주장이었다. 그는 끓이지 않은 물을 마시지 말 것을 당부하고 주민 계몽활동을 펼쳤다.

이 시점에서 우리는 과학적인 위생 담론과 종교의 만남을 목격한다. 스노가 역학 조사를 실시하고 또 계몽활동을 펼 수 있었던 것은 한 영국국교회 목사의 전폭적인 지원을 받았기 때문이다. 당시 런던 소호의 성 누가교회 목사보로 근무하던 헨리 화이트헤드는 원래 독기설 신봉자였지만 스노의 역학 조사를 도왔다. 스노의 활동은 화이트헤드의 빈민가 조사 결과에 의존하기도 했다. 1854년 콜레라 창궐기에 화이트헤드의 교구에서만 매주 623명이 사망했다. 스노의 의학지식과 화이트헤드의 빈민가 실태 조사가 결합되어 발병 원인이 양수 펌프였음을 밝혀낸 것이다. 화이트헤드는 스노와 함께 양수 펌프뿐 아니라 오수 웅덩이를 통한 개별 발병 사례를 밝혀냄으로써 후일 근대 역학의 탄생에 선구적인 기여를 했다. 화이트헤드의 선구적인 활동 이후 국교회와 비국교회의 목회자들이 19세기 중엽 콜레라 창궐기에 빈민 방역활동에 깊은 관심을 나타냈고 직접 헌신하는 사례도 많았다.

스노와 화이트헤드가 입증한 것은 오염된 물이 콜레라와 같은 질병 전염의 원인이라는 점이었다. 이는 종래 의학지식으로는 수긍하기 어려운 점이 있었다. 물은 생명의 원천이고 주거지와 농경지에서 가장 긴요한 자원이었다. 오염된 물질 또한 물로 씻고 희석함으로써 주거환경을 개선할 수 있으리라 생각했다. 그러나 산업화 이후 급팽창한 도시에서 오염된 물이 죽음을 불러오는 재앙으로 바뀐 것이다.

국제위생회의 활동

콜레라의 진원지가 벵골 지방이며 순례자와 인도항로를 따라 서방으로 전염된다는 사실 때문에 이집트와 오스만제국은 유럽 국가들의 주목을 받았다. 지역적으로 지중해 연안국일 뿐만 아니라 유럽 국가들이 바라볼 때는 콜레라 방역의 최전선에 있는 나라들이었기 때문이다. 2차 대유행이 끝날 무렵 이집트 정부는 전염병 예방을 위해 유럽 국가에 지원을 요청했다. 1834년 알렉산드리아에서 이집트, 영국, 오스트리아, 프랑스, 러시아 대표 및 이들 국가에서 파견한 의료진으로 구성된 상설 보건위원회가 구성됐다.[28] 뒤이어 1838년 오스만 정부도 오스트리아에 의료전문가 파견을 요청

했다. 콘스탄티노플에서 모임을 가진 유럽 각국 외교관과 의사들은 이 도
시에 콜레라 방역을 논의하기 위한 보건위원회를 설치하기로 결정했다.[29]
비슷한 시기에 차례로 구성된 두 상설기구는 서유럽과 서아시아의 국제협
력을 상징적으로 보여주는 것이기도 했다.

유럽과 오스만, 이집트 등 지중해 연안국의 공조 분위기가 조성된 이
후 프랑스 나폴레옹 3세의 제안으로 1851년 파리에서 국제위생회의
International Sanitary Conference가 개최되었다. 이 시기는 3차 콜레라 대유행
기였다. 1851년은 19세기 후반 새로운 국제주의의 출발점으로 기록될 만
하다. 이 해에 런던 세계박람회가 열렸고 파리에서 국제위생회의가 열렸
기 때문이다. 1차 국제위생회의는 사전에 치밀한 계획을 세우고 소집된 것
이 아니었다. 이 때문에 회의에서 설정한 의제에 대해 논의하고 결론을 내
리는 데 긴 시간이 필요했다. 이 회의가 파리에서 거의 6개월간 계속된 주
된 이유이기도 하다. 1차 국제위생회의는 과학자와 외교관의 협조를 이끌
어내는 것을 중시했다. 콜레라의 원인을 둘러싸고 긴 토론이 전개되었다.
과거의 경험에 미루어 각국 대표들은 전통적인 격리 조치나 국경에 세운
방역선cordon이 효과가 별로 없다는 데 동의했다. 한 프랑스 대표에 따르
면, "사람들 사이의 교통이 오늘날 너무 많고 갈수록 빨라지고, 증기선 항
해와 철도를 이용하는 사람들이 서로 방문하고 뒤섞이고 합쳐지는 현실에
서 격리와 방역선에 의존하는 것은 비현실적이었다."[30] 각국 대표들은 새
로운 검역방법을 둘러싸고 논란을 벌였을 뿐, 어떤 합의를 이끌어내지는
못했다. 다만 회의 분위기는 아시아에 기원을 둔 '악덕'에 대응해 유럽을
방어한다는 분위기가 강했다.[31] 콜레라는 무엇보다도 동양이 유럽에 퍼뜨
린 재앙이었다.

19세기 후반 국제위생회의 개최지를 살펴보면 유럽 국가, 그 가운데서

도 프랑스가 주도했음을 짐작할 수 있다. 다만 3차 위생회의가 콘스탄티노플에서 열렸다는 사실이 눈에 띈다. 실제로 이 3차 회의가 중요한 의미를 가지고 있고 두드러진 성과를 올리기도 했다. 오스만 정부가 개최에 적극적인 의지를 보였던 만큼 참가국 또한 이전 회의에 비해 급증했다. 회의는 1865년 메카 순례자들로부터 비롯된 콜레라 4차 대유행 직후에 열렸기 때문에 서구와 이른바 '동양'의 갈등이 빚어졌다. 메카 순례에 대한 규제를 둘러싸고 격론이 벌어졌다.

프랑스는 '순례자들의 해상 운송'을 규제할 것을 주장했다.[32] '동양'에 적대적인 분위기 때문에, 회의 주최국인 오스만제국이나 인접한 페르시아는 상당히 이중적인 태도를 보여준다. 이들 국가는 유럽과 오리엔트가 다르다는 점을 강조하고 성지순례에 대한 규제에 반발하면서도, 다른 한편으로 자국이 유럽 주도의 국제 사회 일원으로 남기를 희망했다. 오스만, 러시아, 페르시아 대표는 자국이 유럽 핵심국가와 동등한 자격이라는 점을 내세웠다. 유럽 국가와 마찬가지로 위생 문제에 개혁적이고 근대적인 조치를 취하고 있다는 이유였다. 그들의 당면과제는 바로 콜레라와의 투쟁에서 서로 협조하는 것이었다.[33]

3차 콘스탄티노플 회의는 '일반 예방', '격리', '동방(오스만, 이집트 등)에서 취해야 할 조치' 등에 관한 보고서를 작성했다. 회의는 각국의 위생환경을 개선하고 엄격한 선택적 격리를 주장했다. 특히 "질병이 퍼질 수 있는 길목을 차단하고 항구에서 식량과 물 공급이 오염되지 않도록 보호하며 항구와 선박에 대한 급수 및 위생에 더 관심을 기울일 것"을 촉구했다. 핵심 의제인 격리는 '관찰 격리'와 '엄격한 격리' 2단계로 나눠 시행하기로 했다. 관찰 격리는 항해 기간에 따라 최장 10일까지 함상에 머무는 것, 2단계의 격리는 결과가 좋지 않거나 보건증명이 확실하지 않을 때 별도의 시설에서 격리하는 것을 의미했다. 이 경우 하역작업을 할 수 없고 선박 훈증 및 소독과 동시에 승객과 승무원은 별도의 격리시설에 일정 기간 머물러야 했다.[35]

5차 및 6차 위생회의의 의제는 주로 수에즈운하와 관련된 것들이었다. 5차 로마 회의에서는 콜레라 위협으로부터 유럽을 방어하기 위한 표준화

〈표〉 1851~1894년 국제위생회의[34]

	개최지	개최 시기	참가국
1차 회의	파리	1851.07.23 ~52.01.19	오스트리아-헝가리, 프랑스, 영국, 그리스, 교황청, 포르투갈, 러시아, 사르데냐, 시칠리, 에스파냐, 오스만제국, 토스카나
2차 회의	파리	1859.04.09 ~08.30	오스트리아-헝가리, 프랑스, 영국, 그리스, 교황청, 포르투갈, 러시아, 사르데냐, 시칠리왕국, 에스파냐, 오스만제국, 토스카나
3차 회의	콘스탄티노플	1866.02.13 ~09.26	오스트리아-헝가리, 벨기에, 덴마크, 이집트, 프랑스, 독일, 영국, 그리스, 이탈리아, 룩셈부르크, 네덜란드, 노르웨이, 페르시아, 포르투갈, 루마니아, 러시아, 세르비아, 에스파냐, 스웨덴, 스위스, 오스만제국
4차 회의	비엔나	1874.06.01 ~08.01	오스트리아-헝가리, 벨기에, 덴마크, 이집트, 프랑스, 독일, 영국, 그리스, 이탈리아, 룩셈부르크, 네덜란드, 노르웨이, 페르시아, 포르투갈, 루마니아, 러시아, 세르비아, 에스파냐, 스웨덴, 스위스, 오스만제국
5차 회의	로마	1885.05.20 ~06.13	아르헨티나, 오스트리아-헝가리, 벨기에, 브라질, 칠레, 중국, 덴마크, 프랑스, 독일, 영국, 그리스, 과테말라, 인도, 이탈리아, 일본, 멕시코, 네덜란드, 페루, 포르투갈, 루마니아, 러시아, 세르비아, 에스파냐, 스웨덴, 노르웨이, 스위스, 오스만제국, 미국, 우루과이
6차 회의	비엔나	1892.01.05 ~01.31	오스트리아-헝가리, 벨기에, 덴마크, 프랑스, 독일, 영국, 그리스, 이탈리아, 네덜란드, 포르투갈, 러시아, 에스파냐, 스웨덴, 노르웨이, 오스만제국(이집트 포함)
7차 회의	드레스덴	1893.03.11 ~04.15	오스트리아-헝가리, 벨기에, 덴마크, 프랑스, 독일, 영국, 그리스, 이탈리아, 룩셈부르크, 몬테네그로, 네덜란드, 포르투갈, 러시아, 에스파냐, 세르비아, 스웨덴, 노르웨이, 오스만제국(이집트 포함)
8차 회의	파리	1894.02.07. ~03.10	오스트리아-헝가리, 벨기에, 덴마크, 프랑스, 독일, 영국, 그리스, 이탈리아, 네덜란드, 페르시아, 포르투갈, 러시아, 에스파냐, 스웨덴, 노르웨이, 오스만제국, 미국

된 조치를 마련하는 데 초점을 맞췄다. 여기에서 관건은 수에즈운하 통제
였다. 운하는 콜레라 발원지인 인도와 유럽의 항해 거리를 40퍼센트 단축
시켰다. 운하 개통으로 "전염병의 내습을 막아주는 자연 장벽"으로서 이
집트의 중요성이 사라졌다. 각국의 이해관계를 수렴해 운하를 국제적으로
관리하는 문제, 그리고 이를 위해 콜레라 발생 정보를 수합, 통보하는 기
구의 설립 문제가 논의 주제였다.[36] 그러나 5차 회의는 이런 의제에 대해
합의를 이끌어내지 못했다. 무엇보다도 영국의 소극적인 태도 때문이었
다. 영국은 인도-수에즈운하로 연결되는 해상 수송로에 대한 자국의 지배
권이 침해당한다고 여겼기 때문이다. 그에 비해 다른 유럽 국가들은 영국
의 비협조적 태도에 맞서 대립각을 세울 만큼 단합된 태도를 보여주지 못
했다. 우여곡절을 거쳐 6차 비엔나 회의에서 수에즈운하 관리에 관한 합
의안을 도출한다. 발병 항구에서 출항했는가, 선상에 콜레라 발병 사례가
있는가에 따라 운하를 통과하는 선박을 여러 유형으로 분류하고, 선택적
으로 격리했다. 이상 없는 선박은 운하를 자유롭게 통과하고, 그렇지 않은
경우 검역 절차를 받아야 했다. 모든 선박에 전신시설을 갖출 것을 의무화
했다. 이어서 7차 드레스덴 회의에서 철도 격리에 관한 표준안을 작성하기
에 이른다.[37]

　영국의 소극적인 태도는 수에즈운하 지배권과 직접적인 관련이 있지만,
더 넓게는 19세기 위생과 질병에 관한 영국의 담론 문화와 분위기도 영향
을 미쳤다. 콜레라가 주기적으로 내습하던 19세기 중엽까지도 영국에서는
의학적으로 반격리주의가 지배적이었다. 반격리주의 팸플릿이 급증했다.
이 제도야말로 낡은 관행이고 쓸모없으며 오히려 무역상의 혼란만 가중시

킨다는 것*이었다.[38] 그러나 영국의 분위기와 달리, 1830년대 2차 콜레라 유행기에 대륙의 다른 국가들은 다투어 항구 격리를 강화했다.

돌이켜보면, 19세기 후반 콜레라에 대처하기 위한 일련의 국제위생회의는 새로운 국제주의운동의 일환이었다. 참가국이 상호 의존성을 인정함으로써 공유할 수 있는 분야에 대해 공조하는 협약들이 만들어졌다. 국제위생회의뿐만 아니라 이 시기에 국제적인 협조와 공조를 통해 특정 분야의 표준화를 지향하는 운동이 여러 형태로 전개되었다. 국제통신연합(1865), 만국우편연합(1874), 국제도량형회의(1875) 등이 이에 해당한다.[39] 그리니치를 본초자오선의 기점으로 설정한 협약이나 국제올림픽운동도 넓은 맥락에서 이 새로운 국제주의운동을 반영한다. 여기에서 주목할 만한 것은 여러 국제주의운동이 대부분 당대 패권국가 영국보다는 프랑스 주도로 전개되었다는 사실이다. 이 문제는 별도의 상세한 접근을 필요로 한다.

국제위생회의가 프랑스와 오스트리아 주도로 잇달아 열리고 콘스탄티노플과 이집트 알렉산드리아 보건위원회가 활발한 역할을 보이면서 이제 어떤 나라도 다수 의견을 무시할 수 없게 되었다. 영국이 보기에, 이러한 여론을 무시할 경우 오히려 더 커다란 피해를 입을 수 있었다. 영국의 선택은 적절한 선별적 격리와 정보 공유라는 원칙을 뒤따르는 것이었다. 그 출발점은 영국이 관리하는 인도양 항구들에 선별적 격리제도를 시행하고 자국이 수합한 정보를 공유하는 일이었다. 영국이 국제위생회의에서 수동적인 태도를 보여주었던 근본적인 이유는 바로 이 점에 있다. 선택적 격리가 영국이 건설한 인도양 항로의 항구에 초점을 맞출 수밖에 없는 상황에서

---

* 독기론자들은 질병의 원인 인자보다는 지역의 위생조건을 더 중시한다. 독기론은 결국 로베르트 코흐와 루이 파스퇴르 등 의학 연구자들이 세균론을 입증하면서 종국을 맞는다. 영국에서 독기론이 우세했던 배경으로 자유주의적 정치문화를 중시하는 견해도 있다.

영국 정부는 여러 식민지 정부와 해운회사, 무역상인 집단의 이해를 고려하지 않을 수 없었다. 여기에 독기론이 우세한 19세기 영국의 의학 담론도 영향을 끼쳤을 것이다.

콜레라의 경우 1883년 원인균을 로베르트 코흐가 발견한 후 최소한의 선택적 격리, 급수 관리 등에 관한 표준적인 대처방법을 마련할 수 있었다. 국제위생회의 분위기가 선진적인 유럽과 후진적인 아시아라는 대립적인 세계관에 토대를 두고 있었지만 그 성과를 무시할 수는 없다. 전염병에 대한 국제공조운동은 1880~1890년대 동아시아 발 페스트가 다시 대유행병이 되면서 일시적으로 혼란에 빠지기도 했다. 1840년대 이후 페스트는 오랫동안 대유행병으로 확산되지는 않았다. 그러다 1890년대 중국 발 페스트가 여러 차례 전 세계적으로 유행했다. 1890년 중국 윈난성에서 처음 나타난 페스트는 영국의 해상 수송로를 따라 전 세계로 확산되었다. 1894년 광둥성을 휩쓸었고 같은 해 5월 홍콩을 엄습했다. 이 시기는 중국인이 홍콩에서 말라카 해협 또는 그보다 더 먼 동아프리카나 북미 지역까지 이주 노동을 떠나는 시기와 맞물렸다. 당시 홍콩에서 현지 조사하던 키타사토 시바사부로와 알렉상드르 예르생이 페스트 원인균을 발견하기도 했다.[40]

그러나 페스트에 대처하는 과정에서 근대 의학지식을 응용한 소독 및 소독장치의 보급, 일련의 격리와 방역에 대한 표준화가 지속적으로 이루어짐으로써 어느 정도 성과를 거두었다. 이런 성과를 바탕으로 다음 세기에 최초의 상설기구인 '국제공중위생국Office international d'hygiène publiqye'이 설립된 것이다.

국제기구 설립과 그 이후

19세기 후반 콜레라 창궐기에는 정확한 과학적 지식이 없었기 때문에 서구 각국의 대응은 임기응변식이었고 전통적인 무차별 격리 방식에 매달렸다. 이에 따른 혼란과 무역 피해가 잇달았다. 1차 세계화와 세계 경제 성립이라는 현실을 무시하고 경쟁적으로 격리로 회귀한 데 따른 당연한 결과였다. 국제위생회의는 이런 난맥상을 국제협조를 통해 해결하려는 새로운 시도였다.

국제협력의 시도가 어느 정도 성과를 거두려면 두 가지 조건이 충족되어야 했다. 우선 세계 곳곳의 질병 발생 및 실태, 그리고 그 전염 경로에 대한 정확한 정보를 수합하고 공유할 필요가 있었다. 다음으로 전염병 발생 시 각국이 공동으로 대처할 수 있는 격리와 방역의 표준화가 필요했다. 국제위생회의는 이 두 가지 목표를 향해 나아갔다. 여러 진통이 있었지만, 콜레라에 관한 한 낮은 수준의 표준화를 마련했으며, 전염병 정보 수합 및 통지 업무를 담당할 상설기구로 1907년 12월 9일 '국제공중위생국'이 설립되었다.

공중위생국은 본부를 파리에 두었다. 이 기구는 콜레라와 페스트의 확산을 막기 위해 선박과 항구의 격리 조치에 관련된 국제협약을 감독하고 기타 공중보건에 관련된 국제협조를 이끌기 위해 창설*되었다.[41] 제1차 세계대전 직후 국제연맹은 동유럽에 창궐한 장티푸스 해결을 위해 전염병위원회를 구성했는데, 이 회의체는 국제연맹보건기구League of Nations Health Organization로 상설화되었다. 이 보건기구는 국제공중위생국과 협조해 특

---

* 국제공중위생국은 제2차 세계대전 후 그 고유 업무를 WHO에 넘기고 1946년 7월 22일 해산했다.

히 전염병 연구, 역학 조사 및 정보 수집 등의 활동을 펼쳤다.[42] 이 활동에도 국제위생회의의 경험이 중요한 자산이 되었음은 물론이다. 결국 20세기 초의 이 같은 상설기구의 전통이 제2차 세계대전 이후 세계보건기구 창설로 연결되었다.

코로나 바이러스가 전 세계에 창궐하는 지금 각국의 대응은 19세기 중엽의 상태로 되돌아갔다는 착각을 불러일으킨다. 국제협조의 정신은 사라지고 세계보건기구의 역할은 관심에서 멀어졌다. 각국은 국경 폐쇄, 무역 중단 등 오직 격리를 통한 방역에만 몰두하고 있다. 그러나 19세기의 경험이 보여주듯이 이 같은 고전적인 방식은 무력할 뿐이다. 전염병 발생의 근본 패턴이 달라졌기 때문에 국제공조의 패턴 또한 근본적으로 변화하지 않으면 안 된다. 세계보건기구의 무기력은 여기에서 비롯된다. 새로운 인수공통감염병의 시대에 국제공조를 바탕으로 하면서도 이전 방식과 전혀 다른 새로운 제도와 방식을 창출해야 하는 시점에 이른 것이다.

나는 19세기 콜레라 창궐기의 국제위생회의 활동과 오늘날 코로나 위기를 겪는 세계가 서로 오버랩되는 것을 느낀다. 패권국가 영국이 아닌 다른 국가들의 주도로 국제위생회의 활동이 전개되었다는 사실 자체가 많은 점을 생각하게 한다.

노년과

노령연금

지난 20세기 영국 사회의 노동력 구성에 나타난 중요한 변화 가운데 하나는, 노년에 이른 남성노동자들의 퇴장이 빨라졌다는 점이다.[1] 특히 19세기 말 이후 이들의 은퇴가 증가하기 시작한다. 1890년경만 하더라도 65세 이상 남성 인구의 3분의 2가 어떤 형태든지 소득을 올리는 일에 종사하고 있었다. 그러나 20세기에 들어서 그 비율은 급속하게 하락한다.[2]

이와 같이 19세기 말 이래 은퇴가 가속화된 배경은 무엇인가. 물론 사람은 누구나 노쇠하고 기력이 떨어지면 생산현장에서 물러나게 마련이다. 그러나 19세기에는 이전 세기보다 노령노동자의 생산 참여율이 매우 높았다고 알려져 있다. 산업화와 더불어 경제 규모가 팽창하는 한편, 아직도 여러 생산직종에서 그들의 숙련과 경험이 필요했기 때문이다. 생산현장에서 노령인구의 퇴장과 관련해 역사가들은 오랫동안 2차 산업혁명을 중시해왔다. 19세기 말 새로운 기술혁신과 기술집약적인 생산 방식의 도입으로 노령노동자 수요가 급속하게 줄어들었고 이들의 퇴장은 그 자연스러운 결과였다는 것이다. 여기에서는 노동집약적 생산에서 기술집약적 방식으로의 변화가 초점이다. 이러한 견해는 근대화 모델에 바탕을 둔 설명이지만, 다른 한편으로는 일종의 수요 중시이론에 가깝다고도 할 수 있다.

이와 달리, 노령노동력의 공급 감소를 가져온 제도를 강조하는 견해도 있다. 20세기에 들어와 경제 번영과 함께 노년층은 사적 연금이나 국가연금체계에 힘입어 은퇴자금을 마련할 수 있었다는 것이다. 이 공급 중시이론에 따르면, 20세기 노령노동자의 퇴장은 자발적 은퇴 또는 은퇴의 민주화를 의미한다.[3] 여기에서 중요한 것은 왜 19세기 말 20세기 초에 유럽 여러 나라에서 국가연금체계가 도입되었고 또 이를 촉구하는 광범한 사회운동이 전개되었는가라는 문제다.

영국의 노령연금법(1908) 또한 그 이전 20여 년에 걸쳐 전개된 다양한 담론과 의회 조사, 그리고 연금운동의 영향 아래 이루어진 것이었다. 당대의 정치가 솔즈베리 경(1830~1903)은 이 입법을 가리켜 1832년 선거법 개정 이후 가장 중요한 법안의 하나라고 말했다. 그것은 집권당과 야당이 "1893년 이래 영국인의 마음에 강하게 자리 잡은 희망을 정책적으로 실현할 것을 함께 선언"한 출발점이었다.[4]

영국에서는 1884년 선거법 개정 이후 대중민주주의가 본격적으로 전개되면서 이를 우려하는 목소리가 높았다. 이러한 우려가 사회복지에 대한 관심을 높였고, 20세기 초 자유당 집권기에 일련의 개혁입법으로 구현된 것이다. 그러나 구체적인 전개 과정을 들여다보면 특히 노령연금 문제가 1890년대 여러 문필가, 지식인, 정치인 사이에 중요한 관심사로 대두되었음을 알 수 있다. 이들의 논의를 통해 노령연금은 어느덧 식자층에게 친숙한 언어로 다가왔다. 다른 한편, 노동계급에게도 이것은 현실적인 문제로 나타났다. 당시 노동자 자조 조직 가운데 공제조합friendly society은 특히 노동자의 노후 문제와 관련이 있었다. 이 자조 조직은 노동자들이 일정 기간 갹출해 적립한 자금을 바탕으로 질병 부조, 은퇴 부조금, 장례비용 등을

지급해주었다. 그러나 전국에 산재한 수많은 공제조합이 1890년대에 경영
위기에 직면하면서 이 또한 사회적 논란거리가 되었다.

1890년대 노령연금 논의

왜 1890년대에 노령연금에 관한 논의가 확산되고 이 문제가 일반인의 주
요 관심사가 되었을까. 물론 1880년대 독일 비스마르크의 연금정책이 정
계와 식자층 사이에 알려졌을 수 있다. 그렇다고 하더라도 노령연금 문제
가 중요한 사회적 이슈로 떠오른 배경은 노령노동자 집단에 나타난 구조
적 변화와 관련될 것이다.

인구센서스 자료에 따르면, 1841년 잉글랜드 및 웨일스에서 65세 이상
인구의 비율은 4퍼센트, 1901년 그 비율은 5퍼센트로 큰 변화가 없었다.
그러나 절대 숫자는 70만 명에서 150만 명으로 크게 늘었다.[5] 평균수명
의 변화는 어떠했는가. 1836~1854년간 성인 남성의 평균수명은 59.5세,
1890~1900년간 62세, 1911년 64.2세로 나타난다.[6] 다른 한편, 19세기 말
2차 산업혁명 이후 이전과 달리 노령노동자들이 작업장에서 물러나는 사
례가 증가했다. 새로운 기술혁신과 기계의 도입으로 산업현장에서 노령
노동자는 잉여노동력으로 여겨졌다. 65세 이상 남성의 경제활동 참여율
은 19세기 말 지속적으로 떨어진다. 1881년 73.6퍼센트에서 1911년에는
56.9퍼센트로 낮아지고 있다.[7]

노령인구의 증가와 은퇴의 가속화는 무엇을 의미하는가. 이는 종래 빈
민법의 원외 구제outdoor relief 대상이 아닌 노동계급 가운데 새롭게 빈곤상
태에 빠져드는 사람들이 증가했음을 알려준다. 1890년대 노령연금에 관한

사회적 논의가 활발하게 전개되고 이 문제가 사회적 관심사로 떠오른 것
은 이러한 구조변화와 관련된다. 이에 따라 이미 일부 직종에서는 개인의
적립금에 기반을 둔 연금제도가 시행되기도 했다.*

영국에서 노령연금을 처음 언급한 이는 블랙클리William L. Blackley(1830~
1902)다. 그는 더블린의 트리니티칼리지에서 수학한 후 오랫동안 영국국
교회 목사로 일했다. 1878년 그는 노령연금에 관한 글을 《19세기》지에 기
고했는데, 그 후 이 문제는 식자층 사이에 열띤 논란을 불러일으켰다. 후
일 급진파와 사회주의자들의 화두가 된 연금 문제가 실제로 보수적인 국
교회 성직자의 기고문에서 비롯되었다는 것은 영국 사회정책사의 아이러
니다. 블랙클리는 기존 빈민법체계로 대처할 수 없는 빈민층 증가에 주목
하면서, 특히 무책임하고 나태하며 음주에 찌들어 있는 그들의 삶에 두려
움을 가졌다. 더 나아가 이들이 엄청난 계급으로 성장할 수 있다는 사실에
전율을 느꼈다.[8] 그는 독일의 사례를 들어 적립식 연금제도를 도입할 것을
주장한다. 이 제도를 통해 국민 사이에 절약, 근검, 독립 같은 긍정적 기풍
이 조성될 것이다. 빈민 구호비용은 이전보다 줄어들고 빈곤 자체가 사라
지며 임금 상승을 가져올 것이라고 믿었다.[9]

사실, 그의 주장은 비현실적인 데가 있었다. 젊은 노동자들은 임금의 일
부를 갹출할 만큼 여유롭지 않았다. 노령연금이 필요한 사람들은 이미 이
전부터 적립식 제도에 합당한 부류가 아니었다. 그럼에도 그의 제안은
1880년대 이후 정부에 연금법을 촉구하는 사회운동으로 이어졌다. 연금
문제는 급진파 의원 체임벌린(1836~1914), 빈민 실태 조사에 헌신한 부스
(1840~1916)와 시봄 라운트리(1871~1954), 경제학자 마셜(1842~1924), 언

---

* 예를 들어, 초등학교 교사의 경우 1892년에 퇴직연금제도를 도입한다.

론인이자 문필가인 내쉬(1861~1932)와 윌킨슨, 사회운동가 메트카프 등이 관심을 기울였으며, 이들은 팸플릿 출간, 정기간행물 기고 등의 활동으로 사회여론 형성에 영향을 미쳤다. 이들의 논설과 출판물에서 나타난 관심사는 매우 다양하지만, 노령연금이 필요한 사회적 배경, 빈민법체계의 비효율성, 공제조합의 재정위기 등이 특히 논의의 초점이 되었다.

먼저, 노령연금이 필요하게 된 사회적 배경과 변화는 무엇인가. 이 논의에 참여한 사람들은 대부분 제조업 분야에서 전개되고 있는 기술혁신과 새로운 기계 도입을 지적한다. 한마디로 기계가 노년층을 작업장에서 쫓아내고 있기 때문에 노령노동자의 빈곤은 기계화의 결과라는 것이다. 기계가 개량되면서 노동계급 대부분이 지위 하락을 경험한다. 노령연금에 관한 여러 논설과 팸플릿을 발간한 메트카프에 따르면, 이전 시절에는 "노년층의 경험이 그들의 기력이 약해지는 것을 상쇄하고도 남았다." 그러나 그것은 제조 방식의 변화가 아주 점진적이었을 때나 들어맞는 말이다.[10] 이제 작업장의 변화와 더불어 숙련노동자들의 전락은 피할 수 없는 운명이다.

오랫동안 수입이 괜찮은 장인과 같은 지위에서 밀려난 사람들은 언제나 있었다. 시간이 변함에 따라, 특별한 숙련공이 필요했던 기계에 새로운 발명이 이루어지면서 이전에 상위층에 속했던 노동자들은 어찌할 수 없이 새로운 일자리를 구하지 않으면 안 되었다. 이런 일이 그들의 생애 중반에 닥친다면, 일반 평범한 노동자들의 일과 임금보다 더 나은 것을 얻으리라는 희망은 전혀 없는 것이다. 이와 함께 그들에게는 저축의 기회란 전혀 없을 것이다.[11]

그러나 단순히 새로운 기계가 노령노동자들의 숙련과 경험을 대신했기 때문에 그들이 쫓겨나는 것은 아니었다. 그와 함께 작업현장에서 진행된 새로운 변화, 즉 과학적 관리의 도입으로 노령노동자는 더이상 작업장에서 존중받는 존재가 아니었다. 내쉬에 따르면, "산업경쟁의 시대에 그 경주자는 이 세계와 반대로 달리는 작업장의 진행 방향에 보조를 맞추도록 가장 잘 훈련받은 상태에 있어야 한다." 노령노동자는 이런 추세에 적응할 수 없다. 고용주와 노동자 사이에 "인간관계의 최종적인 파국"이 다가오는 것이다.[12] 그렇다고 해서 노령노동자를 멀리하는 고용주를 무조건 가혹하다고 할 수 없다. 특히 주식회사는 노령노동자와 결별한다. "한편으로는 탐욕스러운 주주들을 직접 대하고, 다른 한편으로 경쟁회사와 맞서야 할 경영자는 제아무리 성품이 좋고 개인적인 호감이 있다고 하더라도 무력할 수밖에 없다."[13]

더욱이 이런 추세가 가속되면서, 선배 노동자를 존중하는 미덕도 사라졌다. 사실, 블랙클리가 처음 노령연금 문제를 거론했을 때, 그가 중시한 것은 젊은 세대의 무절제한 태도였다. "무지하고 호색하며 깨우치지 못한 이 나라 젊은이들의 탐욕" 때문에 노년층이 피해를 입을 뿐만 아니라 일자리 자체를 잃고 있다는 가정에서 출발한다. 국교회 성직자인 그의 논설에는 젊은이의 남성성에 대한 혐오감이 짙게 깔려 있다.[14] 1890년대 노령연금 논의에 참여한 인사들은 이구동성으로 노년을 존중하는 태도가 사라진 데 대해 개탄한다. "이제 노년층은 제2선의 위치로 물러설 수밖에 없다. 건강한 신체를 잃어서라기보다는, 새로운 방식과 새로운 기계의 도입 때문이다. 우리가 존중해야 할 것은 늙음 자체가 아니라 판단력과 독립성 면에서 노년이 젊음보다 더 우월하다는 바로 그 점인데도 말이다."[15]

기계 도입과 동시에, 새로운 중공업 분야의 노동 강도는 더 높아지는 추세에 있었다. 제철 공장에서 기계 작업은 더 고되기 때문에 55세를 넘기는 경우가 거의 없었다. 부스는 《런던 인구의 삶과 노동》 2차 시리즈에서 주로 신산업 분야의 노동자 실태를 다룬다. 당시 중공업 공장의 경영자들이 노령노동자를 싫어하는 것은 고임금뿐만 아니라 그들의 "불규칙성, 게으름 피우기, 작업할 때 성깔머리" 때문이었다. "그들은 45세 이후, 또는 드문 경우지만 50세 이후까지 일을 계속할 수 없다. 그리하여 비정규직으로 일하는 임시노동자나 또는 실직자로 전락하고 마는 것이다."[16] 평균수명의 연장 또한 작업현장에서 노령노동자의 상황을 더 악화시킨 것으로 보인다. 19세기 말 평균수명의 연장은 인구센서스, 공제조합 자료, 빈민 구호에 관한 지방행정청 자료 등에서 확인할 수 있다. 여기에서 흥미로운 것은 숙련노동자들의 기대수명이 다른 계층에 속한 사람들보다 좀 더 길어졌다는 견해다. 그 무렵 이 현상을 주목한 체임벌린은 다음과 같이 말한다.

그들[숙련노동자들]의 단순하고 한결같은 생활 습관과, 그리고 더 규칙적이고 자연스러운 신체활동에 힘입어, 노동계급 가운데 상위계층에 속한 사람들은 적어도 이 나라의 다른 어떤 지체 높은 계급보다 더 기대수명이 길다. 새 평균수명 통계(1871~1880)에 따르면, 25세 남성 1,000명 가운데 기대수명이 65세에 이르리라 생각되는 사람들의 숫자는 452명이며, 여성 1,000명 중에서는 같은 나이까지 생존할 숫자가 520명이다. 그러나 노동계급의 경우 같은 나이의 남성의 경우 그 숫자는 594.7명*에 이른다.[17]

다음으로, 연금 논의에 참여한 인사들은 대부분 빈민법체계의 비효율성과 문제점을 강조하면서 그 대안으로 노령연금을 제시한다. 튜더 시대에

---

* 체임벌린의 숙련노동자 기대수명 통계는 맨체스터 공제조합연합 자료를 인용한 것이다. 그는 이 시기 전반적인 생활수준의 상승으로 숙련노동자들의 영양상태가 양호해졌다는 것을 전제 삼은 것 같다. 그러나 이러한 전제를 그대로 받아들이기 어렵다. 이 시기 생활수준 상승이 기대수명 연장의 중요한 변수로 작용하지 않았다는 연구도 있다.

제정된 빈민법은 유랑과 걸식을 금지하고 그 대신에 생활 무능력자를 구호 대상으로 삼는 데 목적을 두었다. 1834년의 신빈민법 또한 그 경계가 희미해진 노동 무능력자와 능력자의 구분을 다시 명확하게 규정하고, 특히 뒤의 범주에 대한 빈민 구호는 철저하게 그들을 훈육해 노동윤리를 주입하는 데 초점을 맞춘 것이었다.[18] 실제로 신빈민법이 시행된 이후, 노동 능력자 스스로 원외 구제나 또는 빈민원 수용을 기피하고 부끄럽게 여기는 분위기가 조성되었던 것이 사실이다. 빈민원은 혐오 대상이었고 원외 구제도 마지막 선택이 되었다. 그러나 이런 분위기를 조성한 이면에는 점차 증가하는 빈민 구제비용을 줄이려는 집권층과 지방행정 당국의 의도가 더 크게 작용했다. 특히 1870년대 이래 지방행정 당국은 이른바, '원외 구제에 대한 성전crusade against outdoor relief'을 펼쳐 구호비용을 줄이는 데 전력을 기울였다. 그 때문에 원외 구제를 받는 비율은 1848년 인구 1,000명당 55명에서 1892년에는 19명 수준으로 떨어졌다.[19]

19세기 말 빈민법 시행에서 문제가 된 것은, 한편으로 적지 않은 빈민 구제비용이 지출되면서도 다른 한편으로는 정작 구호를 받아야 할 상당수 사람들이 제외되었다는 점이다. 신빈민법 이후 변화된 상황을 경제학자 마셜은 이렇게 설명한다. 빈민법 개정을 추구한 개혁가들은 노동자 생활 수준의 상승에 따라 "공적 차원의 빈민 구호 필요성"이 줄어들게 될 것을 예상하면서, 그와 동시에 "국가가 제공하는 구호를 좀 더 엄격하게 집행할 수 있기"를 원했다. 그러나 그들은 그 구제를 받는 사람들이 수치심을 느끼지 않도록 배려하는 데 관심을 두지 않았다.

구호의 동기가 단순한 동정보다는 개인적인 애정과 감사에서 비롯할 때, 구호를 받는 사람이 느끼는 부끄러움도 줄어든다. 구제기관으로부터 부조금을 받을 때

멸시당한다면, 자신이 과거에 도와주었던 어린아이에게서 도움을 받으면서도 부끄러움을 느끼지 않을 만큼 뻔뻔한 사람이라야 부조금을 받을 때 수치심도 없이 태연할 수 있을 것이다.[20]

구제비용을 줄이려는 지방행정 당국의 노력과 노년층의 증가, 그리고 구제를 기피하는 분위기 때문에 노년인구 가운데 빈민법체계의 구호를 받는 비율은 갈수록 떨어졌다. 정작 생활능력이 없는 사람들이 구호의 사각지대에 몰리게 된 것이다. 체임벌린은 1890년대 초 지방행정 당국 실무자들의 통계를 분석해 노령자 구호의 실태를 살피고 있다. 1890년의 한 통계자료에 따르면, 60세 이상 노년층 가운데 빈민법의 구호를 받는 사람의 비율은 약 14.4퍼센트*였다.[21] 물론 연령 기준을 높이면 그 비율은 상승한다. 1892년 현재 65세 이상 노인 가운데 구호 대상자 비율은 29.3퍼센트로 나타난다. 연령이 높을수록 빈민행정 당국의 기준에 해당하는 빈곤층이 증가하기 때문**이다.[22]

그렇다면, 이런 문제점을 해결할 방법은 무엇인가. 부스는 빈민 구제에 대한 사회 조사에 관심을 가졌다. 그는 구빈 행정기관 285곳에 설문지를 보내 이들이 작성한 응답자료와 1891년 인구 조사 자료, 그리고 지방행정 당국의 빈민 구호 통계 자료 등을 분석했다. 그는 빈민법체계에서 노년층을 취급하는 다양한 관행을 검토한 후에 이에 관한 일반원리를 정립하

---

* 이 통계는 비교 시점에 10년의 시차가 있어서 실제와 다르다고 할 수 있다. 이 통계에서 제시한 60세 이상자(191만 6,266명)는 1881년 인구조사 자료에 근거를 두고, 구호 대상자 수(28만 6,687명)는 1890년 8월 지방행정청 자료를 인용했다. 체임벌린은 이를 근거로 구호비율을 추산하나 실제로는 더 높았을 것이다.
** 1891년 인구 조사에서 65세 이상 인구는 137만 2,601명, 구호대상자 40만 1,904년, 구호비율은 29.9퍼센트로 나타난다.

고 나아가 빈민정책과 지방경제 구조를 아울러 살피는 데 목적을 두었다.[23] 이 조사에서 그가 내린 결론은 아이러니하게도 일반원리를 세울 수 없다는 것이었다. 노년층 빈민에 대한 구제 방식이 너무 다양하기 때문에 일반적인 특징을 찾을 수 없었다. 이 같은 무정부 상태에서 가난한 노년층의 상당수가 구호체계에서 벗어나 있었다. 그는 노령자를 원외 구제 범주에서 제외시켜 국가 주도의 연금체제로 지원하는 방안을 내놓았다. 이 경우 구빈 행정의 비효율성과 낭비를 줄이고, 동시에 실질적인 빈민 부조를 강화할 수 있다는 것이다. 결국 노령연금 논의는 빈민법체계의 개혁과 밀접하게 관련된다.

마지막으로, 공제조합의 결손 또한 노령연금 논의와 맞닿아 있었다. 공제조합은 중세 길드 전통에서 비롯된 노동자들의 자조 조직 가운데 하나다. 산업혁명기 공제조합은 회원들의 적립액을 바탕으로 질병, 노쇠, 시력 상실, 재난, 실직에 따른 구직활동 등에 부조하는 보험체계를 갖췄는데, 가장 중요한 것은 질병과 장례비용 부조였다. 공제조합은 다른 형태의 직종조합이 그랬듯이, 대부분 배타적이고 비밀스러운 전통을 지녔다. 그것은 동료 조합원과 다른 미숙련노동자들을 구별짓는 일종의 당파적 의식을 보여준다. 회원들에게 공제조합은 사회 속의 또 다른 독자적인 사회였다. 그것은 그들에게 다른 곳에서는 충족할 수 없는 여러 대안적인 교류와 제도들, 이를테면 부조제도나 여러 직종기술의 정보 교류와 훈련 기회를 제공했다. 적어도 19세기까지 노동계급은 국가의 기본적인 제도들, 의회, 지방정부, 빈민법체계로부터 유리되어 있었기 때문이다.

19세기 후반 공제조합 회원 수는 급속하게 증가했다. 가장 규모가 큰 맨체스터 공제조합연합과 고대 초부사단Ancient Order of Foresters, 두 거대 조합의 회원 수는 160만 명 이상이었고, 부조 규정을 둔 유사조합까지 합산하면 그 규모는 700만 명*을 넘어섰다.[24] 이 시기에 공제조합 회원이 급증한 것과 대조적으로 그 재정상태는 급속하게 악화되었다고 알려져 있다. 그러나 그 원인이 무엇인지, 그 위기가 노령연금 문제와 어떤 관련이 있는지에 관해서는 별다른 연구가 보이지 않는다. 1960년대에 이르러서야 길버트Bentley Gilbert가 이 위기의 원인에 관한 연구를 내놓았다. 그는 19세기 질병과 사망률의 패턴 변화가 궁극적으로 공제조합의 재정위기를 가져왔다고 주장한다. 산업혁명 초기의 주된 질병인 전염병에서 폐결핵, 암, 심장질환 같은 만성질환으로 질병 패턴이 바뀌면서 부조 기간이 길어지고 그에 따라 공제조합 적립액이 급속하게 고갈되었다는 것이다.[25]

그렇다면, 공제조합 재정상태는 실제로 어떠했는가. 1890년대에 연금 논의에 참여한 인사들은 다 같이 이 문제를 중시한다. 윌킨슨은, 1891년 공제조합 측이 마련한 통계에 따를 경우 전체 공제조합의 79퍼센트가 결손상태에 있으며, 총 결손액은 178만 1,319파운드에 이른다고 밝혔다.[26] 그 후 공제조합의 재정상태는 갈수록 더 악화된 것으로 보인다. 체임벌린은 공제조합을 다룬 1895년의 글에서 "공제조합 결손은 이제 심각한 문제가 되었으며, 아무런 조치도 취하지 않는다면 그 결손은 분명히 더 급증할 것"이라고 단언한다. 맨체스터 공제조합연합은 이미 50만 파운드, 고대 초부사단의 경우 순손실액이 200만 파운드를 상회한다는 것이다.[27] 이러한 위기는 기대수명의 연장, 질병 패턴의 변화 이외에 공제조합 자체의 배타적이면서도 조합원 사이의 온정적인 분위기 때문에 더 악화되었을 것**이

---

* 맨체스터 공제조합연합은 대형 조합인 Independent Order of Odd Fellows를 모태로 확대된 공제조합이다. 이 시기의 통계는 부정확하다. 1895년 노년층 빈민에 관한 왕립위원회 보고서는 맨체스터 연합과 고대 초부사단, 두 거대 조합의 회원 수가 172만 7,809명, 그 지부까지 포함하면 213만 3,710명으로 추산한다.

** 근래의 한 연구에 따르면, 19세기에 공제조합 또는 병자클럽에 해당하는 3만 8,315개 조합 가운데

다.[28] 상당액의 질병 부조가 병을 앓지 않는 회원에게 지급되었고 공제조합 측은 가능한 한 이를 눈감아주었다. 19세기 말에 이르면 적어도 공제조합원들에게 노년과 질환은 동의어가 되었다. 윌킨슨은 다음과 같이 한탄한다.

노년에 이른 노동자가 공제조합에 질병 부조를 신청하면, 공제조합 의사는 이를 진단한다. 그러나 의사는 대부분 머리보다는 가슴으로 사례를 판단한다. 그는 노년의 노동자가 궁핍하게 되어 마침내 빈민 구호에 의존하는 처지로 떨어지지 않을까 걱정한 나머지 관대한 진단을 하는 것이다. 이는 인도주의의 승리이긴 하지만, 동시에 공제조합의 결손을 쌓아 올린다.[29]

물론 결손에 따른 파산위기의 경고음이 여러 차례 울렸기 때문에 부조금 지급을 엄격하게 시행하려는 노력도 있었다. 그러나 이 또한 쉬운 일이 아니었다. 공제조합이 회원 개인의 갹출과 적립금으로 운영되기 때문에 책임 소재가 분명하지 않았다. 체임벌린은 부조금 지급을 엄격하게 적용할 경우 나타날 수 있는 역설적인 상황을 알려준다.

맨체스터 공제조합연합 브리스톨 지부는 의사가 조합원에 대해 노령으로 스스로 일할 수 없음을 인정할 경우에도 특별한 신체적인 질병을 앓고 있다는 증명서를 발급할 수 없도록 만들어, 이를 근거로 구 회원 일부를 질병 부조 명단에서 삭제했다. 그 결과, 고령의 회원은 친지나 친척의 도움을 받아 살든지, 아니면 죽음이 그들을 이 참담한 처지에서 벗어나도록 할 때까지 자선기관과 빈민원에

36퍼센트가 붕괴되었다.

몸을 의탁하지 않으면 안 된다.[30]

노령연금의 두 유형

노령연금 논의는 빈민법체계의 비효율성과 공제조합의 재정위기가 겹쳐
사회 일반의 우려가 고조되던 시점에 활발하게 전개된 것이다. 여기에서
중요한 것은 연금제도의 방식이다. 당시 연금제도는 독일이 이미 시행하
고 있었고, 프랑스, 네덜란드 등 대륙 국가는 물론, 부분적으로 뉴질랜드
같은 백인자치령에서도 도입을 검토하는 중이었다. 노령연금을 옹호하는
인사들은 자연스럽게 대륙의 다른 나라, 특히 독일의 사례에 커다란 관심
을 나타냈다.

독일 연금제도에 관해서는 주로 체임벌린이 상세하게 소개한다. 1889년
부터 시행된 독일 연금제도는 제국의 모든 근로자가 의무적으로 가입하는
갹출식이었다. 임금에서 일정액을 적립하고 고용주도 같은 금액을 출연해
야만 했다. 이 제도는 20년 이상 적립함과 동시에 70세에 이르렀을 때 매
달 연금을 지급받는 방식으로 운영되었다.[31] 체임벌린은 이런 제도를 영국
에서는 시행하기 어렵다는 점을 밝혔다. 이미 영국은 이전에 빈민층을 공
공예산으로 부조하는 빈민법을 시행해왔기 때문이다. 그렇다고 해서 은퇴
한 모든 근로자에게 국가예산으로 노령연금을 지급하기는 어려운 실정이
다. 그 때문에 체임벌린은 적립식과 국가 부조를 절충하는 방식을 제시한
다. 개인의 자발적 저축과 국가 부조를 결합한 체계가 가장 적절하다고 주
장한 것이다. 이는 또한 근면과 절약의 사회적 기풍을 진작시키기 때문에
빈민법체계의 부작용을 줄일 수 있다.[32]

체임벌린은 이 같은 절충안을 마련한 후, 그 구체적인 시행 방식까지 제시한다. 우선 특정한 연령, 이를테면 65세부터 연금을 지급한다고 가정할 경우 그 이전에 사망한 당사자는 원칙적으로 적립금을 돌려받지 못한다. 물론 그 가족이 있을 때에는 별도로 정한 기준에 따라 적립금을 상환해야 한다.[33] 그의 방안에 따르면, 연금제도는 전국적인 연결망을 갖춘 우체국을 이용해 시행해야 한다. 이 경우 운영비용을 절감할 수 있을 것이다. 다음으로, 노령연금 혜택을 받기 위해서는 다음과 같은 조건을 갖춰야 한다. 25세 이전 총 2파운드 10실링을 적립하고 그 후 65세까지 매년 10실링을 적립해 65세부터 매주 5실링의 노령연금을 받게 된다. 이는 물론 개인 갹출과 국가 부조를 합친 재원에서 지급된다.[34]

그러나 부스와 메트카프 등은 선별적 부조가 아닌 보편적 부조, 그리고 노년층에 대한 전면적인 국가 부조를 주장함으로써 체임벌린과 차별성을 드러냈다. 우선 부스는 개인 스스로의 적립에 바탕을 둔 연금제도를 비판했다. 노령연금은 조세에 기반을 두어야만 했다. 즉 개인 소득세에 연금 불입금을 가산하고 동시에 설탕 수입관세의 일부를 전용해 그 재정적 기반을 마련하는 것이 합당한 방법*이었다.[35] 부스는 원래 보수적인 사회관을 지닌 사람이었다. 그의 사회 조사 또한 어디까지나 보수주의자의 시각에서 출발한 것이었다. 그럼에도 노령연금 문제에 관한 한, 그는 동시대 사회주의자들과 비슷한 주장을 폈다. 보편적 부조를 강조하면서 연금이야말로 시민권의 증표라고 주장하기도 했다. 이와 동시에 노령연금이 여성의 불평등을 해소할 수 있는 유력한 수단이라는 점을 강조한다.

---

* 그는 구체적으로 다음과 같이 추산한다. 1891년 현재 65세 이상 남녀 인구는 132만 3,000명, 노령연금을 주당 5실링으로 할 경우 비용은 1,700만 파운드. 이 가운데 설탕 수입세 과세로 1,200만 파운드를 충당할 수 있다. 개인 소득세로 500만 파운드를 걷으면 가능하다는 계산이다.

일생 동안 일해온 사람들은 사회적 자선, 그 이상을 요구할 자격을 갖는다는 주장이 있다. 제아무리 이런 주장이 남성에 관련된 것으로 여겨진다고 하더라도, 여성 측에 대해서도 그것은 상당한 위력을 가진다. 여성은 가장 활동적인 삶을 살았지만, 동시에 저축할 만한 최소한의 기회도 박탈당한 초라한 시민이기 때문이다.[36]

한편, 메트카프는 부스보다 더 강력하게 보편적 연금제도를 도입해야 한다고 주장한다. 그는 체임벌린이 예산 문제 때문에 국가 주도의 연금제도를 포기한 것 자체가 잘못되었음을 지적한다. 그에 따르면, 체임벌린은 자신이 구상한 노령연금제도를 시행하는 데 연간 약 3,000만 파운드의 예산이 필요하다는 점을 깨닫고서 한걸음 물러선 것이다. 그러나 이는 목적과 수단을 혼동한 결과다. 보편적 연금이라는 원칙을 확고하게 정립한 후에, 필요한 수단과 방법을 모색해야 하는 것이다. 그는 다음과 같이 노령연금의 원칙을 강조한다.

만일 보편적인 노령연금을 국가가 시행해야 한다고 주장하는 그 이유가 무엇이냐는 질문을 받는다면, 나는 그것이 정당하기 때문이라고 대답할 것이다. 우리가 야만상태로 되돌아가지 않는다면, 그리고 노령자와 약한 사람을 죽일 것이 아니라면, 정의의 기준을 가지고 그들을 대해야 한다. 그들은 여러 경우 작금의 변화로 생계수단을 박탈당했다.[37]

왜 연금은 보편적이어야 하는가. 왜 절대적으로 필요한 경우에만 지급해서는 안 되는가. 그 이유는 자명하다. 선별적인 연금을 지급할 경우 그것은 현재 빈민법체계의 난맥상을 다시 초래할 것이다. 메트카프에 따르면,

원외 구제야말로 "극도로 어리석은 조치"다. 그럴 경우 연금을 받는 노령자 모두가 빈민으로 간주될 것이다. 그렇기에 가장 도움이 필요한 사람들은 상당수가 그 부조를 회피하기 쉽다. 오히려 체면을 가리지 않고 큰소리로 외쳐대는 사람들만이 부조를 독차지할 것이다.[38] 물론 여기에서 보편적 노령연금의 장애는 바로 재정상의 문제라는 반론이 나온다.

실제로 그 반론 또한 만만치 않았다. 그 반대 논거는 주로 조세 부담과 재정 문제였다. 반론을 제기하는 측에서도 노령연금의 기본 원칙 자체를 부정하지는 않았다. 반론은 주로 자선조직협회Charity Organisation Society, 노동조합, 공제조합 관련 인사들에 의해 제기되었다. 특히 자선조직협회 인사들은 사회구조의 산물인 빈곤poverty과 개인의 악덕에서 비롯된 개인적 가난pauperism을 구분했다. 그들은 조세에 기반을 둔 국가연금체계가 두 유형을 구분할 수 없기 때문에 문제가 있다고 비판한다. 빈민법의 실패도 바로 이 때문이라는 것이다.[39] 그러나 이러한 주장의 이면에는, 이들이 속한 조직의 이해관계가 깃들어 있었다. 자선조직협회와 공제조합 모두 빈민 구호와 관련되거나 노인 부조 기능을 맡는 기구라는 성격을 지녔다. 이들의 반론은 노령연금이 시행된 후에 해당 조직이나 기구의 역할이 축소될 것을 우려한 데서 비롯한다. 그러나 사회 일반의 분위기는 노령연금을 시행하자는 쪽으로 기울었다.

메트카프는 바로 이 같은 분위기를 가장 충실히 대변하고 있다. 그는 보편적 노령연금제도를 시행하기 위해 우선 삶의 태도를 바꿔야 한다고 주장한다. 체임벌린이 적립식 방법을 내놓은 것은 소요예산 때문이다. 그러나 주류 소비에 매년 1억 5,000만 파운드가 지출된다. 이를 조금만 줄이더라도 연금제도를 시행할 수 있는 것이다. 그는 이렇게 항변한다. "우리가 지금 먹고 있는 신선한 육류와 흰빵을 생각해보라. 다방면에 걸쳐 실제로

50년 전만 하더라도 사치스럽다고 여겼을 그런 삶을 누리고 있다. 사실, 립 밴 윙클처럼 41년간 깊이 잠들어 있다가 지금 깨어난 노인이 오늘날 우리가 돈을 쓰는 방식을 본다면, 나라가 막 미쳐 돌아간다고 여길 것이다."[40]

1890년대 연금제도를 둘러싼 논의 과정에서 궁극적으로는 국가 부조를 강조하는 견해가 지지를 얻었다. 몇 차례에 걸쳐 의회 차원의 관련 위원회가 구성되어 보고서를 작성한 것도, 그리고 1908년 자유당 정부 아래서 집권당과 야당이 함께 노령연금법을 통과시킨 것도 이러한 분위기의 영향을 받았다고 할 수 있다.

의회 조사와 입법

영국 의회의 사회 조사 관행은 오랜 전통을 지녔다. 18세기 말 이래 의회는 여러 현안을 다루기 위해 의회 내에 조사위원회나 또는 왕립위원회를 구성해 실태를 조사하도록 하는 관행을 지켜왔다. 이들 위원회는 조사 결과를 보고서로 작성했으며, 의회는 이를 토대로 관련 문제를 다루거나 또는 법안을 만들었다. 1890년대에는 노령연금 문제에 관해 세 차례에 걸쳐 의회 차원의 조사가 이루어졌다. 1893~1895년 왕립위원회Aberbare Commission, 1896~1898년 재무부 조사위원회Rothschild Committee, 1899년 하원 조사위원회Chaplin Committee 등이 이에 해당한다.[41] 이들의 조사 자료를 토대로 이후 자유당 정부는 두 차례에 걸쳐 노령연금 법안을 의회에 제출했으며, 그 결과 1908년 노령연금법이 제정된 것이다.

그렇다면, 의회보고서들은 노령연금 문제에 관해 어떤 결론을 내리고 있을까. 먼저 1895년 왕립위원회 보고서를 살펴보자. 위원회는 노령 빈민 문제가 갈수록 심각해지고 있다는 데 동의한다. 위원회는 지방행정청의 1892~1893년 연례보고서 통계를 인용해 빈민법체계 아래 시행되는 노령 빈민 구호가 상당히 비효율적이라는 점을 확인한다. 지방행정청 자료에 따르면, 19세기 후반 구호비용은 꾸준하게 증가한다. 이를 반영하듯이, 원내 구호를 받는 숫자 또한 늘어나고 있다. 그러나 문제는 원외 구제의 경우 오히려 감소하는 추세를 보여준다는 점이다. 이에 비해 연령대에 따른 빈곤화 추세를 보면, 특히 60세 이상 노년층의 빈곤화율이 매우 높다. 이러한 통계는 무엇을 보여주는가. 위원회는 기존 빈민법체계가 매우 비효율적임을 나타낸다고 결론짓는다.[42] 수치와 부끄러움 때문에 노년층 가운데 원외 구제를 기피하는 경향이 심화되고 있기 때문이다. 이와 같이, 에버데어위원회 보고서는 여러 측면에서 노년층 빈곤이 심화되고 있으며 기존 빈민법체계의 구호가 문제점을 지녔다는 점을 인정한다. 그렇지만 노년층의 빈곤화가 구조적 산물이라는 주장에 대해서는 일단 유보적인 태도를 취한다.

우리가 들은 증언 가운데 체임벌린 의원이 말한 것처럼, "노동계급 다수에 관해서 그들의 노동년 기간에는 상당히 검소하고 절약하며 근면과 절제로 살아간다"는 점에 동의하고 이를 확인한다. 그러나 빈곤이 주로 "음주, 나태, 낭비" 때문이라는 진술도 있다. 이 같은 원인들이 빈민원에 있는 사람들, 그리고 질병이나 불구 외에 다른 이유로 그곳에 수용된 사람들 상당수와 관련이 있는 것이다.[43]

위원회에 출석한 여러 증인 가운데 특히 체임벌린의 증언이 눈길을 끈다. 그는 이전에 자신이 발표한 논설에서 재정 문제를 이유로 보편적 연금보다는 선별적인 방식을 선호했기 때문이다. 그런데도 그는 정작 위원회

앞에서 보편적 연금의 원칙을 제시한다. 이는 아마도 1890년대 중엽에 이르러 노령연금 논의에 참여한 보편론자들의 견해에 귀를 기울였기 때문이 아닐까 싶다. 사실, 이전 논설에서도 그는 국가 부조 방식이 가장 적합하다는 사실을 인정했다. 다만, 재정상 전면적으로 시행하는 것은 어렵기 때문에 일종의 절충 방식이 필요하다는 점을 강조했을 뿐이다. 체임벌린은 1893년 6월 12일 왕립위원회에서 증언했다. 이 당시만 하더라도 그는 적립식과 국가 부조, 선별적 연금과 보편적 연금 사이에서 갈등을 겪었던 것처럼 보인다.

10906. 귀하의 제안 가운데 가장 놀라운 부분은, 제 생각으로는, 왜 정작 구호를 필요로 하지 않는 사람들에게도 매주 5실링의 부조금 혜택을 주어야 하는가라는 것입니다. 이 점을 우리 모두는 아무래도 납득하기 어렵습니다.

—저는 부조금을 꼭 필요성이나 절박성 여부에만 의거하기보다, 국가 부조에서 비롯되는 경제적 악영향이 과연 이 제안에 있는지 찾아보는 것이 더 필요하다고 봅니다.

10907. 우리는 모든 계급에서 65세 이상자의 3분의 2는 현재 빈민 구호를 받지 않는다고 봅니다. 그렇지 않습니까?

—예, 1년을 살펴보면 그렇습니다. 빈민 구호를 받지 않는 비율이 그 정도라고 가까스로 말할 수 있겠습니다.

10908. 그렇다면, 귀하의 제안에 곤란한 점이 있습니다. 그 3분의 1의 사람들이 빈곤층으로 전락했다는 감정을 갖지 않도록 하기 위해, 나머지 사람들이 받지 않아도 되는 부조금을 수령해야만 하는 것일까요?

—먼저 저는, 직접적인 구호를 받아야 할 사람들이 현재 빈민계급으로 불리지 않는 다른 계급들에도 상당한 비율을 차지하고 있다는 점과, 그리고 그들이 단지 소득을 올리지 못하는 집단들로 묘사되고 있다는 점을 아울러 고려해야 한다

고 봅니다.[44]

에버데어위원회 보고서는 노년층의 빈곤화가 갈수록 심각하게 진행되고 있으며 어떤 형태든지 이를 개선하기 위한 조치를 취해야 한다는 데 동의한다. 그렇지만 역시 보편적 노령연금에 대해서는 소극적이다. 이런 결론의 이면에는 노년층 빈곤화가 반드시 구조적 산물만은 아니라는 위원들의 시각이 깃들어 있다. 그렇더라도 위원회는 재정상의 문제와 경제적 문제를 이유로 들어 시기상조라는 유보적인 결론을 내린다. "위원회는 우리에게 제출된 노년층 국가 부조를 위한 다양한 체계들을 주의 깊게 검토했다. 이 체계를 구상하는 데 투여했을 대단한 노고와 성찰, 그리고 체계 제안자들을 자극한 사회적 고통에 대처하려는 공공정신과 깊은 동정심을 염두에 두고 있다. 그러면서도 우리는 여기에 관련된 재정 및 경제적 어려움에 비추어, 지금까지 제시된 국가 부조체계들(부조금이나 또는 보험 형태) 어느 것도 채택하라고 권고할 수 없다는 점을 유감으로 여긴다."[45]

1896~1898년 재무부가 임명한 조사위원회는 노령연금에 관해 네 가지 체계를 검토한다. 독일의 강제 갹출식 체계, 특정 연령에 도달한 시민에게 연금을 지급하는 국가 부조 연금체계, 자발적 적립에 기초를 둔 보험체계, 공제조합 회원의 노령연금에 대한 국가 지원 등이 이에 해당한다. 독일식 체계는 노동자 자신의 적립과 고용주의 부조를 기본으로 하지만 영국의 실정에 맞지 않고, 보험체계나 공제조합 지원 등도 실효성이 없다는 판단 아래, 국가 부조의 연금체계가 적절하다는 결론을 내린다.[46] 보고서는 국가 부조 노령연금을 시행할 경우 그 대상자를 65세 이상 시민 가운데 주당 수입이 2실링 60펜스에서 5실링 미만인 자로 정했다. 이 경우 1898년 현재 대상자는 198만 3,050명으로 추정되었다.[47] 이런 점에서 로스차일드위

원회 보고서는 이전 에버데어위원회에 비해 진일보한 견해를 내놓은 셈이다. 그럼에도 연금의 보편성 문제에는 역시 제한을 가했다. 보고서 결론은 이렇다. "개인의 통제를 넘어선 상황 때문에 개인이 그 자신의 소득으로 노년에 적절한 대비를 할 수 없는 경우에만 그 개인을 돕도록 제한하지 않는다면, 국가 부조는 정당화될 수 없다."[48]

1899년 하원 조사위원회도 당시 덴마크에서 시행 중인 노령연금제도를 분석한 후에 미래에 시행될 제도의 기본 원칙을 확정했다. 그 내용을 보면, 영국 국적으로 20년 이상 거주하면서 유죄선고를 받지 않은 자, 빈민법체계의 구호 대상에서 제외된 자, 지방 연금기관 관할 지역 거주자, 근면 성실한 자 등의 조건을 원칙으로 정했다.[49] 이 원칙은 후일 1908년 노령연금법에 그대로 반영된다. 결국 1890년대 의회보고서들은 점차로 국가 부조의 노령연금을 인정하면서 연금 수혜의 보편성 원칙에는 소득에 따른 제한을 두는 체계에 접근했다 할 것이다.

20세기에 들어와 영국 정계에서는 노령연금에 관해서 어떤 형태로든 도입해야 한다는 분위기가 무르익고 있었다. 이는 바로 1890년대 노령연금에 관한 논의와 담론, 그리고 여러 차례에 걸친 의회 조사에 힘입은 것이었다. 더욱이 1906년 선거에서 노동당이 약진하면서 자유당 정부는 서둘러 노령연금 법안을 상정하고자 했다. 1908년 5월 7일 당시 총리 에스키스는 다음 회계연도 예산안 제안 연설에서 이 노령연금 법안을 설명하고 있다. 그는 1890년대 의회 위원회의 활동을 차례로 언급하면서 국가 주도 노령연금의 당위성을 강조한다. 더 나아가 대륙의 독일, 덴마크를 비롯해 자치령 가운데 뉴질랜드와 뉴사우스웨일스에서 이 체계를 연이어 도입했음을 지적하면서 그 불가피성을 역설한다.[50]

우리는 이 문제를 아주 주의 깊게 성찰해야 했습니다. 우리가 도출한 첫 번째 결론은 이른바 적립식 체계는 배제해야 한다는 것입니다. 이 체계가 시급한 상황은 아닙니다. 곧바로 필요하지는 않습니다. 연금의 필요조건이 될 적립금을 장차 연금수령자가 될 사람들의 선택사항으로 남겨둔다면, 국가 부조는 비교적 소수계층, 오로지 가장 절박한 사람들, 반드시 혜택을 받아야 할 계층에게만 국한되어야 할 것입니다. 다른 한편, 이 나라에서 어떤 집행기구도 없이 강제 적립식 제도를 도입하려 한다면, 우리는 분명 노동조합, 공제조합, 보험회사 같은 경쟁적 조직들의 반대에 직면할지도 모릅니다.[51]

그는 빈민법체계에서 제외된 차상위계층에 대한 국가 부조를 입법화한다면 65세 이상을 대상으로 할 경우 1,218만 파운드, 70세 이상인 경우 744만 파운드의 예산이 추가로 소요될 것이라고 추정했다.[52] 이는 결국 당분간 70세 이상자를 대상으로 삼겠다는 내심을 보여준 것이다. 이때만 하더라도 정부 측에서는 의회에 제출할 노령연금 법안을 확정하지 않았던 것처럼 보인다. 에스키스는 이후 재무장관이 구체적인 법안을 소위원회에 회람할 것을 약속했을 뿐이다. 이 정황을《더 타임스The Times》는 다음과 같이 완곡하게 비판한다. "발표 전까지 예산안의 비밀을 엄수하는 것이 정치의 상식이다. 그러나 에스키스 총리가 오늘 예산안 제안 연설에서 덧붙인 흥미로운 예외가 있다. 노령연금을 시행하기 위한 계획이 포함되어 있다고 미리 알렸기 때문이다. 정확한 조세 수입, 새로운 과세 또는 현재 세금 경감 조치 등은 지금까지 비밀로 남아 있음에도, 우리의 재정체계에 새로 도입할 노령연금 항목은 널리 거론되고 있는 것이다." 이어서 신문은 전임자인 캠벨-배너만도 이 문제를 이미 언급했었다는 점을 지적한다. 실제로 두 사람이 거론한 내용은 똑같다는 것이다.[53]

총리 에스키스와 재무장관 로이드 조지 사이에 정책 결정의 조율이 완전하게 이루어지지 않았다는 증거는 후에도 발견된다. 실제로 에스키스가 법안 상정을 약속한 5월 27일 로이드 조지는 소위원회에서 준비가 덜되었다는 이유로 법안 회람을 하루 미루었다.[54] 소위원회에 법안을 상정하기까지 하원에서는 주로 체임벌린이 정부의 노령연금 법안을 지지하는 태도를 취했다. 그는 에스키스가 노령연금 법안에 관해 언급한 바로 다음에, 정부안을 지지하는 입장을 표명했다. 그가 보기에, 정부안의 노령연금체계는 사회 일반의 여론을 따르고 있다. 국가 부조를 통해 노령연금을 시행해야 한다는 것은 지금까지 도출된 일종의 사회적 합의다. 정부는 이 합의를 시급히 따라야 한다. 물론 시행 과정의 어려움이 크리라는 것은 충분히 예상할 수 있으므로, 의원들이 중지를 모아야 한다는 내용*이었다.[55] 연금 법안 상정 후 하원 소위원회 토론에서도 보편적 혜택을 둘러싸고 논란이 일었다. 역시 관건은 보편적 혜택을 부여하는 문제였다. 보수당 의원 러더퍼드는 보수주의자로서 그의 소신을 다음과 같이 피력한다.

이 원칙의 문제점은 이렇습니다. 만일 전체 예산을 의회가 승인하고 노령연금도 갹출식이 아니라면, 이를 시행할 때 연금은 보편적일 수밖에 없습니다. 만일 의회가 조달한 자금이 이 나라 일반 조세에서 나오는 것이라면, 그 경우 원칙, 정의, 권리의 문제가 생깁니다. 70세에 이른 모든 남녀는 연금에 관련됩니다. 그러나 이 법안이 통과된 이후 그 결과는 검약하는 사람들이 그렇지 않은 사람들의 노령연금을 마련하기 위해 세금을 내야 한다는 것이지요. 이는 참으로 불공정한 일입니다.[56]

---

* 그 후 5월 25일 발언에서 체임벌린은 독일의 갹출식 연금법의 한계를 지적한다. 그 법은 향후 30년 후에 오직 12만 6,000명이 혜택을 받을 뿐이라는 주장이다.

그러나 이러한 주장은 호응을 얻지 못했다. 당시 보수당은 하원 소수당에 지나지 않았기 때문이다.* 정부 법안이 소위원회에 상정된 후 심의 과정에서 연소득의 상한선 문제, 주당 부조금액 등이 논란이 되었지만 역시 가장 중요한 것은 연금 수령 연령이었다. 1890년대 이래 노령연금을 논의에서 일반적으로 합의된 연령은 65세였다. 연령 문제에 대해서는 노동당 측에서 곧바로 비판을 가했다. 노동당은 65세가 아닌 70세 이상 노령자에게만 연금을 지급하는 어떤 법안에 대해서도 반대한다는 성명을 발표하기도 했다.[57] 어쨌든 법안은 의회 심의 과정에서 몇 차례 진통을 겪었으나, 같은 해 8월 1일 최종적으로 통과되었다.[58]

1908년 노령연금법의 구체적인 내용은 어떠했는가. 이 법의 1조는 1항에서 "자신의 상태가 이 법에서 규정한 노령연금 수혜조건에 충족되는 사람은 누구나 그 조건을 계속 갖추고 있는 한, 그리고 이 법의 연금 수혜 자격을 상실하지 않는 한, 이 법이 규정한 연금을 받을 수 있다"고 천명하면서, 그와 동시에 4항에서 "이 법에 의거해 노령연금을 받더라도 그 수혜자는 선거권, 권리 또는 기본적 인권을 박탈당하지 않으며, 무자격자로 간주되지도 않는다"는 내용을 덧붙이고 있다.[59] 이 4항은 신빈민법 시행 과정에서 나타난 폐해의 재발을 막기 위해, 연금 수령자는 시민으로서의 모든 권리를 누릴 수 있다는 점을 천명한 것이다. 이 점에서 노령연금의 기본 원칙은 빈민법의 원리와 구별된다.

2조에서 노령연금 수령의 법적 조건을 밝혔다. 영국 국민이자 영국 거주자로서 70세 이상인 노년층 가운데 빈민법체계의 구호에서 제외됨과 동시에 연수입 31파운드 10실링 미만인 자가 자격이 있었다. 이하 소득 구분에

---

* 1906년 선거는 보수당 20년 집권에 종지부를 찍은 중요한 선거다. 당시 자유당이 397석을 확보한 데 비해, 보수당 의석은 156석에 지나지 않았다.

따른 연금 수령액의 차등화(3조),* 소득 조사(4조), 연금 지급 방식(5조), 연금 양도불가(6조), 청구 및 이의 제기(7조), 관련 기관(8조), 허위 신청에 대한 벌칙(9조), 시행에 관한 규정 및 우체국을 통한 연금 지급 규정(10조), 스코틀랜드·아일랜드 주민에 대한 적용 규정(11조), 개시일 및 법 약칭(12조) 등의 조항으로 이루어졌다.

이 법을 시행하기 위해 정부는 지방행정 당국에 연금 담당 공무원을 배치하고, 그 상위기관으로 주 의회에 지방연금위원회를 설치했다. 여기에서 남녀차별은 철저하게 배제되었다. 부부가 다 같이 연금 대상자에 포함될 경우 각기 연금을 받을 수 있었다. 다만 부부 소득을 합쳐서 주당 10실링 이상을 초과할 수는 없도록 규정했다. 별도 기관을 신설하지 않고 기존의 우체국을 통해 매주 금요일 지급하도록 한 것은 매우 현명한 조치였다. 1909년 1월 1일(금요일) 노령연금법은 큰 어려움 없이 순조롭게 시행되었다. 《더 타임스》지에 따르면, 법을 둘러싸고 말들이 많았지만 규정과 수령 방식에 대한 정보가 충분히 전달되었기 때문에 어려움이나 불편함이 없이 "우체국 일반 업무의 하나"로 처리되었다.[60] 이 신문은 런던의 우체국 네 곳에 리포터를 파견해 연금을 수령하는 모습을 취재했다. 네 곳의 풍경 가운데 하나를 《더 타임스》지는 아래와 같이 보도한다.

런던 중앙우체국 최초 신청자 윌리엄 이너트 씨, 그는 정정하고 건강하게 보였

---

* 소득에 따라 차등화된 연금체계는 다음과 같다. (1) 빈민법 구호 대상이 아니면서 연소득 21파운드 미만 주당 5실링, (2) 연소득 21파운드부터 23파운드 12실링 미만 주당 4실링, (3) 연소득 23파운드 12실링 60펜스부터 26파운드 5실링 미만 주당 3실링, (4) 연소득 26파운드 5실링부터 28파운드 17실링 60펜스 주당 2실링, (5) 연소득 28파운드 17실링 60펜스부터 31파운드 10실링 미만 주당 1실링. 연소득 31파운드 10실링 이상인 자는 연금 대상에서 제외된다. 참고로 1908년 당시 연금 대상 자격 상한선인 31파운드 10실링은 오늘날 어느 정도일까. 그동안 물가지수를 감안하면, 2010년 현재 연소득 2,570파운드에 해당한다(http://www.measuringworth.com에서 계산한 것임).

으며, 9시 반 조금 전에 우체국 신청 창구에 모습을 나타냈다. 우체국 직원으로부터 축하 인사를 받고서 자기 구역 최초의 연금 수령자가 되었다. 이너트 씨는 한평생 구 런던시(시티)에서 거주했다. 우체국 근처에 사는 기품 있는 노부부로서, 부부가 다 같이 80 고령으로 이번에 처음으로 연금을 받게 된 것이다. 부부가 각기 연금기록부에 서명하자, 남편에게 3실링 90펜스, 그리고 아내에게 같은 액수의 현금이 건네졌다. "자, 여보." 자신이 받은 돈을 부인에게 건네면서 남편이 말했다. "당신이 회계지, 자 이 돈도 지갑에 넣어요." 부부는 우체국에 있던 여러 사람의 진심 어린 축하를 받으며, 만면에 웃음을 머금고 걸어 나갔다.[61]

정부는 연금법 시행을 앞두고 상당히 철저하게 준비한 것처럼 보인다. 지방연금위원회는 1908년 10월부터 관할 지역 주민의 신청서를 받을 수 있었다. 주민들은 신청서를 작성해 가까운 우체국에 접수했다. 이들 신청서를 지방 연금담당관이 검토해 승인한 후 지방연금위원회에 송부하면 연금 지급 대상자로 등록되는 것이었다.[62] 1908년 12월 31일까지 등록된 대상자는 총 59만 6,038명이었다. 지역별로는 잉글랜드 33만 8,948명, 웨일스 2만 1,956명, 스코틀랜드 6만 4,769명, 아일랜드 17만 365명이었다.[63]

복지국가 모델의 출발점

1890년대 노령연금 논의를 고려하면, 노령연금법의 내용은 절충안에 지나지 않는다는 인상을 준다. 국가 부조의 원칙을 지킨 반면, 보편적 연금 혜택에 대해서는 제한을 가했다. 그러나 19세기 말 노령연금 논의부터 입법에 이르는 과정에서 시민으로서의 의무를 다하고 성실하게 생활한 영국 국민이라면 당연히 노령연금 대상자가 되어야 한다는 사회적 합의가 이루어짐으로써 후일 보편적 연금체계로 나가는 물꼬를 텄다고도 할 수 있다. 그뿐만 아니라 1908년 노령연금법이 시행되면서 빈민법의 필요성은 사실상 사라졌으며, 그동안 논란이 많았던 이 법은 1923년에 폐기되었다. 이런 점에서 보면, 노령연금법은 빈곤이 사회구조적 산물임을 공식적으로 추인하는 마침표였다.

노령연금법은 몇몇 인사들의 주도적인 활동과 정책결정자의 결단으로 이루어진 개혁이 아니었다. 노령인구의 증가와 노령노동자의 퇴장이라는 구조적 변화의 시기에 빈민법의 비효율성과 공제조합 위기가 겹쳐졌을 때, 이를 개혁하려는 일련의 논의 과정이 있었다. 여기에 박애주의자, 노동운동가, 급진파 인사, 문필가들이 다수 참여해 노령연금체계에 대한 이해를 높였을 뿐만 아니라 사회적인 공감대를 넓혔다. 의회 또한 이러한 움직임에 적극 대응하면서 스스로의 논리를 세워나갔다. 자유당의 법안 상정은 그 이전 20여 년에 걸쳐 지속된 논의 과정의 결실을 다시 주조한 것에 지나지 않는다.

사실, 20세기 초 자유당 집권기에 이루어진 일련의 개혁입법은 대부분 노령연금법과 마찬가지로 그 이전 한 세대 동안 지식인과 정치인들의 오랜 논의를 거쳤다. 대중민주주의가 본격적으로 이루어지면서, 대불황과 2차 산업혁명 과정에서 불가피하게 전개된 일련의 사회 문제를 진지하게 검토하고 그 해결책을 모색해온 결과였다. 노령연금법은 영국적인 개혁입법 과정의 특징을 여실히 보여준다 할 것이다.

3

동양과 서양

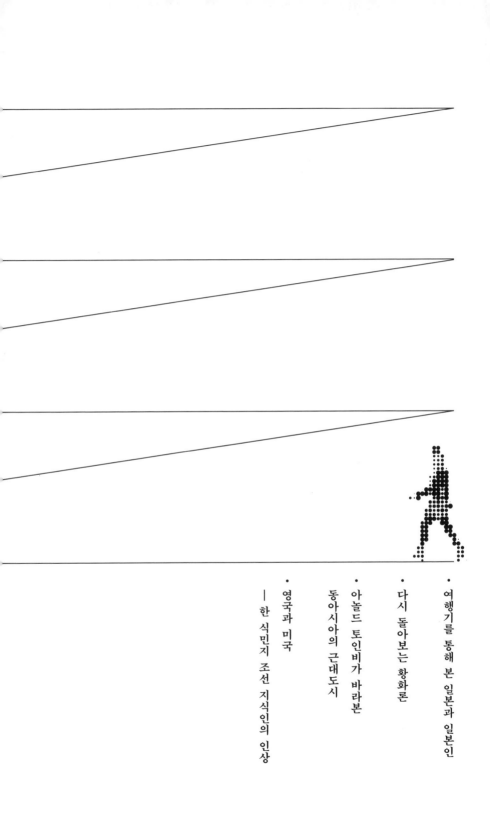

여행기를 통해 본

09

일본과

일본인

18세기 중엽 이래 유럽 지식인들은 유럽이 다른 세계보다 우월하다는 분명한 자의식을 가지고 있었다. 이는 프랑스어와 영어에서 문명civilisation이라는 말의 출현 및 용례를 통해서도 확인할 수 있다.* 'civilisation'은 라틴어 'civilis'에서 나왔다. 이 말은 두 단어와 관련된다. 하나는 시민civis이고, 다른 하나는 도시civitas다. 앞의 것은 전사공동체의 일원이자 정치 참여와 토론을 포함한 공민적 삶으로서의 시민생활을 나타낸 것이다. 뒤의 것은 농촌과 다른 삶의 공간으로서의 도시, 도회적 생활과 연결된다. 18세기 중엽 'civilisation'이 처음 나타난 이후, 그 말은 발전이 없는 농촌 또는 그와 같은 '야만'에 대비되는 서유럽 국가들을 뜻하는 용어로 사용된다. 한마디로 유럽은 '문명'이고 다른 세계는 '야만'이라는 자의식이 형성된 것이다.

한편, 일본에서 영어 'civilisation'은 메이지 즉위 이전만 하더라도 '예의'나 '교제'로 이해 번역되다가 1860년대에 '문명文明'으로 번역된다. 여

---

* 'civilisation'은 1757년 프랑스의 미라보 후작의 *Les économiques*(1757)에서 처음 사용되었다고 알려져 있다. 영어 문헌으로는 애덤 퍼거슨의 *Essay on the History of Civil Society*(1767)에서 처음 그 용례가 확인된다. "개인이 유아기에서 성년으로 나아갈 뿐만 아니라, 인류 자체가 야만rudeness에서 문명civilisation으로 나아간다."

기에서 '문명'은 서유럽(서양)인들이 성취한 정신적·물질적 성취의 총체로 이해된다. 니시 아마네, 후쿠자와 유키치 등이 이 개념어를 사용하기 시작 했다. 일본 지식인들이 '문명'이라는 말을 사용하기 시작한 1860년대 이 후 일본은 잘 알려진 대로 자생적인 근대화 또는 문명화 과정에 들어섰다.

19세기 말 영국의 몇몇 여행가와 지식인들은 근대화를 겪기 시작한 일 본의 경험에서 깊은 인상을 받았다. 그들은 한편으로는 유럽 중심적인 시 각에서 일본의 변화를 바라보았지만, 다른 한편으로는 그 변화 속에 유럽 중심적 시각으로는 설명할 수 없는 새로운 가능성이 내포되어 있음을 느 꼈다. 이 글은 메이지유신 이후 일본의 변화를 직접 경험한 영국 지식인들 의 논설과 일부 여행기를 통해 그들이 일본의 개혁과 근대화 작업을 어떻 게 인식했는가를 살피는 데 목적을 둔다.

'위로부터의 근대화'를 보는 눈

영국 간행물 가운데 일본에 관한 체계적인 서술이 처음 나타나는 것은《브 리태니커 백과사전》재판(1777~1783)이다. 이 사전은 먼저 일본의 지리적 위치와 기후를 서술한 후에 일본인의 관습과 생활, 그리고 문화를 간단하 게 알려준다. 이 사전의 '일본' 항목을 쓴 필자는 일본인들이 고대부터 이 어온 이교heathenism와 우상숭배의 전통에 집착할 뿐 진정한 창조주의 개 념을 알지 못한다고 지적한다. 그럼에도 일본인에 대해 전반적으로 호의 적인 눈길을 보낸다. "그들은 대체로 아주 활동적이고 격정적이며 똑똑하 다. 그들은 온건하고 인내심이 강하며 예의 바르다. 동양인 중에서 으뜸이 다. 그들은 공정하게 행동하며 약속을 하면 반드시 지킨다. 중국인과 달리 그들은 상대자를 기만하는 것을 싫어한다. 그들은 또한 매우 부지런하고 공부를 열심히 하며 독서를 즐긴다. 그들은 식사, 음주, 가구, 의상 등에서 놀라울 만큼 정결하고 예의가 있다. "1

물론 호의적인 인상만 서술하는 것은 아니다. 다양하면서도 야만적인 사형 방식을 언급하기도 한다. 머리를 나뭇가지에 매달고 말에 묶어 사지를 찢어버리며, 망나니가 목을 벤다. 일본의 도자기, 음악, 회화 등도 유럽인의 예술과 문화에 비해 뒤떨어지며 잘 이해되지 않는다고 말한다. 그러면서도 그 수준이 중국보다는 높다는 점을 덧붙인다.2

일본에 대한 영국 지식인들의 본격적인 관심은 아무래도 메이지유신 이후에 나타난다. 이때부터 영국의 정기간행물에 일본에 관한 논설들이 가끔 실리기 시작*한다.3 이들 논설 외에도 1870년대에는 일본의 실상을 구체적으로 소개하는 저술이나 여행기도 출판된다. 그 가운데 대표적인 것이 에드워드 리드Edward J. Reed와 이사벨라 버드 비숍Isabella L. Bird Bishop의 저술이다. 리드의 책은 일본의 전통, 역사 및 문화를 개괄적으로 소개하고 있고, 비숍의 책은 본격적인 일본 여행기이자 풍물기**다.4 리드는 원래 조선 전문가로 활동하다가 후에 자유당 하원의원이 되었다. 그는 1879년 일본 정부 초청으로 일본을 방문해 답사한 후 일본에 관한 저술을 펴냈다. 이 책은 메이지유신 이후 일본의 근대화 과정을 칭송하는 입장에서 일본의 과거와 현재를 소개한다. 비숍 또한 1878년 일본을 방문, 주로 농촌 마을

---

* 필자는 1860~1890년대에 간행된 몇몇 정기간행물에서 8편의 논설을 찾아 검토했다(뒤의 참고문헌 목록 참조). 당시 지령紙齡이 오랜 *Edinburgh Review* 같은 정기간행물은 익명으로 논설을 게재하는 전통이 있었다. 이 경우는 W. E. Houghton, ed., *The Wellesley Index to Victorian Periodicals*, University of Toronto Press, 1966~1979에서 논설의 필자를 확인했다. F. R. Conder, P. K. Douglas 등 [ ] 안에 있는 필자 명이 이에 해당한다.
** 비숍의 책은 1885년 한 권짜리 축약본으로도 출간되었다. 이 책의 제목은 '일본의 미답로未踏路'라는 뜻이지만, 일본에서는 모두 '일본오지기행日本奧地紀行'이라는 이름으로 번역되었다.

과 소읍들을 답사한 후에, 여기에서 보고 듣고 경험한 것들을 자료로 삼아 여행기를 집필했다. 이들 일본에 관한 논설이나 저술은 대부분 메이지유신 이후의 근대화 과정을 화두로 삼는다.

1880~1890년대 일본에 관한 논설이나 저술을 남긴 영국 지식인들은 메이지유신 이후 짧은 기간에 전개된 일본의 변화에 놀라움을 나타낸다. 유럽인만이 근대문명을 성취했다는 역사 인식은 오랫동안 이어진 전통이었다. 1868년 일본의 혁명은 지배세력의 주도 아래 봉건 사회 일본을 근대 사회로 바꾸려는 원대한 계획의 결과였다. 프랜시스 콘더Francis R. Conder 는 그 놀라움을 다음과 같이 말한다. "만일 우리가 [일본에서] 최근에 나타난 변화, 그 진보적인 변동을 이해할 수 있다면, 이 순간에 일본은 지구상의 다른 어떤 나라보다도 더 교훈적인 장면을 연출하리라고 본다."[5] 특히 봉건제도와 영주 지배체제 폐지가 일본 농민에게 미친 긍정적인 영향은 너무 크기 때문에 설명할 수 없다. 그에 따르면, 봉건제 폐지 조치는 농민의 생산 의욕을 높였으며, 그에 따른 세수 증대는 거의 기하급수적이었다.

당시 일본의 변화를 주시하던 영국 지식인들은 특히 봉건 지배층이 자기 나라의 근대화를 위해 스스로 기득권을 내려놓았다는 점에 주목했다. 1872년 이와쿠라 도모미岩倉具視가 이끄는 외교사절단이 영국을 방문했을 때 《더 타임스》지 사설 또한 이 점을 강조했다. 이 사설은 일본의 변화를 한마디로 '서구화 실험'으로 규정한다. 그 실험은 "유럽의 교육과 법률, 그리고 관습을 모든 국민에게 도입하는 과정"이다. 이전에 그들이 2,000년 이상 지켜온 사회원리를 버리고 지배계급이 그들의 지위를 스스로 양도하는 중대한 '사회혁명'이 이루어지고 있는 것이다.[6] 이 신문은 이와쿠라 사절단이 영국을 떠날 즈음에도, 한 사설에서 일본 지배세력의 양보를 극찬한다. 강력한 봉건 지배세력이 스스로 지배권을 포기한 것은 영국의 사례와 비교할 때 새로운 '르네상스'에 해당한다는 것이다.

일본은 대귀족이 지배하는 나라였다. 일본에 관해 기록된 자료를 모두 믿는다면, 그 나라의 사회상태는 500년 전 영국 사회와 매우 비슷하다. 봉건제는 그 나라의 주요 제도다. 대영주 또는 대귀족이 우리나라의 부유한 귀족처럼 소득의 대부분을 차지했다. 이들 대귀족은 장미전쟁 이후 영국에서는 이미 사라진 영지 재판권을 행사했다. 영지의 농민들은 소규모 군대를 구성할 만큼 수가 많았다.…… 그 나라는 최근에 진보의 가속화로 혁명적인 상태에 있다. 유럽에서 문명이나 사회의 르네상스로 일컬어질 움직임이 일본을 강타해 급속한 사회변동을 가져온 것이다.[7]

일본에서 '유신'이라는 용어가 처음 등장한 것은 메이지 국왕이 도쿄의 귀족과 지방의 봉건 제후[대명大名]를 소집한 자리에서였다. 국왕은 그들 앞에서 앞으로 의회를 구성하고 공공여론을 존중하여 나라의 개혁을 위한 여러 가지 조치를 시행할 것이라고 밝혔다. "공정과 정의"를 통치원리로 삼고 제국의 발전을 위해 전 세계에서 "지식과 학식"을 배워 받아들이겠다고 선언했다.[8] 메이지 정부는 일본의 문명이 유럽에 비해 현저하게 뒤떨어졌음을 알았기 때문에, 혁명 이후 곧바로 유럽의 지식, 과학 및 기예를 받아들이는 데 노력을 쏟았다. 유럽 여러 나라에 대사를 파견하고 사절단을 보내 정부, 행정, 교육, 종교, 학문 등 여러 분야를 조사하도록 했다. 메이지유신 20여 년 후에 드디어 일본은 근대국가의 외양을 본격적으로 갖추고 입헌군주정을 정체政體로 하는 헌법을 반포하기에 이른다. 1868년의 혁명이 국가의 장래를 위해 봉건 영주층이 지배세력의 자리에서 물러난 계기를 만들었다면, 1889년의 헌법 제정은 일본 국왕이 스스로 자신의 권력을 제한하고 의회제도를 도입해 자생적인 입헌군주국을 수립한 또 다른 혁명이었다. 내전이나 소요 또는 계급갈등이 거의 없이 순조롭게 지배세력의 교체와 정치제도의 혁신을 이루어낸 사례는 역사에서 실제로 찾아보기 어렵다. 영국 지식인들은 바로 이 점을 높이 평가하고 있는 것*이다.⁹ 예컨대, 피터 더글러스는 새 헌법 제정이 일본 근대화의 완성을 뜻하는 상징적 사건이라고 본다.

> 최근 일본 국왕이 입헌군주정을 표명한 것은, 자신의 절대적인 군주 지배권을 축소하고 귀족원과 서민원으로 구성된 의회를 도입하는 내용으로, 메이지유신 이후 23년의 짧은 기간에 이뤄낸 전례 없는 변화 중의 한 조치. 짧은 시기에 이 놀라운 나라는 어떤 망설임도 없이 황혼 무렵의 준야만 상태에서 유럽 문명의 광채 안으로 들어왔으며, 구세계의 제도들을 최근에 개발된 서구 각국의 제도로 거침없이 바꿨다.¹⁰

신헌법을 제정할 무렵, 메이지유신 이후 20년간 일본 사회는 어떻게 변했는가. 영국인들의 눈에 비친 일본의 변화와 발전상은 너무 인상적이었을 것이다. 그렇다면 동시대 일본인은 어떻게 느꼈을까? 일본인이 특이하게 영어로 쓴 논설이 있다. 일본인 필자 다이고로 고는 그간의 변화를 다음과 같이 회고**한다.¹¹ 1890년 9월 19일 그는 요코하마와 전보 통신을 하

---

* 특히 더글러스는 메이지유신 이전에 일반 민중 사이에 구체제에 대한 불만의 징후가 없었다는 점을 중시한다. 일반 민중은 봉건 제후, 장군, 국왕으로 이어지는 지배체제에 순응했다는 것이다. 결국 일본의 메이지유신은 지배층의 각성에 따른 결과라는 주장이다.
** 필자 다이고로 고Daigoro Goh는 케루 다이고로吳大五郎의 오기처럼 보인다. 케루 다이고로는 1880~1890년대 미쓰이상사 홍콩지부장을 지냈다. 영어와 중국어에 능통해 중국어 사전을 펴낸 실업가였다. 이 필자의 성을 음독해 영문명을 잘못 표기한 것으로 보인다.

면서 이에 자극받아 이 글을 쓰게 되었다고 고백한다. 그에 따르면, 1850
년대 외국과 통상조약을 체결할 당시만 하더라도 일본은 전통 속에 파묻
힌 나라였다. "일본은 불분명한 나라였고 다른 세계에 거의 알려지지 않
았으며, 정부는 낡은 봉건체제였다. 사람과 말의 다리가 지금의 우편열
차, 전신, 전화를 대신했다. 가축의 등과 사람의 어깨가 짐을 나르는 유일
한 수단이었다. 일본 사람들은 칼을 차고 거리를 배회했으며, 그 사회 및
정치 생활에서 서구 문명의 어떤 징후도 탐지할 수 없었다."[12] 이제 일본은
봉건제도에서 근대적 관료제도로, 그리고 의회제도에 바탕을 둔 입헌정부
로 변모했다. 그 변모는 "서양에서와 같은 갈등과 격동 없이 평화와 번영
의 분위기 아래" 이루어진 것이다.[13] 육군과 해군은 유럽 군대를 본받아 최
신 무기를 갖추고 있고 근대적 법률과 사법제도가 종래 중국적 전통을 버
리고 유럽적인 형태로 바뀌었다. 근대적 교육제도는 물론이고 새로운 서
양지식이 홍수처럼 유입되었다. 그는 전국적 연결망을 갖춘 우편과 전신
제도, 철도, 해상 수송, 항구 등 근대문명을 차례로 열거하면서 다소 애국
적인 수사로 일본의 근대화에 찬사를 보낸다.

후지산이 평지에서 하늘 높게까지 갑작스럽게 치솟아 오른 것과 같이, 참으로
일본은 그 외양의 아름다움과 국가 건설의 신속성 면에서 세계의 찬탄과 경이의
대상이 될 만하다. 여러 세세한 면에서 아직도 유럽과 아메리카 강대국에 필적
하지는 못한다 해도 일본은 세계 다른 문명국과 비교해도 유리한 위치에 있다.[14]

사실 다이고로 고가 애국적인 찬탄을 쏟아내기 훨씬 전에 영국인 여성
여행가 비숍도 일본의 신문명에 감탄한 바 있다. 1878년 봄에 일본을 방문
했던 비숍은 요코하마에서 도쿄까지 철도를 이용하면서 신문명을 실감한

다. 1872년에 개통된 이 철도는 영국 기술자들이 주로 건설했다. 요코하마 역은 말끔하고 보기 좋은 석조건물이었고 넓은 진입로에 넉넉한 대합실을 갖추고 있었다. 역의 운영 방식을 보고서 비숍은 일본의 개방과 국제화를 여실히 느낄 수 있었다. "매표원은 중국인, 안내원과 운전기사는 영국인, 그리고 여객전무는 유럽식 의복을 입은 일본인이었다." 승객과 수하물을 나르는 방식 또한 매우 효율적이었다. "손에 들 수 있는 수하물만 자유롭 게 가져갈 수 있었고, 나머지는 무게를 달고 숫자를 구별하고 그에 따라 요금을 매겼다. 번호표를 승객에게 발급해 도착지에서 제시하도록 했다."15

에드워드 리드도 우편제도의 발달에 관해 상세하게 소개한다. 일본에서 우편제도가 처음 도입된 것은 1871년의 일이다. 그해에 처음 도쿄와 오사 카에 우편국이 신설되어 두 도시 간의 우편 배달을 시작한 이래, 5년 이내 에 일본 전국에 691개소에 우편국이 들어섰으며, 1876년 배달된 편지 및 소포는 3,000만 통에 이르렀다. 1875에는 우정제도를 이용해 은행 업무가 도입되었다. 국내 전신제도 또한 우편국 연결망을 통해 시행되었다.16

'일본적인 것'을 어디에서 찾을 것인가?

급속한 변화를 겪고 있는 일본에서 과연 '일본적인 것Japaneseness'은 무엇 인가? 겉으로 드러난 근대화의 변화에만 감탄하는 것을 넘어서 '일본성日 本性' 또는 '일본적인 것'에 관심을 기울이는 영국 지식인도 있었다. 그 대 표적인 사례로 비숍을 꼽을 수 있다. 그녀는 요코하마에 상륙하면서 처음 이런 말을 남긴다. "나는 실제 일본에 가고 싶다."17 '미답로unbeaten tracks' 라는 책 이름이 그녀의 의도를 나타낸다. 그녀는 근대적이고 도회적인 일본의 모습보다는 전통적인 시골 마을과 소읍을 탐방하고자 했다. 세 차례에 걸친 그녀의 답사 여정*은 바로 이를 보여준다.[18] 실제 여행기에서 그녀는 근대화를 겪고 있는 도시 지역보다는 전통을 간직한 시골 촌락과 소읍, 그리고 이들 농촌 사회가 근대화 과정에서 겪고 있는 변화를 기술했다.

비숍은 일본의 급속한 근대화를 찬탄했지만, 그러면서도 전통을 잃는 데 대해 유감스러워했다. 그녀가 시골과 오지 여행을 고집한 것은 변화 이전 또는 변화의 와중에 있는 일본의 실제 모습을 보기 위해서였다. 일반 민중의 삶과 관련해 비숍이 보려고 한 '실제 일본'의 모습은 무엇이었는가. 한 마디로 대답하기는 어렵다. 그래도 비숍의 책에서 우선적으로 다가오는 것은 '근면성'이다. 처음 요코하마에서 도쿄로 가는 기차에서 창 밖으로 보이는 드넓은 평야를 보면서 그녀는 머릿속에 '근면'이라는 단어를 떠올린다. 어쩌면 이 단어가 전통 일반의 표상이었을 것이다.

이 비옥하고 생산적인 평야에는 수도뿐 아니라 수백만 명의 인구가 살고 있는 도시와 수백여 번영하는 농촌 마을들이 있다. 철도에서 볼 수 있는 모든 땅은 가장 정교한 방식으로 경작되며 그 대부분은 쌀농사다. 수량이 풍부한 하천, 잿빛 밀대 지붕으로 덮인 목조 가옥이 가득한 마을들과 이상하게 굽은 지붕의 잿빛 사찰들이 풍경 속에 흩어져 있다. 근면한 사람들의 이 나라는 가정적이고 살기 좋으며 예쁘다.[19]

---

* 비숍은 1878년 5월 21일에 일본 요코하마에 입국해 12월 19일까지 머물렀다. 그녀는 세 차례에 걸쳐 일본 각지를 여행했다. 세 차례의 여행은 다음과 같다. 첫째, 5월 24일과 7월 4일 사이에 도쿄에서 니가타까지 247마일을 여행했다. 이 여정에서 26개 소읍 또는 촌락을 방문했다. 둘째, 다시 7월 11일 이후 한 달간 니가타에서 아오모리까지 368마일에 이르는 긴 거리를 여행했다. 그 여정에서 들른 촌락과 소읍은 무려 47곳에 이르렀다. 마지막으로, 8월 13일부터 한 달간 하코다테를 출발해 홋카이도 지방, 특히 아이누인의 생활을 관찰하기 위해 358마일에 이르는 거리를 여행한다.

도쿄에서 니가타까지 여행할 때 그녀가 방문했던 마을마다 사람들이 농사일을 하면서 다른 한편으로 수공업종의 노동에 종사했다. 차 말리기는 기본이었고, 견직이 부업인 농촌도 다수 보였다. 견직을 함께하는 마을은 뽕나무 밭을 보고 식별할 수 있었다. 흰색과 노란색 고치를 마을 길 가장자리에 널판을 깔고 널어놓았다. 또 영국에서 수입한 면사로 직물을 짜는 부녀자의 모습도 심심치 않게 볼 수 있었다. 일곱, 여덟 살로 보이는 여자아이들은 등에 아기를 업은 채 놀이를 하고 있었고, 아이를 등에 업기에는 너무 어린 여자아이들도 인형을 등에 묶고 놀았다.[20] 비숍은 셀 수 없이 많은 시골 마을들, 가족들로 붐비는 시골 농가, 그리고 수많은 어린아이를 보고서 일본이 인구가 많은 나라라는 것을 새삼스럽게 깨달았다. 마을 주민들이 농사일을 주업으로 하고 면직과 견직 생산을 부업으로 하고 있기 때문에, 마을마다 상점이 넘쳐났다. 말하자면, 시골 구석까지도 사회적 분업이 발달한 셈이었다.

이 마을들은 상점으로 가득 차 있다. 무엇인가를 팔지 않는 집은 거의 없다. 구매자들이 어디에서 왔는지, 그리고 어떻게 이윤을 낼 수 있는지는 미스터리다. 1.5인치 길이의 꼬치로 꿴 마른 생선, 떡, 쌀, 밀가루, 그리고 설탕을 약간 가미한 뿌리들, 모찌라고 알려진 쌀 반죽 덩어리 등이 흔히 볼 수 있는 상품들이다.[21]

1870년대 일본 농촌의 번영에 관한 비숍의 기록은 이러한 활력이 메이지유신 이후 갑자기 나타난 것이 아니라 적어도 17세기부터 농촌 사회에서 전개된 어떤 지속적 변화와 관련되었으리라는 것을 시사한다. 여기에서 언급하려는 것은 '근면혁명'이다.

경제사가 하야미 아키라는 16세기 노비濃尾 평야의 한 봉건 제후가 수집해 편찬한 촌락조사서를 치밀하게 분석한 결과를 토대로 삼아 여러 논문을 썼다. 그의 연구에 따르면, 17세기 후반부터 19세기 초에 이르기까지 인구는 대체로 30퍼센트 증가했다. 그 반면에, 가축은 200퍼센트 이상 줄어들었다. 그렇다면 이러한 변화는 무엇을 뜻하는가? 17세기 촌락조사서에 기록된 가축은 쟁기질이나 써레질에 동원되는 소나 말을 뜻했다. 농업용 축력이 줄어드는 것은 농업 부문에 투입되는 자본량의 감소를 의미한다. 이는 도쿠가와 막부 시대 전 시기에 걸쳐 농업 생산 면에서 중요한 구조적 변화가 있었음을 말해준다. 당시 축력을 쟁기질에 이용하는 것은 자본집약적 방식이라 할 수 있다. 농민들은 가축을 기르는 데 필요한 자본을 투입하는 대신, 노동 시간의 연장과 노동 강화를 통해 인구 증가에 대처한 것이다. 한마디로, 이는 노동집약적 방식이다. 하야미는 이 노동집약적 방식으로의 변화 추세를 '근면혁명'이라고 불렀다.[22]

도쿠가와 시대에 투입 자본량이 줄어들었음에도 농민의 생활수준은 향상되었다. 축력을 인력으로 바꾸는 과정에서 이전보다 훨씬 더 효율적인 농법의 보급, 농기구의 개량, 시비 방식 개선과 함께 농민의 작업 시간이 하루 여섯 시간에서 여덟 시간으로 늘어난 데 따른 결과였다. 근면이 미덕이라는 생활윤리도 확립되었다. 지배층의 수탈이 심하지 않았기 때문에 근면, 생활수준 향상, 생산성 증가, 새로운 노동윤리, 생산량 증가가 차례로 이어지는 선순환 구조가 정립될 수 있었다. 하야미는 근면혁명이 17세기 대가족의 해체와 깊이 관련된다고 본다. 대가족 해체 이후 소농가족이 지배적인 형태로 나타나면서 농민 사회에 근면혁명이 전개되었다는 것이다.[23]

19세기 후반 일본에 관한 논설이나 여행기를 쓴 지식인들이 일본의 변화와 관련해 특히 주목한 것은 교육이다. 그리고 이 교육에의 매진은 '교육입국'이라는 개혁가들의 슬로건에 영향을 받기도 했지만, 동시에 일본인들의 '근면성'이 자연스럽게 연결된 현상이기도 했다. 사실, 일본의 전통교육은 중국 고전에 대한 이해를 높이고, 자국의 문학작품을 읽는 데 초점을 맞췄다. 일본 전통지식인들에게 지식이란 당송唐宋 시대의 문체로 세련된 중국 산문을 짓는 능력이었다. 그러나 근대화 과정에서 중국 문헌에 대한 집착이 사라졌다. 19세기 후반 일본에 관한 논설을 쓴 몇몇 영국 지식인들은 교육 열풍을 상세하게 소개한다. 피터 더글러스는 일본 교육 당국이 발표한 공식적인 통계를 인용해, 1886년 현재 일본에는 각급 학교 3만 367곳에 학생 323만 2,719명이 재학하고 있으며, 교사 수는 총 8만 4,703명이라 밝히고 있다.[24] 제도교육은 남성만을 대상으로 하지 않았다. 더글러스는 1886년 교육보고서를 인용해 여성이 습자책으로 글쓰기를 연습하는 정경을 묘사하기도 하고, 323만 명에 이르는 학생 가운데 98만여 명이 여학생이라는 사실도 지적한다.[25] 국민교육에 대한 일본 정부의 관심은 1890년 집대성된 '교육칙어'에서 확인할 수 있다. 더글러스는 그 칙어의 일부 내용을 다음과 같이 소개하기도 한다.

일상생활에 필요한 지식에서부터 관료, 농장주인, 상인층, 예술가, 의료인 등 존중받는 직업에 진출하는 데 긴요한 고등지식까지 모든 지식은 공부를 통해 얻을 수 있다. 공부는 모든 계층에 속한 남성은 물론, 농민, 예인, 상인, 여성의 삶의 성공에 필수적이다. 그렇지만 과거에는 그들의 경계선 밖에 있는 것에 있는 남다른 것으로 여겨지기도 했다. 심지어 상류층 사이에도 무의미한 토론과 헛된 논의가 빈번히 이뤄졌는데, 이런 것에서는 어떤 실질적인 응용을 기대할 수 없다. 그러므로 교육을 확대하여 어떤 마을에도 무식한 가족이 없고, 어떤 가족에

도 무식한 자가 없도록 해야 할 것*이다.[26]

프랜시스 콘더 또한 초등교육에 대한 일본 정부의 노력에 감탄한다. 1880년경에 이미 500만 명의 학령 어린이 중에서 200만 명의 어린이가 초등교육을 받고 있었다. 콘더는 이 사실 자체에 놀라움을 드러낸다. 영국이 초등교육을 강제 시행한 것이 1870년이다. 선진적인 영국과 이제 근대화를 시작한 일본 사이에 커다란 차이가 없는 것이다.[27] 콘더는 초등교육 열풍을 보면서 일본 정부의 또 다른 의도를 간파한다. "복종은 일본인 사회 질서의 토대가 된다. 형식적이고 겉으로만 가식으로 취하는 예절 못지않게 신속한 복종의 태도가 남녀 어린이에게 주입되는 것이다. 학교에서 한자를 사용하는 것은 긴요하지 않은 노력을 추가로 요구하지만, 그럼에도 고전교육으로 도달할 수 있는 것과 같은 규율적인 가치를 갖는다." 초등학교에서 한자를 습득하는 것은 일본어의 특성 때문이기도 하지만 중국 고전의 구절 일부를 사자성어로 만들어 어린이 예절의 지침을 삼도록 하는 것이 매우 효과적이기 때문이라는 것이다.[28]

도시에서 제도교육의 확대는 어쩌면 자연스러운 일이다. 그러나 작은 농촌 마을에서도 초등학교 교육과 학습의 열기가 넘쳤다. 교육입국에 대한 일본 정부의 관심을 확인할 수 있는 것은 이 지점이다. 비숍의 여행기는 그런 시골 학교의 풍경을 사실적으로 묘사한다. 이리미치라는 시골 마을에 있는 학교 정경은 이렇다.

---

* 메이지 천황의 '교육에 관한 칙어'는 1890년 10월 30일에 반포되었다. 더글러스의 논설이 실린 《에든버러 리뷰》 출간일은 같은 해 7월이다. 더글러스는 분명히 'Edict on Education'이라 표기하고 있다. 이해하기 어려운 부분이다. 메이지 정부에서 공식 반포하기 전 여러 차례 검토된 시안 가운데 하나를 참조했을 가능성이 크다.

오전 7시에 북소리가 나면 아이들이 학교에 등교한다. 건물이 보잘것없어도 가정에서 학교를 불신하지 않는다. 학교가 너무 유럽식이라는 느낌도 든다. 아이들이 책상에 비해 높은 의자에 앉아 있는 것이 불편해 보였다. 학교 교육시설은 매우 좋고 벽에는 좋은 지도들이 걸려 있다. 25세쯤 된 남자 교사가 칠판을 자유로이 이용하면서 학생들에게 빠르게 질문을 던졌다. 가장 적절한 대답을 한 어린이는 우리의 경우와 마찬가지로 교실 맨 앞자리로 옮겼다. 복종은 일본 사회 질서의 근간이다. 가정에서 이의 없이 복종하는 데 익숙한 아이들을 대상으로, 조용하게 하고 주의를 집중시키며 예절을 지키도록 하는 데 어떤 곤란한 점도 없다.[29]

비숍의 여행기에서도 콘더의 인식과 비슷하게 '복종'과 '준수'가 초등교육의 중요한 핵심어로 등장한다. 여기에 '근면'이라는 언어가 어린이에게 주입될 때 어떤 학습 태도로 이어질 것인가. 비숍은 이리미치 마을 시골 학교 수업 풍경을 다음과 같이 묘사한다.

교과서를 뚫어져라 보고 있는 촌티 나는 어린이들 얼굴에는 고통스러울 정도의 진지함이 진하게 묻어났다. 심지어 [나 같은] 외국인이 교실에 들어와도 어린 학생들의 주의를 끌지 못했다. 어린 학생들은 주로 실물로 수업을 받았고, 더 나이 많은 학생들은 지리와 역사책을 큰 소리로 읽는 연습을 했다. 매우 높은 어조로, 그리고 아주 강한 톤으로 중국어와 일본어를 발음했다. 산수와 자연철학 일부 내용도 가르친다. 아이들은 시를 암송했는데, 내가 이해한 그 시는 단순한 음절로 이루어져 있었다.[30]

초등교육과 비교할 때 정도의 차이는 있겠지만, 중등 또는 고등교육에 대한 일본 정부의 관심도 매우 높았다. 1차 여정에서 비숍은 니가타를 탐방한다. 인구 5만 명의 이 도시는 개항장도 아니었고 외국 무역도 거의 이루어지지 않았다. 그러니까, 서양문물의 영향을 직접 받은 도시라고 할 수 없었다. 비숍은 외국과 교류가 거의 없는 이 도시에 "대학이라 불러도 좋을 만한 학교, 영국인과 미국인 선생들이 가르치는 영어학교, 이공학교, 지질박물관, 좋은 설비를 갖춘 실험실, 그리고 최신의 과학 및 교육 시설"이 갖춰진 데 무척 놀라워했다.[31]

2차 여행 중에 방문한 구보타는 인구가 3만 6,000명 규모였다. 비숍은 그 도시의 사범학교 교실에 갖춰진 설비, 특히 화학 교실의 실험 장비와 지구과학 교실의 장비를 보고 경탄을 금치 못했다. 그 학교는 영국의 학교보다 더 좋은 설비를 갖추고 있었기 때문이다.[32] 또 도심의 한 현대식 병원이 순수하게 일본인 의사들로만 운영되고 있음에도 병원 자체적으로 의학교육을 실시하고 있다는 사실에 더욱 놀랐다. 50여 명의 학생이 의학실습을 받고 있었다. 외국인 의사들이 전혀 없는데도, 그 병원과 부속학교는 유럽 스타일로 운영되고 있었다.[33]

에드워드 리드도 메이지유신 이후 변화 가운데 교육개혁을 주목한다. 그에 따르면, 신정부가 들어선 이후 "가장 괄목할 만한 발전" 가운데 하나가 바로 "각종 교육기관의 설립"이다.[34] 전통적으로 교육 기회는 오직 봉건 지배층에게만 허용되었다. 사농공상으로 분류되는 일반 서민은 공적 교육 기회의 장에서 배제되었다. 1871년 정부는 교육 업무를 맡을 부서로 교육부[문부성文部省]를 신설했다. 이후 교육부가 주도하는 교육기관의 설립은 경이적이었다. 관립 고등교육기관, 즉 대학, 외국어학교, 공업학교, 사범학교를 연이어 설립하고 외국의 전문가들을 초빙해 교육과 운영을 위촉했다. 의욕과 능력이 있는 학생이라면 누구에게나 개방되었다. 신정부 인사들은 일반 서민에게까지 교육 기회를 넓히는 데서 더 나아가 여성 교육에 관심을 기울였다. 1872년 도쿄에 처음 여학교가 들어섰고, 이후 여학교 교사를 양성하기 위해 1875년 도쿄여자사범학교가 처음으로 신설되었다.[35]

지금까지 살펴본 영국 지식인들의 논설과 여행기는 대체로 일본 근대화의 신속성과 혁명성을 긍정적으로 평가한다. 더욱이 개혁을 주도하는 일본 정부의 일관된 근대화 정책도 높이 평가한다. 더 나아가서, 일본인 특유의 근면성이 이 급속한 근대화 과정 및 그 성취의 바탕이 되고 있다는 점에도 동의한다. 다만, 일본인의 복종 또는 질서 준수에 관해서는 지배층의 의도성과 조종을 강조함으로써 일본의 근대화가 자생적이고 밑으로부터 전개된 과정이라기보다는 지배세력에 의해 의도된 위로부터의 과정이라는 점을 분명하게 밝히는 것으로 보인다.

부정적 인상과 유럽 중심주의

19세기 후반 일본이 근대화 과정의 전례 없는 성취를 이룩했다고 하더라도, 영국 지식인의 시각에서 무조건 찬탄만 보내는 것은 아니다. 일본의 변화를 바라보는 지식인들의 인식에는 영국 중심주의적인 시각이 깃들어 있다. 일본에 대한 영국 측 기록에는 인종적 편견도 있다. 《브리태니커 백과사전》 2판에는 일본인의 특성과 기질에 관해 원색적인 표현도 등장한다. 그들은 근면하고 공부하고 정결하며 예의 바르지만, 다른 한편으로 오만하고 야심이 크며 잔혹하고 냉혹하다는 것이다. 열정적이면서도 복수심이 강하다는 표현도 있다.[36]

일부 논설들도 부정적인 표현을 보여준다. 콘더는 일본 노동자의 순종적

인 태도를 상찬하지만, 다른 한편으로 그들의 태도는 태고의 야만주의가
문명화 과정을 거치면서 재형성된 또 다른 습속일 뿐이라고 본다. 예를 들
어, 철도 공사에서 영국인 기술자는 명령만 내리고 기획만 하면 된다. 일
단 기획안에 따라 지시하면 일본인들은 대체로 완벽하게 시공하고 마무리
짓는다는 것이다.[37] 이 지나친 완벽주의야말로 역설적으로 야만주의가 재
형성된 사례라는 주장이다. 복종 또한 이런 기질과 관련된 것이다. 일본의
초등교육은 이 기질의 효과를 극대화하는 데 초점을 맞춘다.[38] 콘더는 일
본인의 열등한 신체조건에 대해서도 조롱투의 말을 건넨다. 중국인이 일
본인보다 실제로 크지는 않겠지만, 이들보다 일본인이 더 왜소하게 보이
는 것은 어류 위주의 식생활 탓이 아닐까 생각한다. 물론 그는 확실한 결
론을 내리지 않고 민속지학의 문제라고 본다.[39] 농민의 근면성을 상찬하는
비숍의 경우도, 1차 여행 기간에 한 작은 마을에서 만난 농민들에 대해 낯
선 시각으로 불쾌감을 표현하기도 한다. "닭, 개, 말, 사람들이 나무로 지
은 헛간에서 함께 살고 있었다." 비숍이 보기에 이는 분명히 야만적인 것
이었다.[40]

　기독교에 냉담한 일본 지식인들의 태도 또한 영국 지식인의 눈에는 비정
상적인 것으로 보인다. 콘더에 따르면, 3,500만 인구 중에 기독교를 믿는
사람들은 모두 합해서 2만 7,000여 명에 지나지 않는다. 외래 종교에 대
한 무관심은 일본인의 중요한 특징이다. 찰스 다윈과 허버트 스펜서의 저
술은 일본에서 독서층의 폭넓은 지지를 얻고 있지만, 서양에서 공부한 일
본 지식인과 관료층 가운데 기독교에 관심을 가진 사람은 드물다는 것이
다. 오히려 기독교는 교육받지 못한 사람들 사이에 전파될 뿐이다.[41] 비숍
은 《일본의 미답로》 초판에서 마찬가지로 일본인의 종교적 냉담성을 다음
과 같이 꼬집고 있다.

일본인의 본성에는 종교적 감수성이 사라진 것처럼 보인다. 고대부터 이어져온 신앙이 쇠퇴하고 있기 때문에 일본에 새로운 종교가 도입될 때가 다가왔다고 생각한다면 착각에 지나지 않는다. 일본은 물질적 진보의 길로 들어섰다. 진보와 관련된 방향으로 나가는 것은 모두 받아들이고 배운다. 그런 방향에 맞지 않는 것은 거리낌 없이 배척한다. 나는 미국에서 몇 년간 과학을 연구하고 돌아온, 고등교육을 받았을 뿐 아니라 생각까지 깊은 한 청년을 만나 종교 연구를 하면 어떻겠느냐고 물었다. 그의 대답은 아마 식자층 일반의 견해를 그대로 대변한다고 본다. "아닙니다. 저는 현실과 관계없는 일에 시간을 허비할 생각이 전혀 없습니다."[42]

일본에 관한 영국 지식인의 논설과 여행기는 일본의 근대화 과정 전략에 대해서도 의구심의 일단을 내비친다. 일본인이 처음 근대화 노력을 기울이던 시기에 가장 효과적인 방법은 외국인 전문가를 초빙한 후에, 그들로부터 전문적인 지식과 정보를 배우는 것이었다. 그러나 외국 전문가를 일본으로 초청하려면 상당한 급여를 보장하지 않으면 안 되었다. 이러한 정책 때문에 많은 해외 전문가들이 일본의 정부 부처, 학교, 병원, 공장 등에서 일을 했다. 당시 일본 정부의 재정은 매우 빈약했을 것이다. 일본 정부의 입장에서는 가능하면 해외 전문가들의 지식을 빨리 배우고 그들을 해촉하는 것이 최상의 방편이었다. 그러나 외국인 전문가들의 입장에서는 일본인에 대한 지식 전수를 가능한 한 늦추고 긴 기간 고용되어 높은 급여를 받는 것이 중요했을 것이다. 콘더에 따르면, 일본 정부는 독일, 미국, 영국, 프랑스의 학자들을 일본 고등교육기관으로 초청했다. 이 학자들은 높은 급여에 유혹당해 일본에 체류했다. 그러나 여기에 흑심이 있었다. "귤의 과육을 다 빨아들이고 난 후에 곧바로 귤 껍질을 내버리듯이", 그들의 지식을 배우자마자 그들을 해고할 준비가 되어 있는 것이다.[43] 비숍 또한 이와 비슷한 분위기를 다음과 같이 전한다. 이 내용은 1885년 축약본에는 삭제되어 있다.

외국인 전문가를 오래 고용한다는 것은 신일본운동을 주창해온 명사들의 계획에는 애초부터 없었다. 그들은 우선 외국인으로부터 얻을 수 있는 것을 모두 얻은 다음에 그들을 해고하고 국가를 운영할 생각이었다. 1878년 5월 전신국이 여러 명의 외국인을 쫓아냈으며 다른 정부 부처들도 가능하면 그 뒤를 따를 것이다. 해군학교는 영국 사람, 의학전문학교는 독일 사람이 운영을 맡고 있다. 제국대학에는 영어로 말하는 교사들이 있고 기술학교는 영국인 교장이 영국 출신 교사들의 도움을 받고 있다. 교사 집단의 변화는 자주 나타난다. 사람들은 실제 사례를 말할 뿐만 아니라, 내달 또는 내년에 계약이 만료될 사람들에 관해 말하곤 한다.[44]

일본을 관찰하는 비숍의 시각은 한편으로 근대화를 위해 노력하는 일본인의 부지런한 태도를 칭찬하면서도, 다른 한편으로는 선진국 국민의 시선으로 바라보며 우월감을 드러낸다. 그녀는 그 나라 사람의 입장에서 현상을 이해해야 한다는 점을 강조하면서도 일본인에 대해서는 중심국가 지식인의 시각으로 바라본다.

잘 알려진 사실이지만, 일본은 미국과 통상조약을 맺은 후에 이 불평등조약을 수정할 필요성을 절감한다. 조약은 일본의 7개 항구를 개항장으로 개방하고, 이들 항구에 외국인 거류지를 개설, 도시의 일정 지역에서 외국인에게 자유로운 이동 권한을 부여했다. 외국인은 일본법 및 일본 법정이 아니라 자국법 적용 대상이 되면서 사실상 치외법권을 갖게 되었다. 관세 또한 5퍼센트 이상 부과할 수 없도록 제한을 받았다.[45] 이런 불평등조약을 수정하기 위해 1872년 이와쿠라 사절단이 파견되었지만 그 목표는 실패로 끝났다.*

19세기 말까지만 하더라도, 영국 지식인들은 일본의 경제발전이 아시아의 한계를 넘어서지 못할 것이며, 따라서 곧 서유럽을 따라잡을 것이라고는 생각하지 않았다. 그러나 일본의 성취와 저력은 이미 1880년대 초에 가시적으로 나타난다. 1884~1885년 의회 문서에 수록된 일본 주재 영국 영사 보고서를 검토해보자.[46] 이들 보고서는 당시 일본 개항장 가운데 요코하마, 오사카, 나가사키, 하코다테의 수출입 현황을 기록하고 있다. 보고서는 특히 1880년대 초 무역 현황을 보여주는 통계를 수록하고 있다. 이 통계는 도쿄 주재 영국 영사 플런키트가 1882~1883년 개항장 네 곳의 통계를 수집해 작성한 것이다. 1882년 총 무역액 중에서 수입액은 2,916만 8,041달러, 수출액은 3,723만 5,775달러다. 이 시기에 수출초과 현상이 정착되고 있다. 이러한 수출초과 추세는 다음 해에도 계속되어 수입액 2,784만 8,992달러, 수출액 3,570만 9,066달러로 나타났다.[47]

초기 산업화 과정에 진입한 나라는 대외무역에서 일반적으로 수입초과 때문에 어려움을 겪는다. 선진국으로부터 산업화에 필요한 자본재와 공산품 수입이 급속하게 증가하기 때문이다. 1870년대까지만 하더라도 일본의 대외무역은 수입초 현상이 뚜렷했다. 그러나 이러한 추세는 1882년 전후로 역전된다. 그 까닭은 무엇인가. 견직물 수출이 증가했고, 중국산 식재료와 어류를 재수출하는 비중이 높아졌다. 그 밖에 기록에 나타나지 않지만 영국산 면직물을 조선을 비롯한 다른 나라에 재수출하는 데 힘입었

---

* 1872년 불평등조약 개정을 위해 이와쿠라 사절단을 파견한 것은, 미일통상조약 체결 14년 후부터 조약 내용의 개정을 논의할 수 있다는 단서 조항이 있었기 때문이다.

을 것이다. 전반적으로 일본의 주요 수출품은 석탄, 중국산 식품재료, 쌀, 견직물, 밀, 장뇌 등이었다. 수입품의 대부분은 면제품과 모직물, 금속, 석유 등이었다. 면제품은 영국과 인도, 금속의 경우 영국, 석유는 미국, 설탕 및 기타 동방 상품은 중국에서 수입했다. 일본의 주요 무역 상대국은 영국, 미국, 프랑스, 중국, 독일의 순서*였다.[48]

타자 읽기의 어려움

동아시아에 대한 유럽인의 논설과 여행기를 분석하는 데에는 주의 깊은 읽기가 필요하다. 타자를 바라보는 그들의 시선은 자신의 정체성을 확인하는 과정과 밀접하게 관련된다. 비숍이 일본인의 근면을 찬탄한 것도 실제로는 산업화 이후 기계의 확산과 함께 노역이 사라진 영국 사회를 확인하는 과정으로 재해석될 수 있다. 그녀가 일본 사회의 부정적 특징으로 바라본 '복종'도 '자유로이 태어난 영국인'이라는 고대적 이상을 실현한 빅토리아 시대 영국 사회에 대한 자기 확인과 밀접하게 연결되었을 수도 있다.

　그렇다 하더라도 메이지유신 이후 일본은 그들이 표방한 근대국가 만들기에 놀라운 성공을 거두었다. 1870~1890년대에 일본의 변화를 목격하고 이를 보고한 일단의 영국 문필가들은 메이지유신 이후 일본의 개혁과 변화의 본질을 '서구화'라고 규정했다. 이 서구화 과정은 다른 나라에서 볼 수 없을 만큼 유별난 신속성과 효율성을 보여주었다. 이 시기 일본 관련 논

---

*　1883년 일본의 무역총액에서 이들 나라가 차지하는 비중을 보면, 영국 33.4퍼센트, 미국 26.2퍼센트, 프랑스 18.5퍼센트, 중국 17.4퍼센트, 독일 2.7퍼센트로 나타난다. 이 시기에 조선은 주요 무역국 순위에 들어가지 못했다.

설들은 대부분 개혁의 성취를 인정하고 그 성공의 토대가 지배층의 양보와 기득권 포기에 있다는 점에 동의한다. 이러한 양보는 근대화를 일찍 경험한 서구 여러 나라에서도 찾아보기 힘든 사례인 것이다. 이들 논설은 개혁의 구체적인 과정을 보도하면서 특히 일본인의 근면성, 국민교육에 대한 정부의 관심, 고등교육기관의 경쟁적인 설립, 그리고 서구 지식의 신속한 흡수 및 존중 등을 강조한다.

일본은 1890년대 이후 청일전쟁, 러일전쟁에서 승리를 거두고 제1차 세계대전 당시 전승국의 일원이 됨으로써 아시아의 경계를 넘어 서구 열강과 경쟁하는 강대국으로 성장한다. 이 시기에 이미 일본은 영국을 선진국이 아니라 단순한 경쟁국으로 간주했을 뿐이다. 불과 반세기 만에 이루어진 이 같은 국가발전은 메이지유신 직후 영국 지식인들이 관찰했듯이, 정부가 주도하는 '위로부터의 근대화'가 성공적으로 이루어진 결과였다. 여기에는 일본인의 근면성, 국민교육, 실용적 지식에 대한 탐구와 전수, 정부의 정책 등이 복합적으로 작용했을 것이다. 그러나 빅토리아 시대 후기 일본에 관한 논설과 여행기를 썼던 영국 지식인들도 그 나라가 불과 한 세대 사이에 그들의 슬로건 '탈아입구脫亞入歐'를 현실화하리라고는 거의 예상하지 못했을 것이다.

일본의 근대화가 영국 문필가들의 예상보다 더 놀라운 성취를 이룩한 까닭은 무엇인가? 문필가들은 메이지유신 개혁의 본질과 그 이후의 변화에 주로 초점을 맞추었다. 이럴 경우 일본 근대화의 성취는 정부의 적절한 정책과 주도, 즉 '위로부터의 근대화'의 전형으로 나타난다. 그들은 개혁 이전 두 세기에 걸쳐 진행된 일본 사회의 근본적인 변화에 대해서는 잘 알 수 없었다. 도쿠가와 막부 시대에 일본 농촌 사회는 근본적이면서도 역동적인 변화를 겪기 시작했다. 하야미 교수가 언급했듯이, 소생산자에 대한 지배층의 수탈 약화, 소가족제도의 확산, 근면혁명 등이 농촌 사회의 발전이라는 선순환 구조를 형성했다. 이런 변화의 축적이 개항 이후의 일본 지배층과 지식인들의 각성 및 개혁 추구와 맞물려 근대화가 진행된 것이다. 이런 면에서 보면, 일본의 변화는 겉으로는 '위로부터의 근대화'라는 외피를 둘러쓰고 있지만, 그 안에는 '아래로부터의 변화'라는 내용이 동시에 깃들어 있었던 것이다. 영국 지식인들은 이 중층적 변화 과정을 정확하게 포착할 수 없었을 것이다.

다시

10

돌아보는

'황화론'

최근 중국의 대국굴기大国崛起를 우려하는 분위기가 국제적으로 고조되고 있다. 이 분위기는 중국의 국력 신장에 따른 경계심에서 비롯된 것이지만, 19세기 말 이후에도 상당 기간 중국인에 대한 공포감과 혐오 감정을 표현한 텍스트와 담론이 다량으로 쏟아졌다. 흔히 '황화론Yellow Peril'으로 불린다. 그러나 황화론은 중국이 제국주의 세력에 침탈당하고 중국 하층민이 열악한 계약노동자 신분으로 세계 각지에 진출하던 시기에 나타났다는 점에서 오늘날과 그 성격이 다르다고 할 수 있다.

중국인 경계론은 1894년경 독일에서 먼저 거론되었다. 당시 빌헬름 2세는 청일전쟁 이후 삼국간섭의 이유로 중국-일본 연합의 위협을 들고, 나아가 러시아와 관계를 복원하기 위해 '황화'를 내세워 러시아에 접근하려고 했다는 것이다.[1] 미국은 1882년에 이미 중국인 이민규제법을 제정했으며 러시아에서도 러일전쟁 패배 이후 극동러시아의 중국인과 조선인 이주를 경계하기도 했다.[2]

19세기 후반 중국인 노동자 송출과 디아스포라는 당시 영국이 주도한 세계체제의 확장과 밀접한 관련이 있다. 인도양 항로야말로 중국인과 인도인의 이주를 확산시킨 주요 경로였다. 특히 중국인 이주자들은 절박한 생활에서 벗어나 더 나은 삶을 찾고자 자발적으로 해외로 진출하거나 또는 계약노동자 신분으로 해외로 나갔지만, 그들의 송출과 해상 수송은 대부분 영제국 네트워크를 통해서 이뤄졌다. 아메리카 대륙이나 오스트레일리아를 목적지로 하는 쿨리무역은 노예무역 폐지 이후 새롭게 나타난 노예무역의 재판이라 할 수 있었다. 영국을 비롯한 서구 각국은 이 시기 경제활동에 필요한 값싼 노동력을 중국과 인도 이주자로 충원하려고 했다. 쿨리coolie로 불린 중국인 계약노동자들은 가장 열악한 환경 아래서 '근면'을 제공하고 그 대가로 생존했다.

영국에서 중국인의 해외 이주에 대한 경계론을 처음 설파한 저술은 피어슨의 《국민생활과 특질: 한 예견》(1893)이다.[3] 이 책은 백인 중심의 근대문명론이 널리 퍼져 있던 영국 지식인 사회에서 상당히 예외적이었다. 오스트레일리아에서의 체류 경험을 토대로 피어슨은 백인이 출산율 저하와 국가사회주의의 영향으로 점차 정체 국면에 접어드는 반면, 유색인종은 높은 출산율과 활발한 해외 이민, 그리고 적극적인 생산활동에 힘입어 미래에 더욱더 강력해질 것이라는 비관적인 견해를 밝혔다. 그의 저술을 다룬 논설과 서평은 이러한 비관론에 큰 관심을 나타내면서도 대체로 부정적인 결론을 내린다. 영어권 세계에서 황화론은 피어슨의 저술 및 이를 둘러싼 논란을 거치면서 중요한 문제로 떠올랐으나, 정작 이에 관한 연구는 드물다.

근래 레이크는 백인 문명의 미래에 관한 피어슨의 비관론이 후일 "식민지 이후post-colonial 세계"의 도래를 언급한다는 점에서 그를 "탈식민화의 예언자"로 바라볼 수 있다고 주장했다. 이에 덧붙여 오스트레일리아에서 피어슨의 정치활동이 중국인 이민 규제와 궁극적으로 백호주의 정책White Australia policy에 직접 영향을 미쳤음을 강조하기도 했다.[4] 레이크에 따르면

이 정책은 단순히 백인우월주의와 인종주의를 반영한 결과가 아니었다. 그보다는 오히려 유색인 증가에 관한 실증적 통계를 바탕으로 하는 새로운 역사 인식과 '포위당한 백인'이라는 비관론에서 비롯된 자기 방어적 대응이었다.[5]

이 글은 피어슨의 저술 1장에 나타난 그의 비관주의 역사 인식을 분석하고 그 저술이 일으킨 영미 지식인 사회의 반향과 비판적인 논설 등을 살피는 데 목적을 둔다. 이와 아울러 당시 '영국 세계체제'[6] 아래 중국인 노동력의 국제적 재배치의 실태를 개관하면서 피어슨의 저술을 둘러싼 영어권 세계의 황화론 담론을 재검토하려고 한다.

백인 문명과 피어슨의 비관적 진단

찰스 피어슨(1830~1894)은 젊은 시절 런던 킹스칼리지에서 근대사를 가르치다가 후에 오스트레일리아로 이주해 멜버른대학과 장로회여자대학에서 근무했으며, 1883년부터 1891년까지 빅토리아주 하원의원으로 활동했다. 한동안은 주 정부 교육장관 직을 맡기도 했다. 그는 1850~1860년대에 옥스퍼드대학과 케임브리지대학의 근대사 교수직에도 응모했으나 뜻을 이루지 못했다. 그가 오스트레일리아로 이주한 것은 신병에 따른 건강 외에도 이러한 좌절 때문이기도 했다.[7] 근대사 교수 직을 원했던 1860년대에는 역사 연구에 전념해 전문 연구서를 출간하기도 했다.[8] 1892년 다시 영국으로 귀국한 피어슨은 《국민 생활과 특질》을 출간한 후 1894년에 세상을 떠났다.

피어슨은 당대 지식인들이 백인 중심의 인종론 또는 사회진화론 시각에서 영국인의 성취를 강조한 것과 달리 백인 문명의 미래를 낙관적으로 보지 않았다. 그는 오스트레일리아, 아시아, 아메리카의 현지 사정을 둘러보면서 이들 지역의 역동적인 발전에 관심을 기울였다. 특히 그는 세계 곳곳에서 중국인, 인도인, 아프리카 흑인들의 이민 증가와 높은 출산율을 주목했다. 백인이 주로 온대 지역을 중심으로 생활공간을 넓히는 것과 대조적으로 이들 아시아-아프리카 출신 유색인종은 다른 기후대에서도 잘 적응했다. 이러한 역사 인식은 우선 자신의 삶의 체험에서 우러나온 것이다. "20년간 남반구에 거주하면서 나는 다음과 같은 특별한 질문의 새로운 면을 고민하게 되었다. 과연 유럽인이 새로운 거주지를 스스로 꾸릴 수 있는 능력이 이전 조상이 살던 기후대나 환경 비슷한 곳에만 국한될 수밖에 없는가?"[9] 그는 유색인종이 "더이상 침략당하거나 후견이 필요할 만큼 약하지 않고 실제로 독립적인 정부를 수립하고 자기 영토의 무역을 장악하며 유럽인의 공업을 옥죄는" 그런 미래를 예견했다.[10]

동시대 지식인들의 시선과 다른 이 비관론은 어디에서 비롯된 것일까? 건강 문제, 영국에서 두 차례 교수 임용의 실패, 중심부에서 백인자치령으로 건너간 삶의 경험이 영향을 주었을 것이다.[11] 그러나 이보다 더 중요한 것은, 피어슨이 유럽의 경계를 넘어 오스트레일리아에 다년간 체류하면서 전 지구적 차원에서 유럽 문명을 조망할 수 있는 위치에 있었다는 점이다. 그는 미국, 동남아시아, 북미와 중남미, 아프리카 지역의 인구 자료를 다양하게 수집하고 참조했다. 특히 중국인과 인도인의 해외 이주 및 확산에 관한 정확한 통계들을 활용하고 있다.

겉으로 보면, 피어슨의 저술을 구성하는 여섯 장의 주제는 서로 독립된 내용으로 보인다.* 그럼에도 비관적 역사 인식이라는 면에서는 밀접하게 서로 연관된다. 그는 먼저 백인의 생활공간이 온대에 국한되고 출산율도 떨어지는 반면, 중국인과 인도인, 그리고 흑인은 지구 전역으로 진출하고 있으며 갈수록 증가 추세를 보여준다고 단언한다(1장). 다음으로 그가 강조하는 핵심어는 '국가사회주의'다. 이는 아마 19세기 후반 빅토리아주를 비롯해 오스트레일리아에서 나타나는 새로운 정치적·사회적 경향을 성찰한 결과로 보인다. 그는 국가 주도의 사회정책이 사회적 평등화를 지향하는 현상을 암울하게 바라본다. 특히 이러한 추세가 결국 한편으로 유색인종이 백인의 생활수준에 접근하고 이와 동시에 백인의 도덕과 정신이 유색인종의 정신에 하향 수렴되지 않을까 우려한다(2장). 이어서 피어슨은 국가 간섭의 증대가 군대 팽창을 가져오고 오히려 그 반대급부로 부채 증가 때문에 국가의 쇠퇴를 초래하리라고 예견한다. 다른 한편 급속한 도시화가 농촌생활과 전원성을 파괴한다(3장). 이 책의 후반부에서 피어슨은 국민감정과 애국주의의 이점, 이러한 정신 태도의 변화, 가족제도의 쇠퇴 등을 다룬다. 국가권력의 확대가 개인의 활력과 개성을 약화시키며, 과학의 발달에 비해 상대적으로 문학적 감수성이 쇠퇴한다는 것이다(4~6장). 결국 백인 문명(근대문명)의 비관적 미래를 여러 시각에서 검토한다는 점에서 서로 연결된다.

이제 가장 논란이 되었던 1장의 논지를 좀 더 구체적으로 검토하기로 한다. 백인의 생활공간이 주로 온대 지역에 국한될 것이라는 그의 예견은 20여 년간 오스트레일리아에 거주하면서 보고 느낀 생생한 체험에서 비롯한

---

* 각 장의 제목은 다음과 같다. 1장 고등 인종이 지닌 고정불변의 한계, 2장 사회 질서의 고착, 3장 정치발전에 나타나는 몇 가지 위험들, 4장 고양된 민족감정의 이점들, 5장 가족의 쇠퇴, 6장 [국민] 기질의 퇴락.

다. 그가 머물던 시기에 오스트레일리아 서부나 북부는, 특히 열대에 가깝고 건조한 사막지대, 생활환경이 척박한 지역에 계약노동자 신분으로 이주하는 중국인들이 급증했다. 금광 개발의 열기가 자극을 주었겠지만, 중국인의 북부 이주는 그들 삶의 절박성에서 자연스럽게 비롯되었을 뿐이다. 중국의 경제적 피폐, 내란, 상대적 과잉인구, 쿨리무역, 한계 노동층의 디아스포라 등 다양한 요인을 고려하지 않고서는 척박한 지역을 향한 중국인 이주의 물결을 이해할 수 없다. 그럼에도 피어슨은 인종적 편견이 가득한 눈으로 열대기후대에서 중국인의 적응력을 강조한 것이다.

오스트레일리아는 먼저 문명화된 국민이 광활한 대륙을 발견한 후에 점유한 전례 없는 사례다. 우리 백인이 접근하면서 원주민은 사라졌고, 외부 열강과 복잡한 분쟁도 없었다. 남부 지역의 기후는 온화하다. 그렇다고 백인이 북부 지역에서 생활하고 노동하는 데 적응할 수 있을지는 의문이다. 영국인이나 독일인이 뉴기니를 식민지로 삼기 어렵다는 것은 분명하다. 본국의 영국인들이 이해하기 어렵겠지만, 오스트레일리아 민주체제에 긴요한 중국인 이민자들, 이에 대한 공포는 사실 경험상으로 심화된 자기보존의 본능에서 나온 것이다. 우리는 유색인 노동자와 백인 노동자가 공존하기 어렵다는 것을 알고 있다.[12]

피어슨은 아시아인과 흑인의 해외 이주 및 디아스포라, 그리고 수적 증가를 강조하고 있지만, 그 가운데서도 중국인과 인도인의 사례를 자주 인용한다. 특히 오스트레일리아뿐 아니라, 말라카 해협의 영국령 항구, 보르네오, 아메리카의 중국인 계약노동자들에 관해 지면의 상당량을 할애하고 있다. 물론 그가 보기에, 중국이라는 국가는 커다란 위협이 되지 못한다. 19세기 후반만 하더라도 청나라는 프랑스에 안남 지역 지배권을 빼앗기고

아무르강 유역은 러시아에 양도했다. 중국은 더이상 "영제국의 경쟁자"는 아니다.[13]

중국인이라는 시선으로 보면 그렇게 단순하게 생각할 수 없다. 수적으로는 인도인의 해외 확산이 더 많을 수도 있다. 그렇더라도 인도인은 힌두교와 이슬람교라는 종교 및 문화의 차이, 그리고 인도 아대륙 지역별로 할거한 여러 민족의 문화적 다양성 때문에 '인도인'이라는 단일한 인종집단으로 결집할 가능성이 작은 것이다.[14] 이에 비해 중국인은 언어와 문화적으로 비슷한 최대 인구집단이다. 중국 국내 인구는 1842~1879년간 태평천국의 난과 같은 정치적·사회적 혼란이 겹치면서 3,000만 명 이상이 감소한 것으로 나타난다. 그러나 오히려 이 같은 혼란이 중국인의 해외 이주를 더욱더 촉발했는데, 이들은 말레이시아, 오스트레일리아, 미국, 페루에 이르기까지 전 세계로 진출하고 있다.[15] 피어슨은 19세기 후반 영국 세계체제와 국제자본주의가 중국인 노동력이 필요한 구조적 차원에 대해서는 별다른 관심을 쏟지 않고 현상적으로 나타나는 해외 중국인 증가에만 초점을 맞춘다.

오스트레일리아에서도 서쪽으로 중국인 이주는 더욱더 증가할 것이다. 이 지역에 개발해야 할 천연자원이 다량 매장되어 있기 때문이다. 그곳에 거주하는 백인 인구는 소수에 지나지 않는다. 밀려오는 중국인 이주를 막기에는 역부족이다.[16] 말라카 해협의 영국령 항구도 비슷하다. 싱가포르의 경우 1871년 당시만 하더라도 말레이인 2만여 명에 비해 중국인은 수백 명 규모에 지나지 않았다. 그러나 1884년 공식 인구 조사 자료에 따르면 말레이인 수는 증가하지 않은 대신, 중국인은 8만 6,000명에 이르렀다.[17] 말레이반도나 자바섬보다 면적이 훨씬 더 넓은 보르네오섬은 중국인 이주가 어떻게 전개되는지 생생하게 보여준다. 이 섬의 다양한 원주민 부족은 소수집단으로 산재해 있을 뿐이다. 영국령 보르네오 당국은 이 섬을 개발하기 위해 중국인 계약노동자의 이민을 장려한다.

피어슨은 장기적으로 중국인 계약노동자들이 섬의 인구의 다수를 차지할 것이라고 예견한다. 장기적으로 보면 말레이인보다 16배 이상 많아질 것이고, "솜씨가 더 뛰어나고 경쟁을 배제하는 방식으로 자기 집단을 조직하는"[18] 중국인 이주자들이 원주민보다 우위를 점할 것이다. 이런 추세가 지속되고 중국이라는 국가가 존속한다면 수십 년 후에는 어떤 일이 벌어질 것인가?

50여 년 후 중국이 필연적으로 세계 강대국 중의 하나로 들어서고 보르네오 인구가 1,000만 명에 이르며 이들의 지배인구가 중국인이라고 가정하자. 그때 가서도 보르네오섬 대부분이 여전히 네덜란드의 속령으로 남아 있으리라고 생각할 수 있을까? 아니면, 섬 전체가 무력이나 또는 외교에 의해 중국 속령으로 넘어갈 수도 있지 않을까?[19]

중국인의 해외 이주는 전 세계적인 현상이다. 동남아시아와 오스트레일리아를 넘어 다른 곳에서도 비슷한 현상이 나타난다. 중국인이 아무르강 유역을 점유하는 최초의 집단이 될 수도 있다. 중국인 이민자는 중남미에서도 에스파냐나 인도인 계통의 이주민을 능가할 것이라고 믿는 사람도 있다. 여기에서 나타나는 두려움은 무엇인가. "중국인 수가 월등하게 많아지고 엄청난 자연자원을 소유하게 되면, 조만간 국경을 넘어 새로운 지역으로 진출하고 약한 종족집단을 흡수할 것이다."[20]

당대의 논란, 인종론의 창을 통해 보는 두 시선

19세기 후반 영국의 저명한 역사가들, 이를테면 프리먼, 딜크, 프로드, 실리 등은 근대문명에서 영국인의 역할과 성취를 강조하고 영제국의 확장을 당연시했다.[21] 이 시기 영국 중심적인 역사 인식은 사회진화론의 지적 분위기와 걸맞았고 또 그 분위기에 자극받기도 했다. 특히 스펜서의 '적자생존'이라는 표현은 영제국의 확장을 합리화하는 슬로건으로 자리 잡았다.[22] 이 낙관적인 견해는 좁게는 앵글로-색슨인, 넓게는 백인의 우월성에 초점을 맞춘 인종론을 기반으로 삼기도 했다.[23]

피어슨은 당시 미국, 북미 및 오스트레일리아 백인자치령, 중남미, 동남 아시아 영국령 항구에서 발간된 인구 조사 자료에 주목한다. 한 세대의 시차를 두고 인구 실태를 살피면 인종별 증가율의 차이를 확인할 수 있다. 이들 지역에서 인도인과 중국인의 급속한 증가 추세가 뚜렷하게 나타나는 것이다. 피어슨의 비관론은 당시 지배적인 역사서술의 내러티브와 대조되기 때문에 발간 직후부터 식자층의 관심과 반발을 동시에 받았다. 다수 논평자가 피어슨의 비관적 문명론에 비판을 가했지만, 그러면서도 보기 드물게 중국인을 비롯한 아시아계의 급속한 이주에 대해서는 우려를 표명하는 경우도 있었다. 1880년대 이후 역사가로서 정계에 진출한 브라이스는 피어슨과 비슷하게 중국인의 진출을 우려의 눈길로 바라본다.

최근 이주의 물결 중 가장 주목되는 것이 태평양 연안과 섬들에 중국인들이 몰려드는 사례다. 미국 서부 지역에서 국내 서비스 제공뿐 아니라 철도 건설과 광활한 지역을 경작지로 개간하는 데 값싼 노동력을 동원할 필요성 때문에 많은 중국인 이주자들이 캘리포니아와 오리건주로 유입되었다. 그러나 그나마 최근의 엄격한 입법 규제가 없었다면 수천, 수만의 중국인들이 미시시피강 유역으로 몰려들었을 것이다. 오스트레일리아, 특히 퀸즐랜드주 북부도 상황이 비슷해서 중국인들을 끌어들였다. 이 지역의 기후는 백인들이 경작지에서 작업하기에는 너무 무덥다. 이곳에서도 중국인의 유입을 법으로 규제하기에 이르렀다. 태국과 말레이반도, 또 동태평양 군도로 중국인 이주는 지속적으로 이어지고 있다. 이 런 상황이 인도차이나 전역과 인근 섬들에 지배적인 것으로 보이는데, 중국인들 이야말로 이들 지역 원주민보다 출산율이 높을 뿐 아니라 더 강인하고 단단한 집단이기 때문이다.[24]

피어슨의 책은 출간 직후부터 영미 식자층의 관심을 끌었다. 주로 논란 이 된 것은 1장의 내용이다. 논평자들은 피어슨이 제기한 중국인 해외 진 출 문제를 흥미로워했지만, 그렇다고 해서 그의 견해에 동조하지는 않았 다. 대부분이 과민반응에 지나지 않는다는 견해를 표명한다. 두드러진 예 로 루스벨트의 논설을 들 수 있다. 그는 다른 다섯 개 장보다 특히 첫째 장 의 내용이 자극적이라고 주장하면서 피어슨이 "이전에 전적으로 무시했 거나 피상적으로 이해했던 문제에 깊이 빠져들게 만든다"고 말한다.[25] 국 가 차원에서 출생률은 매우 중요한 것이다. 그러나 중국인을 비롯한 유색 인종의 위협은 섣부른 예견에 지나지 않는다. 왜 그런가? 첫째, 중국인 계 약노동자들이 각지에 증가하겠지만, 장기적으로 보면 일부는 "백인, 아메 리카 원주민, 흑인과 혼혈"이 될 것이고 그들 자신의 "언어·법률·문예·행 정체계"도 유럽과 북미의 전통에 수렴될 수밖에 없다. 둘째, 피어슨은 각 지에 진출한 유색인종의 독립을 예견한다. 물론 중국인은 말레이, 파푸아 뉴기니, 인도 등지에서 증가하겠지만 이들 지역은 백인 문명에 중요한 곳 이 아니다. 중국인이 러시아에 위협이 되리라는 것도 억측에 지나지 않는

다. 마지막으로, 중국인이 공업 분야에서 백인의 경쟁자가 되리라는 가정
도 잘못된 것이다. 열대 지방에서 그런 현상이 나타날 수 있지만, 백인 국
가에서는 경쟁자로 등장할 수 없다는 주장이다.[26]

더욱 신랄한 비판을 가한 평자도 눈에 띈다. 피어슨의 저술 출간 직후
《에든버러 리뷰》지에 서평을 기고한 익명의 평자는 이 책이 "쓸데없는 우
화보다 약간 더 구색을 갖춘" 수준에 지나지 않는다고 혹평한다. 이 평자
는 지식인 사회에서 특정한 주제에 관해 찬반양론이 있기 마련이고, 전망
을 내릴 때에도 비관론과 낙관론이 병존한다는 점을 인정한다. 비관론과
낙관론은 당사자의 삶의 처지나 상황의 영향을 받는 것 같다. 말하자면 특
정한 주제에 대한 상반된 견해는 "정계의 보수당과 자유당만큼 사상계에
서도 불가피한 것"이다.[27] 익명의 필자는 피어슨의 굴곡 많은 삶의 경험이
비관론 형성에 영향을 주었으리라 예단하면서 그의 논지를 단호하게 반박
한다.

우리는 중국인의 확산이 반드시 중국이라는 국가의 확장으로 이어지지 않고, 전
세계의 백인이 결국 자신의 우월한 지위를 빼앗기지 않을 것이며, 지구 온대 지
역은 아직도 인구가 조밀하지 않아 앞으로도 수세기 동안 유럽인의 식민 공간을
제공할 수 있음을 보여주고자 했다. 이런 결론이 옳다면, 피어슨이 미래의 곤란
을 과장한 것이 분명하고, 그의 논지의 토대를 이루는 조건들은 먼 훗날에도 발
생하지 않을 것이다.[28]

피어슨의 주장을 세밀하게 검토해 그 부당성을 반박한다기보다 삶의 경
험과 좌절에서 비관론의 뿌리를 찾으려는 글도 보인다. 그랜트 더프는 학
생시절의 성취와 그 이후의 좌절을 대비하면서 피어슨의 주장을 조명한

다. 젊은 시절 피어슨은 "위대했던 시대, 황혼녘 광휘가 아직도 하늘을 비추던 시절"에 촉망받는 학생이자 연구자로서 생활했다. 그러나 여러 차례 좌절을 겪고 건강 문제 때문에 백인정착지로 근거지를 옮겼다. "젊은 시절에 최고의 고등교육을 받고서 갑자기 백인정착지에서 거친 조락의 삶에 직면한 사람이 세상을 긍정적으로 바라보기란 어려운 일이다." 그랜트 더프가 보기에, 피어슨의 논지 가운데 경청해서 받아들여야 할 것은 아마도 국가사회주의의 폐해에 대한 경고다. 그 경고를 요약한다면 다음과 같이 되지 않을까? "사회주의의 가증스럽고 어리석은 짓들이 국가 안에서나 또 다른 형태로 우리들 사이에 만연할 때까지 방치한다면 바로 국민의 생혈生血마저 변색되고 말 것이다."[29]

이상에서 단편적으로 살펴보았듯이, 피어슨의 비관적 역사 인식과 중국인 경계론은 논란의 대상이 되었지만 호의적인 평가를 받지 못했다. 저자 자신이 출간 직후에 신병으로 세상을 떠났기 때문에 이 주제가 좀 더 생산적인 논전으로 이어지지 못했던 탓도 있다. 그러나 세기 전환기에 이르러 '황화론'은 이전보다 더 분명한 실체를 갖는 담론으로 등장한다. 1901년 오스트레일리아연방 초대 총리 바튼은 의회 취임연설에서 바로 피어슨의 책을 손에 들고 단상에 섰다. 그는 피어슨의 중국인 경계론을 거론하면서 다음과 같이 연설했다.

이 세계가 흑인과 아시아인이 연이어 거주하는 지역으로 둘러싸여 있고, 이 유색인종이 더이상 외부 공격을 당하거나 보호령으로 전락할 만큼 약하지 않고 독립적이고 실제로 자기 무역을 독점하고 유럽인의 공업을 제약하는 것을 보게 될 그런 날이 올 것이며 멀지 않았다고 봅니다. 그때 가서는 중국인, 인도인, 중남미 국가 사람들이 유럽의 바다에 함대를 끌고 나타나 국제회의의 초청을 받고

문명 세계 분쟁 지역의 동맹자로 환영받을지도 모릅니다.[30]

실제로 오스트레일리아에서는 중국인 이주자들을 두고 이전부터 사회적 논란이 있었다. 이 지역에서는 영국 본토로부터 죄수 운송이 사라진 1840년대 이후 노동력 부족이 심각했다. 1848년 10월 중국 샤먼 항에서 중국인 계약노동자들이 승선한 여객선이 처음 뉴사우스웨일스에 도착했고 1850년대 금광 개발 소식이 전해지면서 홍콩과 샤먼의 선주들이 다투어 계약노동자들을 싣고 오스트레일리아로 떠나기 시작했다. 1870년대 약 5만 명 이상의 중국인 노동자들이 체류하면서 문화와 생활 스타일의 차이에 따른 혼란과 갈등이 심해졌다. 특히 1891년 12월 한 백인여성이 중국인 노동자와 어울린 풍기문란사건이 조사 대상이 되면서 사회여론이 악화되기도 했다.[31] 피어슨의 저술은 바로 오스트레일리아의 이 같은 상황에 영향을 받았을 것이다.

러시아와 일본의 충돌 위험이 고조되던 1904년 영국 왕립지리학회에서 매킨더는 〈지리적 주축〉이라는 논문을 발표한다.[32] 세계적 차원에서 보면 대양은 대륙의 산물을 교환하고 운송하며 각 지역을 연결하는 과정에서 경제 이익을 창출한다. 지구 대륙의 중심은 유라시아 대륙이고 그중에서도 강력하면서도 광활한 힘이 깃들어 있는 지역은 러시아와 중앙아시아를 포함하는 아시아 대륙의 중앙부다. 매킨더는 이 지역을 '지리적 주축 geographical pivot'이라 불렀다. 이 지리적 주축은 광활하지만, 다른 한편으로 매우 취약했다. 그러나 19세기 철도혁명과 더불어 그 힘이 갈수록 축적 확산된다. 강대국 러시아의 등장은 이를 반영하는 것이었다. 그는 러시아의 확장과 팽창을 억제하기 위한 다양한 방어선 구축이 영국의 해상전략으로 나타나고 있다고 분석했다. 한마디로 대륙세력에 대한 해양 네트워크 포위망의 구축을 상정한 것이다. 특이한 것은 그가 러시아에 대한 영국 해양 네트워크라는 측면뿐 아니라 일본과 중국에 의한 새로운 억제력에 관심을 기울였다는 점이다. 그는 이렇게 말한다.

일본인이 중국인을 조직해 러시아제국을 무너뜨리고 그 영토를 정복한다면, 그들은 세계의 자유를 '황화'로 대체할지도 모른다. 거대한 [아시아] 대륙의 자원이 대양을 마주 대할 수 있기 때문이다. 이것이야말로 이전 지리적 주축의 주민 러시아인들이 갖지 못했던 이점인 것이다.[33]

지금까지 살폈듯이, 피어슨과 다른 논평자들은 중국인 계약노동자들의 해외 진출과 수적 증가라는 표면적 현상에 관해서는 의견의 일치를 보인다. 그럼에도 이들은 이 증가의 이면에 당시 영국 세계체제와 세계 자본주의의 필요성이 작용하고 있다는 사실은 주목하지 않는다. 물론 19세기 중국의 국가적 혼돈과 사회 혼란이 중국인 이주를 자극했다는 것은 분명하다. 그렇더라도 영국 주도의 해양 네트워크를 통한 이들의 해외 이주는 19세기 후반의 세계화 및 자본축적과 밀접하게 관련*된다.[34] 해양 네트워크를 통한 중국인 노동력의 세계적 재배치는 노예무역 소멸 이후 새로운 노동력을 충원하기 위한 가장 간편한 경로 가운데 하나였던 것이다.

---

* 매키언Adam McKeown은 다음과 같이 기술한다. "19세기 내내 남태평양과 동남아시아를 가로질러 나타난 무수한 점진적 변화는 자본주의, 민족주의, 근대 이데올로기의 확산을 둘러싸고 중국인의 근대적 디아스포라를 형성했다. 이들 변화는 동남아에 대한 유럽의 점증하는 식민지 침탈, 태평양을 통한 전 지구적 시장 및 경제 네트워크의 확대, 같은 세기 전반 유럽식 범선들의 푸젠성 정크선 무역 대체로 진행되었으며, 같은 세기 후반에 중국인의 대량 이민이 뒤따랐던 것이다."

영국 세계체제와 중국인 디아스포라

피어슨은 오스트레일리아, 말라카 해협 정착지, 보르네오, 중남미 등지의 중국인, 인도인, 흑인 이주자의 증가에 관해 현지 인구 조사 자료를 광범위하게 인용할 뿐만 아니라 몇몇 여행기에 의존하기도 한다. 그는 영국의 여류 지리학자 비숍, 오스트리아 외교관 휘버, 미국 언론인 커티스 등의 여행기를 참조하고 있다. 싱가포르의 경우 1871년 그곳에 체류하는 중국인은 수천 명 수준이었으나 1884년 말레이인 2만 명, 중국인 8만 6,000명으로 증가한다. 이 통계는 주로 휘버의 여행기에서 인용한 것이다.[35] 말레이반도의 네게리 셈빌란주 주석광산에서는 1828년 중국인 광부의 수가 1,000명에 지나지 않았지만 1880년대 초에는 그 수가 급증해 1만 9,000명에 이르렀다. 이 통계의 출처는 비숍의 여행기 《황금반도》(1883)이다.[36] 또 중남미 지역의 인도인과 특히 중국인 계약노동자 진출에 관해서는 커티스의 여행기에 의존한다.[37]

이들 여행기 가운데 특히 비숍의 《황금반도》는 말레이반도와 말라카 해협 정착지 항구 건설과 중국인 이주에 관해 상당량의 정보를 제공한다. 1842년 난징조약 이후 오랫동안 중국인 계약노동자 송출의 중심지는 개항장 가운데 하나인 샤먼이었다. 이 항구를 통해 페루, 쿠바, 하와이 등지로 계약노동자들이 진출했다. 그러나 쿨리무역 상인들은 19세기 후반 노동자 송출 중심지를 샤먼에서 점차 홍콩으로 바꾸기 시작했다. 원래 홍콩-싱가포르 항해는 싱가포르 당국에 의해 중국인 인원에 제한을 가했다. 1855년 '중국인 승객법'은 선박당 중국인 승선 인원을 20명으로 묶었다. 이 법은 1871년 폐지되었고 그 이후 홍콩-싱가포르 항로를 이용하는 중국인 수가 급증했다. 1876~1898년간 홍콩을 통해 해외로 진출한 중국인은 134만

9,705명, 샤먼 항의 경우 104만 2,285명이었다.[38] 샤먼의 영향력이 축소되고 그 대신에 홍콩이 송출 중심 항구로 떠오른 것이다. 이들 항구를 통해 푸젠성, 광둥성의 중국인들이 대거 계약노동자로 다른 세계로 나아간 것이다. 영국령 항구로서 홍콩만큼 중국인 송출에 유리한 곳은 드물었다. 비숍은 이렇게 찬탄한다.

> 이 작은 섬이 영국의 여러 식민지 가운데 가장 중요한 곳으로 떠오른 가장 큰 이유는 좋은 항만이 있어 중국 교역에 적합한 상관factory이며, 극동 지역에서 상업은 물론 우리의 이익을 보호하는 데 월등한 시설들을 갖추고 있다는 점 때문이다. 홍콩은 해군 및 무역기지로서 수에즈운하의 종점이라고 해도 과언이 아니다.[39]

1820년대 말 영국은 말라카 해협의 새로운 무역항구인 싱가포르, 페낭, 말라카 등을 하나의 행정단위, '해협정착지'로 묶어 관할했다.[40] 1879년 비숍은 해협정착지와 말레이반도를 여행하면서 이 지역 어디서나 중국인들이 다수라는 사실에 놀라움을 금치 못했다. "여기에서 분명한 사실 하나를 밝히고 넘어가야겠다. 말라카가 실제로 중국인의 도시라는 사실 말이다." 말레이반도의 주석광산, 말라카 해협의 영국령 항구 건설에 많은 노동력이 필요했으며 영국 세계체제는 중국 푸젠성과 광둥성에서 적절한 공급원을 찾을 수 있었다.

비숍이 방문한 영국령 항구와 말레이반도 지역 모두가 중국인으로 넘쳐났다. 페낭에 들렀을 때 그녀는 도시 인구 현황을 보고 다시 놀란다. 무슬림이 1만 5,000명, 말레이인이 2만 1,000명인데, 이에 비해 중국인은 4만 5,000명을 헤아렸다.[41] 페락의 경우도 페낭보다는 덜하지만 적지 않은 중

국인이 거주했다. 말레이인 5만 6,000명에 중국인이 4만 명 수준이었다.[42]
물론 싱가포르는 주민의 절대다수가 중국인이었다.[43] 이들은 푸젠성이나
광둥성 출신으로 홍콩과 샤먼을 통해 이주해온 사람들이었다. 일부는 사
적 관계를 통해서, 다수는 계약노동자로 들어왔다.

그렇다면 영국 식민 당국은 해협정착지의 무역항 시설을 갖추고 운영하
는 데 들어가는 투자 및 행정 비용을 어떻게 충당했을까? 이 또한 중국계
이민 사회의 형성과 밀접하게 관련된다. 당시 여건으로 도시 가구나 주민
개인에게 직접세를 부과하기는 행정적으로 어려웠다. 자유무역항을 표방
하는 만큼 가능하면 수출입품에 대해 높은 관세를 부과하지 않았다. 비숍
은 싱가포르의 특이한 징세제도에 관해 다음과 같이 기술한다.

> 관세가 없는 데 따른 징세 문제를 해결하기 위해 식민 당국은 인지세와 토지세
> 를 부과하고, 또 (가장 중요한 것으로) 아편과 주류, 기타 소비재 거래에 전매제
> 를 도입했다. 이 전매권을 개인, 특히 중국인에게 판매하고 그 전매 권한을 얻은
> 개인이 당국 대신 소비세를 수취하는 방식을 도급제도farm system라 한다.[44]

결국, 식민 당국이 고안한 것은 일부 분야에 한정해 영업권을 특정 개인
에게만 허용하고, 그 대신에 개인 영업자를 통해 소비세를 거두는 방법이
었다. 일종의 간접세라 할 수 있다. 대체로 전매권은 중국인의 생활과 관
련이 깊고 중국인의 선호도가 높은 영업, 이를테면 아편·도박·술집 등에
국한되었다.[45] 이 도급제도는 싱가포르, 페낭, 말라카 등 항구도시뿐 아니
라 반도의 주석광산 지대에서도 일반적으로 시행되었다. 해협의 항구도시
는 거의 중국인 노동자들의 노역에 의존해 도시로서 외관을 갖췄다고 할
수 있다.

도시 건설 과정에서 중국인들이 겪은 노역은 상상 이상으로 가혹했겠지만, 카리브해 연안의 플랜테이션과 달리 해협정착지 도시에 이주한 중국인 노동자 다수는 고통을 견디며 자신의 삶에 충실했던 것으로 보인다. 1929년 싱가포르를 방문해 도시 경관을 지켜보면서 토인비는 항구도시의 번영에 감탄한다. 그는 이 식민도시가 무엇보다도 중국인의 근면에 의존해 발전하고 있음을 깨달았다. 그가 싱가포르에 대해 연상한 단어는 "중국인의 근면, 영국인의 행정 그리고 천혜의 자연"이었다. 그에게 인상적이었던 것은 험한 일을 하는데도 이에 아랑곳하지 않고 중국인들이 행복한 표정을 짓고 있다는 점이었다. 그는 중국 내의 혼돈과 싱가포르의 자유를 연상한다. 아마도 영국 중심적인 편견이 깃들어 있겠지만, 그는 이렇게 해석한다. "삶이 어렵더라도 그들이 본국에서 찾기 어려운 개인의 자유를 찾았기 때문이다."[46]

19세기 중국인 해외 이주자는 대부분 계약노동자 신분이었다. 계약노동자를 뜻하는 쿨리는 힌디어에서 비롯되었다고 전해진다. 이 말은 19세기 동남아시아, 오스트레일리아, 카리브해 연안국, 북미와 중남미로 이주한 아시아계 일용노동자를 가리켰다. 이들의 송출은 주로 영제국 네트워크를 통해 이뤄졌다. 최초의 중국인 대상의 쿨리무역은 1807년에 나타났다고 알려져 있지만, 난징조약 이후 본격적으로 전개되었다. 쿨리무역이 사실상 노예무역의 후신이라고 불리는 것은 일정 기간 의무적으로 노역해야 하는 예속노동 계약이고 당사자들 대부분이 사취, 납치, 또는 채무 변제 때문에 반강제적으로 송출되는 경우가 많았기 때문이다.[47] 한 통계에 따르면 1848~1888년간 200만 명 이상의 중국인 계약노동자들이 동남아시아, 캘리포니아, 오스트레일리아, 수마트라, 자바, 필리핀, 하와이 등지로 팔려나갔다.[48]

중국인들이 계약노동자로 살아가면서 겪는 노동 착취가 가장 심각한 문제이겠지만, 쿨리 송출 과정에 나타나는 가혹행위와 비참한 실태도 당대에 논란거리였다. 사실 이 무역에 뛰어든 중개인과 개인 선주들의 사적 경제활동이라고도 할 수 있으나, 결국 이 쿨리무역은 노예무역 폐지 이후 그 대안으로 영국 세계체제 안에서 주로 이뤄진 경제행위였다. 이 무역시스템 자체가 노예무역과 마찬가지로 불법과 남용에 의거할 수밖에 없었다. 송출 중개인과 무역선 선주들은 소액의 지출로 수익을 거둬야 했기 때문에 불법적인 방법으로 계약노동자를 모집했고 불법을 은폐하기 위해 중국 관리와 유착관계를 맺었다. 가능한 한 많은 쿨리를 승선시킬수록 무역선이 비좁아질 수밖에 없었다. 목적지에 도착하는 동안 상당수 계약노동자들은 병들거나 사망하거나 버려졌다.[49]

쿨리무역의 비인도적 실태는 공론장에서 오랫동안 다뤄지지 않았다. 이 문제가 영국 의회에서 거론된 것은 1870년대 초의 일이다. 1871년 5월 마카오를 떠나 페루로 향하던 쿨리무역선 돌로레스 우가르테호가 난파당하는 사고가 있었다. 이 무역선은 656명의 중국인 계약노동자들을 싣고 있었는데, 사고가 나면서 불길이 치솟았고 승무원과 갑판 위에 있던 소수의 쿨리만이 보트를 타고 탈출했으며, 나머지 승객들은 대부분 희생당했다.[50]

이 사고를 다룬 하원 토론에서 팔러 의원은 여러 생존자의 증언기록을 제시하고 있다. 한 생존자는 친구의 말에 속아 마카오로 가서 송출사무소에서 계약 서명했다. 또 다른 생존자는 마카오에서 두 외국인에 의해 납치되어 배에 실렸으며, 그는 항해 도중 발에 쇠고랑을 차고 선창 밑바닥에 갇혀 지냈다.[51] 팔러 의원의 보고에 따르면, 중국인 계약노동자의 쿠바 송출은 1849~1850년경에 처음 시작되었다. 첫해 그 수는 4,000명에 이르렀다. 처음에는 흑인노동자에 비해 사탕수수 경작에 적합하지 않았으나, 흑인 노예무역이 사실상 어려워지자 중국인 계약노동자에 대한 수요가 급증했다는 것이다.[52] 그는 노예제를 폐지했으면서도 '이민'이라는 미명 아래 사실상 그 제도를 존속시킨 미국과 영국 정부의 이중적 태도를 비판한다.[53]

1873년 5월 23일 영국 하원에서는 돌로레스 우가르테호 사고를 둘러싸고 다시 논란이 일었다. 선박의 밑바닥 선창에 감금된 계약노동자들은 식수마저 제대로 제공받을 수 없었다. 갈증이 일면 선원에게 물 한 컵에 1달러를 주고 사 마셔야 했다. 이 선박사고로 600여 명이 희생당했으며, 그들 중 200여 명은 화염을 피해 바다에 뛰어들었다가 목숨을 잃었다는 것이다.[54] 이 사건을 다시 거론한 윙필드 의원은 생존자들의 증언을 통해 항해 기간의 가혹한 처우에 대해 다음과 같이 항변했다.

> 납치당해 마카오의 송출지로 끌려온 쿨리들은 감시가 철저한 감옥에 수용됩니다. 그 후에 그들은 심한 감시하에 작은 보트에 올라 무역선을 기다립니다. 무역선에 승선한 후에 그들은 곧바로 칸막이 한 좁은 방에 갇혀 지냅니다. 그곳은 공기가 부족하고 지독한 악취 때문에 거의 질식할 정도입니다. 그들은 하루에 한 번 30명씩 집단으로 갑판에 나올 수 있는데, 장전된 대포가 그들을 겨누고 있습니다. 고통을 참지 못한 쿨리들이 때로는 선원을 습격해 살해하는 경우도 여러 차례 있었습니다.[55]

케이브 하원의원의 발언에 따르면, 영국 정부도 계약노동자 송출을 둘러싼 여러 불법행위의 심각성을 알고 있었다. 마카오에서 쿨리무역의 불법은 주로 쿨리 중개인과 선주들이 의도적으로 자행하는 행위였다. 1859년 영국 정부는 대표단을 중국에 파견해 순조로운 쿨리무역을 위한 여러 조건을 협상했다. 마카오의 불법행위에 대한 중국인들의 분노가 컸기 때문에 영국은 홍콩을 송출 중심지로 확정했으며, 여러 규정을 마련해 불법행위를 차단하고자 했다.[56] 이러한 대책을 어떻게 평가할 것인가. 이를 통해 송출 과정의 불법은 줄어들었지만, 그렇다고 해서 중국인 계약노동의 성격이 바뀐 것은 아니었다. 오히려 영국 정부는 영국 세계체제에 필요한 노동력 재배치를 중국인 쿨리무역에 의존해 제도화한 것이다. 말레이반도의 사례만 보더라도 노동력 재배치의 제도화는 분명하게 드러난다. 19세기 말 이 지역은 기존의 주석광산업뿐 아니라 새롭게 고무 재배가 주요 산업으로 떠올랐다. 대규모 고무 플랜테이션 노동자 수요가 급증한 것은 당연했다. 한 연구에 따르면, 1880~1900년간 말레이반도로 유입된 중국인 계약노동자 수는 연평균 15만 명 규모였다. 대공황기 이전 1920년대에 그 규모는 30만 명에 이르렀다. 이때까지 중국인 남성노동자 이주에 어떤 제한도 가하지 않았다.[57]

돌이켜보면 19세기 후반의 쿨리무역은 영국 세계체제와 중국인의 적극적인 참여가 결합된 새로운 현상이었다고 할 수 있다. 중국인 노동자들은 영국 세계체제의 필요에 따라 새로운 목적으로 재배치되기도 했다. 1880년대 초 밴쿠버 아일랜드 벌목노동자들이 로키산맥 철도 공사에 대거 동원되기도 했다. 1881~1883년간 캐나다 태평양철도회사는 앨버타주 로키산맥의 난공사 현장에 1만 7,000여 중국인 계약노동자를 투입했다. 산악지대 공사를 하면서 수많은 노동자가 희생됐지만 그들은 어떤 보상도 받지 못했다.[58] 20세기에 접어들어 서구 여러 나라가 필요에 따라 중국인 계약노동에 관심을 나타냈다. 1901~1910년간 산둥성과 지린성 출신 중국인 계약노동자 6만 2,000여 명이 남아프리카연방 금광 개발에 투입되었고, 또 같은 시기에 14만 명 이상의 중국인 노동자가 프랑스에 입국해 도로 개설에서 참호 건설에 이르기까지 각종 공사장에 동원되기도 했다.[59]

중국인 계약노동자가 급증하는 시기에 서구에서 황화론 담론이 확산된 현상을 어떻게 이해할 것인가. 그것은 공포감과 두려움의 정서보다는 멸시와 경멸 대상을 향한 감정과 관련된 것이다. 그들의 근면성과 검소함은 도박과 아편의 이미지와 겹쳐진다.[60] 1933년 세계 일주를 한 연희전문 상과 교수 이순탁은 자신의 여행기에서 중국인에 대한 인상을 술회하고 있다. 그는 상하이를 거쳐 가는 여객선에서 어느 독일인과 나눈 대화를 떠올린다. "중국인은 아무것도 아닙니다. 민족의식도 없고 영혼도 생각도 자비심도 동정도 없어요." 여객선 선실의 승객들이 이구동성으로 중국인에 대한 악평을 서슴지 않았다. 비슷한 식민지 지식인의 처지에 있으면서도 이순탁은 중국에 대한 이 부정적인 시선에 동조한다.

금일에는 중국 식자계급에 이러한 우스운 기현상이 있다. 즉 중국은 진부를 외국에 맡겨서 통치하게 하여 산업이 발달하고 교육이 보급되고 교통도 발달하고 국내도 통일되면 그때 다시 독립하는 것이 낫겠다고. 그리하여 이 생각이 상당히 깊이 뿌리를 뻗는다는 말을 들을 때에 이웃나라 사람인 나로서도 듣기에 간담이 서늘하다. 중국은 과연 어디로?[61]

한 세기를 사이에 둔 두 황화론

19세기 말 황화론은 서구 나라마다 양상이 다르게 나타났다. 그러나 그 배경은 영국 세계체제의 자본축적 구조와 직간접으로 관련된다. 영어권 세계에서 황화론이 공론장에 등장한 계기는 피어슨의 저술이 출간된 이후의 일이다. 피어슨의 비관적인 견해는 다수 평자의 비판을 받았지만, 그의 견해와 다른 평자들의 비판 모두 중국인 계약노동자에 대한 부정적 이미지와 인종적 멸시감을 증폭시켰다는 점에서는 공통점을 지닌다. 백인 문명의 미래에 관한 비관론과 낙관론이 다 같이 백인 중심의 인종론을 바탕에 깔고 있다는 점도 역설적이다.

19세기 말에 나타났던 황화론은 오랫동안 공론장에서 수그러들었다가 21세기 초에 중국 경계론으로 되살아났다. 물론 두 황화론은 역사적 맥락이 전혀 다르다. 한 세기 전의 황화론은 '중국인 경계론'이고 오늘날의 논란은 '중국 경계론'인 셈이다. 19세기 후반에 중국인 디아스포라가 전 세계에 걸쳐 진행되었다고 하더라도 그것은 영국 세계체제의 노동력 재배치 필요성에 의해 나타났다. 강제 노역에 종사하는 중국인 계약노동자에 대한 부정적인 이미지가 그들에 대한 멸시의 감정을 낳고 오히려 제국주의의 침탈과 국내 분열의 혼란이라는 정치적 상황과 맞물려 증폭되었다고 할 수 있다. 20세기 전반기에 정치체로서 중국은 지속적인 혼란과 쇠퇴 과정을 보여주었을 뿐이다.

한 세기 후에 되살아난 중국 경계론은 이와 대조적이다. 1979년 이후 중국은 개혁개방의 기치를 내걸고 세계 경제에 참여했다. 이는 중국 지도부의 새로운 결단에 따른 것이지만, 다른 한편으로는 값싼 소비재 공급기지를 확보하려는 세계자본주의 축적구조의 필요성과 맞물린 것이었다. 한 세기 전에 중국인 계약노동자의 국제적 공급은 중국 자체의 번영과 발전에 별다른 기여를 하지 못했다. 그러나 21세기 값싼 소비재 공급기지로서 중국은 서구 자본주의 세계의 번영에 기여하면서도 그 과정에서 자국 경제의 고속성장을 지속할 수 있었다. 이 때문에 오늘날 중국 경계론은 거대 중국의 등장, 서구 정치와 다른 중국의 정치적 전통 등에 대한 두려움과 공포를 바탕에 깔고 있다. 이런 점에서 한 세기 전의 황화론과 지금의 중국 경계론을 직접 연결 짓기는 곤란하다. 그렇더라도 한 세기 전 황화론의 기억이 어떤 식으로든 오늘날 중국에 대한 공포심과 경계론 분위기를 조성하는 데 영향을 주고 있을 것이다.

잠시__멈춘
세계 앞에서

아놀드 토인비가

바라본   **11**

동아시아의

근대도시

1929년 7월 29일부터 다음 해 1월 29일까지 약 6개월간 아놀드 토인비는 아시아 대륙을 여행했다. 터키에서 동아시아에 이르기까지 그의 여정은 매우 길었다. 그는 여행 도중에 느낀 인상을 적어 몇몇 정기간행물에 기고했으며, 후에 이 글들을 모아 《중국으로의 여행》이라는 책을 펴냈다.[1] 이 여행기는 이슬람 세계도 상세하게 다루지만, 역시 중국과 일본 그리고 두 나라의 관계에 초점을 맞추고 있다.

토인비의 아시아 여정은 어떠했는가. 원래 그는 '태평양연구소' 국제학술회의*에 영국 대표단의 일원으로 초청받아 일본 교토를 방문할 계획이었다. 그 국제회의는 1929년 10월 28일부터 11월 9일까지 열릴 예정이었지만, 그는 이 기회에 아시아 대륙을 횡단할 목적으로 일찍 출발했다. 그는 런던에서 뭄바이에 이르기까지 육로를 이용해 여행했다. 육로를 지나면서 서아시아의 오래된 도시에 들러 고대 유적지들을 답사했다. 그 후 뭄바이에서 여객선으로 갈아타고 인도양, 말라카 해협을 거쳐 남중국해로

---

* 태평양연구소Institute of Pacific Relations는 1925년에 설립된 국제기구로서 태평양 연안국 간의 제반 문제와 국제관계를 논의하는 국제회의를 개최해왔다. 포드재단이 기구 설립 및 운영을 후원했다.

향했다. 여객선은 콜롬보, 페낭, 싱가포르, 홍콩, 상하이를 차례로 들른 후에 일본 고베로 직항했다. 교토 회의가 끝난 후에 이번에는 일본, 조선, 만주, 중국 남부 지방을 여행한 후 시베리아 철도 편으로 다시 런던으로 돌아왔다.*

토인비의 여정은 주로 기차 편으로 일본과 중국의 주요 도시들을 방문하는 방식이었다. 그가 들른 일본의 도시들은 대부분 전통의 무게를 보여주면서도, 자생적인 근대화 과정에서 근대도시로 변모하고 있었다. 이와 달리, 중국과 만주의 도시들은 다양한 특징을 보여준다. 전통의 영향 아래 서서히 근대적 경관을 형성해온 베이징, 식민지성의 영향을 받으면서도 중국인의 급속한 이주와 더불어 새롭게 성장하는 선양, 조차지로 구획되어 처음부터 서구 열강 또는 일본의 주도 아래 근대도시로 성장한 상하이, 다롄, 뤼순 등 서로 다른 특징을 나타내고 있다.

오늘의 시점에서 보더라도, 1920년대 말 동아시아의 도시는 전통, 자생적 근대화, 식민지 또는 반半식민지적 근대화의 영향 아래 다양한 모습으로 변모했다. 토인비는 동아시아의 도시들을 어떻게 바라보았는가. 그는 이 지역을 탐방하면서 전통과 근대화, 그리고 식민지성을 어떻게 인식했는가. 이 글에서는 이런 문제를 개략적으로 소개한다.

---

* 토인비의 동아시아 여정을 정리하면 다음과 같다. 홍콩(1929. 10. 10)−상하이(10. 14~16)−고베/시모노세키(10. 18)−나라(10. 19, 10. 22~25)−교토(10. 26~11. 9)−나고야(11. 10)−도쿄(11. 12)−시모노세키(11. 13)−부산(11. 14)−서울(11. 15)−선양(11. 17~18)−하얼빈(11. 20~21)−다롄(11. 23~25)−베이징(11. 27~12. 13)−톈진/웨이하이웨이(12. 15~20)−상하이(12. 23~25)−난징(12. 27)−상하이(1929. 12. 29~1930. 1. 2)−고베(1. 5)−나라(1. 6~9)−교토(1. 10)−블라디보스토크(1. 11~12)−모스크바(1. 24~25)−런던(1. 29)).

일본의 전통과 근대도시

근대도시는 '문명'의 표상이다. 영어와 불어에서 '문명'이라는 말의 어원 자체가 '도시'와 관련된다.* 토인비가 인도양, 말라카 해협, 남중국해를 지나면서 들렀던 뭄바이, 콜롬보, 페낭, 싱가포르, 홍콩, 상하이 등은 모두가 영국의 주도 아래 새롭게 형성된 근대도시였다. 그러나 이제 토인비는 영국 및 서유럽 국가의 주도 없이 자생적 문명화 과정을 통해 성장한 일본의 근대도시를 방문한다. 처음 고베 항에 내린 토인비는 여권, 각종 서류 및 책자 등에 대해 출입국 사무소에서 꼼꼼하게 검토하는 동안 세 차례나 교토행 특급열차를 놓쳤다. 그뿐만 아니라 수하물 또한 세관검사가 오래 걸려서 주간에 왕래하는 열차를 탈 수 없었다. 그는 고베에서 숙박하고 다음 날 출발할 것인지, 아니면 야간 완행열차를 탈 것인지 망설이다가 야간열차에 탑승했다. 그가 야간열차 이용을 망설인 것은 차창 밖으로 일본의 도시와 농촌 풍경을 보지 못할 것으로 생각했기 때문이다. 그러나 교토행 열차를 탔을 때 그는 기우에 지나지 않았다는 것을 깨닫는다.

마침내 고베역에서 완행열차가 움직였을 때, 나는 더이상 주간 급행열차로 여행하지 못하는 것을 후회하지 않게 되었다. 이 나라 전체가 전기로 환하게 불을 밝혔다. 고베는 오사카로, 오사카는 교토로 연결되었고 은하와 같은 불빛이 끊임

---

* 일본에서 영어 'civilisation'은 메이지 즉위 이전만 하더라도 '예의'나 '교제'로 이해 번역되다가 1860년대에 '문명文明'으로 번역된다. 여기에서 '문명'은 서유럽(서양)인들이 성취한 정신적·물질적 성취의 총체로 이해된다. 니시 아마네, 후쿠자와 유키치 등이 이런 개념어로 사용하기 시작했다. 후쿠자와 유키치는 《서양사정외편西洋事情外篇》(1868)에서 '만야蠻野'에서 '문명文明'으로 역사의 진보를 언급하고 영국과 같은 유럽 국가를 '문명 개화국'이라 불렀다. 그의 《문명론개략文明論之概略》(1876)은 이러한 인식의 결정판이다. 이후 '문명개화文明開化'라는 말은 당시 일본의 국가적 슬로건으로 자리 잡았다.

없이 이어졌다. 아니 일본은 하나의 연속된 도시였단 말인가?[2]

근래의 용어로 표현한다면, 토인비는 일종의 메가—폴리스화한 지역을 여행한 셈이었다. 자생적 근대화의 상징적 결과가 메가—폴리스라면, 그런 성취의 기초는 과학적 탐구와 이를 통한 효율성 추구다. 19세기 후반 일본 지식인들은 자생적 근대화를 문명개화라는 슬로건으로 표현했다. 토인비는 고베와 시모노세키에서 이를 목격할 수 있었다. 처음 환전 때문에 고베의 한 은행에 들렀을 때, 그는 은행 직원이 신용장과 씨름하고 있는 모습을 지켜보았다. 그 직원은 신용장 서류를 반복해서 읽고 확인했다. 토인비는 그의 모습에서 "반쯤 지워진 설형문자 비문을 판독하는 유럽의 아시리아학 연구자"를 연상했다.[3] 그는 근대적 조직과 제도에서 일하는 일본인의 느리고 의도적이며 학구적인 태도야말로 근대화 초기 이래 새롭게 형성된 그들의 전통과 관련된다고 생각했다. 한 세대 전 그들의 선배들은 서구 문명의 방법론을 습득하는 일을 하면서 끊임없는 반복과 확인으로 어려움을 극복할 수 있었다. 토인비가 보기에, 실제로 일본인은 몸짓이 민첩한 사람들이다. 그렇지 않다면 역사적으로 "뛰어난 장인과 탁월한 군인과 놀라운 검객"을 배출할 수 없었을 것이다.[4]

1929년 11월 23일 토인비는 열차 편으로 도쿄를 출발해 시모노세키로 향한다. 이곳에서 관부연락선을 타고 부산에 도착, 다시 만주행 열차로 갈아탈 예정이었다. 그는 런던 빅토리아역에서 도버를 거쳐 유럽 대륙으로 들어가던 장면을 연상했다. 일종의 데자뷰다. 시모노세키에서 드디어 만주와 중국 대륙으로 진입하는 것이다. 여기에서 토인비는 일본의 효율성을 다시 체험한다. 승객들의 수하물을 빈틈없이 자동으로 분류해 컨베이어 벨트로 운반하고 있었다. 증기선의 "세련된 외양과 속도"는 "영국—벨

기에 해협을 왕래하는 증기선"을 부끄럽게 만들 정도였다.[5]

    그러나 토인비는 교토와 도쿄를 방문하면서 일본의 근대도시가 전통의 단단한 기반 위에 성장한 결과, 무엇보다도 그 전통의 지배를 받는다는 것을 깨달았다. 교토에 큰 영향을 주는 것은 곳곳에 산재한 절이었고, 도쿄는 천황과 관련되어 있었다. 전통도시 에도는 1869년 국왕이 도쿄를 황성으로 공식 선포한 후에 급성장했다. 일본 천황의 거처, 즉 황거皇居를 중심으로 근대도시로 변모했다.[6] 이 새로운 황거와 또 1920년대 완성된 메이지 신궁은 비록 근대화 이후에 조성되었다고 하더라도 일본 국체의 전통을 재현한 것이었다. 황거를 중심으로 그 앞의 광장과 옆의 야스쿠니 신사, 그 주위에 자리 잡은 중앙행정 부서 건물들이 토인비에게는 전통에 근대의 옷을 입힌 도시로 비춰졌을 것이다. 도쿄에 관한 기술에서 일본의 근대성을 별로 언급하지 않는 것도 아마 이 때문일 것이다. 토인비는 일본 근대도시에서 전통의 무게와 영향을 이렇게 말한다.

일본 본토에서 서구화된 새로운 생활은 옛 일본 전통을 배경으로 이루어진다. 심지어, 각기 제국 일본의 맨체스터와 버밍엄으로 불리는 오사카와 나고야에서도 각 도시의 도심에서 높이 솟아오른 두 성의 석벽이 고대 세계의 존재를 분명하게 되살려주는 것이다. 이 엄청난 다각형 석벽은 미케네인이나 선사 시대의 잉카인도 세웠을 것이다. 심지어 대지진 후에 서구 세계의 국제적 도시의 하나로 재탄생한 도쿄에서도 황궁의 다각형 석벽을 바라보려면 '제국호텔' 밖으로 한걸음만 나가면 된다. 이 황궁 벽은 최초의 근대도시 도쿄를 먼지 구덩이로 만든 지진에도 견뎌낸 것이다.[7]

    근래의 연구에 따르면, 일본의 근대도시 기획자들이 이상으로 삼은 것은 19세기 전반 베를린에서 구현된 프로이센 고전주의 양식이었다. 그러나 본토에서 그 이상은 일본 지배세력의 자기모순 때문에 실현될 수 없었다. 메이지 정부는 제국의 수도를 꾸미는 상징적 건축 프로젝트에 주로 관심을 기울였고 시민 사회의 자율적 발전을 오히려 가로막았다. 정부, 관료, 지역 유력자들의 이해관계는 도시계획에서 그대로 관철되었지만 부처 간의 알력과 긴장으로 도시 전체를 아우르는 포괄적인 도시계획을 입안할 수 없었다.[8]

토인비는 관둥 조차지를 여행하면서, 일본의 순수한 근대성을 확인하려면 이곳을 둘러보라고 권유한다. 조차지 발해만 입구에 다롄이 성장하고 있다. 방문객들은 주거지보다 상업과 무역에 적합한 이 도시의 입지조건에 눈길을 둘 수밖에 없다. 다롄은 톈진, 상하이, 나가사키, 고베와 해상으로 연결되는 요충지이자 남만주철도[만철滿鐵]의 기점이었다. 그렇다면 왜 순수한 근대성을 이 도시에서 볼 수 있단 말인가? 러시아가 토대를 쌓은 후에 이 도시는 일본의 수중으로 넘어갔다. 거기에는 일본 특유의 전통도 형성되지 않았다. 러시아가 쌓은 토대 위에 일본인들은 효율성을 극대화한 근대도시를 세웠던 것이다.

오직 다롄에 가서야 고대 일본과 분리된 근대 일본을 발견할 수 있다. 과학자가 능숙한 솜씨로 떼어내 응결시킨 구성요소들의 견본처럼 말이다. 물론 이는 일본이 서구화되기까지 다롄도 일본화 되지 않았기 때문이다. 서구 문명에 귀화한 일본인들이 러시아에 대한 승리를 바탕으로 이곳을 제1급의 항구도시로 만들기 시작했던 그 당시에, 이 도시는 거의 백지나 마찬가지였다.…… 다롄에서도 러시아인들은 그들의 자취를 남겼다. 부분적으로 도시 구획이 중심에서 밖으로 바큇살이 뻗어나가는, 수레바퀴 패턴을 띠고 있고, 또 부분적으로는 견고하고 안락하게 보이는 주택단지 조성이 이에 해당한다. 아직도 다롄의 러시아풍 토대는 서구적 스타일이다. 일본인들은 이 토대 위에 근대도시를 겹쳐 씌웠는데, 의식적으로 서구 모델을 뒤따랐다. 최근의 근교 주거지를 보면 영국 또는 독일 대도시 교외를 보는 듯한 착각에 빠진다.[9]

도시 자체가 처음부터 러시아와 일본에 의해 조성되었기 때문에 다롄을 중국의 근대도시라고 부를 수 없었다. 특히 도심의 경관과 교외의 말쑥한 주택단지는 어느 서유럽 도시와 차이를 발견할 수 없을 정도였다. 도시의 구획과 도로망도 효율성 증대라는 일본인의 열망을 잘 표현하고 있었다. 근래의 연구에 따르면, 다롄은 만주 경영을 위한 교두보였다. 이 도시는 유럽과 동아시아 대륙을 잇는 철도 교통의 출발역이자 종착역으로, 러시아가 그 나름의 도시계획에 바탕을 두고 근대적 항구도시의 기초를 닦았다. 러일전쟁 이후 일본이 이곳을 장악했을 때 원형 광장과 방사형 및 환상 도로망 등이 조성되어 있었다. 일본은 1905년 4월 '다롄 전관지구 설정 규칙'과 '다롄 시가 주택건축관리 임시규칙' 등을 공표한 후에 이 도시를 군용지구, 일본인 거주 구역, 중국인 거주 구역 등 세 구역으로 나누고 도로, 교량, 전기, 수도 등 기반설비를 확충하는 데 노력을 기울였다. 단기간에 다롄은 넓은 만주를 배후지로 둔 국제 무역도시로 성장했다.[10]

그러나 일본 주도의 근대도시라고 하더라도 역시 다롄은 중국 내에서 성장한 도시였다. 토인비는 일본의 순수한 근대성에 감탄하면서도, 동시에 중국적 요소를 눈여겨보았다. 물론 도시 주민 가운데 많은 일본인과 유럽인들이 거주하고 있었다. 그들은 모두 도시 행정, 상업, 무역과 관련된 수많은 직종에 종사했다. 많은 백인과 수만 명의 일본인들이 도시 행정뿐 아니라 무역 및 상업 연결망에 관련된 직종에서 일하고 있었다. 그러나 역시 주민의 주류는 중국인이었다.

　다롄은 넓은 만주 평원의 농산물을 해상으로 수출하고, 또 중국 북부 및 만주 지역에서 필요한 외국 제품을 수입할 수 있는 중요한 항구다. 이런 유리한 입지조건은 다롄과 블라디보스토크다. 러시아는 일찍이 바로 이런 이점 때문에 만주를 종횡으로 관통하면서 두 도시를 연결하는 철도망, 즉 동청철도와 남만주철도를 개통한 것이다. 토인비는 만주에서 생산되는 콩류 대부분이 다롄에서 수출되고 있다고 기술한다. 실제로 그는 항구에서 엄청난 인력이 동원된 하역작업을 지켜보면서 중국의 무진장한 '인력'의 위력을 실감한다. 하역일꾼 대기소에서 그는 이들 인력 대부분이 산둥성에서 유입되고 있다는 사실을 알게 된다. 인력회사들이 이들을 관리하며 필요한 곳에 파견하는 방식이었다. 토인비가 보기에 서구인의 기준으로는 그 넘쳐나는 인력은 사실 공포의 대상이었다. 그러나 토인비는 중국인의 입장에서 다르게 바라본다. "이전의 인구과잉, 기근, 전쟁의 고난을 겪던 산둥성과 비교하면 그 인력시장은 낙원으로 여겨졌을 것이다."[11]

중국의 근대도시와 식민지성

토인비는 만주의 선양, 관둥 조차지의 다롄과 뤼순, 베이징, 톈진, 상하이, 난징 등 중국의 주요 도시를 탐방한다. 먼저 베이징은 중국 역대 왕조 가운데 원, 명, 청조의 수도였으므로 오랜 전통의 지배를 받는 도시로 여겨질 수 있다. 그러나 토인비는 베이징의 왕궁과 내성의 축조물이 사실은 영국 옥스퍼드나 윈체스터보다 역사가 짧다는 사실을 지적한다.[12] 이 도시는 명대明代에 그 시대 중국 최고의 토목건축 기술을 동원해 새롭게 건설된 신도

시인 것이다.

토인비가 방문했던 1920년대 베이징 인구는 100만 명 규모였다. 황제 거주지 자금성, 주요 행정기관과 고위관료 거주지인 황성, 기타 왕족과 귀족이 자리 잡은 내성, 일반 서민 거주지 외성으로 구획되어 있었다. 그때까지만 하더라도 근대도시의 중요한 척도라고 할 수 있는 상수도 및 하수 시설은 매우 빈약*했다.[13] 그렇더라도 토인비는 불과 수세기 전에 자연에 아무것도 의존함이 없이 이 거대한 규모의 인공 축조물이 건설될 수 있다는 사실에 놀라워했다. 사실, 토인비는 자금성을 비롯한 거대한 인공 축조물에 경탄했을 뿐 외성의 일반 서민들이 어떤 전통의 영향 아래서 도시생활을 하고 있는지 상세하게 언급하지는 않는다. 체류 기간이 짧았고 또 이를 추적할 만한 전문 식견도 부족했을 것이다. "베이징은 인간의 상상력과 에너지가 무량광대한 중국 북부 평원지대에 여러 평방마일에 걸쳐 벌여 놓은 실체다. 바로 이곳이 사람들에 의해 이룩되지 않았다면, 이 특이한 사방 몇 평방마일의 도시 공간은 어떤 식으로든 단조롭게 그 주위를 에워싸고 있는 다른 시가지와 구별되지 않았을 것이다."[14]

토인비는 상하이를 두 차례 방문한다. 처음 여객선이 상하이에서 3일간 정박했을 때 상하이 시내를 둘러보았고, 다음은 중국 북부 지방을 거쳐 남쪽으로 내려오면서 상하이와 난징을 답사했다. 상하이에 관해서는 처음 여객선이 정박했을 때의 묘사와 기술이 좀 더 풍부하다. 여객선이 서서히 황푸강으로 진입했을 때 그는 상하이 도시 경관을 바라보며 서양인들이 이룩한 7대 불가사의가 아닐까 하고 상념에 잠긴다.

* 1930년까지만 하더라도 베이징 시민의 5퍼센트만이 수돗물을 공급받았다. 서민 거주 지역에서는 일반적으로 물장수水閥들이 식수를 공급했다.

중국인은 북유럽인에게 진흙땅을 주었고 70, 80년간 이들은 그 땅을 세계에서 가장 커다란 항구의 하나로 바꿨다. 이 말은 수사적으로는 아주 훌륭하게 들린다. 그러나 우리 증기선이 황푸강에 이르자 나는 문득 깨달았다. 북유럽인이 바로 이곳에 배를 정박한 것은 마치 하늘의 태양이 통킹만에서 조선까지 중세 왕국의 모든 해안선에 햇빛을 비추는 것과 같지 않았을까? 그 북유럽인들은 그저 습관적으로 상하이에서 자기 집처럼 편히 쉬었을 것이다. 하구에서 20마일까지 이어진, 조수가 출렁이는 강변의 진흙 둑, 그것은 솔직히 끌리지는 않지만, 정확히는 북유럽인이 자기 나라에서 항상 선택하는 장소와 똑같다. 템스강변의 런던, 셸트강변의 안트베르펜, 엘베강변의 함부르크와 같다. 북유럽인의 역사에서 보면, 상하이가 황푸강 진흙 둑 위에 세워진 것은 필연으로 보인다.[15]

토인비는 사람이 거의 살지 않던 진흙땅에 기대 도시를 세운 유럽인들의 능력에만 경탄할 뿐, 아편전쟁 이후 영국, 프랑스, 미국 등이 이 지역을 조차해 근 1세기에 걸쳐서 식민도시를 조성한 역사적 과정에 대해서는 별다른 눈길을 돌리지 않는다. 토인비는 중국을 여행하는 도중에 두 차례 상하이에 머물렀지만,* 상하이 도시 경관과 근대도시로서의 특징에 관한 설명은 비교적 소략하다. 이곳에서 자신의 수하물을 정리해 본국으로 부치고 그동안 사용해온 소지품만 꾸려 간단하게 들고 다니려고 했다. 일꾼을 불러 짐을 나르다가 그는 자신의 여행가방을 분실한다. 이를 찾으려고 동분서주하느라 시간을 보냈다. 여행기에서는 이 과정만을 상세하게 기록하고 있다.[16]

영국과 미국의 조차지는 상하이 공공조계Shanghai International Settlement

---

* 1929년 12월 23부터 25일까지, 그리고 12월 29일부터 다음 해 1월 2일까지 체류했다.

로 합쳐졌고 프랑스인들이 개발한 상하이 법조계Shanghai French Concession
가 인접해 있었다. 사실, 1920년대 상하이가 중국 최대의 무역항이자 공
업 생산지였던 것은 주로 상하이 공공조계의 번영에 힘입었다. 토인비보
다 30년 전에 상하이를 방문했던 영국 여행가 이사벨라 버드 비숍은 영국
및 미국 조계의 활기 넘치는 선창과 공장지대의 굴뚝을 보면서 막대한 "해
외 자본과 에너지"를 연상한다. 영국 조계와 미국 조계 부두의 도로변에
"홍콩은행, 상하이은행, 캐나다–퍼시픽 철도회사 사무소, 영국 영사관, 외
국 상관, 호텔 및 사무실 건물"이 즐비하게 들어서 있었다. 폭넓은 차도와
잘 포장된 인도는 세계 어느 나라 대도시에 뒤지지 않았다.[17] 그녀가 보기
에 해외 행정 당국과 자본에 의해 인구 20만이 넘는 국제적인 교역도시로
성장했지만, 상하이는 절대적으로 중국적인 특성을 보여주는 대도시였다.
그렇다면, 여타 중국 도시와 달리 상하이가 번영하는 까닭은 무엇인가. 비
숍은 무역항으로서의 입지조건과 해외 자본의 역할을 강조하면서도 영
국 및 미국 조계의 합리적 도시 행정을 주목한다. 그녀의 여행기에는 다소
'애국적인' 서사가 눈에 띈다.

오래지 않아 나는 왜 상하이가 '모범 조계지'로 불리는지 그 이유를 알 수 있었
다. 그리고 그것이 적절한 표현이라고 생각했다. 영국과 미국 조계지는 지방세
납부자들이 선출한 9인의 자치위원회가 관리한다. 이들에게는 비서와 직원이
배정되어 납세자가 낸 세금 전액을 모든 사람에게 혜택이 돌아가는 보건, 치안,
복지, 그리고 외국인 고용에 지출했다. 또 끊임없이 증가하는 조계지 내의 중국
인의 질서와 복지를 위해 사용했는데, 그 목적은 동양의 식민지 전체에 영국이
성실하면서도 효과적으로 지방행정을 시행하고 있음을 내보이는 데 있었다.[18]

상하이의 경관에 대해 상세한 설명을 덧붙이지는 않았지만, 토인비가 이 도시에서 느낀 인상은 한 세대 전 비숍이 가졌던 것과 별반 다르지 않았을 것이다. 영미 공공조계의 번영과 무역항 상하이의 도약은 전적으로 영미 자본주의의 활력과 조차지의 합리적 행정에 힘입은 것이 분명했다. 상하이를 떠나면서 토인비는 급변하는 상항에 따라 이 도시의 번영에 먹구름이 몰려올지 모른다는 걱정이 앞섰다. 갈수록 패권적 팽창을 거듭하는 일본을 의식한 것이다. 처음 상하이에 입항한 여객선이 고베로 항로를 돌려 황푸강을 서서히 빠져나갈 때 토인비는 상하이 공공조계의 스카이라인을 둘러보며 이렇게 적는다.

1929년 상하이의 미래는 태평양의 온갖 상업과 산업의 중심지로서 근대 세계 최대 도시 중의 하나가 될 것인가, 아니면 화염에 불탈 것인가. 배가 황푸상 선창을 빠져나갈 때 나는 마지막으로 바빌론풍의 호텔과 클럽, 으리으리한 은행 건물과 세관 건물들이 그리는 스카이라인을 마지막으로 둘러보고서, 파국이 오면 얼마나 엄청난 일이 될 것인지 깨달았다.[19]

토인비가 중국 근대도시의 새로운 특징을 본 것은 만주의 선양이었다.* 이 이름 외에 이전의 도시 이름인 펑톈奉天이 함께 쓰였다. 토인비는 펑톈의 영어 표기인 'Mukden'을 사용하고 있다. 선양은 남만주철도의 기점이자 교통 요지로 번창했다. 1920년대에는 만주 군벌 장쭤린張作霖이 정한 수도로서 급성장했으나, 토인비가 방문하기 전해에 그가 철도 테러로 사망

---

* 토인비가 방문할 당시 이 도시는 선양 외에도 이전의 도시 명인 봉천奉天이 함께 사용되었다. 서방 세계에는 한동안 봉천의 영어명인 '무크덴Muken'으로 소개되었고, 토인비도 그의 책에서 이 표현을 쓰고 있다. 당시 국제적으로는 Shenyang과 Mukden이 병기되는 경우가 많았다.

해 도시의 미래가 혼탁해졌다. 토인비가 선양에 들른 것이 1929년 11월 17~18일 무렵이었으니까, 당시의 혼란한 상황을 느꼈을 것이다. 그가 선양에서 본 중국 근대도시의 특징은 무엇보다도 수많은 중국인 이주의 물결이었다. 이 도시는 그동안 중국과 일본 두 세력이 경쟁적으로 개발에 뛰어들었다. 그러나 이주민 수로 보면, 그 도시는 완전히 중국화한 도시였다.

중국 도시 선양은 교외에 설립된 중국 대학들만큼 빨리 성장하고 있었는데, 미국식의 성장이었다. 그것은 해변에 어린아이가 만든 모래성을 파도가 뒤덮듯이, 철도 연변의 일본인 타운을 뒤덮어가고 있었다. 다섯 노선의 철도가 만나고 뒤에 광대한 농업 배후지를 지닌 선양의 인구는 수십 년 후에 100만을 넘을 것이다. 이 중국 도시는 팽창하고 있을 뿐 아니라 근대화되고 있었다. 심지어 고대 성곽 안과 거미줄 같은 좁은 도심에서도 성문과 망루를 헐어버리고 주요 도로를 넓히고 있었다.[20]

토인비는 선양을 중심으로 이루어지는 중국인 이주의 물결을 미국의 서부 개척에 비견되는 중대한 현상으로 간주한다. 매년 만주로 이주하는 중국인은 50만~100만 명을 상회한다. 이 새로운 이주 물결은 19세기 제국주의 침입으로 위축되었던 중국인의 생활공간이 다시 확장되는 현상이다. 토인비는 이렇게 말한다. "만주를 방문했을 때, 나는 근세 중국을 정복한 유목민의 고토가 이미 중국인이 지배하는 땅으로 변모했음을 알게 되었다. 수가 적은 만주족은 점차로 밀려오는 중국 농민들의 대규모 대열에 맞설 기회를 갖지 못했다. 19세기 아메리카 개척자들이 서부를 차지했을 때 원주민의 저항보다 덜했다."[21] 이 대대적인 이주는 만주 지역의 농촌과 농업을 활성화했을 뿐만 아니라 더 나아가 선양이나 하얼빈 같은 기존 도시

의 급성장을 가져온 것*이다.²²

　물론 러일전쟁 승리 후 일본은 만주 개척 경쟁에 적극적으로 뛰어들었다. 그러나 일본의 실질적인 힘은 선의 지배라고 할 수 있다. 남만주철도 연변과 그 철도에 인접한 도시와 관동 조차지이다. 중국인의 이주는 면의 확장이라고 할 수 있다.²³ 토인비는 광대한 평원에서 전개되는 도시의 팽창에서 동유럽 대평원을 두고 독일인과 폴란드인 간의 경쟁적 개척 열풍을 연상한다. 동유럽에서 독일인과 폴란드인이 경쟁적으로 뛰어든 대평원의 개척 경쟁은 민족 간의 증오의 먹구름이 폭풍으로 변하면서 대평원 일대를 황폐하게 만들었다. 그는 장쭤린의 묘를 방문하면서 이런 불길한 예감을 떨칠 수 없었다. 광대한 만주평야가 아마겟돈의 평원으로 변할 수도 있다는 우려를 표명한 것이다.²⁴ 실제로 일본은 이주 경쟁에서 불리함을 깨닫고 있었다. 토인비가 아시아 대륙 여행을 마친 후, 1931년 9월 18일 일본은 남만주철도 폭파사건이 중국인의 소행이라는 구실을 들어 선양을 전격 점령하고 이어 만주국을 수립한다. 토인비는 바로 이런 반전을 예견한 것이다. 선양 점령은 개척 열풍에서 불리해진 일본이 반전의 계기를 마련하려고 기획한 물리적 폭력이었을 것이다.

토인비의 오리엔탈리즘과 동아시아 근대성

굳이 에드워드 사이드를 거론하지 않더라도, 오리엔탈리즘이란 서양인이 동양 또는 동양인에 대해 가진 일련의 편견을 뜻한다. 그 편견은 야만, 지

---

* 토인비는 하얼빈을 방문했을 때에도 똑같은 인상을 받는다. 처음부터 러시아인이 주도해 건설했지만, 갈수록 중국화되고 있다는 것이다.

체된 근대화, 신비주의 등의 표상으로 구성된다. 더욱이 오리엔탈리즘은
동양에 대한 왜곡에서 더 나아가 그 편견을 통해 서양인이 자신의 정체성
을 형성해나가는 데 기여했다. 어떻게 보면, 서양인의 자기 정체성은 독자
적인 것이라기보다는 동양이라는 타자를 규정하는 방식과 과정에 의해 형
성된 지식체계다.[25]

토인비 또한 동아시아의 근대도시를 탐방할 때 유럽 중심주의 시각에서
자유로울 수 없었을 것이다. 그의 동아시아 근대도시 서술에서 가장 문제
되는 것은 전통과 근대화의 관계다. 토인비는 도쿄, 교토, 오사카 등 일본
의 근대도시에서 전통의 무게와 영향을 강조한다. 일본의 순수한 근대성
은 본토에서 발견하기 어렵다는 것이다.[26] 그렇기 때문에 앞에서도 언급했
듯이, 해외에 건설한 다롄과 같은 식민도시에서 일본의 근대성을 찾을 수
있다고 주장한다. 그렇다면 유럽은 어떤가. 런던, 요크, 브리스톨 등 영국
의 도시들에서 영국적 전통과 떼어낸 순수한 근대성을 찾을 수 있을까? 근
대도시란 어디서나 그 나라, 그 지역 전통의 기반 위에서 전통적 경제활동
을 넘어선 상업화나 산업화라는 변화에 대응해 합리성과 효율성을 구현하
는 새로운 변화인 것이다. 영국의 근대도시와 마찬가지로 일본의 근대도
시 또한 그 나름의 전통을 바탕으로 깔고 합리성과 효율성을 체현했다. 고
성과 성벽과 전근대 시대의 건축물이 없다고 하더라도, 식민도시 다롄에
서 나타나는 순수한 근대성에는 그 도시적 외관 내부에 일본적 전통과 연
결된 문화의 흐름과 영향이 있었을 것이다.

토인비가 일본의 근대도시에서 느낀 특이성은 무엇일까. 우선 그는 근
대도시의 효율성을 추구하는 놀라운 속도에 놀라움을 금치 못한다. 처음
고베항에 들어서기 전에 여객선에 일본 위생검역반이 승선했다. 그들은
이상하고 낯선 짐승들의 질병을 진단하려는 듯이, 느릿느릿한 태도로 승

객들을 하나하나 노려보았다. 검역 받는 동안 토인비는 《걸리버 여행기》
의 한 장면을 떠올렸다. 일본인 검역관에게서 '공중에 뜬 섬Laputa' 사람들
이 걸리버에게 하듯이, 자신들을 멸시하는 듯한 느낌을 받았기 때문이다.[27]
실제로, 《걸리버 여행기》에 나오는 '공중에 뜬 섬' 사람들은 거만하다기보
다는 공상을 즐기고 현실에 관심을 두지 않는 경향이 있었다. 토인비가 이
들을 연상한 것은 일본인 검역관이 승객들을 대하는 태도가 선진국 사람
이 후진국 사람을 취급하는 듯한 인상을 받았기 때문이다.

시모노세키의 전신국에 들렀을 때에도 이런 인상을 받았다. 오스트레일
리아 멜버른에서 온 동료가 집에 전보를 보냈을 때 전신국 직원은 도시 이
름 철자가 틀렸다고 지적했다. 동료는 자신이 멜버른에서 왔으며 철자를
틀리게 쓸 수 없다고 반박했다. 그러나 직원은 책상 속에서 커다란 《타임
세계지도Time Atlas of the World》를 꺼내 펼쳐 보였다. 직원의 판단괴 달리 토
인비의 동료는 바르게 썼다. 그 직원이 제대로 읽지 않고서 틀렸다고 지적
했던 것이다.[28] 그 직원의 태도는 매우 거만했지만, 토인비가 정작 놀란 것
은 지도책자가 구비되어 있다는 사실 때문이었다. 영국의 지방 우체국 어
느 곳에도 그런 지도책을 갖추고 있지 않은 것이다. 설령 정부가 각 우체국
에 배부하더라도 직원들은 거의 이용하지 않을 것이라고 생각했다.

토인비는 일본인의 오만한 태도에는 이유가 있다고 생각했다. 1920년대
일본은 욱일승천의 기세로 앞서 나갔다. 어느 사이에 영미와 어깨를 나란
히하는 열강으로 자리 잡은 것이다. 토인비는 영국에 없는 일본적 근대성
을 꼽아본다. 도쿄—시모노세키 노선을 달리는 열차에는 전망차가 있다. 외
국인이 길을 물을 때 일본인들은 흔히 지도를 보여준다. 그들은 독도법에
능숙하다. 그러나 토인비뿐 아니라 그의 동료들은 정확한 지도 읽기에 단
련되지 않은 것이다. 도쿄에서도 어느 건물의 수위는 길을 묻는 토인비에

게 지도를 보여주며 설명했다. 그러나 토인비는 지도에 익숙하지 않았기 때문에 자신의 목적지에 도착했을 때에는 예정시간보다 25분 늦은 후였다.[29] 1920년대 일본은 이미 동아시아는 물론 인도 시장에서 영국과 경쟁을 벌였다. 일본 면제품 수출 때문에 맨체스터 면공업 지대는 깊은 불황*에 시달렸다.[30] 일본 지식인들이 유럽 제국에 맞서 '근대의 초극'을 언급하기 시작한 것은 1940년대 초반의 일**이다.[31] 그러나 이미 그보다 앞서 토인비는 일본 사회에 깃들어 있는 그 '초극'의 분위기를 감지할 수 있었다.

토인비가 일본 근대도시에서 발견한 또 다른 특징은 '기억의 역사화'다. 토인비가 보기에 그 전형은 뤼순에서 찾을 수 있다. 뤼순은 관동 조차지의 행정부 및 주둔군 사령부가 자리 잡은 도시다. 다롄이 무역 및 경제 중심지라면, 뤼순은 정치 및 군사 중심지인 셈이다. 토인비는 뤼순의 전쟁박물관을 관람했다. 러일전쟁은 나폴레옹 전쟁 이후 가장 많은 병력이 서로 대치해 격전을 벌인 전쟁이었다. 양측 합해서 60만 명 이상이 참전했다. 그들은 전쟁에서 숨진 모든 병사를 생각하는 것 같았다. 그들이 죽은 후에 새로운 세대가 주류를 이루었지만, 망자에 대한 기억은 여전히 현실 속에 살아 있다. 토인비에 따르면, "일본에서 사회를 지배하는 것은 구세대다."[32] 토인비는 일본인의 국민적 기억의 실체를 알려면 뤼순 전쟁박물관을 들러보라고 권한다. 박물관의 모든 전시물이 현실을 치밀하게 재현한 데 거듭 놀랄 수밖에 없다. 러시아군과 일본군의 각종 무기와 병사와 전투 장면이 현

---

* 인도는 영국산 면제품의 최대 수출시장이었지만, 20세기 전반에 수출은 급속하게 감소한다. 1913~1936년 사이에 인도에 대한 영국산 면사 수출량은 30억 5,700만 야드에서 3억 7,500만 야드로 줄었다. 이는 인도 토착 면공업의 발전과 일본 면제품이 수출시장을 잠식한 데 따른 것이다.

** '근대의 초극'이라는 말이 공론장에서 거론된 것은 1942년 무렵이다. 문학계 및 철학계 인사들이 영미 제국과 전쟁에서 일본 정신의 승리를 대망하면서 근대 초극론을 설파하기 시작했다. 그러나 그 이론적 배경과 영미 자본주의를 추월할 수 있다는 자신감은 이미 1920년대 후반부터 형성되었다고 할 수 있다. 토인비는 바로 그런 분위기의 일단을 느꼈던 것이다.

실로 나타난다. 어쩌면 뤼순은 도시 전체가 하나의 박물관이다. 근대화 과정에서 국민국가 일본이 겪은 중요한 기억이 재현되어 있다. 그러나 여기에서 토인비는 일본인들이 이 기억의 굴레에서 벗어나야 한다고 주장한다.

> 나는 뤼순이 지구 표면에서 사라지기를, 그리고 그 장소에 대한 기억이 일본인의 마음속에서 지워지기를 바란다. 나는 만주 문제를 해결하려고 할 때, 전격적으로 전 국민의 마음에 새겨진 이 풍경이 가장 위험한 장애물이 되지 않을까 우려한다.[33]

다음으로, 중국의 여러 도시를 방문하는 동안 그는 중국이 일본제국주의의 침략으로 고통을 당하는 현실을 직접 목격했다. 더욱이 그 나라의 정치, 군사는 물론 모든 인적·물적 자원이 국민당과 공산당으로 분열되어 갈등을 겪고 있었다. 청일전쟁 이래 두 나라의 관계가 역전된 이유는 너무도 분명하다. 결국 근대화의 시차가 모든 것을 결정했다. "두 나라의 주된 차이는, 일본이 두 세대 전에 조심스럽게 서구화 과정에 착수해 먼저 시작한 데 따른 결실을 거둔 반면, 중국은 11시까지 기다렸다가 그 지체에 따른 대가를 톡톡히 치르고 있다는 점이다."[34] 토인비는 중국과 일본의 대조적인 처지를 이베리아와 스칸디나비아의 경우에 비교한다. 19세기 말 스칸디나비아인들은 급속한 근대화를 주도해나갔지만, 이베리아인들은 그렇게 못했던 것이다.

토인비는 중국의 여러 도시에서 중국적 전통의 지배를 받으면서도 독자적으로 성장하는 고유의 근대도시 특성을 포착할 수는 없었다. 다롄, 상하이 등은 식민지성을 표현할 뿐이었고, 전통의 지배를 받는 베이징과 난징

은 정치적 혼란 속에서 근대도시로 나가는 뚜렷한 지향점*을 보여주지 못했다.[35]

1938년 토인비는 노팅엄대학에서 행한 한 강연에서 자신의 아시아 여행과 동아시아의 혼란을 언급한 바 있다. 그는 불교에서 말하는 '인과응보'를 인용한다. "무엇이 전통 중국의 평화와 일본의 평화를 깨뜨렸는가. 중국인의 평화는 영국군의 총에 의해 깨어졌고 일본의 평화는 미국의 총기로 그렇게 되었다." 1840~1842년에 영국은 중국과 전쟁을 벌여 광둥 지방을 장악하고 중국에 불평등조약을 강요했다. 1853년 미국도 일본에 대해 똑같은 일을 벌였다. 그 후 일본은 미국과 유럽인이 만든 무기체계를 받아들였다. "동아시아에 만연한 군국주의는 유럽과 미국에 기원을 두고 있는 것이다."[36]

잘 알려진 대로, 토인비가 아시아 여행에서 돌아온 후에 중국의 상황은 더 악화되었다. 만주사변, 만주국 수립, 중일전쟁 등 군사적 대결국면으로 치달았다. 그가 이 시기에 중국의 미래를 어떻게 예견했는가는 알 수 없다. 그렇더라도 여행기를 검토하면 토인비가 중국인의 운명을 희망적으로 바라보려고 했다는 것을 알게 된다. 중국인은 그들 자신의 뛰어난 장점을 지녔다. 수천 년간 누적된 지적 전통, 다양한 주민과 민족들을 하나로 묶는 시각적 이해에 뛰어난 문자, 광대한 여러 지역 주민들이 공통으로 사용하는 구어口語 '북경어'가 있다. 토인비에 따르면, 이 언어는 "지구상의 어떤 다른 언어보다도 더 많은 수천 만의 사람들이 구사한다."[37] 여기에 덧붙여 광대한 영토는 계속 확대되고 있다. 그는 만주로 향하는 중국인 이주 행렬을 특히 중시한다. 그 생활공간의 확장은 중국인이 일반적 의미의 민족

---

* 난징에 들렀을 때 토인비는 이 도시가 세계에서 가장 불편한 도시라는 한 외국인의 말을 전한다. 그가 보기에도 도시 사정은 계속 악화되고 있었다.

이라기보다는, 다양한 민족, 인종, 언어 심지어 문화까지 아우르는 하나의 '세계'라는 측면에서 이해해야 한다. 1938년 강연에서 그는 중국인 생활공간의 확장에 관해 이렇게 말했다.

3,000년 전만 하더라도 중국은 유럽 대륙의 4분의 1 크기에 지나지 않았다. 그이래 중국에서는 갖가지 불행한 일들이 연이어 벌어졌다. 여러 차례 왕조가 뒤집혔고 중국인은 나락으로 떨어져 오랫동안 내적 무질서 상태로 살았다. 그러나 이런 와중에서 중국은 점차로 성장해왔다. 중국의 마지막 정복왕조인 만주족의 고향은 이제 중국의 3개 성이 되어 중국인들이 거주 인구의 다수를 차지한다.[38]

근대성과 식민지성의 거리

지금까지 동아시아 근대도시에 대한 토인비의 견해들을 단편적으로 살펴보았다. 그의 서술에서 몇 가지 문제를 검토할 수 있다. 먼저, 토인비는 일본과 중국의 근대도시 형성에서 전통의 무게, 전통의 영향을 강조한다. 그렇다면 유럽의 근대도시에서 전통의 영향과 무게는 어떤가? 그는 전후에 서양과 동양의 차이를 분명하게 언급하고 있다. 유대교, 기독교적 전통이 전파된 곳에서는 전통의 단층은 대부분 사라졌다. 그러나 동아시아는 다른 모습을 보여준다는 것이다. "동아시아에서 오늘날까지 새로운 기술, 제도, 또는 관념을 처리하는 전통적 방식은 '대체'가 아니라 '병렬'이다. 동아시아 사람들은 옛것을 없애고 새로운 것을 대신 놓는 것이 아니라, 언제나 이미 존재했던 것을 보존해왔다. 그들은 항상 새로운 것과 옛것을 나란히 놓을 여지를 찾았던 것이다."[39]

그러나 이런 견해는 다분히 유럽 중심적이다. 유럽의 근대도시에서 전통과 분리된 순수한 근대를 찾을 수 있을까? 앞에서도 언급했듯이, 오히려 정치, 경제, 사회, 문화, 모든 영역에서 전통의 무게 아래 새로운 혁신이 나타났고 그것이 근대의 외피를 걸쳤던 것이다. 토인비가 일본과 중국에서 전통의 무게와 영향을 짙게 느꼈던 것은 동아시아 문화와 전통에 익숙하지 않았기 때문이다. 그에게 익숙한 근대도시의 몇몇 경관을 제외한 나머지 경관들은 모두 동아시아의 전통으로 더 크게 다가왔을 것이다. 나는 전통의 무게라는 측면에서 유럽보다도 동아시아가 영향을 덜 받았다고 생각한다. 일본 근대화 시기의 지식인들이 내걸었던 '화혼양재和魂洋才'는 오히려 서구 근대의 위력에 위기감을 느낀 자기방어적 슬로건이었다고 생각된다. 역설적으로, 혁신의 무게는 동아시아에서 더 강렬했던 것이다. 토인비가 1920년대 말에 일본의 근대도시에서 경탄했던 효율성과 탐구성은 오히려 이를 반영한다.

다음으로, 토인비가 바라본 중국의 근대도시는 식민지성을 보여주는 상하이, 뤼순, 다롄 등을 제외하고 이전부터 내려온 대도시 베이징이나 난징을 대상으로 할 경우 사실상 '미완의 근대'에 머물러 있었다. 토인비 스스로 이들 도시의 근대적 특징을 포착할 수 없었을 것이다. 그러면서도 그는 선양에 대해서는 어떤 가능성을 발견한다. 만주의 중국인화라는 이주의 물결 때문이다. 토인비는 동북 3성으로 중국인 생활공간의 비약적인 확장에서 중국의 낙관적인 미래를 연상했던 것이다. 일본과 중국의 대결국면에서도 그는 조심스럽게 '선의 연장'과 '면의 확장'을 상상한다. 그는 이 대결의 결과를 정확하게 예견하지는 못했지만, 미래 현대 중국의 발전, 그 중요한 토대가 만주가 되리라는 것은 예상할 수 있었다.

마지막으로, 토인비의 동아시아 여행은 1930년대 시작한《역사의 연구》

집필에 어떤 영향을 미쳤을까? 그 내밀한 과정을 알 수는 없지만 둘 사이의 관련성을 어느 정도 추측할 수 있다. 그의 회고에 따르면, 1927~1928년경에 이 저술을 위한 자료 수집을 마쳤지만 막상 집필을 시작하지는 못했다. 그는 이렇게 회상한다. "나는 1930년 여름까지도 글 쓰는 작업을 착수하지 못했다. 특히 1929년 생애에서 가장 긴 여행을 했기 때문이다.······ 아시아 여행을 한 다음에야 나는 비로소 저술작업을 시작할 수 있겠다는 생각이 들었다."[40]

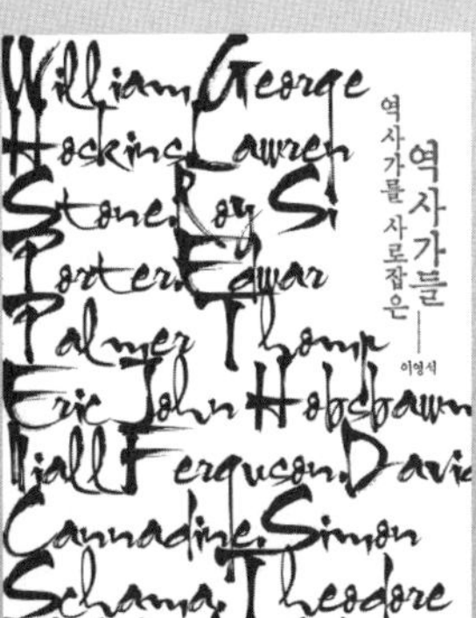
역사가를 사로잡은
역사가들
이영석

영국과

미국

1933년 4월 연희전문학교 경제학 교수 이순탁은 안식년을 맞아 세계 일주
여행을 떠났다. 그는 가는 곳마다 자신의 인상과 여정을 글로 써서 《조선
일보》에 기고했다. 귀국 후에 그는 이 여행기를 모아 《최근 세계 일주기》
(1934)를 펴냈는데,* 이 책이야말로 그 제목에 걸맞게 한국인 최초의 세계
여행기라고 할 수 있다.

이순탁은 일찍이 교토제국대학 경제학부에서 당시 일본의 저명한 마르
크스주의 학자였던 가와카미 하지메의 지도 아래 공부했다. 가와카미 또
한 1910년대에 유럽을 여행했으며, 《조국을 돌아보며》(1915)라는 여행기
를 펴냈다.[1] 그러니까, 두 사람 사이에 상당히 비슷한 이력이 있는 셈이다.
가와카미의 책은 서유럽을 바라보는 한 진보적 지식인의 견해를 알려주는
중요한 자료다. 그의 시대에 일본은 동아시아 국가에서 제국주의 국가로

---

* 이순탁, 《최근 세계 일주기》, 1934; 학민사, 1997년 판. 이 여행기는 오랫동안 묻혀 있다가 1997년
재간행된 이후 비로소 세상에 알려졌다. 필자는 이전에 이순탁의 세계 일주에 관한 글을 발표한 바
있다. 졸고, 〈1930년대 이순탁의 세계여행〉, 《역사와 문화》 22호, 2010, 211~233쪽. 이 논문은 이전
글을 바탕으로 하면서도 특히 그의 영국 방문과 영제국에 대한 인상을 주로 살피는 데 목적을 둔다.
따라서 이순탁의 세계 여행과 그의 생애에 관한 서술은 이전 연구를 축약했음을 밝힌다.

커다란 변화를 겪었다. 한편, 이순탁의 책은 서양에 관한 동아시아 학자의 견해를 보여주면서도 20세기 초 제국주의를 바라보는 식민지 지식인의 견해가 깃들어 있다. 이순탁 또한 가와카미를 뒤따라 마르크스주의자가 되었다. 그렇지만 서구를 보는 그의 견해는 가와카미의 것과 다른데, 이는 그가 스승과 달리 식민지 지식인이었기 때문이다.

이순탁은 세계 여행 중에서도 특히 영국에 50일, 그리고 미국에 3개월 머물렀다. 그가 영국에 입국할 무렵 런던에서는 대공황 문제를 논의하기 위해 세계경제회의가 열리고 있었고, 같은 시기 미국에서는 루스벨트 정부가 공황 타개를 위해 뉴딜정책을 주도하고 있었다. 경제학자로서 그가 세계경제회의와 뉴딜정책에 깊은 관심을 가졌던 것은 어쩌면 당연한 일이다. 그는 영국 곳곳을 둘러보면서 황혼기에 접어든 영제국의 실상을 세밀하게 관찰한다. 이와 달리, 미국 동부에서 서부까지 여행하면서 새롭게 떠오른 미국의 부와 활력을 실감한다. 1930년대 한 조선 지식인의 눈에 비친 두 나라의 상반된 모습은 당시 영국인과 미국인 자신들이 느꼈던 인상과 큰 차이가 있을 것이다.

식민지 시기 이순탁의 활동과 세계 일주

1897년 전라남도 해남에서 태어난 이순탁은 한학을 공부하다가 인근 목포의 보통학교를 졸업하고 1914년 도쿄로 유학을 떠났다. 집안의 경제적 도움을 받기 어려웠던 그는 고학과 독학으로 도쿄, 고베, 교토 등지의 학교를 편력하면서 면학했다. 도쿄 세이조중학교, 고베고등상업학교를 거쳐, 그는 1919년 교토제국대학 경제학부 선과選科에 들어갔다. 2년 후 경제학부 본과로 편입해 1922년 3월 졸업한다.*

교토제대 재학 시절 그는 특히 유명한 경제학자 가와카미의 절대적인 영향을 받았다. 그는 가와카미의 강의 '경제학개론'과 '경제사상사'를 듣고서 그에게 경도되었고, 그 밖에 《빈핍물어貧乏物語》(1917)나 《유물사관연구》(1919) 같은 가와카미의 여러 저술을 탐독하면서 경제사상사, 그중에서도 마르크스주의에 깊은 관심을 보였다. 물론 당시 가와카미가 소개한 마르크스주의는 주로 에드윈 셀리그먼의 《역사의 경제적 해석Studies on Historical Materialism》(1902)에 기초를 둔 것이었다. 이순탁은 귀국한 이후에도 마르크스주의에 관해서는 바로 이런 경향으로 일관했을 뿐 깊은 철학적 탐구를 계속하지는 않았다. 가와카미가 1920년대에 마르크스의 원전을 탐독하면서 진정한 마르크스주의자로 거듭난 것과는 달랐다.

교토제대 졸업과 동시에 귀국한 이순탁은 1923년부터 연희전문학교 교수로 재직하면서 상과를 이끌었다. 후에 교수진으로 합류한 백남운, 노동규 등도 대부분 좌파 학자였으며 이들의 진보적 사회관이 연희전문 학풍으로 자리 잡았다. 1920~1930년대 그는 여러 신문과 잡지에 주로 마르크스주의와 경제 문제에 관한 논설을 기고하면서 저명한 지식인으로 활동했다. 1938년 그는 백남운, 노동규 및 학과 학생들과 함께 좌익사상을 선전한 혐의를 받아 치안유지법 위반으로 구속되었다가 1940년에 풀려났다.

---

* 몰락한 양반 가문 출신이었기 때문에 이순탁은 집안의 도움을 받기 어려웠다. 일본 유학시절에 단기간에 학교를 졸업하는 방식을 택했는데, 이는 그의 이력이 편입과 중퇴를 반복한 것을 통해 알 수 있다. 그는 1917년 4월 도쿄 세이조중학교 3학년에 편입했으나 곧바로 중학졸업 검정시험에 합격해 학교를 중퇴하고, 1919년 4월 고베고등상업학교 예과에 편입한다. 6개월 만에 그는 이 학교를 중퇴하고 다시 교토제대 경제학부 선과에 입학해 다니다가 2년 후 본과에 편입해 졸업했다. 홍성찬, 〈한국 근현대 이순탁의 정치경제사상 연구〉, 《역사문제연구》 1호, 1996, 70~71쪽 참조. 당시 도쿄제국대학을 제외한 다른 제국대학들은 고등학교 졸업 학력이 없는 우수한 학생들을 경쟁시험으로 선발해 선과에 입학시켰다. 그들은 선과 입학 후 고등학교 졸업 검정시험에 합격할 경우 곧바로 본과로 옮길 수 있었다. 그러니까, 이순탁은 일본 유학시절 중고등학교를 모두 검정시험으로 수료한 셈이다.

보석으로 석방된 후에도 그는 학교로 돌아가지 못하고 해방 때까지 세브란스병원 서무과장으로 생계를 꾸려나갔다. 해방이 되면서 연세대 상과대 학장으로 복직했으나 곧바로 사직하고 정계에 투신했다. 그의 정계 활동은 별다른 성공을 거두지 못했다. 다른 중간파 노선 정치가들이 그랬듯이 그는 현실정치에서 뜻을 제대로 펼치지 못했다. 이승만 정부 수립 후 잠시 기획처장을 맡았다가 한국전쟁 당시 피랍되어 남한 사회에서 잊힌 인물이 되고 말았다.*

연희전문학교 교수시절, 이순탁은 여러 지면을 통해 조국의 발전을 위한 다양한 방안을 제시했다. 이 무렵 그의 내면 세계는 두 가지 상충되는 입장을 보여준다. 하나는 마르크스주의 사상이고 다른 하나는 민족주의였다. 그는 무산자 계급투쟁과 마르크스주의 경제철학을 받아들이면서도, 노동자 혁명노선에는 동조하지 않았다. 그의 생각으로는, 당시 조선은 식민지라는 특수한 상황에 놓여 있었다. 이런 상황에서는 조선 내부의 계급갈등이 표면화될 수 없었다. 왜냐하면 식민지 수탈로 한국인 전체가 무산자가 되었기 때문이다. 그는 계급혁명보다 계급 간 타협과 협조를 강조했으며, 이를 통해서 민족경제를 육성하는 것만이 국권 회복의 길이라고 보았던 것이다.²

비록 대외활동 면에서는 좌파 사회운동과 관계를 맺는 데 소극적이었지만, 이순탁은 학내에서는 한편으로 학생들에게 실용적 경제지식을 쉽게 가르치는 데 힘썼고, 다른 한편으로 백남운, 노동규 등의 동료 교수와 함께 마르크스주의 학풍을 세우려는 노력을 기울였다. 그러나 이 과정에서 일부 학생 및 교수와 이념적 갈등을 겪기도 했다. 학과 안에서 이념 문제로

---

* 한국전쟁 이후, 남한에서 월북 또는 납북 인사는 대중의 기억에서 잊혔다. 정치 상황 때문이다. 이순탁에 관한 학술적 연구도 홍성찬 교수의 논문이 거의 유일하다.

갈등이 일자 그는 학과장 직을 사임했다. 학교 측은 그가 10여 년간 상과 보직을 맡아 노력해온 점을 높이 평가해 안식년과 그 기간 동안 세계 일주 여행을 권했다. 이순탁은 학교 측의 재정 보조를 받아 세계여행을 떠나게 되었다.*

이순탁의 《최근 세계 일주기》는 1930년대 조선 지식인이 서양을 어떻게 바라보았는가를 알려주는 귀중한 자료다. 이 책은 단순한 여행기나 서양에 관한 피상적인 인상 기술이 아니다. 근대학문을 공부한 학자답게 그는 모든 여정을 꼼꼼하게 계획하고 사전 정보를 모은 후에 여행을 떠났기 때문에 각국에 대한 인상 기술의 차원을 넘어 서양 사회의 여러 특징을 좀 더 구체적으로 사진 찍듯이 포착할 수 있었다. 더 나아가 그는 당시 서유럽을 휩쓴 파시즘과 대공황, 그리고 자본주의 위기를 경제학자의 시각으로 성찰하고 있다. 이런 점에서 그의 책은 세계 일주기 원래의 뜻에 가장 합당한, 한국인 최초의 저술이라고 할 수 있다.

그렇다면, 이순탁의 세계 일주 여정은 어떠했는가. 1933년 34월 24일 부산을 출발한 그는 일본의 교토를 거쳐 도쿄에서 2주일 머문 다음에 여객선으로 유럽으로 향한다. 그 과정에서 그가 둘러본 도시는 상하이, 홍콩, 페낭, 콜롬보, 아든, 카이로, 나폴리, 밀라노, 파리, 헤이그, 하노버, 베를린, 함부르크, 런던, 케임브리지, 리버풀, 더블린, 보스턴, 뉴욕, 필라델피아, 볼티모어, 워싱턴, 시러큐스, 디트로이트, 시카고, 로스앤젤레스, 샌프란시스코 등이었다. 그는 12월 14일 샌프란시스코에서 일본 선적 여객선을 타고 일본 요코하마에 도착해 3주간 머물렀다가 1월 20일 부산에 도착했다. 그의 여행은 전례 없을 만큼 글자 그대로 세계 일주였다. 그 때문에 출

---

* 이순탁의 안식년은 제도적인 측면에서 아마 전문교육기관 최초로 이루어진 사례가 아닐까 싶다.

발 당시부터 신문들이 주요 기사로 보도했다. 그의 여행기는, 전술했듯이 《조선일보》에 99회에 걸쳐 연재되어 많은 관심을 불러일으켰으며 다음 해 책으로 출간되었다.

대공황기 영국 경제에 관한 인상

유럽 대륙에서 이순탁의 여정은 먼저 배편으로 이탈리아에 도착해 프랑스, 독일 순으로 이어졌다. 세 나라 여러 도시를 방문한 후, 7월 12일 함부르크에서 영국 사우샘프턴행 여객선에 올랐다. 그 후 그는 9월 2일까지 영국에 체류하면서 바쁜 일정을 소화했다. 3주 동안 런던대학에서 주최한 외국 학생 연수회에 참여하기도 하고, 케임브리지와 옥스퍼드를 방문했으며, 런던에서는 당시 세계경제회의 장을 두 번씩 들러 대공황기 국제경제의 추이와 이에 대한 선진국들의 관심을 살피기도 했다.

런던에서 이순탁은 워털루역 인근의 한 사저에 머물렀다. 그가 보기에 영제국은 경제위기의 한가운데서 고통을 겪고 있을 뿐만 아니라 쇠퇴의 기운이 완연한, 말하자면 해가 지지 않는 나라라기보다는 해가 기울고 있는 나라였다. 그가 런던 워털루역에 도착했을 때 가장 눈에 띈 것은 남루한 옷을 걸친 술주정뱅이와 걸인이었다. 역 광장을 빠져나올 때 그는 술 취한 중년 남성과 마주쳤다. 그 사람은 무턱대고 술 한잔 사달라며 이순탁을 따라다녔다. 돈이 없다고 하자 심지어 호주머니를 확인하려고 했다. 이순탁은 일순 당황해서 급히 행인들 틈에 몸을 숨겼다. 지나가는 거리를 유심히 바라보면 어디서나 구걸하는 사람들을 볼 수 있었다. "땅에 떨어진 담배꽁초를 줍거나 빈 담뱃갑을 벌려보는 사람, 쓰레기통 뒤지는 사람들"[3]은 경성 거리에서도 자주 볼 수 있는 낯익은 장면이었지만, 파리나 베를린에서는 좀처럼 보기 힘들었다.

> 런던 와서 가장 먼저 놀란 것은 걸인이 많다는 점이다. 금일 의연히 세계에 군림하는 대영제국, 그리고 세계에서 가장 큰 런던시에 표면에 나타나는 걸인이 세계 어느 도시보다도 많다는 것은 보지 아니한 사람은 곧이듣지 않을 사실이다. 적어도 소위 문명국 도시라 하여 구주 각국의 대소 도시를 보다가 런던을 본즉, 실로 어느 사람들이 말하는 노 영제국의 몰락인가 하는 느낌도 없지 않다.[4]

이순탁은 런던에 장기 체류하는 동안 도심 곳곳을 눈여겨보았다. 오전부터 저녁까지 번잡한 거리일수록 구걸하는 사람들로 넘쳐났다. 네거리 같은 곳에는 성냥, 구두끈, 슬리퍼 등 잡화를 파는 초라한 행상과 그림 그리는 화가와 악사들이 들끓었다. 사지가 멀쩡한 사람들이 이런 행각을 벌이는 것이었다. 사실 이러한 풍경은 경성 거리에서는 낯익은 것이었지만, 세계 제국을 경영하는 영국에서 볼 수 있다는 것이 신기했다. "자본주의가 가장 발달한 나라에 걸인이 많은 것은 흥미로운 현상이다."

이순탁은 걸인 대부분이 실업에서 비롯된 근래의 현상이라는 점을 깨달았다. 도심 광장이나 공원에 몰려들어 시간을 보내는 군중 대부분이 실업자로 보였다. 하이드파크나 트래펄가 광장의 벤치, 화이트채플의 거리 어디서나 실업자들로 넘쳐났다. 실업자들의 행렬 또한 그가 거쳐온 파리나 베를린에서도 좀처럼 보기 어려운 것이었다. "세계적 불경기의 표면에 나타나는 현상은 런던에 와서야 볼 수 있다."[5]

여기서 대공황기 영국의 실업 상황은 실제로 어떠했는가를 살펴보자. 영국은 다른 나라와 달리 1920년대 후반에도 10퍼센트 이상의 실업률을 보여주었다. 그러던 것이 대공황기에는 20퍼센트 이상으로 가파르게 상승*한다.6 이러한 높은 실업률은 이전 시대의 영국인들이 결코 겪어보지 못한 새로운 경험이었다. 더욱이 당시 실업은 수출산업이 신산업 분야에 비해 더욱더 심각했다. 탄광업, 제철 및 제강업, 조선업, 면업 분야가 만성적인 경제불황에 시달렸으며, 따라서 이들 산업이 집중된 지역 주민들이 더 극심한 실업의 고통을 겪었다. 랭커셔를 비롯한 서북부 산업지대, 버밍엄 지역이 이에 해당한다. 이순탁이 머물던 런던은 그래도 상황이 나은 편이었다.

당시 실업자들은 세 부류로 나눌 수 있었다. 우선 계절 또는 일시적인 요인 때문에 단기간 실직 중인 사람들이 있었다. 다음으로 전혀 일거리를 잡지 못하거나 또는 성인의 임금을 요구하지 않는 경우에만 고용되는 젊은 이들이 있었다. 그리고 마지막으로 1년 또는 그 이상 일자리를 잡지 못한 장기 실업자들이 있었다. 마지막 부류의 사람들이 가장 절망적이었다. 사실 실업의 충격은 개별 가정마다, 이웃 사이에도 서로 달랐다. 동시대인의 회고와 구전사의 기록들은 실업 때문에 더욱 심각해진 노동자들의 문젯거리들을 여실히 보여준다. 극도의 궁핍과 가족 간의 불화, 그런 와중에도 체면을 지키려는 자존심과 부끄러운 감정이 교차하고 있다.7

이순탁은 경제학자로서 영국이 겪는 경제불황을 성찰한다. 영국의 불황이 유럽에서 가장 심각하게 보이는 것은 영국인들이 자기 것에 대한 자부심이 지나쳐 전통과 혁신의 조화를 이루지 못한 데에서 비롯한 것이었다. 이러한 집착은 궁극적으로 경쟁력 약화로 귀결될 것이었다. 그는 인도양을 지나면서 그해 4월 인도정청이 일본과 인도의 통상조약 파기를 선언한

---

* 근래의 통계에 따르면, 대공황기 실업률은 1929년 10.4퍼센트에서 1931년 21.3퍼센트, 1932년 22.1퍼센트로 상승한다.

것을 기억한다. 그가 보기에 이 파기 선언은 랭커셔 면업 분야 자본가들의 압력에 의해 이루어진 것이었다. 일본산 면제품이 인도 시장에서 우위를 차지하게 되자 랭커셔 산업자본가들이 압력을 행사해 통상조약 파기를 선 언한 것이다.[8]

이순탁은 영국을 떠나기 직전 리버풀과 맨체스터 면업지대를 답사하면 서 전통적인 수출산업의 쇠퇴를 실제로 목격한다. 그는 당시 영국 경제가 직면한 문제를 정확하게 이해하고 있다. 그의 설명에 따르면, 1920년대 후 반 이래 영국의 무역액은 급속하게 감소한다. 영국 당국은 이를 만회하기 위해 기존 교역국에 대한 외교 공세를 강화함과 동시에 식민지에 대해서 는 독점적인 수출시장을 확보하는 데 노력을 기울였다. 이를테면 전통적 인 교역국인 중국, 러시아, 폴란드, 터키, 이집트에 대해서는 외교적인 회 유정책을 펴고 식민지인 인도, 오스트레일리아, 말레이반도, 남아프리카 의 경우 수입상품에 대한 관세를 인상했다. 특히 인도 시장의 경우 일본 상 품에 대한 견제를 강화했다. 식민지 지역의 영국 수출시장은 주로 일본제 품에 의해 잠식당했기 때문이다.[9]

그러나 이순탁은 이러한 상황이 일시적인 것이 아니라 영국 경제의 구조 적인 문제에서 비롯된 현상이라고 생각했다. 예를 들어 인도 시장에서 영 국산 면제품이 일본산에 밀리는 것은 생산비가 높아 경쟁이 되지 않기 때 문이다. 영국인들이 전통을 존중하는 것은 좋은 점이 있기는 하지만, 다른 한편으로는 그들 자신의 오만함에서 나온 것이다. 그들은 급속한 변화를 싫어하고 혁신 노력도 게을리한다. 이는 면공업이라는 한 산업 분야의 사 례지만, 영국의 국가경쟁력은 도처에서 약화일로를 겪고 있었다. 이순탁 은 런던 도심이 운무로 가득하고 매연이 심한 것에서도 전통에 집착하는 영국인들의 생활 태도와 관련지어 생각한다. 런던은 국제적 명성에 부끄럽게도, 위풍당당한 석조건축물 대부분이 "흑인의 얼굴"을 지니고 있다.[10] 대부분 도시의 매연으로 검게 변한 탓이다. 햄스테드 히스와 같은 고지에 올라서면 런던시 전체가 매연으로 뒤덮여 있는 것을 목격할 수 있다. 사람이 어떻게 이런 곳에서 살 수 있을까 의문이 떠오를 정도다. 이순탁은 이 매연이 공장만이 아니라 가정집에서 사용하는 석탄난로 때문에 악화되었다는 말을 듣는다. 그는 여기에서도 영국인의 습성을 떠올린다.

이 불완전 연소의 난로에서 토하는 매연이 또한 런던의 하늘을 더럽힐 뿐만 아니라 공기를 혼탁하게 하여 인체를 해치며, 식물에 독을 주며, 건물을 그을리는 것이다. 전기가 발달한 오늘날 난방장치를 전기로 변화하기 어려운 일이 아니지만, 영국인은 한갓 전통의 고루함을 좋아하는 국민이기 때문에 시 당국이 이를 장려함에도 별 효과가 없다는 말을 들었다.[11]

서유럽 여행에서 이순탁이 관심을 두었던 것은 경제불황을 타개하기 위해 런던에서 개최된 세계경제회의였다. 그는 이 회의를 참관하려고 유럽대륙 여행 일정을 줄여 7월 14일 런던에 도착했다. 그러나 공교롭게도 그가 도착한 바로 그날 경제회의는 당분간 회의를 열지 않고 27일 다시 총회를 소집하기로 결정했다. 그는 7월 15일 회의장인 지질박물관을 방문해 회의장만 둘러보았다. 런던 세계경제회의는 6월 12일에 66개국 대표들이 참가한 가운데 처음에는 성황리에 개최되었다. 그러나 참가국의 이해가 첨예하게 대립되어 논란만 빚어졌을 뿐 어떠한 합의도 이끌어내지 못했다. "중세 십자군기사 같은 각국 대표들은 개회식 첫날 자국 눈앞의 이해 외에는 아무것도 드러내지 않고 승리를 얻기 위한 공동전선 결성이 현재 정세로는 얼마나 어려운가를 비로소 깨닫게 되었다."[12] 회의가 결렬되었기 때문에 이제 공황 타개를 위한 국제적인 협력은 더 어려워지게 될 것이다. 이순탁이 보기에 향후 세계 경제 전망은 더욱더 어두워질 것이었다.

> 다음에는 필연적 과정으로 더욱 격렬한 경제 블록의 대립, 금본위 이탈국과 금 본위국의 항쟁, 관세 인상, 쇄국적 경제정책의 발전 등 세계적 경제전쟁이 다가 올 것이다. 그리고 그다음에 올 것은, 다시 성의 있는 국제협조가 성립되지 않는 날에는 세계적 무력전쟁일 것이니, 금후의 국제정세 전개는 실로 등한시할 수 없을 것이다.[13]

원래 영국이 주도한 세계경제회의는 국제협조 아래 대공황 극복책을 마련하기 위한 것이었다. 개최지가 영국이니 회의 의장 또한 영국 총리 로이드 조지가 맡은 것은 당연한 일이었다. 이순탁은 런던 경제회의를 소집하게 된 배경과 그 결렬 원인을 정확하게 파악하고 있다. 그만큼 그는 국제정세의 흐름을 잘 알고 있었다. 당시 세계공황의 가장 심각한 문제는 물가 하락과 무역 감소였다. 이러한 문제를 해결하려면 각국이 공동보조를 취하면서 통화팽창 정책을 펴고 더 나아가 관세 장벽을 제거해야 할 것이었다. 그리고 이러한 정책의 전제조건은 국제 환율의 안정이라고 할 수 있다. 물론 이순탁은 이 두 마리 토끼를 잡는 것이 매우 어려우며 사실상 모순되는 일이라는 점을 지적하지 않았지만, 잘 인지하고 있었을 것이다. 왜냐하면 경제학의 기본 상식으로도 어느 나라가 통화팽창 정책을 취해 화폐가치가 떨어지면, 오히려 상대국이 수입관세를 높이는 정책을 펼 것이기 때문이다.

세계경제회의가 결렬된 것은 바로 이 모순을 해결할 만한 국제협조를 합의하지 못한 탓이다. 이순탁은 다음과 같이 분석한다. 공황의 심각성은 물가 하락과 무역 감소에 있다. 물가를 유지하고 무역을 촉진하기 위해 국제회의는 통화 문제 해결과 관세 문제에 중점을 두었다. 금본위제를 유지하면서도 통화 증대를 위해 통화은행의 금 준비율을 인하하는 데 여러 나라가 동의했다. 그러나 회의는 미국의 반대 때문에 결렬되었는데, 이는 미국의 대규모 재정 팽창계획 때문이었다.[14] 이순탁이 보기에, 이는 결국 세계 제국이자 패권국가라고 할 수 있는 영국이 국제 질서를 좌우하던 시대가 지났음을 여실히 보여준다.

미국 경제의 역동성

9월 2일 이순탁은 영국 선적의 신시아호를 타고 미국을 향해 출발해 열흘 후 보스턴에 도착했다. 경제학자 이순탁은 미국 루스벨트 징부의 대공황 극복 노력에 대한 관심이 컸다. 그가 보스턴에 도착한 다음 날 뉴욕에서는 전국부흥청National Recovery Administration이 주도한 대규모 행사가 있었다. 이순탁은 이 행사를 상세하게 보도한다. 25만 명이 직접 참가하고 연도에 늘어선 군중이 150만을 헤아렸다. 영국이 침체에 빠진 음울한 풍경을 보여주는 것과 달리, 미국에서는 불황을 빠져나가려는 적극적인 노력과 정부의 의지를 읽을 수 있었다.

　그는 여러 정보를 모아 정책 효과를 긍정적으로 평가한다. 이순탁에 따르면, 그 정책은 국가 재정 정상화와 제조업 육성, 공공사업, 농업 정상화 등 4대 정책 분야를 설정했다. 이와 관련해 20여 법령을 제정했으나, 실제 효과는 기대 수준에 미치지 못했다. 그럼에도 그는 정책을 긍정적으로 평가한다. 실업자 1,500만 명 가운데 300만 명 이상이 새로 일자리를 얻었고, 저물가 현상도 어느 정도 해소되어 물가지수는 130에서 180으로 상승했다는 것이다. 특히 그는 미국인들의 전폭적인 지지가 커다란 동력이 될 것이라고 예측한다. 그는 NRA 행사를 이렇게 보도한다.

행렬의 출발 지점은 5번가의 시립도서관인데, 부흥청국장, 뉴욕시장, 뉴욕주지사 등이 연설한 후 만세를 제창함으로써 시작되었다. 하늘에 비행기 행렬이 있고, 지상에는 형형색색의 가장행렬이 지나갔으며, 공중에 폭죽 소리가 요란하고, 옥상에서는 오색 테이프를 던진다. 행렬이 가는 연도에는 상점이나 공장이 문을 닫고 전차며 버스도 전부 운행이 중지되었다.[15]

이순탁은 미국 경제가 극심한 공황을 겪고 있음에도 영국에 비해 경제가 활력이 있다는 점을 주목한다. 그가 듣기에, 미국은 "모든 과학의 실험장이며 근대 물질문명의 최정상"이다. 동양인이 유럽을 거쳐 미국에 도착하면, 유럽에서 먼저 놀라고 미국에 와서 다시 한번 놀란다.[16] 이순탁이 미국 경제의 활력을 새삼스럽게 느낀 것은 마천루와, 전국을 잇는 거대하고 복잡한 교통망, 그리고 대량 생산 설비였다. 그는 뉴욕의 록펠러센터와 엠파이어스테이트빌딩을 직접 보면서 현대 문명의 성취를 예찬한다. 그가 듣기로 뉴욕만이 아니라 시카고, 디트로이트, 보스턴, 필라델피아, 로스앤젤레스에도 마천루의 숲이 펼쳐져 있었다. 지상과 지하, 그리고 공중으로 뻗어나간 도로와 그 도로를 가득 메운 자동차의 행렬에 새삼 놀란다. 그는 전 세계 승용차 3,356만 8,295대 가운데 미국 승용차가 2,431만 7,020대, 무려 72퍼센트에 이른다는 최신 통계를 소개하기도 한다.[17]

대공황기 도래 이전부터 선진국 자본주의는 전기 사용이 일반화된 이후 널리 보급되기 시작한 세탁기, 청소기, 축음기, 자동차 등을 포함하는 내구소비재가 발전을 주도하고 있었다. 자동차는 내구소비재 가운데서도 가

장 대표적인 상품이었다. 실제로, 내구소비재의 공통된 특징은 우선 내구
성에 있다. 상당 기간 오래 사용한다는 점인데, 그 당시에는 주로 금속, 특
히 철로 만든 제품이 주류를 이루었다. 다른 하나는 상당히 복잡한 기계
장치를 포함하고 있다는 점이었다. 자동차는 물론, 축음기, 청소기, 세탁
기 등 이 시기에 출현한 다양한 내구소비재들은 그 기계장치에 힘입어 여
러 가지 새로운 기능을 행사할 수 있었다. 마지막으로, 내구소비재는 당시
생활수준을 고려할 경우 매우 높은 가격이 매겨졌다. 따라서 일반 서민들
은 구입할 엄두를 내지 못했고, 사회 상층에 속하는 사람들만이 이를 구입
해 즐길 수 있었다. 고가의 내구소비재를 구비하고 있다는 사실이 바로 그
사람의 부와 사회적 지위를 나타내기도 했다. 물론 당시 이순탁은 내구소
비재가 기존 상품과 다른 특징들을 정확하게 파악하고 있지는 않다. 그렇
더라도 그는 미국 자본주의를 주도한 산업이 내구소비재의 전형이라고 할
수 있는 자동차산업이라는 것을 알고 있었다. 그는 디트로이트의 포드자
동차 공장을 방문했다. 불황기에도 2만 명 이상의 노동자들이 작업해 1시
간에 1대 꼴로 승용차를 생산하고 있었다. 그는 그 공장의 대량생산 방식
에 놀라움을 표시하며 이렇게 말한다.

목 공장, 철 공장, 유리 공장, 고무 공장 등 각종 부속 공장이 자동차 한 대를 제
조하는 데 필요한 부속품을 각각 분업적으로 만들어 300마일 길이의 컨베이어
벨트로 완전한 자동차를 매일 1,000여 대씩 만든다.[18]

이순탁은 자신이 인상적으로 바라본 그 컨베이어 벨트 시스템이 후일 사
람들에 의해 포디즘이라고 불린, 20세기 자본주의의 성격을 결정지은 중
요한 양식이 되리라고는 예견하지 못했을 것이다. 그럼에도 그는 그 작동

및 운영 방식에서 영국 경제와 다른 새로운 전망을 가질 수 있었다.

조립 라인은 1913년 디트로이트 근교 하일랜드파크 공장에 처음 설치되었다. 이 일관작업이 순조롭게 이루어지기 위해서는 자동차를 구성하는 수천여 부품들을 표준화하고 이를 조립 라인에 공급하는 것이 중요했다. 포드는 조립 라인을 통한 집중화와 중앙화를 동시에 이룩해 이른바 대량생산체제를 가동시켰으며, 자기 회사의 제품을 다른 회사 것보다 훨씬 더 저렴한 가격으로 시장에 내놓을 수 있었다.[19] 조립 라인에서 중요한 개념은 컨베이어 벨트다. 포드는 철광석 운반에서 조립 라인까지 운송과 화물 취급의 직선화를 추구해 낭비 시간을 줄였지만, 부품 생산이나 조립 라인 내에서도 공정을 세분화하고 공정에서 다음 공정으로 넘어가는 데 걸리는 시간을 줄임으로써 생산성을 높였다. 예를 들어 바퀴 조립은 이전에 한 사람이 맡아 작업했다. 바퀴 하나 조립하는 데 25분 걸렸다. 그것을 여러 공정으로 나누고 컨베이어 벨트를 이용해 일관된 생산라인에서 조립하자 5~6분밖에 걸리지 않았다.[20]

이순탁의 미국 여정을 보면, 10월 말까지 뉴욕, 필라델피아, 볼티모어, 워싱턴 등 동부 지역을 여행하다가 시러큐스, 버펄로, 나이아가라를 거쳐 디트로이트 포드 공장을 둘러본 후에 11월 4일 시카고에 도착해 12월 3일까지 그곳에 머물렀다. 마침 시카고에서는 세계박람회가 열리고 있었다. 박람회에서도 이순탁은 영국의 음울한 풍경과 달리 공황을 극복하고 미래를 향해 달려가려는 미국인들의 의지를 읽을 수 있었다. 이순탁은 박람회 안내책자를 인용해 그 규모와 내용을 상세하게 소개한다. 그해 6월 1일부터 11월 12일까지 개최된 박람회는 입장객만 2,100만 명에 이르렀다. 이순탁은 그 수가 조선인 전체보다 많다는 사실에 놀라움을 금치 못한다.

과학관, 교통관, 제너럴모터스의 자동차 공장, 전기관, 무전통신관, 건축관, 농업관, 박물관, 종교관, 미국 정부관, 천문관, 일반 전람관 등 현대 문명의 정수가 모여 있다. 수학, 물리학, 화학, 생물학, 지리학, 기계, 의약학, 천문학 등 현대과학이 인간생활에 어떻게 응용되는지를 잘 설명해주고 있다.[21]

이순탁이 영국과 미국 경제의 대조적인 측면을 실감한 것은 박람회를 통해서였다. 박람회장에서 그는 영국의 황혼과 미국의 역동성을 비교한다. 원래 1933년 시카고박람회는 1929년 시 탄생 100주년을 기념해 기획한 것이었다. 그러나 그 계획 발표 후 곧바로 대공황기에 접어들었다. 박람회 집행위원회는 단순히 시카고의 번영을 나타내고 새로운 진보의 세기를 선전하는 원래 목적을 넘어서 미국인에게 새로운 희망을 제시함으로써 경제회복에 도움이 되기를 기대했다. 당시 루스벨트 정부기 1934년까지 전시회 기간을 연장할 것을 제안한 것도 이런 맥락에서 이해할 수 있다. 그리하여 2년간 박람회를 방문한 사람은 3,200만 명에 이르렀다. 박람회 준비위원회는 특히 과학과 산업발전을 슬로건으로 내세우고 저명한 과학자들에게 과학자문위원회 참여를 권유했다. 당시 박람회의 슬로건은 "과학은 발견하고, 산업은 적용하며, 인간은 그를 따른다Science finds, Industry applies and Man conforms"였다. 여기에서 과학, 산업, 진보라는 키워드가 널리 알려진 것이다.[22] 박람회는 미국 문명의 진보를 보여주는 것이 목적이었지만, 그 이면에는 대기업의 위력을 보여주는 것이었다. 왜냐하면 전시관의 전시물은 대부분 과학을 응용한 대기업의 제품이었기 때문이다. 과학과 대기업의 주도 아래 진보의 세기로 인류가 나아가고 있다는 메시지는 이순탁에게 너무 인상적이었고, 그것은 곧바로 현대의 문명을 미국이 주도하고 있다는 것을 깨닫게 했다.

저 인파, 저 사치, 저 광고, 저 상품. 여기 와서 보니 파리의 호사도 옛말인 느낌
이다. 오늘날 미국에는 건축물, 교통기관, 통신기관, 무전, 시네마, 비행기, 무기
에 이르기까지 현대과학의 발명에 따른 세계 최고의 문명이 모두 모여 있고, 그
이용 또한 세계의 절반 이상을 차지하거나 세계 제일이다. 요컨대 오늘날 미국
문명은 세계의 문명이며 현재는 미국의 세상이다. 마치 옛날 로마가 세계의 문
명이고 로마가 세계였던 것과 같다.[23]

앵글로-아메리카니즘과 지구화

이순탁은 영국 경제의 쇠퇴와 미국의 등장을 비교하고, 영국에서 미국으
로 경제력의 이동을 중시한다. 그러면서도 그는 사회와 문화 면에서 두 나
라의 유사성과 연속성을 강조한다. 이는 미국이 영국인들이 개척한 뉴잉
글랜드를 기반으로 새로운 국가를 수립했으며, 따라서 두 나라가 공통의
언어와 문화적 기반을 가지고 발전해왔다는 점을 의식했기 때문일 것이
다. 이순탁이 두 나라 사회문화에서 공통의 기반으로 주목한 것은 '자유'
와 영어다.

　식민지 조선의 한 지식인에게 영국은 쇠락하는 대국이었지만, 그럼에도
오랜 역사 속에서 형성된 전통과 문화는 찬탄과 부러움으로 다가오기도
했다. 이순탁이 가장 부러워한 것은 개인의 삶이나 사회 저변에 자리 잡은
'자유'의 분위기였다. 같은 유럽이라고 하더라도 대륙과 영국을 구별짓는
것은 바로 이 자유의 문제였다. 독일이나 다른 나라에서는 체제에 위협을
주거나 불온하다고 판정한 사상은 엄격하게 통제한다. 그러나 영국은 그

같은 조치가 없다. 벤덤의 공리주의와 스미스의 경제이론은 바로 개인의 자유를 바탕으로 사회의 조화를 추구한 것이다. 이순탁은 런던 하이드파크에 들러 각종 사상을 전파하는 강연자들의 모습을 관찰한다. 공산주의와 반공주의, 파시즘과 반파시즘, 기독교 복음주의와 반기독교주의가 공원에서 서로 부딪치고 있었다. 그는 이렇게 외친다. "아, 사상의 자유, 주의의 자유, 선전의 자유, 영국에 와서야 이러한 자유를 볼 수 있다."[24] 영국인들이 이렇게 사상에 관대한 것은 자신의 것이 가장 좋다는 자부심이 있기에 가능한 것이다. 이순탁은 영국인들의 자유가 바로 자신감에서 나온 것임을 알고 부러워한다. 마르크스나 엥겔스의 초상화가 거리 이곳저곳에 걸려 있고 사람들이 파시즘에서 공산주의에 이르기까지 극단적인 정치 이데올로기를 설파해도 정치인이나 평범한 시민이나 모두가 이에 개의치 않는다.

세계 각국에서 무서워하는 공산주의를 영국에서는 자유로 방치해 두어도 오늘날 영국더러 사상적 위기에 있다고 말하는 사람은 거의 없다. 나는 이것을 볼 때에 사상은 자유로 토의를 시켜 놓아야만 차라리 위험이 없다는 것을 통절히 느꼈다.[25]

미국인 또한 영국인 못지않게 자유를 만끽하고 있었다. 다양한 이민들로 구성된 인종의 용광로인데도, 모든 이민이 자유롭게 자신의 삶을 결정할 수 있었다. 물론 영국계 이민 후예의 기득권이 이곳저곳에 남아 있겠지만, 미국 사회는 원칙적으로는 누구에게나 기회와 가능성을 부여했다. 미국 정치가에게는 "미국인을 미국화하는 것"이 중요했기 때문이다. 미국인으로서 공통된 의식을 갖게 하는 것은 그들을 자유롭게 하지 않고서는 불가능했다.[26] 너무 자유를 허용하기 때문에 미국에서는 대도시를 중심으로 향락문화가 발전했다. 식민지 조선 지식인으로서 그는 극도의 향락문화에 긍정적인 태도를 가질 수 없었다. 그는 미국의 향락문화에서 로마제국 말기의 퇴폐를 연상하기도 한다.[27] 어쨌든, 그는 영국과 미국의 유사성으로 개인과 사회의 자유를 지적하면서, 이 분위기가 영미권을 넘어 전 세계적인 추세가 되고 있다고 단언한다.

이순탁은 근대문명이 영국인의 주도 아래 발전해왔다는 것을 누구보다 잘 알고 있었다. 19세기 중엽 이후 런던 도심 웨스트엔드, 특히 블룸스베리 광장과 사우스 켄싱턴에 조성된 박물관과 대형 전시관을 둘러보면서 그는 이를 더욱 절감할 수 있었다. 우선 영국박물관의 경우 인류 지식의 보고인 서적 컬렉션과 문화유산 소장품의 규모나 가짓수에 놀라워했다. 이순탁이 영국의 문화적 저력을 분명하게 느낄 수 있었던 곳은 자연사박물관이었다. 박물관 정면에 세워진 찰스 다윈과 토머스 헉슬리의 조상을 보면서 영국인의 지적 전통이 피부에 와닿는 것을 느꼈으며 자연의 경이와 인간의 나약함, 그리고 태초부터 현대에 이르기까지 자연의 변화를 체계화해 지적 유산으로 남기려는 영국 지식인들의 노력에 감탄하지 않을 수 없었다. 유럽 다른 나라에도 이와 비슷한 전시관이 세워져 있지만, 그 질과 양에서 영국인의 성취를 따라갈 수 없었다. 이순탁은 미국 문화 또한 영국 문화와 관련성이라는 맥락에서 바라본다. 미국 뉴욕과 시카고 대도시의 미술관과 과학전시관 또한 영국 문화와 밀접한 관련성을 보여주었다.

이순탁에 따르면, 영미 문화가 다른 세계에 영향력을 행사하는 뚜렷한 증거는 영어다. 그는 국제정치나 경제 면에서 영국의 쇠퇴를 인정하면서도 그 문화적 영향력은 미국의 등장에 힘입어 당분간 지속될 것이라고 생각한다.[28] 영어야말로 영제국의 네트워크를 연결하는 주요 수단이면서 동시에 다른 지역 사람들에게는 공통의 의사소통 수단으로 자리 잡았다. 그는 자신의 여행기에서 '지구화' 또는 '세계화'라는 오늘날의 표현을 사용하지는 않았지만, 영어를 매개로 이루어지는 문화 확산과 통합 현상을 분명하게 인식하고 있었다.

최근에 지구화를 19~20세기 영국과 미국의 관련성 속에서 해석하려는 경향이 있다. 세계화라는 말은 세계적 규모의 시장 통합, 특히 상품·노동·자본 시장의 통합을 뜻하는 경제용어였으나, 오늘날에는 이를 넘어 지식, 정보 및 문화 일반의 일체화까지 포함하는 광범한 의미를 갖게 되었다. 프리드먼은 이 현상이 20세기 말부터 새롭게 전개된 것이 아니라 이미 19세기 후반에 영제국 네트워크와 더불어 전개되었다는 점을 지적한다. 그럼에도 세계화가 최근의 현상으로 인식된 것은 제1차 세계대전 이후 반세기이상 그 추세를 가로막는 높은 장벽에 모두가 익숙해져 있었기 때문이다.

영국의 역사가들 또한 영제국에 의해 이루어진 세계적 규모의 시장 형성 과정에 관심을 기울여왔다. 말하자면, 세계화의 단초가 영국의 주도 아래 나타났다는 것이다. 캐너다인과 퍼거슨에 따르면, 오늘날의 세계화는 대부분 영제국이 해외 백인정착지와 공식적인 제국에서 시행한 제도들에 기반을 두고 발전했다. 자본·노동·상품의 자유로운 이동, 민주주의, 효율적인 행정, 개신교, 영어 등이 이에 해당한다. 이 같은 세계화 추세의 중심 내용이야말로 근대성 그 자체이다. 이 영국 중심적인 견해는 비판받아야 마땅하지만, 세계화가 20세기 후반에 갑자기 전개된 것이 아니라 19세기 후반 영국의 경험에서 비롯되었다는 것은 분명한 것 같다. 여기에서 중요한 것은 1930년대 초 이순탁의 영미 문화에 대한 이해가 오늘날의 해석과 크게 다르지 않다는 점이다.

책을 마치며

이 책의 머리말을 쓸 때 현장연구자의 삶에서 퇴장을 예견했지만, 그 불길한 예감이 들어맞았다. 이 책은 나의 마지막 저술이다. 발간 후까지 얼마간 잔명을 유지하더라도 피폐해진 육체와 정신으로 어떤 일도 할 수 없을 것이다. 한편으로 허전하고 쓸쓸하기도 하나 다른 한편으로 허허롭고 평화롭다.

학술논문을 처음 발표한 지 40년, 내 이름의 첫 연구서를 펴낸 지 28년이 흘렀다. 그동안 내가 관심 갖는 분야에 자료를 모으고 책들을 탐독하고 논문과 책을 펴내는 작업을 한시도 중단한 적이 없다. 이것이 나의 성품이나 기질에서 나온 것만은 아닐 터이다. 나는 일생 동안 비주류로 살았다. 일류 대학 출신이거나 서양사 학계에서 거의 일반적인 유학파가 아니다. 국내에서 학위 과정을 마쳤고 지방 중소대학의 교양과목 선생으로 30년을 지내다 퇴직했다. 중년에 이르러 주로 영국의 대학에 자주 출입하는 행운을 누렸을 정도다.

비주류라는 의식 때문에 스스로 겸손하고 싶었을 것이다. 서양사학회나 영국사학회 세미나에 가능하면 참석해 다른 연구자의 새로운 지식과 식견을 받아들였다. 나 스스로 부족하다고 여겼기 때문이다. 학회 동료, 선배, 후배 연구자들에게 가능하면 겸손한 태도로 일관했다. 스스로 대단하다고 생각하지 않았기 때문이다. 다만 나의 자세가 나와 비슷한 처지에 있는 젊은 연구자들에게 좋은 인상을 주기를 바랐다. 어디서나 진실 그 자체에 관심을 기울이고 자신의 생을 바치고 싶어 하는 젊은이가 있게 마련이다.

그간 펴낸 연구들이 과연 이 땅의 학술 발전과 인문 진화에 어느 정도 기여할 수 있을지 나로서는 알지 못한다. 다만 그런 기대를 가질 뿐이다. 지금 내는 논문 앤솔로지에 수록된 글들도 이미 해체해 중요한 내용들을 페이스북에 올렸다. 그러니까 내 논문과 저술의 중요한 부분들은 '지식의 민주화'라는 말을 내걸고 대부분 포스팅한 셈이다.

언제부터인가 서양사 학계의 젊은 연구자, 중진 연구자들이 나와 대화를 나누려 하고 나의 공부법에 관해 질문하는 경우도 여러 번 있었다. 약간 농담 섞인 말이겠지만, 어떤 이는 롤모델이라는 표현도 쓴다. 나의 삶의 궤적이 그들에게 조금이라도 인상을 남겼다면 과분한 상찬이자 기쁨이다. 한국의 국격이 일취월장하는 이 시기에 한국의 서양사 학자들, 나아가 인문학자들이 지구 문명의 위기를 극복하고 세계 평화를 이루는 데 큰 기여를 할 수 있기를 소망한다. 이제는 촉망받는 과학철학자로 성장한 아들 이승일의 대견한 모습과 피폐해진 내 모습을 보고 애통해하는 아내 최옥희 모습을 머릿속에 그리며 이 짧은 글을 맺는다.

2022년 1월

이영석

참고문헌

1부 전쟁과 수난

1장 한 평범한 인물의 기록에 나타난 나폴레옹 전쟁

백용기, 〈독일 국민의식의 형성과 나치의 민족 이데올로기〉, 《신학과 사회》 30:2, 2016, 177~218쪽.

이용재, 〈나폴레옹 전쟁−총력전 시대의 서막인가〉, 《프랑스사 연구》 34, 2016, 55~83쪽.

이용재, 〈아우스터리츠의 태양: 나폴레옹 전쟁의 군사적 의의와 전쟁 개념의 변화〉, 《서양사연구》 35, 2006, 31~63쪽.

전진성, 《역사가 기억을 말하다》, 책세상, 2004.

정기철, 〈기억의 현상학과 역사의 해석학〉, 《철학과 현상학연구》 36, 2008, 51~75쪽.

최호근, 〈집단기억과 역사〉, 《역사교육》 85, 2003, 159~189쪽.

Bennette, R. A., "Threatened Protestans: Confessional Conflict in the Rhine Province and Westphalia during the Nineteenth Century", German History, 26:2 , 2008.

Cate, C., The War of the Two Emperors, New York: Random House, 1985.

Dorpalen, Andreas, "The German Struggle against Napoleon, The East German View", The Journal of Modern History, 41:4, 1969.

Gompert, D. C., Hans Binnendijk and Bonny Lin, Blinders, Blunders and Wars, Santa

Monica: Rand Co., 2014.

Khoudour-Castéras, David, "Welfare State and Labor Mobility: The Impact of Bismarck's Social Legislation on German Emigration before World War I", *The Journal of Economic History*, 68:1, 2008, pp. 211~243.

Leggiere, Michael V., "From Berlin to Leipzig: Napoleon's Gamble in North Germany, 1813", *The Journal of Military History*, 67:1, 2003.

Moltmann, Günter, "Migrations from Germany to North America: New Perspective", *Reviews in American History*, 14:4, 1986.

Parker, Harold T., "Why Did Napoleon Invade Russia? A Study in Motivation and the Interrelations of Personality and Social Structure", *The Journal of Military History*, 54:2, 1990.

Schneid, Frederick G., "The Dynamics of Defeat: French Army Leadership, December 1812-March 1813", *The Journal of Military History*, 63:1, 1999.

Talré, E., *Napoleon's Invasion of Russia*, Oxford: Oxford University Press, 1942.

Walter, Jakob, *The Diary of a Naploleonic Foot Soldier*, ed. Marc Raeff, New York: Penguin Books, 1991.

2장 전쟁과 동원, 그리고 제국

이내주, 〈처칠, 키치너, 그리고 해밀턴의 삼중주〉, 《영국연구》 20, 2008.

하워드, 마이클, 최파일 역, 《제1차 세계대전》, 교유서가, 2012.

Callwell, Charles E., *Field Marshall Sir Henry Wilson: His Life and Diaries*, London: Cassell, 1927, 2 vols.

Carrington, C. E., "A New Theory of the Commonwealth", *International Affairs*, 34:2, 1955.

Darwin, John, *The Empire Project: The Rise and Fall of the British World-System, 1830~1970*, Cambridge University Press, 2009.

Hansard's Parliamentary Debates, [LC], 4th series, 1914~1917.

Hayes, Paul, "British Foreign Policy and the Influence of Empire, 1870~1920", *Journal of Imperial and Commonwealth History*, 12:1,1984.

Hendrick, Burton J., *The Life and Letters of Walter Hines Pages*, London: W. Heinemann, 1924.

Holmes, Richard, *The Little Field Marshal: The Life of Sir John French*, London: Weidenfeld & Nicolson, 2004.

Hudd, Archibald, "The British Empire after the War", *Fortnightly Review*, 100:598, Oct. 1916.

Jeffrey, Keith, *Field Marshal Sir Henry Wilson: A Political Soldier*, Oxford University Press, 2006.

Kershow, John B. C., "The New Army and the Recruiting Problem", *Fortnightly Review*, 97:578, Feb. 1915.

Mansergh, Nicholas, *The Commonwealth Experiences*, London: Weidenfeld and Nicolson, 1969.

Parliamentary Papers. Cd. 2785; Cd. 3523; Cd. 5741; Cd. 7607, Cd. 8566.

Porter, Bernard, *The Lion's Share: A Short History of British Imperialism, 1850~1955*, London: Longman, 3rd ed., 1996.

Stewart, Andrew, *Empire Lost: Britain, the Dominions and the Second World War*, London: Continum, 2008.

War Office, *Statistics of the Military Effort of the British Empire during the Great War, 1914~1920*, London: HMSO, 1922.

3장 공습과 피난의 사회사 — 제2차 세계대전기 영국인의 경험

Anderson, Paul, *The Road to 1945: British Politics and the Second World War*, London: Quartet Books, 1977.

Board of Education, *Health of the School Child, 1938*, London: HMSO, 1940.

Calder, Angus, *The Myth of the Blitz*, London: Jonathan Cape, 1991.

Calder, Angus, *The People's War: Britain 1939~1945*, London: Cape, 1969.

Ely, Geoff, "Farming the People's War: Film, British Collective Memory, and World War II", *American Historical Review*, vol. 106, no. 3, 2001.

Fielding, Steven, "The Good War 1939~1945", in N. Tiratsoo, ed., *From Blitz to Blair*, London: Weidenfeld & Nicolson, 1997.

Goddard, S. E., "Rhetoric of Appeasement: Hitler's Legitimation and British Foreign Policy, 1938~39", Security Studies, vol. 24, no. 1, 2015.

Grosby, Travis, *The Impact of Civilian Evacuation in the Second World War*, London: Croom Helm, 1986.

Hansard's Parliamentary Debates [HC] 5th ser., vols. 302; 348; 358; 360; 360; 362; 363.

Harrison, John F. C., *The Common People: A History from the Norman Conquest to the Present*, London: Fontana, 1984.

Harrison, Tom, *Living through the Blitz*, London: Collins, 1976.

Hennessy, Peter, *Never Again: Britain 1945~1951*, London: Jonathan Cape, 1992.

Hinton, James, "1945 and the Apathy School", *History Workshop Journal*, 43, 1997.

Holland, James, *The Battle of Britain: Five Months that Changed History May-October 1940*, London: Bantam Press, 2010.

Inglis, Ruth, *The Children's War: Evacuation, 1939~45*, London: Collins, 1989.

Jackson, Carton, *Who Will Take Our Children?*, London: Methuen, 1989.

Johnson, B. S., ed., *The Evacuees*, London: Gollancz, 1963.

Korda, Michael, *With Wings like Eagle: A History of the Battle of Britain*, London: JR, 2010; 이동훈 역,《영국전투》, 열린책들, 2014.

Levine, Josuha, ed., *Forgotten Voices of the Blitz and the Battle for Britain*, London: Ebury Press, 2006.

Lin, Patricia Y., "National Identity and Social Mobility: Class, Empire and the British Government Overseas Evacuation of Children During the Second World War", *Twentieth Century British History*, vol. 7, no. 3, 1996.

Mackay, Robert, *Half the Battle: Civilian Morale in Britain during the Second World War*, Manchester: Manchester University Press, 2002.

Marwick, Arthur, "People's War and Top People's Peace? British Society and the Second World War", in A. Sked and C. Cook, eds., *Crisis and Controversy: Essays in Honour of A. J. P. Taylor*, London: Macmillan, 1976, pp. 148~164.

Marwick, Arthur, *Britain in the Century of Total War: War, Peace and Social Change 1900~1967*, Boston: Little & Brown, 1967.

Marwick, Arthur, *The Home Front: The British and the Second World War*, London: Thames & Huddson, 1976.

Michael Moynihan, ed., *People at War 1939~1945*, New Abbot: David & Charles, 1974.

Morgan, Kenneth O., *Labour in Power 1945~1951*, Oxford: Clarendon Press, 1984.

Noakes, Lucy, "War on the web: The BBC's 'People's War' website and memories of Fear in wartime in 21st-century Britain", in Ludy Noakes and Juliette Pattinson, eds., *British Cultural Memory and the Second World War*, London: O'Brien, Terence H., Civil Defence, London: HMSO, 1955.

Parliamentary Papers. Cmd. 4827; Cmd. 5837.

Pelling, Henry, *Britain and the Second World War*, London: Collins, 1970.

Ponting, Clive, 1940: *Myth and Reality*, London: Mamish Hamilton, 1990.

Price, Alfred, *Blitz on Britain: The Bomber Attacks on the United Kingdom, 1939~1945*, London: Ian Allan, 1977.

Ray, John, *The Night Blitz 1940~41*, London: Arms & Armours, 1996.

Rose, Sonya O., *Which People's War?: Nationality and Citizenship in Britain, 1939~1945*, Oxford: Oxford University Press, 2003.

Stankey, Peter, *The First Day of the Blitz: September 7, 1940*, New Haven: Yale University Press, 2007.

Smith, P., *Britain and 1940: History, Myth and Popular Memory*, London: Routledge, 2000.

Taylor, A. J. P., *A Personal History*, London: Hamish Hamilton, 1983.

Taylor, A. J. P., *English History 1914~1945*, Oxford: Oxford University Press, 1965.

Taylor, A. J. P., *The Second World War: An Illustrated History*, London: Hamish Hamilton, 1975.

Timuss, R. M., *Problems of Social Policy: History of the Second World War*, London: HMSO,

1950.

Welshman, John, "Evacuation and Social Policy During the Second World War: Myth and Reality", *Twentieth Century British History*, 9:1, 1998.

Women's Group on Public Welfare, *Our Towns: A Close-Up*, Oxford: Oxford University Press, 1943.

Ziegler, P., *London at War 1939~1945*, London: Alfred Knopf, 1995.

4장 국가폭력과 저항 — 피털루, 잘리안왈라 공원, 그리고 광주

김상봉, 〈계시로서의 역사-5·18에 대한 종교적 해석의 시도〉, 광주가톨릭대 신학연구소 편, 《논문집: 가톨릭과 5·18》, 5·18기념재단, 2015.

김상봉, 〈그들의 나라에서 우리 모두의 나라로〉, 《5·18 그리고 역사: 그들의 나라에서 우리 모두의 나라로》, 도서출판 길, 2008.

나간채·강현아, 《5·18 항쟁의 이해》, 전남대 출판부, 2002.

박구용, 〈서로주체로서의 형성사로서 동학 농민전쟁과 5·18항쟁〉, 《5·18 그리고 역사: 그들의 나라에서 우리 모두의 나라로》, 도서출판 길, 2008.

신진욱, 〈사회운동의 연대 형성과 프레이밍에서 도덕 감정의 역할〉, 《경제와 사회》 73, 2007.

은우근, 〈부끄러움 또는 질문하는 역사의식〉, 광주가톨릭대 신학연구소 편, 《논문집: 가톨릭과 5·18》, 5·18기념재단, 2015.

이영석, 〈영국 산업사회의 성립과 노동계급, 1780~1914〉, 안병직 외, 《유럽의 산업화와 노동계급》, 까치, 1997.

이영석, 《역사가를 사로잡은 역사가들》, 푸른역사, 2015.

이영석, 《제국의 기억, 제국의 유산》, 아카넷, 2019.

정근식, 〈민주화와 5월 운동, 집단적 망탈리테의 변화〉, 《5·18 민중항쟁과 정치·역사·사회 4: 5월 운동의 전개》, 5·18기념재단, 2007.

조대엽, 〈광주항쟁과 80년대의 사회운동문화: 이념 및 가치를 중심으로〉, 《민주주의와 인권》 3/1, 2003.

최정운, 〈폭력과 사랑의 변증법: 5·18 민중항쟁과 절대공동체의 등장〉, 《5·18 민중항쟁과 정치·역사·사회 3: 5월 민중항쟁의 전개과정》, 5·18기념재단, 2007.

최정운, 《오월의 사회과학》, 풀빛, 1998.

톰슨, E. P., 나종일 외 옮김, 《영국 노동계급의 형성》, 창비, 2000.

Bamford, Samuel, *Passages in the Life of a Radical* (Manchester, 1839~41), 2 vols.

Brown, Judith, *Modern India: The Origins of an Asian Democracy*, Oxford: Oxford University Press, 1994.

Chadha, Yogesh, *Gandhi: A Life*, Hoboken: John Willy & Sons, 1997.

Chandra, Bipan, et al., *India's Struggle for Independence*, London: Vicking, 1988.

Collett, Nigelt, *The Butcher of Amritsar: General Reginald Dyer*, New York: Hambledon, 2005.

Hansard's Parliamentary Debates [HC], 5th ser., vol. 131, 1920.

Kent, Susan K., *Aftershocks: Politics and Trauma in Britain, 1918~1931*, Berkeley: University of California Press, 2009.

Madden, A. F. and J. Darwin, eds., *Select Documents in the Constitutional History of the British Empire and Commonwealth*, vol. 4: The Dominions and India since 1900, London: Greenwood, 1993.

Parliamentary Papers. Cd. 7624; Cd. 9109.

Read, Donald, *Peterloo: the Massacre and its Background*, Manchester University press, 1973.

Reid, Robert, *The Peterloo Massacre*, London: Heinemann, 1989.

Singh, Sikander, *A Saga of the Freedom Movement and Jallianwala Bagh*, Amritsar: B. C. Singh & J. Singh, 1998.

Taylor, John E., *Notes and Observations, Critical and Explanatory, on the Papers relative to the Internal State of the Country*, London, 1820.

Wood, Philip, "The Montague–Chelmsford Reforms(1919): Re–assessment", South East: *Journal of South Asian Studies*, 17:1, 1994.

2부 근대의 성취, 근대의 한계

5장 인간과 자연, 그리고 역사

아널드, 데이비드, 서이석 옮김, 《인간과 환경의 문명사》, 한길사, 2006.
이영석, 《영국사 깊이 읽기》, 푸른역사, 2016.
호스킨스, 윌리엄, 이영석 옮김, 《잉글랜드 풍경의 형성》, 한길사, 2007.

6장 19세기 유럽사를 보는 시각

이영석, 〈綿의 세계사와 근대문명〉, 《영국연구》 34, 2015.
조용욱, 〈홉스봄과 격동의 19세기〉, 《진보평론》 1, 2000.
홉스봄, 에릭, 정도영·차명수 역, 《혁명의 시대》, 한길사, 1998.
홉스봄, 에릭, 정도영 역, 《자본의 시대》, 한길사, 1998.
홉스봄, 에릭, 정도영 역, 《제국의 시대》, 한길사, 1998.
Beer, Daniel, "Review on the Pursuit of Power: Europe 1815~1914", *History Today*, 67:1, Jan. 2017.
Blanning, Tim, *The Pursuit of Glory: Europe, 1648~1815*, London: Penguin Books, 2008.
Evans, Richard J., *The Pursuit of Power: Europe 1815~1914*, London: Allen Lane, 2016.
Evans, Richard, "Richard Evans's Talk", *British Academy Review*, 29, Jan. 2017.
Hepper, Simon, "A Century of Violence—From Waterloo to the Great War", *Spectator*, 3 Sep. 2016.
Lee, Young-Suk, "Why Did They Admire the Machinary?", *The East Asian Journal of British History*, 5, March 2016.
McNeill, William H., *Pursuit of Power: Technology, Amed Force, and Society Since A.D. 1000*, Oxford: Blackwell, 1983.
Rapport, "A New History Looks at a Time When Europe Came Together", *The New York*

Times, 16 Dec. 2016.

Riello, Giogio, *Cotton: The Fabric That Made the Modern World*, Cambridge: Cambridge University Press, 2013.

Simpson, *William and Martin Jones, Europe, 1793~1914*, London: Routledge, 2000.

Sperber, Jonathan, *Europe 1850~1914: Progress, Participation and Apprehension*, Harlow: Longman, 2008.

Sperber, Jonathan, *Revolutionary Europe, 1780~1850*, Harlow: Longman, 2000.

7장 전염병과 국제공조의 탄생

맥닐, 윌리엄, 김우영 옮김, 《전염병의 세계사》, 이산, 2005.
와츠, 셸던, 태경섭·한창호 공역, 《전염병과 역사》, 모티브북, 2009.
윤영휘, 《혁명의 시대와 그리스도교》, 홍성사, 2018.
이영석, 〈19세기 영 제국과 세계〉, 《역사학보》 217, 2012, 213~244쪽.
크로스비, 앨프리드, 김서형 옮김, 《인류 최대의 재앙, 1998년 인플루엔자》, 서해문집, 2010.

Ackerknecht, Erwin, "Anticontagionism between 1821 and 1867", *Bulletin of the History of Medicine*, 22, 1948, pp. 532~593.

Arnold, David, "Cholera and Colonialism in British India", *Past and Present*, 113, 1986, pp. 118~151.

Bashford, Alison, "Global Biopolitics and the History of World Health", *History of the Human Sciences*, 19:1, 2006, pp. 67~88.

Harrison, Mark, *Contagion: How Commerce Has Spread Disease*, New Haven: Yale University Press, 2012.

Huber, Valeska, "The Unification of the Globe by Disease? The International Sanitary Conferences on Cholera, 1851~1894", *The Historical Journal*, 49:2, 2006, pp. 453~476.

Stern, A. M. and H. Markel, "International Efforts to Control Infectious Diseases, 1851 to the Present", *Journal of the American Medical Association*, 292, 2004, pp. 1474~1479.

8장 노년과 노령연금 — 담론, 의회 조사, 입법

김덕호, 〈산업사회 영국의 빈곤과 복지정책: 자선조직협회 vs. 페이비언협회, 1869~1909〉, 《역사학보》144, 1994.

김헌숙, 〈영국 자선의 형태와 성격, 1800~1870−연구사 검토〉, 《영국연구》12, 2004.

허구생, 《빈곤의 역사, 복지의 역사》, 한울, 2002.

Blackley, William, "National Insurance: A Cheap, Practical, and Popular Means of Abolishing Poor Rates", *Nineteenth Century*, vol. 4, Nov. 1878.

Booth, Charles, *Life and Labour of the People in London: Second Series, Industry*, London: Macmillan, 1903, vol. 2.

Booth, Charles, *Old Age Pensions and the Aged Poor: A Proposal*, London: Macmillan, 1899.

Booth, Charles, *Pauperism, a Picture: And the Endowment of Old Age, an Argument*, London: Macmillan, 1892.

Booth, Charles, *The Aged Poor in England and Wales*, London: Macmillan, 1894.

Casson, W. A., *Old-Age Pensions Act 1908*, London: Charles Knight, 1908.

Chamberlain, Joseph, "Old Age Pensions," *National Review*, vol. 18, Feb. 1892.

Chamberlain, Joseph, "Old−Age Pensions and Friendly Societies", *National Review*, vol. 24, Jan. 1895.

Chamberlain, Joseph, "The Labour Question", *Nineteenth Century*, vol. 28, Nov. 1892.

Friedlander, D., et al., "Socio−Economic Characteristics and Life Expectancy in Nineteenth−Century England", *Population Studies*, 39:1, 1985.

Gilbert, Bentley B., "The Decay of Nineteenth−Century Provident Institutions and the Coming of Old Age Pensions in Great Britain", *Economic History Review*, 2nd ser., 17:3, 1965.

Hunt, E. H., "Paupers and Pensioners: Past and Present", *Ageing and Society*, 9:4, 1989.

Jenkins, Roy, *Asquith*, London: Collins, 1964.

Johnson, P. A., "The Employment and Retirement of Older men in England and Wales, 1881~1981", *Economic History Review*, 2nd ser., 47:1, 1994.

Johnson, P. A., "The Employment and Retirement of Older men in England and Wales,

1881~1981", *Economic History Review*, 2nd ser., 47:1, 1994.

Macnicol, John, *The Politics of Retirement in Britain 1878~1948*, Cambridge: Cambridge University Press, 1998.

Marshall, Alfred, "Poor Law Reform", *Economic Journal*, vol. 2, June 1892.

Marshall, Alfred, "The Poor Law in Relation to State–Aided Pensions", *Economic Journal*, vol. 2, March 1892.

Metcalfe, John, *The Case for Universal Old Age Pensions*, London: Simpkin, Marshall, Hamilton & Kent, 1899.

Nash, Vaughan, "The Old–Age Pensions Movement", *Contemporary Review*, vol. 75, Jan– June, 1899.

Parliamentary Debates[HC] 4th ser.,1895, vols. 188~193.

Parliamentary Papers. C. 7684; C. 7684–I; C. 7684–II; C. 8911; Cd. 3618.

Roebuck, Janet, "When Does Old Age Begin?: The Evolution of the English Definition", *Journal of Social History*, 12:3, 1979.

Rowland, D. T., "Old Age and the demographic Transition", *Population Studies*, vol. 38, no. 1, 1984.

Salter, Tony, *100 Years of State Pension: Learning from the Past*, London: Institute of Acturaries, 2009.

Secrist, Horace, "Old Age Pensions: English Act of 1908", *American Political Review*, 3:1, 1909.

Southall, H. and E. Garrett, "Mobility and Mortality among Early Nineteenth Century Engineering Workers", *Social History of Medicine*, vol. 4, no. 2, 1991.

Sutherland, William, *Old Age Pensions in theory and Practice With Some Foreign Examples*, London: Methuen, 1907.

The Times, 1908. 5. 7~1909. 1. 30.

Townsend, Peter, "The Structured Dependency of the Elderly", *Ageing and Society*, vol. 1, no. 1, 1981.

Wilkinson, J. F., "Friendly Society Finance", *Economic Journal*, 2:8, Dec. 1892.

3부 동양과 서양

9장 여행기를 통해 본 일본과 일본인

이영석, 〈19세기 말 영국 지식인과 동아시아〉, 《대구사학》 95, 2009.

이영석, 〈'대분기'와 근면혁명론〉, 《역사학연구》 58, 2015.

[Conder, Francis R.], "Japan Revolutionised", *Edinburgh Review*, 154, July, 1881.

[Douglas, P. K.], "Progress in Japan", *Edinburgh Review*, 172, July, 1890.

Bird, Isabella L., *Unbeaten Tracks in Japan*, New York: G. P. Putnam, 1880.

Bird, Isabella L., *Unbeaten Tracks in Japan*, London: John Murray, revised ed. 1885.

Chan, May C., "Isabella Bird's Journey through the Yangtze Valley: Victorian Travel Narrative as a Historical Record of British Imperial Desires in China", in Lynette Felber, ed., *Clio's daughters: British women making history, 1790~1899*, Delaware: University of Delaware Press, 2007.

Encyclopaedia of Britanica, *Edinburgh*, 2nd ed., pp. 1777~1783.

Goh, Daigoro "A Japanese View of New Japan", *The Nineteenth Century*, 29, Feb., 1891.

Jersey, Margaret E., "The Transformation of Japan I: Feudal Times", *The Nineteenth Century*, 34, Sep. 1893.

Jersey, Margaret E., "The Transformation of Japan II: The Era of Meiji Enlightened Government", *The Nineteenth Century*, 34, Oct. 1893.

Mitford, A. B., "A Japanese Serman," *The Cornhill Magazine*, 20, 1869.

Mitford, A. B., "Wandering in Japan", *The Cornhill Magazine*, 25, 1872.

Park, Jihang, "Land of the Morning Calm, Land of the Rising Sun: The East Asia Travel Writings of Isabella Bird and George Curzon", *Modern Asian Studies*, 36:3, 2002.

Park, Joohyun, "Missing Link Found, 1880: The Rhetoric of Colonial Progress in Isabella Bird's Unbeaten Tracks in Japan", *Victorian Literature and Culture*, 43:2, 2015.

Parliamentary Papers, 1884~1885, vol. 81.

Reed, Edward Jones, *Japan: Its History, Tradition, and Religions*, London: John Murray,

1880.

Saito, Osamu, "And Industrious Revolution in an East Asain Market Economy? Tokugawa Japan and Implications or the Great Divergency", *Australian Economic History Review*, 50:3, 2010.

Sterry, Lorraine, *Victorian Women Travellers in Meiji Japan: Discovering a New Land*, Folkestone: Global Oriental, 2009.

The Times.

10장 다시 돌아보는 황화론

강희정, 《아편과 깡통의 궁전》, 푸른역사, 2019.

권은혜, 〈20세기 초 미국 서부의 반일본 운동과 아시아인 배제 주장에서 드러나는 초국적 반아시아주의〉, 《서양사론》 120, 2014.

권희영, 〈20세기 초 러시아 극동에서의 황화론〉, 《정신문화연구》 29:2, 2006.

두행숙, 〈독일 황제 빌헬름 2세의 동아시아정책과 황화론의 실체〉, 《독일어문학》 92, 2021.

염운옥, 〈식민주의와 인종주의: 아리안 인종론과 영국, 인도, 그리스〉, 《역사학연구》 71, 2018.

이선주, 〈근대 저널에서 본 허버트 스펜서의 사회진화론〉, 《영어영문학 연구》 57:4, 2015.

이순탁, 《최근 세계 일주기》, 1934; 학민사, 1997.

이영석, 〈역사가와 제국의 진단〉, 《영국연구》 32, 2014.

Anonym, "Review: National Life and Character", *The Edinburgh Review 366*, Oct. 1893.

Bird, Isabella L., *The Golden Chersonese and the Way Thither*, London: Murrary, 1883.

Bryce, James, "The Migrations of the Races of Men Considered Historically", *Contemporary Review 49*, July 1892.

Butcher, John G., "The Demises of the Revenue Farm System in the Federated Malay States", *Modern Asian Studies*, 17:3, 1983.

Darwin, John, *The Empire Project*, Cambridge: Cambridge University Press, 2009.

Frances, Rae, *Selling Sex: A Hidden History of Prostitution*, Sydney: UNSW Press, 2014.

Hansard's Parliamentary Debates [HC], vols. 209, 261.

Lake, Marilyn, "The White Man under Siege: New Histories of Race in the Nineteenth Century and the Advent of White Australia", *History Workshop Journal*, 58, Autumn 2004.

Lee, Sharon M., "Female Immigrants and Labour in Colonial Malaya 1860~1947", *International Migration Review*, 23:2, 1989.

Lincoln, C. H., "Review on National Life and Character", *The Annals of the American Academy of Political and Social Science*, 5, Jan. 1895.

Lowe, Lisa, *The Four Intimacies of Continents*, Durham: Duke University Press, 2015.

Lyman, Stamford M., "The 'Yellow Peril' Mystique: Origins and Vicissitudes of a Racist Discource", *International Journal of Politics, Culture, and Society*, 13:4, Summer 2000.

Mackinder, Halford John, "The Gergraphic Pivot of History", idem, *Democratic Ideals and Reality 1919*; Washington, DC: NDU Press, 1942. pp. 175~190.

McKeown, Adam, "Conceptualizing Chinese Diasporas, 1842 to 1949", *Journal of Asian Studies*, 58:2, 1999.

Pan, Lynn, *Sons of the Yellow Emperor: A History of the Chinese Diaspora*, New York: Kodansha International, 1990.

Pearson, Charles H., *National Life and Character: A Forecast*, London: Macmillan, 1893.

Roosevelt, Theodore, "National Life and Character", *The Sewanee Review*, 2:3, May 1894.

The Academy, London.

The Spectator.

Toynbee, Arnold, *A Journey to China*, London: Constable, 1931.

Trocki, Carl A., "Chinese Revenue Farms and Borders in Southeast Asia", *Modern Asian Studies*, 43:1, 2008.

11장 아놀드 토인비가 바라본 동아시아의 근대도시

권경선·사카노 유스케, 〈식민지도시 다롄과 주민의 생활공간〉, 《역사와 경계》 98, 2016.

박삼헌, 〈도쿄, 근대 천황제의 근간〉, 이영석·민유기 외, 《도시는 역사다》, 서해문집, 2011, 39~63쪽.

사이드, 에드워드, 박홍규 역, 《오리엔탈리즘》, 교보문고, 1991.

이영석, 〈아널드 토인비와 동아시아〉, 《역사학연구》 52, 2013.

전진성, 《상상의 아테네: 베를린, 도쿄, 서울》, 천년의상상, 2015.

정창석, 〈일본 근대성 인식의 한 양상−'근대의 초극'을 중심으로〉, 《일본역사연구》 8, 1998.

Bishop, Isabella, *The Yangtze Valley and Beyond*, London: John Murray, 1899.

Hubbard, G. E., *Eastern Industrialization and its Effects on the West*, London: Oxford University Press, 1938.

Toynbee, Arnold J., *A Journey to China or Things Where Are Seen*, London: Constable & Co., 1931.

Toynbee, A., "British Interests in the Far East", Nottingham: Nottingham Citizen Press, 1938.

Toynbee, Arnold, *Experiences*, London: Oxford University Press, 1969.

12장 영국과 미국 — 한 식민지 조선 지식인의 인상

이순탁, 《최근 세계 일주기》, 1934; 학민사, 1997.

홍성찬, 〈한국 근현대 이순탁의 정치경제사상 연구〉, 《역사문제연구》 1호, 1996.

Cannadine, David, *Ornamentalism: How the British Saw their Empire?*, Oxford: Oxford University Press, 2001.

Carrier, James G., *Occidentalism: Images of the West*, Oxford: Clarendon press, 2003.

Daunton, Martin J., "Britain and Globalization Since 1850: I. Creating a Global Order, 1850~1914", *Transactions of the Royal Historical Society*, sixth ser., 16, 2006, pp. 1~38.

Ferguson, Niall, *Empire: How Britain Made the Modern World*, London, 2003.

Ford, Henry, *My Life and Work*, London: Heinemann, 1923.

Ford, Henry, *Today and Tomorrow*, London: Heinemann, 1926.

Friedman, Thomas L., *The Lexus and the Olive Tree: Understanding Globalization*, London: HaperColins, 1999.

Gawelti, John G., "America on Display: The World's Fairs of 1876, 1893, 1933", in Fredric C. Jahr, ed., *The Age of Industrialization in America*, New York: Free Press, 1968.

Mitchell, B. R., *Abstract of British Historical Statistics,* Cambridge: Cambridge University Press, 1988.

Howson, Susan, "Slump and Unemployment", in R. Floud and D. N. McClosky, eds., *The Economic History of Britain Since 1700: Volume II*, Cambridge: Cambridge University Press, 1981, pp. 265~285.

Said, Edward W., *Orientalism*, New York: Vintage Books, 1979.

주

1부 전쟁과 수난

1장 한 평범한 인물의 기록에 나타난 나폴레옹 전쟁

1 O. Springer and F. E. Melvin, "A German Concript with Napoleon—Jakob Walter's Recollections of the Campaigns of 1807, 1809 and 1812~13", *Bulletin of the University of Kansas-Humanistic Studies*, 6/3, 1938; Jakob Walter, *The Diary of a Napoleonic Foot Soldier*, New York: Penguin Books, 1991. 이 글에서는 1991년 재간행본을 참조했다.

2 Walter, *Diary of a Napoleonic Foot Soldier*, xx.

3 Walter, *Diary of a Napoleonic Foot Soldier*, pp. 120~121.

4 예를 들면, 1865~1884년간 유럽 해외이민자 가운데 각국이 차지하는 비중을 비교하면 다음과 같다. 아일랜드 13.77%, 노르웨이 6.95%, 영국 6.70%, 스웨덴 4.69%, 러시아 4.30%, 이탈리아 3.56%, 네덜란드 3.14%, 포르투갈 2.75%, 덴마크 2.49%, 독일 2.47% 로 최하위로 나타나고 있다. D. Khoudour—Castéras, "Welfare State and Labor Mobility: The Impact of Bismarck's Social Legislation on German Emigration before World War I", *The Journal of Economic History*, 68/1, 2008, p. 215.

5 Khoudour—Castéras, "Welfare State and Labor Mobility", p. 214.

6 Walter, *Diary of a Napoleonic Foot Soldier*, p. 117.

7 캔사스대학 유럽문서고에 소장되어 있었지만, 그 사료의 정식 상속자는 발터의 증손자,

프랭크 월터라는 인물이었다. 그 자료는 발터가 아들에게 보낸 몇 통의 편지와 회고록 등 두 묶음으로 보관되어 있었다. Walter, *Diary of a Napoleonic Foot Soldier*, p. 114.

8 Walter, *Diary of a Napoleonic Foot Soldier*, pp. 115~116.

9 중세 후기 자유 석공freemason 집단의 결속력 강한 조직은 후대에 약해졌다. 그렇더라도 자유 석공에게 전수되는 직종 전통은 남아 있었을 것이다. 자유 석공 집단에 대한 고전적 연구로는 다음을 볼 것. D. Knoop and G. P. Jones, *The Medieval Mason*, Manchester: Manchester University Press, 1967.

10 전진성, 《역사가 기억을 말하다》, 책세상, 2004, 39·44쪽. 기억과 역사서술에 관한 기존의 여러 논의, 이를테면 폴 리쾨르, 모리스 알박스, 얀 아스만의 논의는 《역사가 기억을 말하다》, 39~53쪽 참조. 폴 리쾨르의 《기억, 역사, 망각*La mémoire, l'histoire, l'oubli*》(2000)에 대한 개설적인 소개로는, 정기철, 〈기억의 현상학과 역사의 해석학〉, 《철학과 현상학 연구》 36, 2008, 51~75쪽을 볼 것. 이 밖에 개인의 기억이 개인을 넘어 사회적 관계망과 집단의식의 영향 아래 형성된다는 견해에 관해서는 다음을 볼 것. 최호근, 〈집단기억과 역사〉, 《역사교육》 85, 2003, 159~189쪽.

11 이 시기의 프랑스군과 나폴레옹이 주도한 주요 전쟁 및 사건 연대기는 이렇다. 영국과 트래펄가 해전(1805. 10. 21), 오스트리아 및 러시아와 아우스터리츠 전투(1805. 12. 2), 라인연방 결성(1806. 7. 12), 신성로마제국 해체(1806. 8. 6), 프로이센 및 오스트리아와 예나-아우어슈테트 전투 승리(1806. 10. 14), 베를린 점령(1806. 10. 28). 이상 연대기는 주로 Michael V. Leggiere, "From Berlin to Leipzig: Napoleon's Gamble in North Germany, 1813", *The Journal of Military History*, 67:1, 2003, pp. 41~44 참조. 나폴레옹은 징병, 동원, 이동, 배치, 병참 등 군대의 군사작전 전반에 걸쳐 오늘날의 총력전 개념을 도입했다고 알려져 있다. 이런 시각의 국내 연구로는 다음을 볼 것. 이용재, 〈'아우스터리츠'의 태양: 나폴레옹 전쟁의 군사적 의의와 전쟁 개념의 변화〉, 《서양사 연구》 35, 2006, 31~63쪽; 이용재, 〈나폴레옹 전쟁—총력전 시대의 서막인가〉, 《프랑스사 연구》 34, 2016, 55~83쪽.

12 포츠담조약 내용에 분노한 나폴레옹은 이미 아우스터리츠 전투 직후 비엔나에서 프로이센 외무장관을 만나, 빌헬름 3세의 배반을 질책한 후에 프로이센을 공식적으로 하노버 공국에 합병하겠다고 위협했다. 이러한 위협 때문에 프로이센은 다음 해 파리조약에 합의한다. Leggiere, "From Berlin to Leipzig", pp. 41~42.

13 이상 틸지트조약 체결 경과와 내용은 다음을 참조. D. C. Gompert, Hans Binnendijk and

Bonny Lin, Blinders, *Blunders and Wars*, Santa Monica: Rand Co., 2014, pp. 42~43.

[14] 조약 전에 프로이센 주민은 975만 2,731명이었으나 조약 후에 493만 8,000명으로 감소했고, 면적도 이전에 비해 절반으로 위축되었다. 육군 병력도 4만 2,000명을 초과하지 못하도록 규정했으며 징병제도나 민병대 도입도 금지했다. Leggiere, "From Berlin to Leipzig", p. 43.

[15] Leggiere, "From Berlin to Leipzig", p. 42.

[16] A. Dorpalen, "The German Struggle against Napoleon: The East German View", *The Journal of Modern History*, 41:4, 1969, pp. 487~488.

[17] Dorpalen, "German Struggle against Napoleon", p. 489.

[18] 두 나라의 군대 동원에 관해서는 다음을 볼 것. Dorpalen, "The German Struggle against Napoleon", p. 503.

[19] 나폴레옹의 서한을 중심으로 그 준비 과정을 추적한 파커Harold T. Parker에 따르면, 직접적인 준비 지시는 1810년 여름부터 나타난다. 1810년 8월 4일 바르샤바 대공국 부왕副王을 겸하고 있는 작센 군주에게 보낸 편지에서 비밀리에 무기고 무장을 강화하고, 러시아 공격 시 취약하지 않도록 국경 요새를 강화하라고 지시한다. "짐과 러시아의 관계는 매우 좋소. 그렇지만 우리는 준비해야 하오." Napoleon to Frederick Augustus, king of Saxony, Trinon, 4 Aug. 1810, Napoleon ler, *Correspondance de Napoléon ler*, Paris: H. Plon & J. Dumaine, 1859, no. 16762, 21:19~29. 1810년 10월 6일 의도는 좀 더 분명하게 나타난다. 작센 군주에게 보낸 편지에서 16개 기병연대를 양성할 것을 지시한 것이다. "전쟁 시 기병들은 지난 전쟁기에 우리가 감당하기 힘들었던 코사크족 무리로부터 우리를 안전하게 안내할 것이오." Napoleon to Frederick Augustus, king of Saxony, Fontainebleau, 6 Oct 1810, *Correspondance*, no. 17009: 21:192~194. 러시아 대사에게 전한 편지에서 알렉산드르의 서약 위반 행위를 비난한다. 만일 알렉산드르가 항구를 중립국 선박에 개방해 그 선박들이 영국과 교역을 하게 된다면, 그리고 사실상 영국과 평화 관계를 유지한다면, 전쟁이 임박하게 될 것이라고 경고한다. Napoleon to Champagny, Paris, 2 December 1810, *Correspondance*, no. 17179. 이상의 내용은 다음을 참조. Harold T. Parker, "Why Did Napoleon Invade Russia? A Study in Motivation and the Interrelations of Personality and Social Structure", *The Journal of Military History*, 54:2, 1990, pp. 143~144.

[20] Gompert et al., *Blunders and Wars*, pp. 47~48.

21 러시아 원정에 관한 영어권의 실증적 연구는 다음을 볼 것. C. Cate, *The War of the Two Emperors*, New York: Random House, 1985.

22 Walter, *Diary of a Napoleonic Foot Soldier*, pp. 3~4.

23 Walter, *Diary of a Napoleonic Foot Soldier*, p. 20.

24 Walter, *Diary of a Napoleonic Foot Soldier*, p. 21.

25 Walter, *Diary of a Napoleonic Foot Soldier*, p. 22.

26 Walter, *Diary of a Napoleonic Foot Soldier*, p. 24.

27 Walter, *Diary of a Napoleonic Foot Soldier*, p. 28.

28 Walter, *Diary of a Napoleonic Foot Soldier*, p. 29.

29 Walter, *Diary of a Napoleonic Foot Soldier*, p. 33.

30 Walter, *Diary of a Napoleonic Foot Soldier*, p. 29.

31 Walter, *Diary of a Napoleonic Foot Soldier*, p. 36.

32 Walter, *Diary of a Napoleonic Foot Soldier*, p. 36.

33 Walter, *Diary of a Napoleonic Foot Soldier*, pp. 39~40.

34 Walter, *Diary of a Napoleonic Foot Soldier*, p. 42.

35 Walter, *Diary of a Napoleonic Foot Soldier*, p. 42.

36 Walter, *Diary of a Napoleonic Foot Soldier*, p. 50.

37 Walter, *Diary of a Napoleonic Foot Soldier*, p. 51.

38 Walter, *Diary of a Napoleonic Foot Soldier*, p. 54.

39 Walter, *Diary of a Napoleonic Foot Soldier*, pp. 58~59.

40 Walter, *Diary of a Napoleonic Foot Soldier*, p. 61.

41 Walter, *Diary of a Napoleonic Foot Soldier*, pp. 100~101.

42 이에 관해서는 다음을 볼 것. Frederick G. Schneid, "The Dynamics of Defeat: French Army Leadership, December 1812~March 1813", *The Journal of Military History*, 63:1, 1999, pp. 7~28.

43 E. Viktorovich Tarle, *Napoleon's Invasion of Russia 1812*, trans. by N. Guterman and R. Manhelm, London: Allen &Unwin, 1942, p. 353, 특히 pp. 266~270.

44 Walter, *Diary of a Napoleonic Foot Soldier*, pp. 41~42, 61, 73.

45 Walter, *Diary of a Napoleonic Foot Soldier*, xxi~xxii [멜빈의 편자 서문].

46 Walter, *Diary of a Napoleonic Foot Soldier*, p. 81.

47 Schneid, "The Dynamics of Defeat", pp. 7~8.

48 프로테스탄트와 가톨릭이 공존하는 지역에서는 한 종파 교회에서 시간을 달리해 다른 종파가 성찬식과 예배를 갖는 사례는 흔히 있었다. 그러나 19세기에 뷔르템베르크 지역에서 두 종파 간의 긴장이 갈수록 높아졌다는 연구도 있다. 이에 관해서는 다음을 볼 것. R. A. Bennette, "Threatened Protestans: Confessional Conflict in the Rhine Province and Westphalia during the Nineteenth Century", *German History*, 26:2, 2008, pp. 168~194.

49 Walter, *Diary of a Napoleonic Foot Soldier*, p. 50.

50 Walter, *Diary of a Napoleonic Foot Soldier*, p. 62.

51 Walter, *Diary of a Napoleonic Foot Soldier*, p. 63.

52 Walter, *Diary of a Napoleonic Foot Soldier*, p. 63.

2장 전쟁과 동원, 그리고 제국

1 Nicholas Mansergh, *The Commonwealth Experiences*, London: Weidenfeld & Nicolson, 1969, p. 9.

2 Paul Hayes, "British Foreign Policy and the Influence of Empire, 1870~1920", *Journal of Imperial and Commonwealth History*, 12:1, 1984, pp. 113~114.

3 A. G. Hopkins, "Back to the Future: From National History to Imperial History", *Past and Present* 164, 1999, pp. 218~219.

4 Earl of Durham, *Report on the Affairs of British North America*, London, 1839, p. 109.

5 *Parliamentary Papers*, 1906, vol. 77, Cd. 2785 "Colonial Conference. Correspondence Relating to the Figure Organization of Colonial Conference", pp. 1~5.

6 Cd. 2785 "Colonial Conference", p. 1.

7 Cd. 2785 "Colonial Conference", p. 2.

8 Seeley, *Expansion of England*; Charles Dilke, *Greater Britain*, London: Macmillan, 1869; J. A. Froude, *Oceana, or England and her Colonies*, London: Longman, 1886. 대영국론에 관한 국내 연구로는 다음을 볼 것. 이영석, 〈역사가와 제국의 진단: 존 실리의 사례〉, 《영국연구》 32호, 2014, 169~196쪽.

9 캐나다, 뉴질랜드 자치정부 총리, 연방 수립 이전 오스트레일리아의 5개 백인자치령 총

리, 남아프리카의 케이프 및 나탈 자치령 총리 등이 참석했다. Cd. 2785 "Colonial Conference", p. 2.

10 Cd. 2785 "Colonial Conference", p. 2.

11 1907년 4월 15일부터 1개월간 열린 이 회의에는 다음과 같은 정치인이 참가했다. 영국 식민장관 빅터 브루스Victor Bruce[9th Earl of Elgin], 캐나다 총리 윌프리드 로리에Wilfrid Laurier, 오스트레일리아 총리 알프레드 디킨Alfred Deakin, 뉴질랜드 총리 와드J. G. Ward, 케이프 콜로니 총리 제임슨L. S. Jameson, 나탈 총리 무어F. R. Moor, 트랜스발 총리 루이스 보타Louis Bota. 이 밖에 총리 이외의 정치인으로 캐나다의 보든F. W. Borden, 오스트레일리아의 린W. Lyne, 케이프콜로니의 스마트T. W. Smartt 등이 함께 참석했다. 이전과 달리, 회의의 의전적 성격도 달라진 것으로 보인다. 개회식에는 영국 총리 캠벨H. Campbell-Bannerman을 비롯한 각료 전원이 참석하기도 했다. *Parliamentary Papers*, 1907, vol. 55, Cd. 3403 "Published Proceedings and Précis of the Colonial Conference", p. 3.

12 *Parliamentary Papers*, 1907, vol. 55, Cd. 3523 "Minutes of Proceeding of the Colonial Conference, 1907", v.

13 Cd. 3523 "Minutes of Proceeding of the Colonial Conference", vii.

14 Cd. 3523 "Minutes of Proceeding of the Colonial Conference", viii—x.

15 Cd. 3523 "Minutes of Proceeding of the Colonial Conference", v.

16 *Parliamentary Papers*, 1911, vol. 65, Cd. 5745 "Minutes of Proceeding of the Imperial Conference, 1911", pp. 15~19.

17 Cd. 3523; Cd. 5745.

18 이에 관해서는 다음을 볼 것. Mansergh, *Commonwealth Experiences*, pp. 84~89; Donald C. Gordon, *The Dominion Partnership in the Imperial Defense, 1870~1914*, Johns Hopkins University Press, 1965, p. 194; Andrew Stewart, *Empire Lost: Britain, the Dominions and the Second World War*, London: Continum, 2008, p. 4.

19 Cd. 3523 "Minutes of Proceeding of the Colonial Conference", v.

20 Cd. 3523 "Minutes of Proceeding of the Colonial Conference", p. 78.

21 Cd. 3523 "Minutes of Proceeding of the Colonial Conference", p. 78.

22 Cd. 3523 "Minutes of Proceeding of the Colonial Conference", p. 80.

23 A. F. Madden and J. Darwin, eds., *Select Documents in the Constitutional History of the British Empire and Commonwealth*, vol. 4: The Dominions and India since 1900, London:

Greenwood, 1993, p. 6 재인용.

[24] Cd. 3523 "Minutes of Proceeding of the Colonial Conference", p. 81.

[25] 영어 표현은 다음과 같다. "King of Great Britain and Ireland and of Greater Britain beyond the Seas, and Emperor of India." *Parliamentary Papers*, 1901, vol. 46, Cd. 708 "Correspondence relating to the proposed alteration of the Royal Style and Title of the Crown", p. 3.

[26] 그는 이렇게 말하고 있다. "일부 자치식민지들self-governing colonies은 캐나다 국왕이나 오스트레일리아 국왕 같은 더 특별한 표기를 원할 수도 있습니다. 그렇지만 이렇게 되면 여러 곤란한 문제들을 낳을 겁니다." Cd. 708 "Correspondence relating to the proposed alteration of the Royal Style and Title of the Crown", p. 3.

[27] 해외 자치령에 관련된 원래 표현 "King of Greater Britain beyond the Seas"가 캐나다 측 회신에는 "Sovereign of all the British Dominions beyond the Seas"로, 그리고 오스트레일리아 측 회신에는 "Sovereign Lord of the British Realms beyond the Seas"로 바뀌었다. 결국 캐나나 측 의견을 참조해 해당 부분은 "King of all the British Dominions beyond the Seas"로 확정되었다. Cd. 708 "Correspondence relating to the proposed alteration of the Royal Style and Title of the Crown", p. 4.

[28] *Parliamentary Papers*, 1911, vol. 65, Cd. 5741 "Précis of the Proceedings, Imperial Conference 1911", p. 23.

[29] Cd. 5741 "Précis of the Proceedings, Imperial Conference 1911", p. 15.

[30] 제1차 세계대전의 경과와 주요 전투에 관해서는 다음 개설서를 볼 것. 마이클 하워드, 최 파일 역, 《제1차 세계대전》, 교유서가, 2012.

[31] 1914년 봄에 프랑스와 긴밀한 연락을 맡은 인물은 헨리 윌슨Henry Wilson장군이었다. 그는 6개 파견군 가운데 본토 방어를 위해 2개 군단을 남겨야 한다는 제국방어위원회의 건의를 수용한 당시 총리 에드워드 그레이Edward Gray를 설득해, 파견군을 1개 군단 더 증강하는 계획을 허락받았다. 8월 4일 선전포고 직후 그는 프랑스 측에 5개 군단을 파견할 것임을 통고한다. Keith Jeffrey, *Field Marshal Sir Henry Wilson: A Political Soldier*, Oxford University Press, 2006, pp. 131~132. 그러나 8월 6일 국방장관 키치너Hortio H. Kitchener 는 계획을 변경, 4개 군단을 아미앵에 투입한다. Richard Holmes, *The Little Field Marshal: The Life of Sir John French*, London: Weidenfeld & Nicolson, 2004, p. 198. 윌슨 은 초기 영국 파견군 부참모장을 지냈으며, 참모총장 존 프렌치John French의 중요한 측근

이었다. 1916년 군단 사령관으로 야전군을 지휘했고, 1917년 신임 로이드 조지 총리의 군자문관을 거쳐 파리강화회의 영국대표단 일원이었다. 1918년 영 육군 총사령관을 지냈다. 제대 후 북아일랜드 정부 군사고문관을 지내다 암살당했다.

[32] Burton J. Hendrick, *The Life and Letters of Walter Hines Pages*, London: W. Heinemann, 1924, p. 387.

[33] Hendrick, *Life and Letters of Walter Hines Pages*, vol. 2, p. 390.

[34] Charles E. Callwell, *Field Marshall Sir Henry Wilson: His Life and Diaries*, London: Cassell, 1927, vol. 2, pp. 75~76.

[35] Callwell, *Field Marshall Sir Henry Wilson*, vol. 2, p. 90; Hendrick, *Life and Letters of Walter Hines Pages*, p. 391.

[36] 하워드, 《제1차 세계대전》, 180~182쪽 참조.

[37] John Kershow, "The New Army and the Recruiting Problem", *Fortnightly Review*, 97:578, Feb. 1915, pp. 309~310.

[38] War Office, *Statistics of the Military Effort of the British Empire during the Great War, 1914~1920*, London: HMSO, 1922, p. 30. 총 병력은 비전투 노무인력 55만 8,143명을 합산한 것이다. 이에 비해 전쟁 직전 영국군 규모는 정규군, 예비군(14만 5,347명), 식민지 주둔군, 식민지 예비군을 모두 합해 73만 3,514명이었다.

[39] 근래 연구에 따르면, 이 수치는 당시 성인 남성의 27퍼센트에 이른다. John Darwin, *The Empire Project: The Rise and Fall of the British World-System, 1830~1970*, Cambridge University Press, 2009, p. 729.

[40] *Hansard's Parliamentary Debates [HL]*, 1914, vol. 17, c. 504, 25 Aug. 1914.

[41] *Parliamentary Papers*, 1914, vol. 101, Cd. 7607 "European war. Correspondence regarding the naval and military assistance afforded to His Majesty's government by His Majesty's oversea dominions", p. 1.

[42] Cd. 7607 "European war. Correspondence", p. 4.

[43] *Hansard's Parliamentary Debates [HC]*, 1914, vol. 68, c. 414, 18 Nov. 1914.

[44] *Hansard's Parliamentary Debates [HC]*, 1914, vol. 68, cc. 414~415. 사실 생필품과 군수물자는 전쟁 직후부터 자치령 국가에서 대대적으로 지원하고 있다. 한 의회보고서에 따르면, 1914년 8월만 하더라도 자치령 국가의 물자 지원량이 급증한다. 위에서 새뮤얼 장관의 답변은 캐나다 지원기록을 참고한 것으로 보인다. 1914년 8월 7일 밀가루 100만

부대, 8월 17일 알버타주에서 오트밀 50만 부셸, 8월 21일 노바스코샤에서 석탄 10만 톤, 8월 25일 프린스에드워드 아일랜드에서 오트밀 10만 톤, 8월 26일 온타리오주에서 밀가루 25만 부대 등. *Parliamentary Papers*, 1914, vol. 101, Cd. 7608, "European war. Correspondence relating to gifts of food—stuffs and other supplies to His Majesty's government from the oversea dominions and colonies", pp. 1~3.

45 War Office, *Statistics of the Military Effort of the British Empire*, 758. 당시 캐나다 인구는 814만 4,000명으로 추산된다. 전 인구의 7.7퍼센트가 군병력으로 소집된 셈이다. 인구 통계는 다음을 참조. Statistics Canada, "Estimated population of Canada, 1650 to the present." (http://www.statcan.gc.ca)[2016. 10. 10].

46 이상 개략적인 통계는 다음을 볼 것. Darwin, *Empire Project*, p. 333; Stewart, Empire Lost, p. 3.

47 War Office, *Statistics of the Military Effort of the British Empirer*, p. 761.

48 몇몇 주요 전투의 전사자 또는 사상자를 살펴보자. 1914년 10월 1차 이프르 전투에서 영국군 전사자는 5만 4,000명, 1915년 4~5월의 2차 이프르 전투에서 연합군 전사자 약 6만 명, 특히 캐나다군 전사자는 5,000명이었다. 1915년 갈리폴리에서도 연합군(영국, 오스트레일리아, 뉴질랜드) 사상자 20만 5,000명, 1916년 솜므 전투 첫날 영국군 사상자 5만 8,000명, 4개월간 100만 명 추산. 이상은 다음을 볼 것. 하워드, 《제1차 세계대전》; 이내주, 〈처칠, 키치너, 그리고 해밀턴의 삼중주〉, 《영국연구》20, 2008, 245~269쪽.

49 Darwin, *Empire Project*, p. 333.

50 War Office, *Statistics of the Military Effort of the British Empire*, p. 237에서 작성.

51 Darwin, *Imperial Project*, p. 336.

52 이상은 Darwin, *Imperial Project*, p. 339 참조.

53 A. Hudd, "The British Empire after the War", *Fortnightly Reivew*, 100/598, Oct. 1916, p. 567.

54 Hudd, "The British Empire after the War", p. 569.

55 *Hansard's Parliamentary Debates* [HC], 1915, vol. 71, cc. 15~16, 14 April 1915. 4월 20일 하원 질의에서 식민장관은 제국회의 연기를 재확인하고 있다(c. 172).

56 전시제국회의는 1917년 3월 21일부터 4월 27일까지 런던에서 열렸다. 참석자는 다음과 같다. 영국 식민장관 Walter Long, 캐나다 총리 Robert Borden, 뉴질랜드 총리 William F. Massey, 남아공 국방장관 Jan C. Smuts, 뉴펀들랜드 총리 E. P. Morris, 인도정청장관 A.

Chamberlain. 이 밖에 캐나다 국방장관 및 해군장관, 뉴질랜드 재무장관 등이 합석했다. *Parliamentary Papers*, 1917~8, vol. 23, Cd. 8566 "Extracts from Minutes of Proceedings and Papers laid before the Conference", p. 8. 당시 오스트레일리아 총리 윌리엄 휴즈 William M. Hughes는 징병법안을 둘러싼 국내 정치적 갈등으로 참석하지 못했다. 2차 전시제국회의는 1918년 6월 12일부터 26일까지 다시 개최된다.

[57] 이에 관해서는 다음을 참조. Bernard Porter, *The Lion's Share: A Short History of British Imperialism, 1850~1955*, London: Longman, 3rd ed., 1996, p. 228; Stewart, *Empire Lost*, pp. 3~4.

[58] Cd. 8566 "Extracts from Minutes of Proceedings and Papers laid before the Conference", p. 5.

[59] Stewart, *Empire Lost*, p. 4.

[60] Cd. 8566 "Extracts from Minutes of Proceedings and Papers laid before the Conference", p. 46.

[61] Cd. 8566 "Extracts from Minutes of Proceedings and Papers laid before the Conference", p. 53.

[62] Cd. 8566 "Extracts from Minutes of Proceedings and Papers laid before the Conference", p. 41.

[63] Cd. 8566 "Extracts from Minutes of Proceedings and Papers laid before the Conference", pp. 41~42.

[64] C. E. Carrington, "A New Theory of the Commonwealth", *International Affairs*, 34:2, 1955, p. 139.

3장 공습과 피난의 사회사 — 제2차 세계대전기 영국인의 경험

[1] Angus Calder, *The Myth of the Blitz*, London: Jonathan Cape, 1991, p. 20에서 재인용.

[2] 제1차 세계대전기 전사자가 100만 명을 상회하는 데 비해, 제2차 세계대전의 경우 전사자는 26만 4,443명으로 기록된다. 이상 통계는 다음을 볼 것. Michael Monihan, ed., *People at War 1939~1945*, Newton Abbot: David & Charles, 1974, p. 8; J. F. C. Harrison, *The Common People: A History from the Norman Conquest to the Present*,

London: Fontana, 1984, p. 362.

[3] *Hansard's Parliamentary Debates* [HCs] 5th ser., vol. 360, c. 1502, 13 May 1940.

[4] 국내 전선에서 국민적 단결을 당연시하는 사회적 합의론에 관해서는 다음 요약을 참조. Sonya O. Rose, *Which People's War?: Nationality and Citizenship in Britain, 1939~1945*, Oxford University Press, 2003, pp. 2~9.

[5] 국내 전선에 관한 수정주의 연구의 이해를 위해서는 다음을 볼 것. Angus Calder, *The People's War: Britain 1939~1945*, London: Cape, 1969; idem, *The Myth of the Blitz*; Geoff Ely, "Farming the People's War: Film, British Collective Memory, and World War II", *American Historical Review*, 106:3, 2001, pp. 818~838.

[6] Robert Mackay, *Half the Battle: Civilian Morale in Britain during the Second World War*, Manchester: Manchester University Press, 2002, p. 61.

[7] 조사 통계는 Mackay, *Half the Battle*, pp. 60, 62 참조.

[8] R. M. Timuss, *Problems of Social Policy: History of the Second World War*, London: HMSO, 1950, pp. 340~344 참조.

[9] A. J. P. Taylor, *English History 1914~1945*, Oxford: Oxford University Press, 1965, pp. 502~503.

[10] A. J. P. Taylor, *A Personal History*, London: Hamish Hamilton, 1983, p. 153.

[11] Arthur Marwick, "People's War and Top People's Peace? British Society and the Second World War", in A. Sked and C. Cook, eds., *Crisis and Controversy: Essays in Honour of A. J. P. Taylor*, London: Macmillan, 1976, pp.148~164.

[12] Henry Pelling, *Britain and the Second World War*, London: Collins, 1970, p. 100.

[13] Tom Harrison, *Living through the Blitz*, London: Collins, 1976, pp. 280~281.

[14] Angus Calder, *The People's War*; idem, *The Myth of the Blitz*.

[15] Clive Ponting, *1940: Myth and Reality*, London: Mamish Hamilton, 1990.

[16] Harold Smith, ed., *Britain in the Second World War: A Social History*, Manchester: Manchester University, 1996.

[17] Steven Fielding, "The Good War 1939~1945" in N. Tiratsoo, ed., *From Blitz to Blair*, London: Weidenfeld & Nicolson, 1997.

[18] Travis Grosby, *The Impact of Civilian Evacuation in the Second World War*, London: Croom Helm, 1986.

[19] Peter Hennessy, *Never Again: Britain 1945~1951*, London: Jonathan Cape, 1992; John Ray, *The Night Blitz 1940~41*, London: Arms & Armours, 1996; P. Ziegler, *London at War 1939~1945*, London: Alfred Knopf, 1995; M. Smith, *Britain and 1940: History, Myth and Popular Memory*, London: Routledge, 2000.

[20] 이상 내용은 다음을 참조. Terence H. O'Brien, *Civil Defence*, London: HMSO, 1955, pp. 12~13.

[21] *Hansard's Parliamentary Debates* [HC] 5th ser., vol. 302, cc. 364~66, 22 May 1935.

[22] Josuha Levine, ed., *Forgotten Voices of the Blitz and the Battle for Britain*, London: Ebury Press, 2006, pp. 121, 124에서 인용.

[23] 체임벌린의 유화정책에 대한 재평가는 다음을 볼 것. S. E. Goddard, "Rhetoric of Appeasement: Hitler's Legitimation and British Foreign Policy, 1938~39", *Security Studies*, 24:1, 2015, pp. 95~130; David Faber, *Munich: the 1938 Appeasement Crisis*, London: Pocket, 2008.

[24] 휴 다우딩 사령관의 헌신적 활동을 중심으로 레이더, 신형 비행기 개발 등 초기 영국 공군력 증강을 다룬 저술로는 마이클 코다의 번역서를 볼 것. 마이클 코다, 이동훈 역, 《영국전투》, 열린책들, 2014. 원제는 *With Wings like Eagle: A History of the Battle of Britain*, London: JR, 2010.

[25] Levine, ed., *Forgotten Voices of the Blitz*, p. 120.

[26] 당시 스핏파이어 1대 생산비용은 약 5,000파운드에 달했다. 그는 도시와 회사들을 돌며 모금운동을 벌였는데, 1940년 5월부터 이듬해 4월까지 1년간 1,300만 파운드를 모금하는 놀라운 수완을 발휘했다. Robert Mackay, *Half the Battle*, p. 62.

[27] O'Brien, *Civil Defence*, p. 55.

[28] Cmd. 4827, "Statement relating to Defence", 1935. 3.

[29] O'Brien, *Civil Defence*, p. 58.

[30] O'Brien, *Civil Defence*, pp. 610~611.

[31] O'Brien, *Civil Defence*, p. 94.

[32] Peter Sankey, *The First Day of the Blitz: September 7, 1940*, New Haven: Yale University Press, 2007, p. 13 재인용.

[33] 런던 및 남부 지방도시 공공대피소 건설에 관해 여러 차례 하원 논의 및 보고가 이뤄지고 있다. 공공대피소 시설 및 신설 현황이나 또는 더 많은 대피소 건설과 수용인원 확대

를 촉구하는 논의가 보인다. *Hansard's Parliamentary Debates* [HC], 5th ser., vol. 348, cc. 620~623, 8 June 1939; vol. 362, cc. 443~444, 26 June 1940; vol. 362, cc. 987~990, 4 July 1940.

34 *Hansard's Parliamentary Debates* [HC], 5th ser., vol. 358, c. 1360, 14 March 1940.

35 Peter Stansky, *The First Day of the Blitz*, p. 22.

36 독일 육군 총사령관 프란츠 할더는 서부전선의 A집단군과 B집단군을 상륙시킬 계획을 세웠다. 동원되는 병력은 1, 2차 총 41개 사단 규모였다. 그러나 해군 측은 영국에 열세인 독일 해군 전력으로 대규모 병력을 수송하는 데 어려움을 표명했으며, 8월 7일 독일군 수뇌부 회의에서도 의견충돌이 있었을 뿐 결론을 내리지 못했다. James Holland, *The Battle of Britain: Five Months that Changed History May-October 1940*, London: Bantam Press, 2010, pp. 435~438 참조.

37 *The Times*, 2 May 1940.

38 O'Brien, *Civil Defence*, pp. 358, 382~383.

39 O'Brien, *Civil Defence*, p. 382. 이 글에서 참조한 대공습 생존자들의 증언집은 다음과 같다. Josua Levine, ed., *Forgotten Voices*; Michael Moynihan, ed., *People at War 1939~1945*, New Abbot: David & Charles, 1974. 레빈의 증언집은 대공습을 경험한 각 분야의 생존자, 영국 공군 조종사, 정비사, 일반 시민 등의 증언을 채록해 수록한 책이다. 모니한의 자료집은 공습기에 생존한 시민들의 일기나 서한 또는 글들을 수합했다. 여기에서 특히 주목한 것은 이 책 7장에 수록된 조안 비지[Joan Beazey]의 일기다. 그녀는 공교롭게도 부사제로 근무하는 한 젊은이와 결혼식을 올리던 날에 대공습을 겪었다. 그 후 계속되는 공습에 시달리면서 런던 남부 지방을 전전하며 신혼생활을 견뎌냈다. 그녀는 자신이 겪은 그 끔찍한 경험을 매일 일기에 적었다.

40 O'Brien, *Civil Defence*, pp. 358, 384.

41 Levine, ed., *Forgotten Voices*, pp. 256~257, 262~263, 264.

42 O'Brien, *Civil Defence*, pp. 388~390; Alfred Price, *Blitz on Britain: The Bomber Attacks on the United Kingdom, 1939~1945*, London: Ian Allan, 1977, p. 134; Mackay, *Half the Battle*, p. 68; Stansky, *The First Day of the Blitz*, p. 1.

43 Levine, ed., *Forgotten Voices*, pp. 280, 280~281.

44 이상 증언은 다음을 볼 것. Price, *Blitz on Britain*, pp. 78~79; Joanna Mack and Steve Humpries, *London at War: The Making of Modern London, 1939~1945*, London:

Sidgwick & Jackson, 1985, pp. 41, 42.

45 *The Time Literary Supplement*, 7 Sep. 1940.

46 O'Brien, *Civil Defence*, p. 387.

47 O'Brien, *Civil Defence*, p. 388.

48 브리튼 전투 기간 독일 공군기 손실은 1,733대, 영국 공군기는 915대였다. A. J. P. Taylor, *The Second World War: An Illustrated History*, London: Hamish Hamilton, 1975, pp. 69~70.

49 Stansky, *The First Day of the Blitz*, p. 29에서 재인용.

50 9월 이후 지방 도시 공습의 개략적인 내용은 다음을 참조. Arthur Marwick, *The Home Front: The British and the Second World War*, London: Thames & Huddson, 1976, pp. 49~58.

51 이 5월 10일 런던 공습의 피해가 가장 컸다. 야간 폭격으로 인한 사망자는 1,436명에 달했다. Harrison, *The Common People*, p. 362.

52 이상은 다음을 참조. Moynihan, ed., *People at War*, pp. 131, 133, 136, 136~137, 139.

53 Moynihan, ed., *People at War*, p. 147.

54 Moynihan, ed., *People at War*, p. 149.

55 O'Brien, *Civil Defence*, p. 677.

56 도시별로는 런던 71회, 리버풀 8회, 글래스고-클라이드사이드 5회, 플리머스-데번포트 8회, 브리스톨-에이번머스 6회, 포츠머스 2회, 사우스햄턴 3회, 헐 3회, 맨체스터 3회, 벨파스트 2회, 셰필드, 뉴캐슬, 노팅엄, 카디프 각 1회. O'Brien, *Civil Defence*, p. 681.

57 Board of Education, *Health of the School Child*, 1938, London: HMSO, 1940, p. 7.

58 *Parliamentary Papers*, 1938, vol. 19; Cmd. 5837, "Report of the Committee on Evacuation", pp. 3~7, 17~20.

59 2 & 3 Geo. c. 31, "Civil Defence Act 1939".

60 보건국 통계에 따르면, 1940년 2월 귀환자는 학생의 경우 44퍼센트, 여성과 유아는 87퍼센트에 달했다. John Welshman, "Evacuation and Social Policy During the Second World War: Myth and Reality", *Twentieth Century British History*, 9:1, 1998, p. 33 참조.

61 *Portsmouth Evening News*, 6 September 1939. 이하 소개에 관련된 신문기사 인용은 다음 자료집에 의거함. Stuart Hylton, ed., *Reporting the Blitz*, Stroud: The History Press, 2012.

62 *Portsmouth Evening News*, 13 September 1939.

63 B. S. Johnson, ed., *The Evacuees*, London: Gollancz, 1963, p. 35. 대공습 이전만 하더라도 영국 정부는 공습보다 가스폭탄 공격을 우려했다. 1940년 7월 독일 폭격기가 영국 해안 지방에 간헐적인 공습을 하던 시기에도 내무장관 존 앤더슨은 학교 아동의 가스마스크 착용 훈련의 중요성을 강조한다. *Hansard's Parliamentary Debates* [HC], 5th ser., vol. 363, 18 July 1940, cc. 383~4.

64 Welshman, "Evacuation and Social Policy", p. 52.

65 Marwick, *The Home Front*, p. 75.

66 Women's Group on Public Welfare, *Our Towns: A Close-Up*, Oxford: Oxford University Press, 1943, xvi.

67 *Manchester City News*, 9 September 1939.

68 *Swindon Advertiser*, 2 September 1939.

69 *Liverpool Echo*, 8 September 1939.

70 Ruth Inglis, *The Children's War: Evacuation, 1939~45*, London: Collins, 1989; Carton Jackson, *Who Will Take Our Children?*, London: Methuen, 1989.

71 국가별 소개 어린이 수는, 캐나다 1,532명, 오스트레일리아 577명, 남아공 353명, 뉴질랜드 202명이었다. Patricia Y. Lin, "National Identity and Social Mobility: Class, Empire and the British Government Overseas Evacuation of Children During the Second World War", *Twentieth Century British History*, 7:3, 1996, pp. 315~316.

72 Lin, "National Identity and Social Mobility", pp. 33~34.

73 Mackay, *Half the Battle*, p. 196에서 재인용.

74 식량 배급에 관해서는 주로, Mackay, *Half the Battle*, pp. 195~199.

75 Arthur Marwick, *Britain in the Century of Total War: War, Peace and Social Change 1900~1967*, Boston: Little & Brown, 1967; Paul Anderson, *The Road to 1945: British Politics and the Second World War*, London: Quartet Books, 1977; Kenneth O. Morgan, *Labour in Power 1945~1951*, Oxford: Clarendon Press, 1984. 사회적 합의설에 관해서는 다음 서평을 볼 것. James Hinton, "1945 and the Apathy School", *History Workshop Journal*, 43, 1997, pp. 266~273.

76 Lucy Noakes, "War on the web: The BBC's 'People's War' website and memories of fear in wartime in 21st-century Britain", in Ludy Noakes and Juliette Pattinson, eds., *British Cultural Memory and the Second World War*, London: Bloomsbury Academic, 2014, p. 54.

4장 국가폭력과 저항 — 피털루, 잘리안왈라 공원, 그리고 광주

1 톰슨, E. P., 나종일 외 옮김,《영국 노동계급의 형성》, 창비, 2000, 상권 24~26쪽.

2 페인은 대의제 정부 아래서 정부 예산 삭감, 누진 소득세를 통한 빈민 지원 확대, 가족 보조금, 아동교육 기금, 노령연금, 출산 보조금, 신혼부부 보조금, 장례 보조금, 실업자를 위한 공공 작업장 등 오늘날 복지국가의 사회보험과 국가 부조체제 시행을 주장한다. 이영석,《역사가를 사로잡은 역사가들》, 푸른역사, 2015, 147~148쪽 참조.

3 1810년대의 사건 연대기는 이영석,〈영국 산업사회의 성립과 노동계급, 1780~1914〉, 안병직 외,《유럽의 산업화와 노동계급》, 까치, 1997, 59~65쪽 참조.

4 이상 선거제도의 난맥상은 다음을 볼 것. Robert Reid, *The Peterloo Massacre*, London: Heinemann, 1989, pp. 28~29.

5 "Provincial Intelligence", *The Examiner*, 25 January 1819.

6 이 서한은 다음 팸플릿에 수록되어 있다. John E. Taylor, *Notes and Observations, Critical and Explanatory, on the Papers relative to the Internal State of the Country*, London, 1820; https://archive.org/details/notesobservation00tayl.[2019. 3. 5. 열람].

7 Reid, *Peterloo Massacre*, pp. 115~116.

8 Donald Read, *Peterloo: the Massacre and its Background*, Manchester University Press, 1973, p. 118.

9 Reid, *Peterloo Massacre*, p. 88.

10 Samuel Bamford, *Passages in the Life of a Radical, Manchester, 1839~41*, vol. 1, pp. 206~207.

11 Bamford, *Passages in the Life of a Radical*, vol. 1, pp. 207~287.

12 Reid, *Peterloo Massacre*, p. 201.

13 이영석,〈영국 산업사회의 성립과 노동계급〉, 60쪽.

14 "With folded arms and steady eyes,/ And little fear, and less surprise/ Look upon them as they slay/ Till their rage has died away// Then they will return with shame/ To the place from which they came And the blood shed will speak/ In hot blushes on their cheek." Peter Shelly, *The Mask of Anarchy*, ed. Leigh Hunt, London: Moxon, 1832.

15 Judith Brown, *Modern India: The Origins of an Asian Democracy*, Oxford: Oxford

University Press, 1994, pp. 195~196. 제1차 세계대전 직후 인도 식민지 상황은, 이영석, 《제국의 기억, 제국의 유산》, 아카넷, 2019, 228~234쪽 참조.

[16] *Parliamentary Papers*, 1914~6, 49, Cd. 7624. "Papers related to the Support Offered by the Princes and Peoples of India", pp. 4, 9.

[17] 선언 내용은 다음을 참조. A. F. Madden and J. Darwin, eds., *Select Documents in the Constitutional History of the British Empire and Commonwealth, vol. 4: The Dominions and India since 1900*, London: Greenwood, 1993, pp. 678~679.

[18] *Parliamentary Papers*, 1918, 8, Cd. 9109. "Report on Indian Constitution Reform". 이 보고서의 의의와 한계에 대해서는 다음을 볼 것. Philip Wood, "The Montagu-Chelmsford Reforms(1919): A Re-assessment", *South Asia: Journal of South Asian Studies*, 17.1, 1994, pp. 25~42.

[19] 9 & 10 Geo. V, c. 101. "The Government of India Act 1919".

[20] Cd. 9109. "Report on Indian Constitution Reform", pp. 223~224.

[21] Cd. 9109. "Report on Indian Constitution Reform", p. 220.

[22] Cd. 9109. "Report on Indian Constitution Reform", p. 175.

[23] Cd. 9109. "Report on Indian Constitution Reform", pp. 176~177.

[24] 지방정부에 위임한 업무 목록은 Cd. 9109. "Report on Indian Constitution Reform", pp. 296~297.

[25] Cd. 9109. "Report on Indian Constitution Reform", p. 183.

[26] "Anarchical and Revolutionary Act of 1919." 영국 판사 시드니 롤라트가 위원장을 맡은 '롤라트위원회Rawlatt Committee'의 권고에 따라 1919년 3월 10일 인도 입법회의가 통과시킨 탄압법. 위원장 이름을 붙여 흔히 The Rowlatt Act라 불린다. 재판 및 사법 조사 절차 없이도 혁명 음모 관련자로 의심되는 사람을 사전 구속하는 강력한 법이었다.

[27] Yogesh Chadha, *Gandhi: A Life*, Hoboken: John Willy & Sons, 1997, p. 237.

[28] Nigel Collett, *The Butcher of Amritsar: General Reginald Dyer*, New York: Hambledon, 2005, pp. 575~578.

[29] Bipan Chandra et al., *India's Struggle for Independence*, London: Vicking, 1988, p. 166.

[30] Sikander Singh, *A Saga of the Freedom Movement and Jallianwala Bagh*, Amritsar: B. Chattar Singh & Jiwan Singh, 1998, p. 141.

[31] Sikander Singh, *A Saga of the Freedom Movement and Jallianwala Bagh*, p. 149.

32 Susan K. Kent, *Aftershocks: Politics and Trauma in Britain, 1918~1931*, University of California Press, 2009, p. 37.

33 *Hansard's Parliamentary Debates* [Commons] 5th ser., vol. 131, c. 1720, 8 July 1920.

34 이상은 다음을 볼 것. John F. Burns, "In India, Queen Bows Her head Over a Massacre in 1919", *New York Times*, 15 Oct. 1997.

35 5·18 항쟁의 배경과 전개 과정에 대한 개략적인 소개는 다음을 볼 것. 나간채·강현아, 《5·18 항쟁의 이해》, 전남대출판부, 2003.

36 김상봉, 〈계시로서의 역사─5·18에 대한 종교적 해석의 시도〉, 광주가톨릭대 신학연구소 편, 《논문집: 가톨릭과 5·18》, 5·18기념재단, 2015, 78~79쪽.

37 김상봉, 〈그들의 나라에서 우리 모두의 나라로〉, 《5·18 그리고 역사: 그들의 나라에서 우리 모두의 나라로》, 도서출판 길, 2008, 322쪽; 최정운, 《오월의 사회과학》, 풀빛, 1998; 박구용, 〈서로 주체로서의 형성사로서 동학농민전쟁과 5·18항쟁〉, 《5·18 그리고 역사: 그들의 나라에서 우리 모두의 나라로》, 도서출판 길, 2008, 375~410쪽.

38 정근식, 〈민주화와 5월 운동, 집단적 망탈리테의 변화〉, 《5·18 민중항쟁과 정치·역사· 사회 4: 5월 운동의 전개》, 5·18기념재단, 2007, 99~136쪽.

39 신진욱, 〈사회운동의 연대 형성과 프레이밍에서 도덕감정의 역할〉, 《경제와 사회》 73, 2007, 227~228쪽.

40 조대엽, 〈광주항쟁과 80년대의 사회운동문화: 이념 및 가치를 중심으로〉, 《민주주의와 인권》 3/1, 2003, 177쪽.

41 은우근, 〈부끄러움 또는 질문하는 역사의식〉, 광주가톨릭대 신학연구소 편, 《논문집: 가톨릭과 5·18》, 5·18기념재단, 2015, 128~129쪽.

2부 근대의 성취, 근대의 한계

6장 19세기 유럽사를 보는 시각

1 R. J. Evans, *The Pursuit of Power: Europe 1815~2014*, London: Allen Lane, 2016.

2 Tim Banning, *The Pursuit of Glory: Europe, 1648~1815*, London: Penguin Books, 2008.

3 R. Evans, "Richard Evans's Talk", *British Academy Review 29*, Jan. 2017. 에번스는 블래
   닝의 18세기사 서술에서 제목을 따왔음을 밝히고 있지만, 윌리엄 맥닐은 그보다 한 세대
   전에 동일한 제목의 저술을 펴낸 바 있다. W. H. McNeill, *Pursuit of Power: Technology,
   Armed Force, and Society Since A.D. 1000*, Oxford: Blackwell, 1983.

4 Evans, *Pursuit of Power*, xxi.

5 그의 주요 저술은 다음과 같다. *The Feminist Movement in Germany*, London: Sage, 1976;
   The German Working Class, 1883~1933: The Politics of Everyday Life, London: Croom
   Helm, 1982; *Death in Hamburg: Society and Politics in the Cholera Years 1830~1910*,
   Oxford: Clarendon Press, 1987; *Rituals of Retribution: Capital Punishment in Germany
   1600~1987*, New York: Oxford University Press, 1996. 주로 근대 독일 사회사 분야에서
   뛰어난 학문적 성취를 이루었다. 특히 《심판의 제식》으로 프랑켈상을, 《함부르크에서의
   죽음》으로 울프슨상을 수상했다. 이 두 책은 근래 영국 사학계에서 간행된 가장 뛰어난
   저술이라는 평가를 받았다. 포스트모던 역사학을 비판적으로 성찰한 *In Defense of
   History*, London: Granta Books, 1998을 펴내 국제적인 논쟁을 촉발하기도 했다[국역본
   은 이영식 역, 《역사학을 위한 변론》, 소나무, 1999]. 한편, 에번스는 2000년 영국 문필가
   데이비드 어빙이 미국 역사가 데보라 립스태트를 명예훼손으로 고소한 재판사건에서 법
   원의 지명을 받아 전문가 증인으로 활동했다. 그는 증인 보고서에서 다양한 원사료를 검
   토해 홀로코스트의 실제를 과소평가한 어빙 견해의 오류를 입증했다. 이 사료 연구를 토
   대로 나치 시대의 역사를 다룬 3부작을 펴냈다. *The Coming of the Third Reich*, London:
   Allen Lane, 2003, *The Third Reich in Power, 1933~39*, London: Penguin, 2005, *The Third
   Retch at War*, London: Allen Lane, 2008.

6 E. J. Hobsbawm, *Labouring Men: Studies in the History of Labour*, London: Weidenfeld &
   Nicloson, 1964.

7 E. J. Hobsbawm, *The Age of Revolution, 1789~1848*, London: Abacus, 1962; idem, *The
   Age of Capital, 1848~75*, London: Weidenfeld & Nicolson, 1975; idem, *The Age of
   Empire, 1875~1914*, London: Weidenfeld & Nicolson, 1987. 이 3부작은 모두 정도영 역
   으로 국내에서 한길사에 의해 출간되었다. 정도영·차명수 역, 《혁명의 시대》, 한길사,
   1998; 《자본의 시대》, 1998; 《제국의 시대》, 1998. 홉스봄의 19세기사 3부작에 대한 개
   괄은 다음을 볼 것. 조용욱, 〈홉스봄과 격동의 19세기〉, 《진보평론》 1, 2000, 327~338쪽.

8 홉스봄, 《혁명의 시대》, 66쪽.

9 홉스봄, 《혁명의 시대》, 71쪽.

10 홉스봄, 《자본의 시대》, 76쪽.

11 홉스봄, 《제국의 시대》, 173~174쪽.

12 격변론에 따른 19세기사 서술로는 다음을 볼 것. Jonathan Sperber, *Revolutionary Europe, 1780~1850*, Harlow: Longman, 2000; William Simpson and Martin Jones, *Europe, 1793~1914*, London: Routledge, 2000. 그러나 스퍼버는 19세기 후반을 다룬 책에서는 격변론적 관점을 수정해 통합적인 전망을 제시한다. J. Sperber, *Europe 1850~1914: Progress, Participation and Apprehension*, Harlow: Longman, 2008.

13 Evans, *Pursuit of Power*, xxii.

14 Evans, *Pursuit of Power*, 1. 필자는 뒤에 발터의 일생에 흥미를 느껴 그의 군 복무 여정을 탐색하는 글을 썼다. 이 책 1장에 수록된 글이다.

15 Evans, *Pursuit of Power*, p. 169.

16 Evans, *Pursuit of Power*, pp. 537~538.

17 Evans, *Pursuit of Power*, p. 627.

18 Evans, *Pursuit of Power*, p. 85.

19 Evans, *Pursuit of Power*, p. 86.

20 Evans, *Pursuit of Power*, p. 87.

21 Evans, *Pursuit of Power*, p. 275~277.

22 Evans, *Pursuit of Power*, p. 355.

23 Evans, *Pursuit of Power*, p. 444~445.

24 Evans, *Pursuit of Power*, p. 537.

25 Evans, *Pursuit of Power*, p. 3.

26 Evans, *Pursuit of Power*, p. 5.

27 Evans, *Pursuit of Power*, pp. 12~13.

28 Evans, *Pursuit of Power*, p. 17.

29 Evans, *Pursuit of Power*, p. 18.

30 Evans, *Pursuit of Power*, p. 179.

31 에번스는 푸리에Fourier는 물론, 생 시몽Comte de Saint-Simon, 앙팡탱Prosper Enfantin, 루이 블랑Louis Blanc, 프루동Pierre-Joseph Proudhon, 오웬Robert Owen 등 초기 사회주의자들의 영향을 다양하게 살핀다. Evans, *Pursuit of Power*, pp. 172~175.

[32] Evans, *Pursuit of Power*, p. 188.

[33] Evans, *Pursuit of Power*, p. 189~199.

[34] Evans, *Pursuit of Power*, p. 220.

[35] Evans, *Pursuit of Power*, p. 220.

[36] Evans, *Pursuit of Power*, p. 127.

[37] Evans, *Pursuit of Power*, p. 134~135.

[38] Evans, *Pursuit of Power*, p. 133.

[39] Evans, *Pursuit of Power*, p. 151.

[40] Evans, *Pursuit of Power*, p. 155.

[41] Evans, *Pursuit of Power*, p. 389.

[42] Evans, *Pursuit of Power*, p. 390.

[43] 이런 견해는 다음을 볼 것. Giogio Riello, *Cotton: The Fabric That Made the Modern World*, Cambridge: Cambridge University Press, 2013; 이영석, 〈면綿의 세계사와 근대문명〉,《영국연구》34, 2015, 249~278쪽.

[44] Young-Suk Lee, "Why Did They Admire the Machinery? -Rethinking Intellectuals' View from the Perspective of the Competition between English Cotton Goods and Indian Handicraft Ones in the Early Industrial Revolution", *The East Asian Journal of British History*, vol. 5, March 2016, pp. 151~160.

7장 전염병과 국제공조의 탄생

[1] 이 글은 실증적인 연구가 아니다. 필자는 Mark Harrison의 *Contagion: How Commerce Has Spread Disease*, New Haven: Yale University Press, 2012 번역서를 펴냈다.《전염병, 역사를 흔들다》, 푸른역사, 2020. 19세기 국제위생회의에 관한 문제는 이 책 내용에 크게 의존했음을 밝힌다. 단 인용 전거는 영어본에 의거했다. 위생회의에 관해서는 해리슨의 책 외에 다음 논문을 참조했다. Valeska Huber, "The Unification of the Globe by Disease? The International Sanitary Conferences on Cholera, 1851~1894", *The Historical Journal*, 49:2, 2006, pp. 453~76; Alison Bashford, "Global Biopolitics and the History of World Health", *History of the Human Sciences*, 19:1, 2006, pp. 67~88.

2　Emmanuel Le Roy Ladurie, "A Concept: the unification of the gplbe by disease", in idem, *The Mind and Method of the Historian*, Chicago: University of Chicago Press, 1981, p. 82. 이 말은 상업과 무역에 의한 세계통합 이면에 '질병에 의한 세계통합'이 동시에 진행되고 있음을 상징적으로 나타낸다.

3　David Arnold, "Cholera and Colonialism in British India", *Past and Present*, 1986, p. 126.

4　이에 관해서는 Harrison, *Contagion*, pp. 139~140을 볼 것.

5　Valeska Huber, "The Unification of the Globe by Disease? The International Sanitary Conferences on Cholera, 1851~1894", *The Historical Journal*, 49:2, 2006, p. 453에서 재인용.

6　이상은 다음을 볼 것. 이영석, 《공장의 역사》, 푸른역사, 2012, 101~104쪽; 서울대 역사연구소 편, 《역사용어사전》, 2015, '산업혁명' 항목, 909~910, 912쪽.

7　*Parliamentary Papers*, 1843 (399) 35, "Returns of the Steam Vessels employed by the East India Company", p. 82~83; 이영석, 〈19세기 영제국과 세계〉, 《역사학보》 217집, 2012, 226~227쪽.

8　어니스트 페일, 김성준 옮김, 《서양해운사》, 혜안, 2004, 303쪽.

9　Adam McKeown, "Global Migration, 1846~1940", *Journal of World History*, 15:2, 2004, pp. 156~158.

10　이영석, 〈19세기 영제국과 세계〉, 232쪽.

11　1807년 노예무역 폐지법안 통과 후 영국 해군은 서아프리카와 아메리카 항로에서 행해지던 노예무역을 단속하는 역할을 맡았다. 이에 관해서는 다음을 볼 것. 윤영휘, 《혁명의 시대와 그리스도교》, 홍성사, 2018, 154~156쪽.

12　원래 승무원은 100명 이상이었으나, 영국에서 3주 격리 후 생존자는 30여 명이었다. 마크 해리슨은 동시대 관련 자료를 분석해 이 사건의 전모를 밝혀냈다. Harrison, *Contagion*, pp. 81~92를 볼 것.

13　Harrison, *ibid.*, p. 108.

14　"The Lisbon Epidemic", *Lancet*, 9 Jan. 1858, p. 45; Harrison, *ibid.*, p. 108에서 재인용.

15　Harrison, *ibid.*, pp. 53~54.

16　*Ibid.*, p. 108.

17　*Ibid.*, p. 117.

18　*Ibid.*, pp. 119~120.

[19] 전국보건국은 각 주의 보건위원회들을 중재 지원하고 의심스러운 화물에 대한 역학 조사와 소독제도를 담당할 예정이었다. 그러나 보건국이 각 주에 요구하는 격리 및 철도운행 중지 명령에 대해 개별 주들이 반발함에 따라 해체되었다(*Ibid.*, p. 121).

[20] *Ibid.*, pp. 125~126.

[21] 1, 2, 3차 범미위생회의에 관해서는 다음을 볼 것. Harrison, *Contagion*, pp. 131~134.

[22] *Ibid.*, p. 138.

[23] 19세기 콜레라 유행은 다음 사이트를 참조했음. https://en/wikipediaorg/wiki/Cholera_outbreaks_and_pandemics [2020. 4. 21. 접속].

[24] 이영석, 《역사가가 그린 근대의 풍경》, 푸른역사, 2003, 158~164쪽 참조.

[25] Steve Johnson, *The Ghost Map: A Street, a City, an Epidemic and the Hidden of Urban Networks*, London: Penguin, 2008, pp. 8~12.

[26] E. Chadwick, *The Sanitary of the Labouring Populations of Great Britain, 1842*; Robert Morris, *The Blue Death*, New York: Harper, 2008, p. 11 재인용.

[27] Morris, *The Blue Death*, p. 51.

[28] Harrison, *Contagion*, pp. 69~70.

[29] *Ibid.*, p. 73.

[30] Huber, "The Unification of the Globe by Disease?", p. 460.

[31] Ibid., p. 462.

[32] Ibid., p. 462.

[33] 이상은, ibid., pp. 462~463 참조.

[34] 역대 국제위생회의 일람표는, ibid., pp. 453~476을 참조해 작성했음.

[35] 이상은 Harrison, *Contagion*, pp. 142~145 참조.

[36] Huber, "The Unification of the Globe by Disease?", pp. 464~465.

[37] 이상은 ibid., pp. 466~468 참조.

[38] 독기론자들은 질병의 원인 인자보다는 지역의 위생조건을 더 중시한다. 독기론은 결국 로베르트 코흐와 루이 파스퇴르 등 의학 연구자들이 세균론을 입증하면서 종국을 맞는다. 영국에서 독기론이 우세했던 배경으로 자유주의적 정치문화를 중시하는 견해도 있다. 이에 관해서는 다음을 볼 것. Erwin Ackerknecht, "Anticontagionism between 1821 and 1867", *Bulletin of the History of Medicine*, 22, 1948, pp. 532~593.

[39] 19세기 후반 국제주의운동의 성과에 관해서는 다음을 볼 것. M. H. Geyer and J.

Paulman, eds., *The Mechanics of Internationalism: Culture, Society and Politics from the 1840s to the First World War*, Oxford: Oxford University Press, 2001.

[40] 19세기 말과 20세기 초의 페스트 유행에 관해서는 다음을 참조. https://en/wikipediaorg/wiki/Bubonic_plague [2020.04.21. 접속]; 윌리엄 맥닐, 김우영 옮김, 《전염병의 세계사》, 이산, 2005, 281~286쪽.

[41] 국제공중위생국은 제2차 세계대전 후 그 고유업무를 WHO에 넘기고 1946년 7월 22일 해산했다. 국제공중위생국에 관해서는 다음을 볼 것. A. M. Stern and H. Markel, "International Efforts to Control Infectious Diseases, 1851 to the Present", *Journal of the American Medical Association*, 292, 2004, pp. 1474~1479.

[42] 국제연맹보건기구에 관해서는 다음을 볼 것. P. Weindling, "Introduction: the Construction of International Health between the Wars", in idem, *International Health Organization and Movements 1918~1939*, Cambridge: Cambridge University Press, 1995, pp. 1~11.

8장 노년과 노령연금 — 담론, 의회 조사, 입법

[1] 흔히 기혼여성의 경제활동 참여 증가, 노년층의 퇴장을 주된 변화로 꼽는다. Paul Johnson, "The Employment and Retirement of Older Men in England and Wales, 1881~1981", *Economic History Review*, 2nd ser., 47:1, 1994, p. 106.

[2] 통계에 따르면, 1920년대 50퍼센트, 1950년대 초 33퍼센트, 1980년대 10퍼센트로 하락한다. John Macnicol, *The Politics of Retirement in Britain 1878~1948*, Cambridge: Cambridge University Press, 1998, p. 7.

[3] Macnicol, *The Politics of Retirement in Britain*, pp. 9~10.

[4] Horace Secrist, "Old Age Pensions: English Act of 1908", *American Political Review*, 3:1, 1909, p. 68 참조.

[5] Macnicol, *Politics of Retirement*, p. 7.

[6] Bentley Gilbert, "The Decay of Nineteenth-Century Provident Institutions and the Coming of Old Age Pensions in Great Britain", *Economic History Review*, 2nd ser., 17:3, 1965, p. 553.

[7] Macnicol, *Politics of Retirement*, p. 23.

[8] William Blackley, "National Insurance: A Cheap, Practical and Popular Means of Abolishing Poor Rates", *Nineteenth Century*, 4, Nov. 1878, p. 838.

[9] Blackley, "National Insurance", pp. 855~856.

[10] John Metcalfe, *The Case for Universal Old Age Pensions*, London: Simpkin, Marshall, Hamilton & Kent, 1899, pp. 4~15.

[11] Metcalfe, *The Case for Universal Old Age Pensions*, p. 13.

[12] Vauan Nash, "Old Age Pensions Movement", *Contemporary Review*, 75, Jan~June, 1899, pp. 497~498.

[13] Metcalfe, *Case for Universal Old Age Pensions*, p. 33.

[14] Blackley, "National Insurance", p. 854. 그는 다른 곳에서도 젊은이를 비슷하게 묘사한다. "이들은 낭비적이고 성욕을 탐하고 무식하며 이기적이다." Blackley, "National Insurance", p. 838.

[15] Metcalfe, *Case for Universal Old Age Pensions*, p. 21.

[16] Charles Booth, *Life and Labour of the People in London: Second Series, Industry*, London: Macmillan, 1903, vol. 2, pp. 90~91.

[17] Joseph Chamberlain, "Old Age Pensions", *National Review*, vol. 18, Feb. 1892, pp. 736~737. 체임벌린의 숙련노동자 기대수명 통계는 맨체스터 공제조합연합 자료를 인용한 것이다. 그는 이 시기 전반적인 생활수준의 상승으로 숙련노동자들의 영양 상태가 양호해졌다는 것을 전제 삼은 것 같다. 그러나 이러한 전제를 그대로 받아들이기 어렵다. 이 시기 생활수준 상승이 기대수명 연장의 중요한 변수로 작용하지 않았다는 연구도 있다. 이에 관해서는 다음을 볼 것. D. Friedlander, et al., "Socio-Economic Characteristics and Life Expectancy in Nineteenth-Century England," *Population Studies*, 39:1, 1985, pp. 137~151.

[18] 튜더 시대 이래 빈민법의 역사에 관한 상세한 설명은 다음을 볼 것. 허구생, 《빈곤의 역사, 복지의 역사》, 한울, 2002.

[19] Macnicol, *Politics of Retirement*, pp. 37~38.

[20] Alfred Marshall, "The Poor law in Relation to State-Aided Pensions", *Economic Journal*, vol. 2, March 1892, p. 187.

[21] Chamberlain, "Old Age Pensions", p. 724. 이 통계는 비교 시점에 10년의 시차가 있어서

실제와 다르다고 할 수 있다. 이 통계에서 제시한 60세 이상자(191만 6,266명)는 1881년 인구조사 자료에 근거를 두고, 구호 대상자 수(28만 6,687명)는 1890년 8월 지방행정청 자료를 인용했다. 체임벌린은 이를 근거로 구호비율을 추산하나 실제로는 더 높았을 것이다.

[22] Joseph Chamberlain, "Old-Age Pensions and Friendly Societies", *National Review*, 24, Jan. 1895, p. 594. 1891년 인구조사에서 65세 이상 인구는 137만 2,601명, 구호 대상자 40만 1,904년, 구호비율은 29.9퍼센트로 나타난다.

[23] Charles Booth, *The Aged Poor in England and Wales*, London: Macmillan, 1894, ii–iii.

[24] 맨체스터연합은 대형 조합인 Independent Order of Odd Fellows를 모태로 확대된 공제조합이다. 이 시기의 통계는 부정확하다. 1895년 노년층 빈민에 관한 왕립위원회 보고서는 맨체스터연합과 고대 초부사단, 두 거대 조합의 회원 수가 1,72만 7,809명, 그 지부까지 포함하면 213만 3,710명으로 추산한다. *Parliamentary Papers*, 1895, vol. 15; C. 7684–II, "Report of the Royal Commission on the Aged Poor, vol. III," pp. 591~592. 윌킨슨은 1892년의 한 논설에서 당시 중소조합까지 포함한 공제조합 수가 2만 6,865개소, 회원은 총 718만 416명이라고 추산한다. J. F. Wilkinson, "Friendly Society Finance", *Economic Journal*, 2, Dec. 1892, p. 721. 브래브룩에 따르면, 1897년 당시 조합원은 807만 8,816명이었다. E. W. Brabrook, *Provident Societies and Industrial Welfare*, London, 1898, p. 56.

[25] Gilbert, "Decay of Nineteenth-Century Provident Institutions and the Coming of Old Age Pensions", p. 553.

[26] Wilkinson, "Friendly Society Finance", p. 722.

[27] Joseph Chamberlain, "Old-Age Pensions and Friendly Societies", p. 602.

[28] 근래의 한 연구에 따르면, 19세기에 공제조합 또는 병자클럽에 해당하는 3만 8,315개 조합 가운데 36퍼센트가 붕괴되었다. H. Southall and E. Garrett, "Mobility and Mortality among Early Nineteenth Century Engineering Workers", *Social History of Medicine*, 4:2, Aug. 1991, p. 240.

[29] Wilkinson, "Friendly Society Finance", pp. 725~726.

[30] Chamberlain, "Old-Age Pensions and Friendly Societies", p. 601.

[31] Chamberlain, "Old Age Pensions", p. 722.

[32] Chamberlain, "Old Age Pensions", pp. 699~721.

[33] Chamberlain, "Old-Age Pensions and Friendly Societies", p. 611.

[34] Chamberlain, "Old-Age Pensions and Friendly Societies", p. 611.

[35] 그는 구체적으로 다음과 같이 추산한다. 1891년 현재 65세 이상 남녀 인구는 132만 3,000명, 노령연금을 주당 5실링으로 할 경우 비용은 1,700만 파운드. 이 가운데 설탕 수입세 과세로 1,200만 파운드를 충당할 수 있다. 개인 소득세로 500만 파운드를 걷으면 가능하다는 계산이다. Booth, *The Aged Poor*, pp. 235~236. 그 후에 그는 연금수령 연령을 70세로 올린다. Charles Booth, *Old Aged Pensions and the Aged Poor: A Proposal*, London: Macmillan, 1899, p. 53을 볼 것.

[36] Charles Booth, *Pauperism, a Picture and the Endowment of Old Age, an Argument*, London: Macmillan, 1892, p. 168.

[37] Metcalfe, *Case for Universal Old Age Pensions*, p. 54.

[38] *ibid.*, pp. 43~44.

[39] 자선조직협회에 관해서는 다음을 볼 것. 김덕호, 〈산업사회 영국의 빈곤과 복지정책: 자선조직협회 vs. 페이비언협회, 1869~1909〉, 《역사학보》 144, 1994, 187~221쪽; 김헌숙, 〈영국 자선의 형태와 성격, 1800~1870−연구사 검토〉, 《영국연구》 12, 2004.

[40] Metcalfe, *Case for Universal Old Age Pensions*, p. 25.

[41] 여기에서는 1895년 노령 빈민에 관한 왕립위원회보고서와 1898년 재무부 지명 위원회 보고서만 검토했다. 앞의 왕립위원회는 에버데어 경, 그리고 뒤의 위원회는 로스차일드 경이 위원장을 맡았다. 이하 본문에서는 각기 에버데어위원회, 로스차일드위원회로 표기한다. *Parliamentary Papers*, 1895, vol. 14, C. 7684, "Report of the Royal Commission on the Aged Poor, vol. I"; *Parliamentary Papers*, 1895, vol. 14, C. 7684−1, "Report of the Royal Commission on the Aged Poor, vol. II"; *Parliamentary Papers*, 1895, vol. 15, C. 7684−I1, "Report of the Royal Commission on the Aged Poor, vol. III; *Parliamentary Papers*, 1898, vol. 11, C. 8911, "Report of the Committee on Old Age Pensions".

[42] C. 7684, "Report of the Royal Commission on the Aged Poor, vol. I", p. 9~10. 보고서가 제시하는 통계를 더 자세하게 소개하면 다음과 같다. 원내구호자 수는 1862년 3,836명, 1872년 6만 5,767명, 1882년 8만 8,043명, 1892년 9만 2,971명. 원외 구제자 수는 같은 연도별로 각기 34만 478명, 36만 8,633명, 26만 9,617명, 25만 7,867명. 구호 지출비용은 같은 연도에 각기 £577만 8940, £787만 4,343, £807만 5,336, £864만 3,318. 이상은, 같은 보고서, p. 10 참조. 1892년 인구 1,000명당 평균 빈곤 인구수는 12명이며,

연령별로 구분할 경우 16~65세 미만 53명, 65~70세 미만 109명, 70~75세 미만 189명, 75~80세 미만 261명, 80세 이상 300명으로 나타난다. 이상은, C. 7684, "Report of the Royal Commission on the Aged Poor, vol. I", p. 13 참조.

43 C. 7684, "Report of the Royal Commission on the Aged Poor, vol. I", p. 13.

44 C. 7684-I, "Report of the Royal Commission on the Aged Poor, vol. II", p. 581.

45 C. 7684, "Report of the Royal Commission on the Aged Poor, vol. I", pp. 86~87.

46 C. 8911, "Report of the Committee on Old Age Pensions", pp. 470~471.

47 C. 8911, "Report of the Committee on Old Age Pensions", pp. 477, 480.

48 C. 8911, "Report of the Committee on Old Age Pensions", p. 471.

49 1899년 의회 조사위원회보고서 내용은 후일 의회 문서를 참조했음. *Parliamentary Papers*, 1907, vol. 68, Cd. 3618, "Old Age Pensions: Tables", p. 394.

50 *Parliamentary Debate*, 4th ser., vol. 188, 1908, cc. 463~464.

51 *Parliamentary Debate*, 4th ser., vol. 188, 1908, cc. 466~467.

52 *Parliamentary Debate*, 4th ser., vol. 188, 1908, c. 470.

53 *The Times*, 7 May 1908. 이 기사의 논조에는 에스키스가 다분히 정치적인 의도로 노령연금법안을 거론했다는 비판이 깃들어 있다.

54 *Parliamentary Debate*, 4th ser., vol. 189, 1908, c. 1126.

55 *Parliamentary Debate*, 4th ser., vol. 188, 1908), c. 481. 그 후 5월 25일 발언에서 체임벌린은 독일의 갹출식 연금법의 한계를 지적한다. 그 법은 향후 30년 후에 오직 12만 6,000명이 혜택을 받을 뿐이라는 주장이다. *Parliamentary Debate*, 4th ser., vol. 189, 1908, c. 794.

56 *Parliamentary Debate*, 4th ser., vol. 189, 1908, col.1390.

57 The Times, 7 May 1908. 이 신문은 노동당 성명에 관한 논평에서 예산 문제를 고려하면 노동당 제안은 비현실적이라고 비판하고 있다.

58 진행 과정은 다음과 같다. 7월 28일 상원 소위원회에 법안 회부, 상원 연금법안 토론 [*Parliamentary Debate*, 4th ser., vol. 193, 1908, cc. 1073~1162]. 상원 수정안 하원에서 검토 후 부결(같은 의사록, cc. 1,970~1,998), 8월 1일 하원 법안 통과(같은 의사록, c. 2071), 같은 날 국왕 재가(같은 의사록, c. 2074).

59 1908년 노령연금법 내용은 연금법 해설서인 다음 문헌을 참조했다. 이하 연금법 내용을 소개할 경우 구체적인 인용 전거는 밝히지 않는다. W. A. Casson, *Old-Age Pensions Act*

1908, London: Charles & Knight, 1908.

[60] *The Times*, 2 Jan. 1909.

[61] *The Times*, 2 Jan. 1909.

[62] "The Old-Age Pensions Act. The Regulations", *The Times*, 22 August 1908.

[63] "Old-Age Pensions. Official Statistics", *The Times*, 21 Jan. 1909.

3부 동양과 서양

9장 여행기를 통해 본 일본과 일본인

[1] *Encyclopaedia of Britanica*, Edinburgh, 2nd ed., 1777~1783, vol. 5, p. 3818.

[2] *Encyclopaedia of Britanica*, vol. 5, p. 3819.

[3] 필자는 1860~1890년대에 간행된 몇몇 정기간행물에서 8편의 논설을 찾아 검토했다. 당시 지령紙齡이 오랜《에딘버러 리뷰*Edinburgh Review*》같은 정기간행물은 익명으로 논설을 게재하는 전통이 있었다. 이 경우는 W. E. Houghton, ed., *The Wellesley Index to Victorian Periodicals*, University of Toronto Press, 1966~1979에서 필자를 확인했다. F. R. Conder, P. K. Douglas 등 [ ] 안에 있는 필자 명이 이에 해당한다. 이들에 대한 개괄적인 검토는 다음과 같은 선행 연구에서 진행했음을 밝힌다. 이영석, 〈19세기 말 영국 지식인과 동아시아〉, 《대구사학》 95집, 2009, 201~233쪽. 이 외에 다음의 연구를 볼 것. Jihang Park, "Land of the Morning Calm, Land of the Rising Sun: The East Asia Travel Writings of Isabella Bird and George Curzon", *Modern Asian Studies*, 36:3, 2002, pp. 513~533; Joohyun Park, "Missing Link found, 1880: The Rhetoric of Colonial Progress in Isabella Bird's Unbeaten Tracks in Japan", *Victorian Literature and Culture*, 43:2, 2015, pp. 371~388.

[4] Edward J. Reed, *Japan: Its History, Tradition, and Religions*, London: John Murray, 1880, 2 vols.; Isabella L. Bird, *Unbeaten Tracks in Japan*, New York: G. P. Putnam, 1880, 2 vols. 비숍의 책은 1885년 한 권짜리 축약본으로도 출간되었다. 이 책의 제목은 '일본의 미답로未踏路'라는 뜻이지만, 일본에서는 모두 '日本奧地紀行'이라는 이름으로 번역되었다.

5 [Francis R. Conder], "Japan Revolutionised," *Edinburgh Review*, 154, July 1881, p. 126.

6 "Japan", *The Times*, 5 Sep. 1872.

7 "Japan", *The Times*, 7 Dec. 1872.

8 [Conder], "Japan Revolutionised," p. 122.

9 특히 더글러스는 메이지유신 이전에 일반 민중 사이에 구체제에 대한 불만의 징후가 없었다는 점을 중시한다. 일반 민중은 봉건 제후, 장군, 국왕으로 이어지는 지배체제에 순응했다는 것이다. 결국 일본의 혁명은 지배층의 각성에 따른 결과라는 주장이다. [Peter K. Douglas], "Progress in Japan," *Edinburgh Review*, 172, July 1890, pp. 56~57 참조.

10 [Douglas], "Progress in Japan", p. 56.

11 "A Japanese View of New Japan," *The Nineteenth Century*, 29, Feb. 1891, pp. 267~278. 필자 Daigoro Goh는 아마도 케루 다이고로吳大五郎의 오기처럼 보인다. 케루 다이고로는 1880~1890년대 미쓰이상사 홍콩지부장을 지냈다. 영어와 중국어에 능통해 중국어 사전을 펴낸 실업가였다. 이 필자의 성을 음독해 영문명을 잘못 표기한 것으로 보인다. 吳大五郎에 대해서는 다음 사이트를 볼 것(http://dl.ndl.go.jp/info:ndljp/pid/778416/6?toc Opened=1).

12 Daigoro Goh, "A Japanese View of New Japan", p. 267.

13 Goh, "A Japanese View of New Japan", p. 268.

14 Goh, "A Japanese View of New Japan", p. 269.

15 Isabella Bird, *Unbeaten Tracks in Japan*, vol. 1, p. 27.

16 Reed, *Japan: Its History, Traditions, and Religions*, vol. 1, p. 327.

17 Bird, *Unbeaten Tracks in Japan*, vol. 1, p. 21.

18 비숍은 1878년 5월 21일에 일본 요코하마에 입국해 12월 19일까지 머물렀다. 그녀는 세 차례에 걸쳐 일본 각지를 여행했다. 세 차례의 여행은 다음과 같다. 첫째, 5월 24일과 7월 4일 사이에 그녀는 도쿄에서 니가타까지 247마일을 여행했다. 이 여정에서 방문한 26개 소읍 또는 촌락을 들렀다. 둘째, 그녀는 다시 7월 11일 이후 한 달간 니가타에서 아오모리까지 368마일에 이르는 긴 거리를 여행했다. 그 여정에서 들른 촌락과 소읍은 무려 47곳에 이르렀다. 마지막으로, 그녀는 8월 13일부터 한 달간 하코다테를 출발해 홋카이도 지방, 특히 아이누인의 생활을 관찰하기 위해 358마일에 이르는 거리를 여행한다. 근대화를 겪고 있는 도시 지역보다, 전통을 간직한 시골 촌락과 읍락, 그리고 이들 지방과 농촌사회의 근대화 과정에서 어떤 변화를 겪고 있는지 여행기에 적었다. 이 여정은 다음

을 볼 것. Bird, *Unbeaten Tracks in Japan*, vol. 1, 200, p. 406; *Unbeaten Tracks in Japan*, vol., 2, p. 157. 비숍의 여행기에 관한 일본 측 연구는 다량 축적되어 있다. 근래의 연구로는 다음을 볼 것. Kiyonori Kanasaka, *Isabella Bird and Japan: A Reassessment*, Folkestone: Renaissance Books, 2017; 湯澤規子, 〈近代日本の記錄史料としての《完訳 日本奧地紀行》: イザベラ・バード再読の意義(史料紹介)〉, 《農業史研究》49, 2015.

19 Bird, *Unbeaten Tracks in Japan*, vol. 1, p. 28.

20 Bird, *Unbeaten Tracks in Japan*, vol. 1, p. 102.

21 Bird, *Unbeaten Tracks in Japan*, vol. 1, p. 142.

22 速水融, 〈近世濃尾農村における生産構造の変化: 土地・人口・牛馬の量的観察を通じて〉, 《社會經濟史學》36.1, 1970; 速水融, 〈日本経済史における中世から近世への転換〉, 《社會經濟史學》37巻 1號, 1971; 《歷史人口學で見た日本》, 東京: 文藝春秋, 2001. 이를 발췌한 국내 번역본은 다음을 볼 것. 하야미 아키라, 조성원・정안기 역, 《근세 일본의 경제 발전과 근면혁명》, 혜안, 2006. 이 글에서는 주로 다음을 참조했다. Osamu Saito, "An Industrious Revolution in an East Asian Market Economy? Tokugawa Japan and Implications for the Great Divergency", *Australian Economic History Review*, 50:3, 2010, pp. 240~261; 이영석, 〈'대분기'와 근면혁명론〉, 《역사학연구》58, 2015, 347~348쪽.

23 Saito, "An Industrious Revolution in an East Asian Market Economy?", p. 247.

24 [Douglas], "Progress in Japan", p. 67.

25 [Douglas], "Progress in Japan", p. 67.

26 [Douglas], "Progress in Japan", p. 62. 메이지 천황의 '교육에 관한 칙어'는 1890년 10월 30일에 반포되었다. 더글러스의 논설이 실린 《에든버러 리뷰》 출간일은 같은 해 7월이다. 더글러스는 분명히 'Edict on Education'이라 표기하고 있다. 이해하기 어려운 부분이다. 아마 메이지 정부에서 공식 반포하기 전 여러 차례 검토된 시안 가운데 하나를 참조했을 가능성이 크다.

27 [Conder], "Japan Revolutionised", p. 152.

28 [Conder], "Japan Revolutionised", pp. 152~153.

29 Bird, *Unbeaten Tracks in Japan*, vol. 1, p. 132.

30 Bird, *Unbeaten Tracks in Japan*, vol. 1, p. 132.

31 Bird, *Unbeaten Tracks in Japan*, vol. 1, p. 220.

32 Bird, *Unbeaten Tracks in Japan*, vol. 1, p. 308.

33 Bird, *Unbeaten Tracks in Japan*, vol. 1, pp. 309~310.

34 Reed, *Japan: : Its History, Traditions, and Religions*, vol. 1, p. 328.

35 Reed, *Japan: : Its History, Traditions, and Religions*, vol. 1, pp. 328~329.

36 *Encyclopaedia of Britanica* [2nd ed.], vol. 5, pp. 3818~3819.

37 [Conder], "Japan Revolutionised", p. 141.

38 [Conder], "Japan Revolutionised", p. 152.

39 [Conder], "Japan Revolutionised", p. 145.

40 Bird, *Unbeaten Tracks in Japan*, vol. 1, p. 168. 이렇게 불평하면서도 그녀는 농민의 근면 성에 대해서는 여전히 인정한다.

41 [Conder], "Japan Revolutionised", p. 154. 더글러스도 일본인의 종교적 냉담성에 관해서 는 같은 의견을 내보인다. [Douglas], "Progress in Japan", p. 67.

42 Bird, *Unbeaten Tracks in Japan*, vol. 1, p. 200. 이 내용은 1885년 발췌본에는 생략되어 있다.

43 [Conder], "Japan Revolutionised", p. 123.

44 Bird, *Unbeaten Tracks in Japan*, vol. 1, p. 40.

45 Goh, "A Japanese View of New Japan", p. 268.

46 *Parliamentary Papers*(1884~1885) vol. 81, pp. 1~181에 실린 일본 관련 자료는 영사들이 작성한 상업보고서이다. "Commercial Reports: Japan, no. 4(1884)", pp. 1~41; "Commercial Reports: Japan, no. 2(1885)", pp. 43~160; "Report on Railways of Japan: Japan, no. 1(1885)", 1pp. 61~181.

47 "Japan, no. 4(1884)", pp. 20~21.

48 1883년 일본의 무역총액에서 이들 나라가 차지하는 비중을 보면, 영국 33.4퍼센트, 미국 26.2퍼센트, 프랑스 18.5퍼센트, 중국 17.4퍼센트, 독일 2.7퍼센트로 나타난다. 이 시기 에 조선은 주요 무역국 순위에 들어가지 못했다. "Japan, no. 4(1884)", p. 22.

10장 다시 돌아보는 황화론

1 Stamford M. Lyman, "The 'Yellow Peril' Mystique: Origins and Vicissitudes of a Racist Discourse", *International Journal of Politics, Culture, and Society*, 13:4, Summer 2000, pp.

689~690. 독일의 황화론 대두에 관한 국내 연구로는 다음을 볼 것. 두행숙, 〈독일 황제 빌헬름 2세의 동아시아정책과 황화론의 실체〉, 《독일어문학》 92, 2021, 47~32쪽. '황화'는 비슷한 시기에 불어에서도 나타난다. 러시아 문필가 야코프 노비코프도 '황화'라는 논설을 발표하기도 했다. "Le Péril Jaune", 1897.

2   두 나라의 중국인 경계론 논의에 관한 국내 연구로는 다음을 볼 것. 권은혜, 〈20세기 초 미국 서부의 반일본 운동과 아시아인 배제 주장에서 드러나는 초국적 반아시아주의〉, 《서양사론》 120, 2014, 5~32쪽; 권희영, 〈20세기 초 러시아 극동에서의 황화론〉, 《정신 문화연구》 29:2, 2006, 343~366쪽.

3   Charles H. Pearson, *National Life and Character: A Forecast*, London: Macmillan, 1893. 당대인에게도 책 제목에서 특히 'character'라는 말의 의미가 분명하게 다가오지 않았던 것으로 보인다. 한 평자는 이렇게 기술한다. "저자는 이 애매한 제목 밑에 사회의 미래에 대해 아주 암울한 예언을 감추고 있다." M. E. Grant Duff, "Review", *The Academy* 43, no. 1087, 4 Mar. 1893, p. 189.

4   Marilyn Lake, "The White Man under Siege: New Histories of Race in the Nineteenth Century and the Advent of White Australia", *History Workshop Journal* 58, Autumn 2004, pp. 42~43 참조.

5   Lake, "The White Man under Siege", p. 58.

6   '영국 세계체제British world-system'는 존 다윈의 표현이다. John Darwin, *The Empire Project*, Cambridge: Cambridge University Press, 1986, p. 1.

7   피어슨의 생애는 다음에 의거했음. "A Prophet of National Life", *The Academy* 45, no. 1,466, 30 June 1900, pp. 550~551; *The Spectator* 84, no. 3,754, 9 June 1900, pp. 809~810; *Dictionary of Australian Biography* [https://gutenberg.net.au/ebooks15/1500721h/0-dict-biogP-Q.html] (2021. 12. 07 접속).

8   *History of England during the Early and Middle Ages*, 1868; *Historical Maps of England during the first Thirteen Centuries*, 1870.

9   Pearson, *National Life and Character*, pp. 15~16.

10   Pearson, *National Life and Character*, p. 84.

11   1900년의 한 회고는 영국에서 그의 잇단 좌절을 지적하면서 이런 경험과 비관론의 관련성을 지적하기도 한다. The Spectator 84, no. 3,754, p. 810 참조.

12   Pearson, *National Life and Character*, p. 16.

[13] Pearson, *National Life and Character*, p. 45.

[14] Pearson, *National Life and Character*, pp. 50~51.

[15] Pearson, *National Life and Character*, pp. 65~66.

[16] Pearson, *National Life and Character*, p. 50.

[17] Pearson, *National Life and Character*, p. 47.

[18] Pearson, *National Life and Character*, p. 49.

[19] Pearson, *National Life and Character*, p. 49.

[20] Pearson, *National Life and Character*, p. 51.

[21] Charles Dilke, *Greater Britain*, London: Macmillan, 1868; J. A. Froude, *Oceana, or England and Her Colonies*, London: Longman, 1886; J. R. Seeley, *The Expansion of England*, London: Macmillan, 1883. 이들에 관한 개괄적인 소개는 다음을 볼 것. 이영석, 〈역사가와 제국의 진단〉, 《영국연구》 32, 2014, 178~184쪽.

[22] 허버트 스펜서에 관한 국내 연구로는 다음을 볼 것. 이선주, 〈근대 저널에서 본 허버트 스펜서의 사회진화론〉, 《영어영문학 연구》 57:4, 2015, 327~351쪽.

[23] 앵글로-색슨 인종주의에 관해서는 다음을 볼 것. 염운옥, 〈식민주의와 인종주의: 아리안 인종론과 영국, 인도, 그리스〉, 《역사학연구》 71, 2018, 196~223쪽.

[24] James Bryce, "The Migrations of the Races of Men Considered Historically", *The Contemporary Review 49*, July 1892, pp. 135~136.

[25] Theodore Roosevelt, "National Life and Character", *The Sewanee Review*, 2:3, May 1894, p. 353.

[26] Roosevelt, "National Life and Character", pp. 363, 366.

[27] Anonym, "Review: National Life and Character", *The Edinburgh Review 366*, Oct. 1893, p. 278.

[28] Anonym, "Review: National Life and Character", pp. 303~304.

[29] Grant Duff, "Review", p. 189.

[30] Edmond Barton, *Commonwealth Parliamentary Debates*, House of Representatives, 7 Aug. 1901, p. 3503; Lake, "The White Man under Siege", p. 43 재인용.

[31] Rae Frances, *Selling Sex: A Hidden History of Prostitution*, Sydney: UNSW Press, 2014, pp. 113~114.

[32] Halford J. Mackinder, "The Geographic Pivot of History", in idem, *Democratic Ideals and*

Reality, 1919; Washington, DC: NDU Press, 1942, pp. 175~190.

33 Mackinder, "The Geographic Pivot of History", p. 193.

34 매키언Adam McKeown은 다음과 같이 기술한다. "19세기 내내 남태평양과 동남아시아를 가로질러 나타난 무수한 점진적 변화는 자본주의, 민족주의, 근대 이데올로기의 확산을 둘러싸고 중국인의 근대적 디아스포라를 형성했다. 이들 변화는 동남아에 대한 유럽의 점증하는 식민지 침탈, 태평양을 통한 전 지구적 시장 및 경제 네트워크의 확대, 같은 세기 전반 유럽식 범선들의 푸젠성 정크선 무역 대체로 진행되었으며, 같은 세기 후반에 중국인의 대량 이민이 뒤따랐던 것이다." A. McKeown, "Conceptualizing Chinese Diasporas, 1842 to 1949", *Journal of Asian Studies*, 58:2, 1999, p. 313.

35 Pearson, *National Life and Character*, p. 47; Joseph A. Hüber, *Through the British Empire*, 1886, vol. 1, pp. 387~388.

36 Pearson, *National Life and Character*, p. 47; Isabella Bird, *The Golden Chersonese and the Way Thither*, London: Murray, 1883, p. 188.

37 Pearson, *National Life and Character*, p. 53; William E. Curtis, *Capitals of Spanish America*, New York: Harper and Brothers, 1888.

38 McKeown, "Conceptualizing Chinese Diasporas", p. 315의 각주 1, 2 참조.

39 Bird, *The Golden Chersonese*, p. 30.

40 Lynn Pan, *Sons of the Yellow Emperor: A History of the Chinese Diaspora*, New York: Kodansha International, 1990, p. 27. 해협정착지의 주요 항구 페낭의 중국인 사회에 관한 국내 연구로는 다음을 볼 것. 강희정, 《아편과 깡통의 궁전》, 푸른역사, 2019.

41 Bird, *The Golden Chersonese*, pp. 254~255, 256.

42 Bird, *The Golden Chersonese*, p. 264.

43 Bird, *The Golden Chersonese*, p. 115.

44 Bird, *The Golden Chersonese*, p. 113.

45 도급제도에 관해서는 다음을 볼 것. John G. Butcher, "The Demises of the Revenue Farm System in the Federated Malay States", *Modern Asian Studies*, 17:3, 1983, pp. 387~412; Carl A. Trocki, "Chinese Revenue Farms and Borders in Southeast Asia", *Modern Asian Studies*, 43:1, 2008, pp. 335~362.

46 Arnold Toynbee, *A Journey to China*, London: Constable, 1931, pp. 155~156.

47 Lisa Lowe, *The Four Intimacies of Continents*, Durham: Duke University Press, 2015, pp.

194~196.

[48] Pan, *Sons of the Yellow Emperor*, p. 42.

[49] Pan, *Sons of the Yellow Emperor*, p. 45.

[50] *Hansard's Parliamentary Debates* [HC], 3rd ser., vol. 209, 16 Feb. 1872, cc. 529.

[51] *Hansard* [HC], 3rd ser., vol. 209, 16 Feb. 1872, c. 530.

[52] *Hansard* [HC], 3rd ser., vol. 209, 16 Feb. 1872, c. 533.

[53] *Hansard* [HC], 3rd ser., vol. 209, 16 Feb. 1872, c. 532.

[54] Hansard [HC], 3rd ser., vol. 261, 23 May 1873, c. 376.

[55] *Hansard* [HC], 3rd ser., vol. 261, 23 May 1873, c. 376.

[56] *Hansard* [HC], 3rd ser., vol. 261, 23 May 1873, c. 380.

[57] Sharon M. Lee, "Female Immigrants and Labour in Colonial Malaya 1860~1947", *International Migration Review*, 23:2, 1989, p. 312.

[58] http://www.collectionscanada.gc.ca/settlement/kids/021013-2031.3-e.html [2021. 12. 10. 접속]

[59] McKeown, "Conceptualizing Chinese Diasporas", p. 316.

[60] 비숍은 다음과 같이 말한다. "중국인의 근면한 습관과 신용거래의 성품과 함께 도박과 아편 흡연도 말라카에 함께 건너왔다"(Bird, *The Golden Chersonese*, p. 133).

[61] 이순탁, 《최근 세계 일주기》, 학민사, 1997, 43~44쪽.

11장 아놀드 토인비가 바라본 동아시아의 근대도시

[1] A. J. Toynbee, *A Journey to China or Things Where Are Seen*, London: Constable & Co., 1931. 이 여행기에 대한 개략적인 소개는 다음을 볼 것. 이영석, 〈아널드 토인비와 동아시아〉, 《역사학연구》 52, 2013, 357~383쪽.

[2] Toynbee, *A Journey to China*, p. 173.

[3] Toynbee, *A Journey to China*, p. 168.

[4] Toynbee, *A Journey to China*, p. 169.

[5] Toynbee, *A Journey to China*, p. 183.

[6] 근대도시 도쿄에 관해서는 다음을 볼 것. 박삼헌, 〈도쿄, 근대 천황제의 근간〉, 이영석·

민유기 외, 《도시는 역사다》, 서해문집, 2011, 39~63쪽.

7 Toynbee, *A Journey to China*, pp. 200~201.

8 전진성, 《상상의 아테네: 베를린, 도쿄, 서울》, 천년의상상, 2015, 395~396쪽.

9 Toynbee, *A Journey to China*, pp. 201~202.

10 전진성, 《상상의 아테네》, 410~411쪽. 이 밖에 1930년대 다롄 주거공간이 일본인 및 백인, 일본인 중하층, 중국인 하층 등 민족과 계층에 따라 구획되는 과정에 관한 연구로는 다음을 볼 것. 권경선·사카노 유스케, 〈식민지도시 다롄과 주민의 생활공간〉, 《역사와 경계》 98호, 2016, 127~158쪽.

11 Toynbee, *A Journey to China*, p. 203.

12 Toynbee, *A Journey to China*, p. 214.

13 1930년까지만 하더라도 베이징 시민의 5퍼센트만이 수돗물을 공급받았다. 서민 거주지역에서는 일반적으로 물장수水閘들이 식수를 공급했다. 신규환, 〈베이징, 황제의 정원에서 시민의 광장으로〉, 이영석·민유기 외, 《도시는 역사다》, 100~101쪽 참조.

14 Toynbee, *A Journey to China*, pp. 212~213.

15 Toynbee, *A Journey to China*, p. 161.

16 Toynbee, *A Journey to China*, pp. 240~245.

17 Isabella Bird Bishop, *The Yangtze Valley and Beyond*, London: John Murray, 1899, pp. 16~18.

18 Bird Bishop, *The Yangtze Valley and Beyond*, p. 19.

19 Toynbee, *A Journey to China*, p. 163.

20 Toynbee, *A Journey to China*, p. 192.

21 Toynbee, *A Journey to China*, p. 259.

22 토인비는 하얼빈을 방문했을 때에도 똑같은 인상을 받는다. 처음부터 러시아인이 주도해 건설했지만, 갈수록 중국화되고 있다는 것이다. Toynbee, *A Journey to China*, p. 196.

23 Toynbee, *A Journey to China*, p. 261.

24 Toynbee, *A Journey to China*, pp. 192~193.

25 에드워드 사이드, 박홍규 역, 《오리엔탈리즘》, 교보문고, 1991.

26 Toynbee, *A Journey to China*, p. 200.

27 Toynbee, *A Journey to China*, p. 165.

28 Toynbee, *A Journey to China*, p. 166.

[29] Toynbee, *A Journey to China*, p. 201.

[30] 인도는 영국산 면제품의 최대 수출시장이었지만, 20세기 전반에 수출은 급속하게 감소한다. 1913~1936년 사이에 인도에 대한 영국산 면사 수출량은 30억 5,700만 야드에서 3억 7,500만 야드로 줄었다. 이는 인도 토착 면공업의 발전과 일본 면제품이 수출시장을 잠식한 데 따른 것이다. G. E. Hubbard, *Eastern Industrialization and its Effects on the West*, London: Oxford University Press, 1938, p. 340 참조.

[31] '근대의 초극'이라는 말이 공론장에서 거론된 것은 1942년 무렵이다. 문학계 및 철학계 인사들이 영미 제국과 전쟁에서 일본 정신의 승리를 대망하면서 근대 초극론을 설파하기 시작했다. 그러나 그 이론적 배경과 영미 자본주의를 추월할 수 있다는 자신감은 이미 1920년대 후반부터 형성되었다고 할 수 있다. 토인비는 바로 그런 분위기의 일단을 느꼈던 것이다. 근대 초극론을 개괄적으로 소개한 국내 연구로는 다음을 볼 것. 정창석, 〈일본 근대성 인식의 한 양상–'근대의 초극'을 중심으로〉, 《일본역사연구》 8권, 1998, 95~113쪽.

[32] Toynbee, *A Journey to China*, p. 204.

[33] Toynbee, *A Journey to China*, p. 206.

[34] Toynbee, *A Journey to China*, p. 277.

[35] 난징에 들렀을 때 토인비는 이 도시가 세계에서 가장 불편한 도시라는 한 외국인의 말을 전한다. 그가 보기에도 도시 사정은 계속 악화되고 있었다. Toynbee, *A Journey to China*, pp. 246~247.

[36] A. J. Toynbee, "British Interests in the Far East", *Nottingham*, 1938, pp. 14~15.

[37] Toynbee, *A Journey to China*, p. 270.

[38] Toynbee, "British Interests in the Far East", 1938, pp. 4~5.

[39] Toynbee, *A Journey to China*, p. 270.

[40] Arnold J. Toynbee, *Experiences*, London: Oxford University Press, 1969, p. 101.

12장 영국과 미국 — 한 식민지 조선 지식인의 인상

[1] 河上肇, 《祖國を 顧みて》, 1915; 東京: 岩波書店, 2002.

[2] 홍성찬, 〈이순탁의 정치경제사상 연구〉, 81, 86쪽.

3　이순탁, 《세계 일주기》, 197쪽.

4　이순탁, 《세계 일주기》, 196쪽.

5　이순탁, 《세계 일주기》, 197쪽.

6　근래의 통계에 따르면, 대공황기 실업률은 1929년 10.4퍼센트에서 1931년 21.3퍼센트, 1932년 22.1퍼센트로 상승한다. B. R. Mitchell, *Abstract of British Historical Statistics*, Cambridge: Cambridge University Press, 1988, p. 124.

7　동시대인의 회고 또는 구전사 연구로는 다음을 볼 것. H. L. Beales and R. S. Lambert, *Memoirs of the Unemployed*, London, 1934; Pilgrim Trust, *Men, Without Work*, Cambridge, 1938.

8　이순탁, 《세계 일주기》, 62~63쪽.

9　이순탁, 《세계 일주기》, 243쪽.

10　이순탁, 《세계 일주기》, 200쪽.

11　이순탁, 《세계 일주기》, 201쪽.

12　이순탁, 《세계 일주기》, 227쪽.

13　이순탁, 《세계 일주기》, 227쪽.

14　이순탁, 《세계 일주기》, 229~230쪽.

15　이순탁, 《세계 일주기》, 255쪽.

16　이순탁, 《세계 일주기》, 261쪽.

17　이순탁, 《세계 일주기》, 262쪽.

18　이순탁, 《세계 일주기》, 263쪽.

19　Henry Ford, *Today and Tomorrow*, London: Heinemann, 1926, pp. 115~116.

20　Henry Ford, *My Life and Work*, London: Heinemann, 1923, p. 81.

21　이순탁, 《세계 일주기》, 280쪽.

22　John G. Gawelti, "America on Display: The World's Fairs of 1876, 1893, 1933", in Fredric C. Jahr, ed., *The Age of Industrialism in America*, New York: Free Press, 1968, pp. 348~349.

23　이순탁, 《세계 일주기》, 264쪽.

24　이순탁, 《세계 일주기》, 203쪽.

25　이순탁, 《세계 일주기》, 205쪽.

26　이순탁, 《세계 일주기》, 261쪽.

27 이순탁, 《세계 일주기》, 288쪽.

28 같은 책, 204쪽.

찾아보기

"이름처럼 한국 서양사학계
'긴 돌' 놓고 천국 기록하러 떠나시다"

모든 사람은 죽는다. 사람에게 죽음은 확실하지만, 언제 죽을지 모르기 때문에 삶은 불확실하다. 지난 2월 13일 서양사학자 이영석 광주대 명예교수의 갑작스런 죽음은 그를 아는 모든 사람들에게 죽음의 확실성과 삶의 불확실성을 일깨워준다.

역사가는 죽음을 극복하는 사람이다. 프랑스의 대표적 역사가들이 자신의 역사가로서 걸어온 삶에 대한 기록을 '에고 역사ego d'histoire'로 기술한 책이 있다. 책 제목은 《나는 왜 역사가가 되었나》(피에르 노라 역음, 이성엽 외 옮김)이다. 책 저자 가운데 한 사람인 자크 르 고프는 "역사란 죽음과 대항한 싸움이다. 역사가는 죽음과 떨어져서 과거에 잠겨 있기 때문에 자신이 좀 더 오래 의식적으로 살기를 바란다"고 했다.

이 교수가 돌아가시기 전날 마지막 모습을 뵙기 위해 전주행 기차를 탔다. 가는 내내 생각했다. 사경을 헤매는 선배에게 무슨 말을 할 것인가? 하나는 확실하다. 그동안 내게 베풀어주신 은혜에 감사드린다는 인사는 꼭 하리라. 그러면서 역사가로서 맞이하는 죽음에 대한 생각을 묻고 싶었다. 아마 물어도 대답은 못하겠지만, 죽음을 맞이하는 태도를 보면 짐작할 수 있을 거라 생각했다.

요새는 많이 생각한다. 나는 어떤 죽음을 맞이할 것인가? 앞으로 나에게 남은 가장 큰 목표이자 염원은 의식을 갖고 죽는 것이다. 내가 꿈꾸는 가장 멋진 죽음은 호기심으로 죽음에 드는 것이다. 생전에 오직 단 한 번 체험할 수 있는 것이 죽음이다. 인생은 여행이지만, 죽음이 삶의 목적지는 아니다. 경험해 보지 않아서 알 수는 없지만 아마 또 다른 곳으로 가는 여행이 죽음이 아닐까 생각한다.

내가 아는 한, 뼛속까지 역사가인 이 선배는 이 세상에서 자신의 마지막 여행을 어떻게 하고 계실까? 병원에 도착해서 선배의 완전 노인으로 변해 버린 모습을 보고 나니 인간이 얼마나 나약한 존재인지를 새삼 깨닫는다. 그런데 선배가 노트북에 써놓은 '병상일기'를 사모님이 보여준다. 아, 선배는 죽음까지도 역사로 만들고자 기록을 남겼구나. 의식이 있고 쓸 수 있는 에너지가 있는 마지막 순간까지 과거를 기록한 선배는 정말 자신이 썼던 자전적 역사 책 제목처럼 《삶으로서 역사》(아카넷, 2017)를 사셨구나. 어떻게 그런 삶이 가능한지? 나로서는 경이롭다.

스티브 잡스는 스탠포드대학 졸업식 축사에서 "죽음은 삶의 유일한 최고 발명품일지 모른다Death is very likely the single best invention of Life"는 명언을 남겼다. 이 선배는 잡스가 축사의 마지막 말로 했던 것처럼 "스테이 헝그리, 스테이 풀리시Stay Hungry, Stay Foolish(항상 배고프게 우직하게 살아라)" 역사가의 삶을 살았다. 동아시아 역사학의 아버지 사마천은 역사가로서 삶의 이유를 다음과 같이 썼다. "사람은 누구나 한 번 죽지만 어떤 죽음은 태산보다 무겁고 어떤 죽음은 새털보다 가볍다. 이는 죽음을 사용하는 방향이 다르기 때문이다." 역사란 결국 후손을 위해 남기는 죽음사용설명서다. 우리는 그것을 삶의 나침판으로 삼고 인생의 여행을 한다.

선배의 이름 영석永石은 길 영에, 돌 석이다. '긴 돌'이란 뜻이고, 전자우편 아이디도 롱 스톤(긴 돌)이다. 선배는 생물학적으로 결코 긴 삶은 아니지만, 진정 한국 서양사학을 위해서는 긴 주춧돌을 놓으셨다. 선배가 학문적으로 깔아놓은 긴 돌이 초석이 되어 후학들이 멋진 한국 서양사학의 업적을 쌓아올릴 거라 믿는다. 형은 가셨지만, 형과 나눈 대화 그리고 따뜻한 마음은 아직 내 안에 있다. 형을 생각하면, 마지막까지 불태운 역사가로서 불꽃이 나를 환하게 만든다. 형은 천국에도 역사가 있으면 또 열심히 기록할 것이다. 천국으로 좋은 역사가 한 분 가셨네요. 부푼 기대를 안고 다음 여행지로 잘 떠나세요. 형, 안녕.

김기봉(역사학자)

나의 공부는 여기서 멈추지만 — 역사가 이영석이 남긴 서양사 담론

2022년 11월 29일 초판 1쇄 인쇄
2022년 12월 19일 초판 1쇄 발행

글쓴이	이영석
펴낸이	박혜숙
디자인	이보용
펴낸곳	도서출판 푸른역사

　우) 03044 서울시 종로구 자하문로8길 13

　전화: 02)720−8921(편집부) 02)720−8920(영업부)

　팩스: 02)720−9887

　전자우편: 2013history@naver.com

　등록: 1997년 2월 14일 제13−483호

ⓒ 이영석, 2022

ISBN 979−11−5612−240−1 03900